JN261007

債権譲渡の発展と特例法

債権譲渡の研究 第3巻

池田真朗著

弘文堂

まえがき

　本書は、私の債権譲渡に関する3冊目の研究論文集である。最初に平成5 (1993) 年に第1巻にあたる『債権譲渡の研究』（弘文堂）を出版して以来、早くも17年の月日が流れた（同書はその後、平成9〔1997〕年に増補版、平成16〔2004〕年にさらに1章を加えて増補2版を刊行している）。この第1巻では、わが国の民法467条の債権譲渡の対抗要件の規定と、468条1項の債権譲渡の債務者の異議を留めない承諾の規定に関する解釈論を研究した。そこでは、明治民法の起草趣旨を考究し、その元となったボアソナード旧民法の該当規定を検討して、さらにその母法たるフランス民法の諸規定を研究した。当時は、立法沿革を精査して、そこから解釈論の指針を得ようと試み、またそのような方法論の確立を目指したのである。

　私はついで平成13 (2001) 年に『債権譲渡法理の展開』を「債権譲渡の研究　第2巻」として出版した。当時は国内外に債権譲渡による資金調達の機運が高まってきた時期であり、この第2巻では、債権流動化への学理的対応の検討をはじめとして、まさに当時、同時期に整備されようとしていた、債権譲渡特例法（その後増補されて現在は動産債権譲渡特例法）と、UNCITRAL の国連国際債権譲渡条約の立法・制定過程を追い、また将来債権譲渡論の初期段階としての有効性・特定性の議論を展開し、さらに民法466条の債権譲渡禁止特約についても、その本質論や後日の承諾による遡及効の問題等を考究したのである。

　そしてその後の債権譲渡に関する研究をまとめるべく、このたび本書を、「債権譲渡の研究　第3巻」として上梓することになった。なおこの第3巻に収録されるのは、第2巻以降の筆者の債権譲渡に関する研究のほぼ半分であり、筆者はこの後に『債権譲渡と電子記録債権』（仮題）を「債権譲渡の研究　第4巻」として出版する予定である。とりあえずこの第1巻からの合計4冊で、20世紀から21世紀にかけての債権譲渡の学理上・実務上の大発展を

把握し検証する作業に、ひとつの区切りをつけたいと考えている。

　私は、第２巻（平成13〔2001〕年）のまえがきで、「すでに現段階で第３巻の構想は立っている。もちろんその実現は、私自身がどれだけ短時日で、いくつかの残された論文を書き上げることができるかにかかっているのであるが、これが序破急の『急』にあたる巻となる。もっとも、首尾よくそれが実現した場合に、それで結びとなるのか否かは、いまだ私自身にも見通せていない」と書いた。それからあっという間に９年の時が流れてしまったのは、私の怠慢のせいももちろんあったが、本書にも書いた「債権譲渡取引のパラダイムシフト」は、研究者にとっては、波乗りのサーファーが未曾有の大波をとらえた（というか、乗ってしまった）という感覚を覚えさせるものであったと告白するしかない。

　次から次へと押し寄せる波と格闘しているうちに過ぎた年月であった。めまぐるしくはあったが、決して辛くはない、決して飽きることのない、学者として幸福な日々であった。そして私にはまだとりあえず第４巻の仕事をまとめる仕事が残っているし、何よりもその「日々」が今もなお続いているのである。

　なお、第１巻目の『債権譲渡の研究』は、全国銀行学術研究振興財団の出版助成を受け、第２巻目の『債権譲渡法理の展開』は、それまでの債権譲渡研究と合わせて、第８回全国銀行学術研究振興財団賞の栄誉を受けた。この機会に明記して、同財団のご支援と過分のご評価に厚く御礼を申し上げたい。

　本書は、前２巻と同様に、弘文堂から出版することとしたが、時代の変遷に鑑み、またこれからの世代の読者の便宜を考慮して、この第３巻からは、横組みを採用した。ただそれ以外の装丁等は、なるべく前２巻と共通にして、一貫性を持たせたところである。

　最後にいささか個人的な記述をお許しいただきたい。私が、債権譲渡に関する最初の論文「民法467条におけるボアソナードの復権」を公表したのは、慶應義塾大学法学部助手時代の昭和52年であり、次の論文「民法467条における１項と２項との関係」が活字になったのは、翌年、専任講師となって慶應義塾大学福澤基金でパリ第Ｉ大学への留学に出発した直後であった（これらの論文はいずれも第１巻の『債権譲渡の研究』に収録した）。２年間の留学を

終えて帰国したのは30歳の時であった。そして昨年（平成21〔2009〕年）5月、私は還暦を迎えた。しかし、まだ心身ともに若いつもりでいた私にとっては、還暦は何の感慨もなく、ただ大学教育や新旧司法試験、審議会、国連作業部会、日本学術会議等、内外ともに忙しく日々の仕事をこなしてきたのが、気づいてみれば否応なしに60歳という数字を突きつけられた、という焦燥感のみであった。それならばとにかく還暦という区切りの年に、もう一度自分自身のことのみを考えて、いくつかの仕事をまとめておこうと、ようやく思いを定めたのである。

　そこで私は、いささか無謀にも、59歳の秋からこの60歳でいるうちのほぼ1年半の間、つまり平成22（2010）年の5月までに、論文集、教科書、新法解説書等、共著のものを含めて、合計7冊ほどの出版を計画した。その中心となるのが、もちろん本書である。何とかその自分で設定した期日に本書の上梓が間に合うことが、私のひそかな喜びである。

　本書の出版にあたっては、弘文堂法律書編集長北川陽子さんにひとかたならぬお世話になった。記して深甚の謝意を表したい。また、私のこれまでの全業績を整理してリスト化して下さった、白石友行現三重大学人文学部講師をはじめとして、本書の校正のお手伝いをいただいた数名の池田ゼミの院生、学部生諸君にも、心からの感謝を申し上げる。皆さんの存在がなければ、本書はこの時点でこのような内容で世に出ることはなかった。

　　平成22年2月

　　　　　　　　　　　　　　　　　　　　　　　池　田　真　朗

目　次

まえがき　*i*

序　説　債権譲渡関係諸法の展開と本書の概観
- Ⅰ　はじめに ………………………………………………………………… *1*
- Ⅱ　立法作業の展開 ………………………………………………………… *3*
- Ⅲ　資金調達取引と債権譲渡 ……………………………………………… *4*
- Ⅳ　個々の立法・法改正の分析 …………………………………………… *5*
  - 1　債権譲渡特例法（旧法）の制定と関係諸法の位置づけ（*5*）
  - 2　債権譲渡特例法（旧法）と国連国際債権譲渡条約（*8*）
  - 3　売掛債権担保融資保証制度の創設と展開（*9*）
  - 4　動産債権譲渡特例法の成立（*10*）
  - 5　次なる立法──電子記録債権法の誕生（*10*）
- Ⅴ　小括 …………………………………………………………………… *14*

第1部　債権譲渡取引の変容

第1章　債権譲渡に関する判例法理の展開と債権譲渡取引の変容──危機対応型取引から正常業務型資金調達取引へ …… *16*
- Ⅰ　はじめに ……………………………………………………………… *16*
- Ⅱ　指名債権譲渡の対抗要件の構造と二重譲渡の優劣の基準 ……… *17*
  - 1　優劣基準の判例法理の完成（*17*）
  - 2　一連の二重譲渡事案の紛争形態（*18*）
- Ⅲ　資金調達取引と債権譲渡 …………………………………………… *20*
  - 1　資金調達のための債権譲渡（*20*）
  - 2　将来債権譲渡に関する判例法理の進展（*21*）
  - 3　集合（将来）債権譲渡担保に関する判例法理の進展（*25*）
  - 4　債権譲渡特例法登記に関する判例（*28*）
  - 5　小括──今後の課題（*29*）

Ⅳ　譲渡禁止特約 ……………………………………………………… 32
　　　　1　問題の位置づけ（32）
　　　　2　承諾による譲渡の遡及的有効とその対第三者効（32）
　　　　3　現在の実務上の問題と今後の展望（36）
　　Ⅴ　結びに代えて──債権譲渡に関する判例法理の将来展望 ………… 37

第2部　債権譲渡特例法の浸透

　　第2部の概要 ……………………………………………………………… 42

第2章　民法と債権譲渡特例法──指名債権譲渡法理の新展開
　…………………………………………………………………………… 44

　　Ⅰ　はじめに ……………………………………………………………… 44
　　Ⅱ　債権譲渡特例法立法の背景 ………………………………………… 46
　　Ⅲ　民法改正か特例法立法かの選択基準 ……………………………… 48
　　Ⅳ　特例法制定のポイントと特定債権法 ……………………………… 49
　　Ⅴ　債権譲渡特例法の基本構造 ………………………………………… 50
　　　　1　対抗要件立法という性格（50）
　　　　2　債権譲渡登記制度の創設（51）
　　　　3　債権譲渡登記の実務について（52）
　　　　4　国連での条約制定作業と債権譲渡特例法（52）
　　Ⅵ　債権譲渡特例法と民法および特定債権法との関係 ……………… 53
　　Ⅶ　小括 …………………………………………………………………… 54

第3章　債権譲渡特例法──施行後3年の総合検証 ………………… 56

　　Ⅰ　はじめに ……………………………………………………………… 56
　　Ⅱ　債権譲渡特例法の位置づけ ………………………………………… 57
　　Ⅲ　初期の問題状況 ……………………………………………………… 60
　　Ⅳ　制度の改善と進展──問題点に対する対応策 …………………… 62
　　　　1　見積額の記載（62）
　　　　2　立法的補正──商業登記簿記載事項からの債権総額記載の削除（63）
　　　　3　立法的改良──債権譲渡登記のオンライン申請（63）
　　Ⅴ　裁判例の登場 ………………………………………………………… 64
　　　　1　東京地判平成11年9月17日（65）
　　　　2　東京地判平成13年3月9日（68）

Ⅵ　残された課題──債権譲渡特例法の今後のさらなる改良を目指して
　　　　　……………………………………………………………………………………70
　　　　　1　第三債務者不特定の将来債権譲渡についての登記（70）
　　　　　2　2条2項の通知の具体的方法（72）
　　　Ⅶ　おわりに ………………………………………………………………………74

第4章　将来債権譲渡登記の判例法理
　　　　──登記の始期・終期や債権の種類と対抗力 ……………75

　第1節　将来債権譲渡登記と判例法理の形成──経緯の概説 ……75
　第2節　将来債権を含む集合債権譲渡担保契約において債権譲渡特例法に基づき譲渡債権の発生年月日として始期のみを記載した登記の対抗力──東京地判平成13年3月9日判時1744号101頁 ……………………………………………………………77
　　　Ⅰ　はじめに ………………………………………………………………………77
　　　Ⅱ　事案の概要と判旨 ……………………………………………………………78
　　　　　1　事案の概要（78）　2　判旨（79）
　　　Ⅲ　検討 ……………………………………………………………………………80
　　　　　1　将来債権譲渡契約としての債権の特定性（80）
　　　　　2　始期のみを定めた債権譲渡登記の有効性と対抗力（83）
　　　　　3　小括（85）
　第3節　債権譲渡特例法登記の記載と対抗力に関する東京高判平成13年11月13日の考察──将来債権の発生期間の特定と債権の同定 ……………………………………………………………86
　　　Ⅰ　事案の概要と判旨 ……………………………………………………………87
　　　　　1　事案の概要（87）　2　判旨（88）
　　　Ⅱ　検討 ……………………………………………………………………………92
　　　　　1　将来債権譲渡契約の有効性と債権譲渡登記（92）
　　　　　2　始期のみを定めた債権譲渡登記の有効性と対抗力（93）
　　　　　3　債権コードの記載を誤った登記の効力と本判決の影響（94）
　　　　　4　本事案の客観的評価（98）
　　　　　5　事案の最終処理の問題（98）
　　　Ⅲ　小括 ……………………………………………………………………………101
　第4節　債権譲渡特例法登記の始期・終期や種類の記載と対抗力──最一小判平成14年10月10日と最一小決平成14年10月1日の検討 ………………………………………………………………102
　　　Ⅰ　事案の概要と訴訟の経過 ……………………………………………………103

II　最高裁の判断 …………………………………………………104
　　　　1　最一小判平成14年10月10日の要旨（104）
　　　　2　最一小決平成14年10月1日の要旨（105）
　　III　検討 …………………………………………………………105
　　　　1　始期のみを定めた債権譲渡登記の有効性と対抗力（105）
　　　　2　債権コードの記載を誤った登記の効力と本判決の影響（109）
　　　　3　最高裁の判断の評価と債権譲渡特例法の今後の展望（110）
　　IV　本事案最終処理の問題 ………………………………………113

第3部　売掛債権担保融資保証制度

　第3部の概要 ……………………………………………………118

第5章　売掛債権担保融資保証制度の創設とその法的論点 …119
　　I　はじめに ………………………………………………………119
　　II　問題の背景と法的論点分析の前提——正常業務のなかの債権譲渡
　　　 ……………………………………………………………………120
　　III　本制度における債権譲渡担保契約 …………………………121
　　　　1　債権の準共有（121）
　　　　2　本制度における準共有の法的性質（123）
　　IV　本制度における債権譲渡担保の対抗要件 …………………125
　　　　1　対抗要件の種類とその比較（125）
　　　　2　本制度に基づく債権譲渡登記とその法的論点（127）
　　V　本制度の運用上の法的論点 …………………………………130
　　　　1　二重譲渡リスクの回避（130）
　　　　2　譲渡禁止特約の問題（131）
　　VI　その他の法的論点 ……………………………………………134
　　VII　小括と展望 ……………………………………………………134

第6章　売掛債権担保融資保証制度の発展と現状 …………136
　　I　はじめに ………………………………………………………136
　　II　責任共有制度 …………………………………………………136
　　III　流動資産担保融資保証制度 …………………………………138
　　IV　緊急保証制度 …………………………………………………141
　　V　小括——信用保証制度の使命とその評価 …………………142

第 4 部　将来債権譲渡論──判例法理の形成

　　第 4 部の概要 ……………………………………………………………… *146*

第 7 章　集合債権の譲渡担保契約における債権譲渡の第三者対抗要件──最一小判平成13年11月22日民集55巻 6 号1056頁
……………………………………………………………………………… *148*

　　Ⅰ　判決のポイント ……………………………………………………… *148*
　　Ⅱ　事案 …………………………………………………………………… *148*
　　Ⅲ　判旨 …………………………………………………………………… *150*
　　Ⅳ　先例・学説 …………………………………………………………… *150*
　　Ⅴ　評論 …………………………………………………………………… *152*

第 8 章　指名債権譲渡の予約についての確定日付ある通知または承諾と予約完結による債権譲渡の効力の第三者への対抗の可否──最三小判平成13年11月27日民集55巻 6 号1090頁
……………………………………………………………………………… *159*

　　Ⅰ　事実 …………………………………………………………………… *159*
　　Ⅱ　判旨 …………………………………………………………………… *160*
　　Ⅲ　評釈 …………………………………………………………………… *160*
　　　　1　本判決の位置づけ（*160*）　2　前提問題（*161*）
　　　　3　予約と本契約の対抗要件の関係（*161*）
　　　　4　予約型および停止条件型集合債権譲渡担保契約への影響
　　　　　　（*164*）
　　　　5　従来の裁判例との関係（*166*）
　　　　6　実務への影響（*168*）　7　予約と債権譲渡登記（*170*）
　　　　8　その他の問題（*171*）

第 9 章　停止条件付債権譲渡契約と否認権行使──最二小判平成16年 7 月16日民集58巻 5 号1744頁
……………………………………………………………………………… *174*

　　Ⅰ　事案の概要 …………………………………………………………… *174*
　　Ⅱ　判旨 …………………………………………………………………… *175*
　　Ⅲ　評釈 …………………………………………………………………… *176*

第10章　将来債権譲渡担保と国税債権の優劣 …………………… *179*
第1節　将来債権譲渡担保における債権移転時期と、譲渡担保権者の国税徴収法24条による物的納税責任——東京高判平成16年7月21日の検討 …………………… *179*
- Ⅰ　事実の概要と判旨 …………………… *180*
  - 1　事実の概要（*180*）　2　判旨（*182*）
- Ⅱ　本評釈の立場 …………………… *182*
- Ⅲ　本判決の論理と大審院昭和9年判決の評価 …………………… *183*
- Ⅳ　平成10年代の最高裁判例法理 …………………… *186*
- Ⅴ　本判決に対する批判 …………………… *190*
- Ⅵ　特例法登記との関係 …………………… *192*
- Ⅶ　私見の概要 …………………… *193*
- Ⅷ　国税債権と私債権の関係 …………………… *194*
- Ⅸ　小括 …………………… *196*
- Ⅹ　若干の感想 …………………… *196*

第2節　将来債権譲渡担保と国税債権の優劣——最一小判平成19年2月15日民集61巻1号243頁、金法1803号85頁 …………………… *198*
- Ⅰ　はじめに …………………… *198*
  - 1　問題の所在と最高裁の判断（*198*）
  - 2　本件の事案（*198*）　3　本判決の内容（*200*）
- Ⅱ　本判決の評価 …………………… *200*
- Ⅲ　本判決の論理構成と最高裁判例との整合性 …………………… *201*
- Ⅳ　国税徴収法の論理 …………………… *203*
- Ⅴ　将来債権譲渡の権利移転時期 …………………… *204*

第5部　債権譲渡禁止特約論——判例法理の展開
第5部の概要 …………………… *208*

第11章　債権譲渡禁止特約の存在と譲受人の重過失 …………………… *209*
第1節　債権譲渡禁止特約の存在と譲受人の重過失の有無——大阪地判平成15年5月15日金法1700号103頁、大阪高判平成16年2月6日金法1711号35頁 …………………… *209*
- Ⅰ　はじめに …………………… *209*

Ⅱ　事案の概要と判旨 …………………………………………………210
　　　　1　事実（210）　　2　判旨（211）
　　Ⅲ　評釈 …………………………………………………………………212
　　　　1　判例のいう重過失と「公知性」の論理（212）
　　　　2　公知性のない場合の重過失の立証（214）
　　　　3　重過失と「調査義務」（214）
　　　　4　考えられる判断基準と判旨の事実認定（217）
　　　　5　参考裁判例（219）
　　　　6　債権譲渡特例法登記により対抗要件を具備した場合の、第三
　　　　　　債務者への調査と重大な過失の関係（220）
　　Ⅳ　いわゆる物権的効力説への疑問 ……………………………………222
　　Ⅴ　おわりに ……………………………………………………………225
第2節　債権譲渡禁止特約の存在を知らなかった譲受人に重過失
　　　　があるとした原判決につき上告棄却・不受理決定がされた
　　　　事例──最一小決平成16年6月24日金法1723号41頁 ………226
　　Ⅰ　問題の所在と原審の事案の概要 ……………………………………226
　　Ⅱ　本決定の内容 ………………………………………………………227
　　Ⅲ　私見による検討 ……………………………………………………227
　　　　1　本決定の評価（227）
　　　　2　判例のいう重過失と「公知性」の論理（228）
　　　　3　売掛債権の場合の公知性の有無（229）
　　　　4　重過失と「調査義務」（229）
　　　　5　原審判決の義務構成の批判（230）
　　　　6　総合判断による重過失認定（231）
第3節　債権譲渡禁止特約に関する譲受人の悪意・重過失の否定
　　　　例──売掛債権譲渡担保契約の譲受人金融機関に譲渡禁止特約
　　　　の存在についての悪意・重過失が否定された事例（大阪地判平
　　　　成17年11月30日金法1795号62頁） ……………………………232
　　Ⅰ　はじめに ……………………………………………………………232
　　Ⅱ　事案の概要と判旨 …………………………………………………233
　　　　1　事実（233）　　2　判旨（234）
　　Ⅲ　評釈 …………………………………………………………………235
　　　　1　民法466条の基本的解釈と譲受人の「調査義務」の否定（235）
　　　　2　譲受人側の確認と被融資者側の対応（238）
　　　　3　債権譲渡登記の採用と譲受人側の調査範囲（239）
　　　　4　売掛債権担保融資保証制度との関係（242）
　　　　5　隠れた「譲渡禁止特約」の問題点（242）
　　Ⅳ　おわりに ……………………………………………………………245

第12章　債権譲渡禁止特約と譲渡人からの援用の否定
　　　　　——最二小判平成21年3月27日（民集63巻3号449頁）をめ
　　　　　ぐって ……………………………………………………………246
　Ⅰ　はじめに ………………………………………………………………246
　Ⅱ　事案の概要と判旨 ……………………………………………………248
　　　　1　事実（248）　　2　判旨（250）
　Ⅲ　評釈 ……………………………………………………………………250
　　　　1　はじめに（250）　　2　本判決の論理（251）
　　　　3　本判決の射程——債権者本人の主張と倒産の場合の管財人か
　　　　　らの主張（256）
　　　　4　譲渡禁止特約のある債権の譲渡の効力再考——立法への展開
　　　　　（257）
　Ⅳ　おわりに ………………………………………………………………261

第6部　動産債権譲渡特例法の誕生

第13章　動産債権譲渡特例法の誕生
　　　　　——新設された動産譲渡登記を中心に ………………………264
　Ⅰ　はじめに ………………………………………………………………264
　　　　1　動産債権譲渡特例法の誕生（264）
　　　　2　動産債権譲渡特例法の制定の趣旨と背景（265）
　Ⅱ　動産譲渡登記制度の創設について …………………………………267
　　　　1　動産譲渡と公示機能の要請——条文の再検討（267）
　　　　2　動産譲渡登記の規定（270）
　　　　3　立法過程での最大の論点（271）
　　　　4　対抗要件法理からのアプローチ（272）
　　　　5　私見の骨子（275）　　6　立法後の解説（276）
　　　　7　その他の規定（277）
　Ⅲ　法施行後の動産譲渡登記利用状況 …………………………………281
　Ⅳ　動産・債権担保取引の将来課題 ……………………………………282
　Ⅴ　結びに代えて——「担保」形式を超えた資金調達へ ……………283

第14章　債権譲渡特例法から動産債権譲渡特例法へ
　　　　　——債権譲渡登記の改正後の反応と改正点に関する議論
　　……………………………………………………………………………285
　Ⅰ　改正後の反応 …………………………………………………………285

Ⅱ　債権譲渡登記制度の修正について ……………………………………286
　　　Ⅲ　動産譲渡登記と債権譲渡登記に共通の処理について …………288
　　　Ⅳ　修正点に関係する論点 …………………………………………………291
　　　　　1　登記実務上の論点（291）
　　　　　2　債務者不特定の将来債権譲渡と譲渡禁止特約（292）
　　　　　3　将来債権譲渡登記と相殺（295）
　　　　　4　賃借人が存在しない賃貸不動産の抵当権の設定と将来の賃料債権の譲渡登記（296）
　　　　　5　今後の検討課題――将来の賃料債権の譲渡と当事者の変更（297）
　　　Ⅴ　おわりに ……………………………………………………………………299

第15章　債権譲渡登記および動産譲渡登記の利用とオンライン申請――「立法普及学」試論を兼ねて ………………………301
　　　Ⅰ　はじめに ……………………………………………………………………301
　　　Ⅱ　債権譲渡登記と新設された動産譲渡登記の現状 …………………303
　　　Ⅲ　現在の債権譲渡登記制度の概要 ………………………………………305
　　　Ⅳ　債権譲渡登記の創設と完全電子化の狙い …………………………307
　　　Ⅴ　債権譲渡登記のオンライン申請制度の創設 ………………………308
　　　Ⅵ　オンライン申請の現状と課題 …………………………………………309
　　　Ⅶ　登録免許税または手数料の納付 ………………………………………312
　　　Ⅷ　日本の取引社会のIT化の実情と新立法への影響 ………………314
　　　Ⅸ　結びに代えて――金融取引促進立法の立法哲学 …………………316

第7部　ABL（動産・債権担保融資）――新しい担保概念へ

第16章　ABL等に見る動産・債権担保の展開と課題
　　　　――新しい担保概念の認知に向けて ……………………………320
　　　Ⅰ　はじめに ……………………………………………………………………320
　　　Ⅱ　「担保」概念の新しい見方 ………………………………………………321
　　　　　1　「担保」形式の広がり（321）
　　　　　2　新しい「担保」概念（323）
　　　Ⅲ　新しい担保の具体例 ……………………………………………………325
　　　　　1　CFL（325）　　2　ABL（326）
　　　Ⅳ　アメリカにおけるABLの現状 ………………………………………329
　　　Ⅴ　新しい担保の法的位置づけ ……………………………………………332

Ⅵ　結びに代えて ……………………………………………………………333

第17章　ABLの展望と課題
　　　　──そのあるべき発展形態と「生かす担保」論 ………335
　　Ⅰ　はじめに ……………………………………………………………………335
　　Ⅱ　今なぜABLか──貸借対照表から見た必然 ……………………337
　　Ⅲ　「アメリカ型ABL」との発想の相違点 ………………………………338
　　Ⅳ　ABLの利点と恩恵を受ける企業像 …………………………………339
　　Ⅴ　ABLを支える法制度的基盤 …………………………………………340
　　Ⅵ　在庫評価に焦点を当てることの問題点 ……………………………341
　　Ⅶ　生かす担保と融資者のリスクテイク ………………………………342
　　Ⅷ　「生かす担保」の認知──担保法学も発想の転換を ……………344
　　Ⅸ　電子記録債権の活用へ …………………………………………………346
　　Ⅹ　終わりに──フェアネスと金融法 …………………………………347
　　【追補　ABLへの期待】……………………………………………………348

結　章　債権譲渡取引をめぐる法の役割──民法と特別法 ……351
　　Ⅰ　法による金融政策 ………………………………………………………351
　　Ⅱ　小括に代えて──債権譲渡の動態把握と民法（債権法）の改正論議
　　　　…………………………………………………………………………………352

初出一覧　　355
事項索引　　359
判例索引　　363

序　説
債権譲渡関係諸法の展開と本書の概観

I　はじめに

　筆者は、平成16年に発表した、本書第1章収録の論考「債権譲渡の判例法理の展開と債権譲渡取引の変容――危機対応型取引から正常業務型資金調達取引へ」の中で、そこまでの10年余の最高裁判例を分析し、加速度的に重要度を増してきた債権譲渡（集合将来債権譲渡を含む）をめぐる判例法理の形成の中で、債権譲渡取引自体が大きな転換を見せたことを論証した。つまり、苦し紛れの多重譲渡から、正常業務の中の資金調達取引への変容である。本書の研究は、その事実の摘示に始まる。

　次いで本書の構成としては、第2部で、平成10年に施行された債権譲渡特例法の施行後の浸透を検証する（第2章～第4章）。続く第3部では、平成13年創設の売掛債権担保融資制度を扱う（第5章、第6章）。そして第4部と第5部は、それぞれ、将来債権譲渡と債権譲渡禁止特約に関する判例法理の進展をみる（第7章～第12章）。そして第6部で、新しい動産債権譲渡特例法の誕生によって創設された動産譲渡登記と、同法によって改良された債権譲渡登記を検討する（第13章～第15章）。さらに第7部では、いわゆるABL（動産債権担保融資、あるいは流動資産一体型担保融資）を扱い、新しい担保概念としての「生かす担保」論を提唱する（第16章、第17章）。

　こうして見てくると、既に、本書の内容としては、判例法理の進展に関する部分ももちろんあるが、それと並んで、新法や新制度に関する記述が多数

あることが理解されよう。

　この「序説」では、平成18年に発表した拙稿「債権譲渡関係法の展開――近時の立法作業を追いつつ[2]」の記述を基礎に、本書で扱う債権譲渡に関する新立法や法改正等の作業の展開をまとめ（本書の次の巻に予定されるものの言及も含む）、本書の全体像を概説するとともに、現代の債権譲渡に与えられた金融取引上の役割をより深く理解し、その役割を果たさせるために法がどう関与しているのかを探究しようとするものである。したがって、この序説は、主に立法作業の観点からの本書の導入部であり、次の第1章が判例法理の観点からの本書の導入部と思っていただいてもよい。

　今日、わが国の民事法の世界は、明治31年の民法典の施行、昭和22年の民法典第4編・第5編の大改正に続く、「第3の立法期」と呼ばれ、また「民事大立法時代」と呼ばれる、大変革の時期にある。そして、ついに民法自体が、債権法を中心に、大掛かりな改正に向けて検討が始められている（法制審議会民法〔債権関係〕部会の審議は、平成21年11月から開始された）。その中でも、この債権譲渡関係の新立法や法改正は、非常に象徴的な位置を占めるものであることが、本序説の記述を通じて明らかにされるであろう。そしてそれらを十分に理解することが、平成21年4月に民法（債権法）改正検討委員会が発表した「債権法改正の基本方針[3]」などに見られる、債権譲渡規定の今後の具体的な改正案に、正しい評価を与える基礎となると考えられる。本書が上記の法制審議会民法（債権関係）部会の検討にもなんらかの参考となる情報を提供できるものとなることを願う次第である。

1)　池田真朗「債権譲渡の判例法理の展開と債権譲渡取引の変容―危機対応型取引から正常業務型資金調達取引へ」川井健・田尾桃二編『転換期の取引法―取引法判例10年の軌跡』（商事法務、2004）295頁以下（本書第1章所収）。

2)　池田真朗「債権譲渡関係法の展開」「債権譲渡関係法の展開―近時の立法作業を追いつつ―」法の支配141号（2006）32頁以下。

3)　民法（債権法）改正検討委員会編「債権法改正の基本方針」NBL904号（2009）所収。他に筆者がかかわった改正案として、民法改正研究会の改正試案（最新版は法律時報増刊『民法改正 国民・法曹・学界有志案』〔日本評論社、2009〕がある。また、債権譲渡の部分について筆者の改正提案を含む私見を述べたものとして、池田真朗「民法（債権法）改正論議と債権譲渡規定のあり方」慶應義塾大学創立150年記念法学部論文集『慶應の法律学』（慶應義塾大学法学部、2008）25頁以下（増

補して池田真朗「債権譲渡論」民法改正研究会『民法改正と世界の民法典』〔信山社、2009〕307頁以下）がある。これらの一部は、本書に続く『債権譲渡の研究』第4巻に収録する予定である。

II　立法作業の展開

　まずは、本書の内容に関係する意味を持つ、立法や法改正の動きを時系列的に列挙してみよう。債権譲渡に関する法の関与は、この10年程度の間にどのように進展したのであろうか（以下の年表のうち、☆を付したものはいわゆる業法に属するものであり、無印のものは、法務省の管轄する、民事一般法に属する法律である）。

平成5年	☆特定債権法施行
平成10年9月	☆資産流動化法施行
平成10年10月	債権譲渡特例法施行
平成13年12月	☆中小企業信用保険法改正（売掛債権担保融資保証制度創設）（参考、2001（平成13）年12月　国連国際債権譲渡条約採択〔未発効〕）
平成16年12月	現代語化新民法典公布（保証の部分は実質改正）
平成16年12月	動産債権譲渡特例法公布（現代語化新民法典と同時）
平成17年10月	動産債権譲渡特例法施行
平成19年6月	電子記録債権法公布
平成20年12月	電子記録債権法施行

　とりあえずこれらが本稿での言及の対象となるものである（このうち、電子記録債権法についての詳細は、本書の後に予定される『債権譲渡の研究』第4巻にまとめる予定である）。なお、これ以外の民法関係の新法や法改正については、拙編著『新しい民法』に年表を付しておいたが、私は同書で、民法の変革をいざなう要因として、社会の情報化（電子化）、国際化、高齢化を挙げておいた[5]。このうち、情報化（電子化）と国際化については、本稿の扱う債権譲渡関係諸法にも見事に当てはまるものである。

　　4）　池田真朗編著『新しい民法―現代語化の経緯と解説』（有斐閣ジュリストブック

ス、2005）6〜7頁。
5) 池田・前掲注4）7頁以下。

III　資金調達取引と債権譲渡

　これらの立法作業等を個々に分析する前に、なぜ債権譲渡が資金調達取引に活用されるようになってきたのか、その理由が理解されなければならないであろう。結論からいえば、それには明瞭な必然性が認められる。それは、中小企業の場合も大企業の場合も、貸借対照表の左側に位置する資産のうち、不動産以外の資産、つまりいわゆる流動資産を活用して資金調達をすることが望まれるようになったからである。

　わが国の企業の資金調達は、伝統的に不動産担保による銀行借入に大きく依存してきた。しかしこれが、バブル崩壊後の不動産の価値下落によって、担保不足を招き、大量の不良債権を発生させたことは周知のとおりである。そもそも中小企業でいえば、借り入れの際に担保として提供できる保有不動産がもともと十分ではなく、さらに人的担保としての個人保証についても、その設定過剰が社会問題化し、平成16年の民法現代語化の際に貸金等を目的とする個人の根保証についての制限規定が置かれたのは、記憶に新しいところである。そうすると、中小企業の場合、資金調達ルートを多様化することが喫緊の課題となる。しかしながら、財務評価の高くない中小企業の場合、新株発行による資本の増強も難しく、社債の発行による資金調達も（面倒であるし）ままならない（市場性資金を取れる企業は、わが国の総企業のうちほんの一握りであることを理解すべきである）。したがって、銀行借入の行き詰まりは必然的に資金ショートに直結してしまうのである。

　そこで、資金調達の多様化は、必然的に資産の活用に向かうことになる。しかし、不動産については、中小企業の場合、もともと保有高に限りがあるうえ、二重三重に抵当権が設定されているのが通常である。そうすると、残るは売掛金等の債権か在庫動産ということになるのである（以下売掛金等の債権の活用については第1章、在庫動産の活用については、第13章の動産債権譲渡特例法施行の解説以下を参照。しかも、そこでデータが示されるように、わが

国の全企業の有する売掛金の総額は、不動産の総額を凌駕し、中小企業に限っても、不動産の総額に匹敵するものであることを知るべきである）。

　視点を大企業に移してみても、不動産の担保価値下落による不動産依存神話の崩壊は同断であるし、そもそも業種によっては、リースやクレジット等、基本的に不動産をあまり保有していない企業も多い。そのような場合、借り入れに限界があることはもちろんであるが、それに加えて、銀行借入や社債発行等による負債の増加は、貸借対照表の右側部分でいうと、自己資本比率の減少を意味する。その意味では、借り入れを増やさず、直接金融で売掛金等の債権を流動化すれば、貸借対照表全体のダウンサイジングにつながり、自己資本比率の増大につながるのである。

　こうして、資金調達手法の多様化、ことに、売掛金等の債権の活用は、大企業・中小企業を問わず、企業の不可避の命題となったのである。

　このような背景から、前掲の一連の立法関係作業を検討していくと、それらの意味と役割が明らかになってくる。

IV　個々の立法・法改正の分析

1　債権譲渡特例法（旧法）の制定と関係諸法の位置づけ

　わが国では、債権流動化や集合債権譲渡担保等の取引において、民法467条の定める対抗要件（債務者に対する通知・承諾。第三者対抗要件とするにはそれらを確定日付ある証書でしなければならない）が、大量の債権譲渡においては煩瑣でコストもかかり、取引発展の阻害要因とされてきた。そこで、民法の規定よりも簡易に対抗要件具備ができることを企図した債権譲渡特例法が、平成10年に施行され、債権譲渡登記制度が創設された。

　これ以前に、リース債権、クレジット債権限定で債権流動化をはかるための法律として、いわゆる特定債権法が平成５年に制定され、わが国の債権流動化立法のパイオニアとなったのであるが、これは経済産業省（旧通商産業省）の管轄する、業界限定の立法であり、当然のことながらより普遍的な、債権の種類による限定のない、かつ債権流動化にも債権譲渡担保にも利用できる包括的な立法が望まれたのである（また、特定債権法では、新聞紙上での

公告をもって民法467条２項の確定日付ある通知がされたものとみなすという、フィクション性の強い規定を置きながら、了知しなかった債務者に関する保護規定を持たないという構造的な問題も指摘されていた）。

　債権譲渡特例法の立法の経緯については、すでに『債権譲渡の研究』第２巻として本書の前に出版した拙著『債権譲渡法理の展開』所収の各論考をご参照いただきたい。なお私見は、債権譲渡特例法立案段階から、特定債権法を廃止して債権譲渡特例法に吸収・一本化すべきと主張してきたが、その後特定債権法は、当初の目的を終えて平成16年12月30日に廃止された。

　そしてこの債権譲渡特例法は、本書後述のように平成16年に増補されて新法たる動産債権譲渡特例法に変わるのであるが、以下には、議論の整理のために、本研究第２巻に紹介した、当初の債権譲渡特例法（現在では旧法）について、概略を記しておこう。

　債権譲渡特例法は、同法２条１項（新法では４条１項）で、フロッピー等の磁気ディスクに譲渡データを入れて東京中野の法務局に申請し債権譲渡登記をすれば、民法467条２項に定める確定日付ある通知（債権譲渡の第三者対抗要件）があったものとみなす、という規定を置いたのである。もっとも、譲渡登記の場合は債務者にはなんら知らされないのであるから、登記だけで対債務者対抗要件（権利行使要件）となるとすれば債務者保護の観点から不都合である。同法は、それを十分意識した上で、第三者対抗要件と対債務者対抗要件（権利行使要件）を分離し、同法２条２項（新法では４条２項）で、債務者に対して弁済請求ができるためには、登記事項証明書を付して通知することを定めた。つまり、登記しただけでは第三者対抗要件は具備するが対債務者対抗要件（権利行使要件）は具備されないということである。もっとも、それでは対債務者対抗要件を具備するにはかえって民法（民法では467条１項で無方式の通知をすればよい）よりも重い手続きを要求することになるが、その点は、資金調達のための債権譲渡の場合は、通常、旧債権者たる譲渡人がそのまま譲受人から委託されて債権回収にあたり、回収した債権を譲渡人に回金するのが常態であるので、本来、譲渡人の業績が悪化するなどの状況が現れない限りは、債務者への通知をする必要は生じないという点を取り入れたものである。なお本法では、譲渡人（資金調達者）を法人に限定したが、

対象債権は「金銭の支払を目的とするものに限る」としたのみで、それ以外の債権の種別等での限定はなされていない（同法2条1項〔新法では4条1項〕。もっとも、第三債務者名は当初は必要的記載事項とされており、さらに登記の概要がそのまま商業登記簿に掲載される等の点が後日問題となり、平成16年に改正を受ける）。

　この債権譲渡特例法の施行初期には、債権譲渡登記をした中小企業の信用不安を言い立てる信用調査機関などもあり、いわゆる風評被害が問題となった。しかしこのような「導入摩擦」的問題で一時数字が伸び悩んだ債権譲渡特例法登記も、わが国でも徐々に債権譲渡が「企業の正常取引としての資金調達手法」として広く認知されるようになってきたことから、その後順調に利用を伸ばし、既に施行後3年の平成12年の段階で、巨額の登記実績を上げるようになる。これについては、本書第3章で紹介する。債権譲渡登記は、現代の資金調達取引における、重要な対抗要件具備方法として確立されたといってよい（なおその後債権譲渡登記は法人の端末からオンライン申請もできるようになり、わが国の登記の電子化のさきがけとなった[8]）。

　なお、債権流動化の仕組みでは、倒産隔離や会計上のオフバランスを目的として、流動化のための特別目的機関（SPV）を作って（そのための会社や組合などを作る場合と、既存の信託銀行等を利用する場合、さらには中間法人を活用する等の方法がある）、そこにいったんオリジネーター（資金調達をしようとする主体）から債権を移転することが通常である。その債権流動化のための業法として、まず平成10年に先述の特定債権法を進化させた形で「特定目的会社による特定資産の流動化に関する法律」（旧SPC法）が制定され、さらにこれが平成16年に大幅改正されて「資産の流動化に関する法律」（資産流動化法）となり、流動化のための「特定目的会社」（実務ではTMKという略称で呼ばれる）というものが法で定められたが（同法では、信託型の「特定目的信託」も定められている。こちらは実務ではTMSと呼ばれる[9]）、一般には現在でもこの法律の規制対象ではないいわゆる特別目的会社（SPC）が多数使われており（さらに中間法人活用型も多い）、資産流動化法は規定が詳細で届出事項等が多岐にわたるため、もっぱら比較的大規模な流動化の際に用いられているようである[10]。いずれにしても、SPC等への債権の移転は、民法

上の債権譲渡となるため、債権流動化における民法の重要性は全く失われていない。

2 債権譲渡特例法（旧法）と国連国際債権譲渡条約

なお、本書の問題意識からすれば、債権譲渡特例法（旧法）については、その制定作業が、国連国際商取引法委員会（UNCITRAL）の国際債権譲渡条約の起草作業と並行して行われたという事実を指摘しておかなければならない。資金調達のための債権譲渡は、わが国で問題になる以前から世界的な趨勢になっていたのである。ことに、欧米では大量債権の流動化に際し、債権者と債務者が異なる国に所在する国際債権や、譲渡人と譲受人が異なる国に所在する国際譲渡が含まれることは当然であり、その意味で、対抗要件制度を含めた統一ルールの必要性が論じられたのである（なお、同条約草案作成作業では、当初から、真正譲渡と譲渡担保とは区別が困難であるとして、一貫してそれらの両者を区別なく包含するスタンスをとった）。

同条約草案起草作業は、平成7（1995）年11月から開始された[11]。一方、わが債権譲渡特例法について、法務省の債権譲渡法制研究会が開始されたのは同年6月である。両者の作成作業は同時期に進行することになった[12]。

UNCITRALでは、当初から通知型の対抗要件は資金調達目的の大量債権の譲渡には不向きであるとされ、事務局は登録型の対抗要件でまとまることを期待していたようであるが、電子的な手段による国際統一登録という壮大な目論見は、開発途上国からコンピューター導入に関する懸念等の意見も出され、全体に時期尚早であるとの反対が多く、最終的には、対抗要件システムだけは条約本体に規定を入れず、条約の付属書にいくつかのパターンの対抗要件規定を列記して、その中から各国が選択をし、最終的に多数の支持する形態に収斂することを期待するという、長期的なビジョンに立つ条約になった。とはいえ、その他の部分については条約本文でかなり詳細な規定を定めて、平成13（2001）年12月に国連総会で採択され、署名のために開放された。なお、その後この条約は、平成15（2003）年12月にアメリカが署名して署名国が3カ国（平成14〔2002〕年のルクセンブルグ、平成15〔2003〕年のマダガスカルに続いた）となったが、発効には、批准、受託等の国が5カ国に

達しなければならず、未だ発効はしていない。この国連債権譲渡条約については、すでに拙著『債権譲渡法理の展開』(『債権譲渡の研究』第2巻) で扱ったが、その後の展開については後続の『債権譲渡の研究』第4巻で扱う予定である。

　結局債権譲渡特例法は平成10 (1998) 年に制定されたので、国連の条約案作りに先行する形となった。同法の公布当時、私はこの法律の制定をUNCITRALの議場で紹介し、主要国の代表に法務省作成の英訳 (仮訳) を配布した。通知型の対抗要件規定を有する日本が、登録型の特別法を作ったということで、各国の評価は大変好意的であったが、この英訳を見たアメリカ代表から即座にされた質問は、なぜ法人限定なのか、なぜ第三債務者不特定では登記できないのか、というものであった。法人限定の点はここでは述べないが、第三債務者不特定の点は、後述する平成16 (2004) 年の改正法で修正された次第である (この点も本書第14章参照)。

3　売掛債権担保融資保証制度の創設と展開

　中小企業の資金調達の多様化支援という観点から、必ず言及しておかなければならないと思われる制度が、この売掛債権担保融資保証制度 (後に増補されて流動資産担保融資保証制度) である。経済産業省は、平成13年末の臨時国会において中小企業信用保険法を改正し、中小企業者が売掛先に対して保有している売掛債権を担保として金融機関が融資を行う場合に、信用保証協会が保証を付して信用補完を図る、「売掛債権担保融資保証制度」を創設した。筆者も全国信用保証協会連合会での研究会座長として関与した同制度は、平成13年12月17日より実際に開始された。当初いくつかの阻害要因のために実績が伸び悩んだが、今日ではわが国の中小企業融資のシステムとして定着した感がある。同制度の創設の詳細とその後の展開については、本書第3部の第5章、第6章で述べる。

　そしてこの制度はさらに、本書第7部第16章、第17章で述べるABL (動産債権譲渡担保融資、あるいは流動資産一括担保型融資) を支援する、動産債権担保融資保証制度に広がっていくのである。

4　動産債権譲渡特例法の成立

　平成16年の第161回臨時国会に提出された「債権譲渡の対抗要件に関する民法の特例等に関する法律の一部を改正する法律案」は、同年11月25日に成立して、同年12月1日に法律第148号として公布された。この改正法によって、従来の債権譲渡特例法登記と同様の形で動産譲渡登記制度が創設され、これまで占有改定という不安定な公示手段しか持たなかった動産譲渡担保に明確な公示方法が与えられた。また債権譲渡登記については、これまで登記ができなかった第三者債務者不特定の将来債権についても登記が可能となり、また譲渡される債権が将来債権を含む場合には債権譲渡特例法上の債権額の記載をしなくてもよいことにされた。さらに債権・動産共通に、風評被害への配慮もあって、商業登記簿に譲渡の概略を転載する制度は廃止し、新たに債権譲渡登記事項概要ファイルというものを作成して閲覧に供することとした。なおこれらの改正にともない、法律の題名も、「動産及び債権の譲渡の対抗要件に関する民法の特例等に関する法律」と改められている。施行は、政省令の制定等の手続きを考慮して、公布の日から起算して一年を超えない範囲内とされ、平成17年10月3日に施行された。

　この法律によって、いわゆる集合動産譲渡担保にも、第三者対抗要件の裏付けができることになった（また金融庁の金融検査マニュアルの改定により、動産譲渡担保はようやく金融庁の認める適格性のある担保ということになった）。この動産債権譲渡特例法については、本書第13章以下で考察する。さらに、この動産譲渡登記の創設によって、債権譲渡登記との組み合わせで、流動資産全体の担保化が現実の融資取引スキームとして実施されるに至る。それが、第16章と第17章で論じる ABL（動産・債権担保融資、あるいは流動資産一括担保型融資）である。

5　次なる立法──電子記録債権法の誕生

　平成18年2月8日に開催された法制審議会総会において、法務大臣から下記の諮問がなされた。「金銭債権について、その取引の安全を確保して流動性を高めるとともに、電子的な手段を利用した譲渡の法的安定性を確保する観点から、別紙『電子債権制度（仮称）の骨子』に記載するところを基本と

して整備することにつき検討の上、その要綱を示されたい」というものである。これで、電子記録債権法制の立法作業が実質的に開始されることになった[14]。

　電子記録債権（当初の仮称は電子債権）法制については、IT戦略本部の方針を受けて、経済産業省、金融庁、法務省（検討開始順）がそれぞれ研究会を組織して、平成17年中に一通りの分析や論点整理を終えていたところであり、金融庁でも金融審議会第二部会・情報技術革新と金融制度に関するワーキンググループ合同会合において平成18年6月から検討が開始され[15]、最終的に法務省と金融庁の共同立案として、「電子記録債権法案」が平成19年3月に第166回通常国会に提出され、平成19年6月に成立、同月27日に公布されて、平成20年12月1日に施行された（なお、名称は構想段階での「電子債権」からいったん「電子登録債権」となり、法案提出の最終段階で「電子記録債権」となっている）。

　電子記録債権は、①売買等によって発生する原因債権とは別個の金銭債権であり、②電子債権記録機関において管理する電子的な帳簿である記録原簿に発生記録をしなければ発生せず、移転記録をしなければ譲渡されない債権であって、③民法上の指名債権とも、手形法上の手形債権とも異なる新たな類型の金銭債権である。

　既存の指名債権では、二重譲渡リスクや譲渡禁止特約の存在による譲渡の否定、という問題があり、さらに支払いの確実性が担保されないという問題がある。一方手形についても、権利を紙に載せて大変確実な決済方法を作ったのではあるが、近年はその紙の負担（発行、管理、交換、印紙税等）が重くなってきており、企業、ことに大企業は手形の利用を控える傾向にあり、一括決済方式や期日指定振込みという手形レスの決済方法も広まってきている。実際手形は交換枚数でいうと昭和58年に420万枚だったのが平成20年には110万枚に、交換金額ではピークの平成2年に4,800兆円だったものが平成20年には430兆円にまで減少している（全銀協決済統計年報による）。今回の電子記録債権の創設には、こういう、指名債権と手形の両者が持つ現在の問題点をできれば抜本的に解消したい、という狙いもこめられている。

　ただ、もともとの議論の出発点は、国のIT化戦略とともに、中小企業の

金融手法の多様化というところから出発していたことが記憶されるべきであろう。具体的にいうと、当初平成15（2003）年7月のE-japan計画で言われたのは、「電子的手段による債権譲渡の推進によって中小企業等の資金調達環境を整備するため、現行法上、原則として確定日付のある通知または承諾が必要とされている債権譲渡のあり方を検討する必要がある」ということで、議論は債権譲渡の電子化から始まっている。したがって、電子記録債権については、手形を代替する機能ばかりでなく、指名債権を代替する機能（担保等、資金調達に活用できる機能）を生かした活用が期待されるところである。

電子記録債権については、平成21年6月に電子債権記録機関指定第1号が誕生したところであり、さまざまな電子記録債権活用のビジネスモデルの実際の開発は、これからというところであるが、これを活用しての進展が見込まれるものがいくつかある。電子記録債権に関する拙稿は、前述のとおり、本書に後続する『債権譲渡の研究』第4巻にまとめる予定である。

 6) 池田真朗『債権譲渡法理の展開』（弘文堂、2001）176頁。以下同書は池田『展開』として引用する。
 7) 池田・前掲注6)『展開』95頁。なお同書80頁、155頁も参照。
 8) 後藤博「債権譲渡登記のオンライン申請制度の概要」ジュリスト1201号（2001）74頁。なお池田真朗「債権譲渡特例法―施行後3年の総合検証」みんけん（民事研修）534号（2001）3頁以下（本書第3章に所収）参照。
 9) これらの立法の変遷については、大垣尚司「ストラクチャードファイナンス④」法学教室351号（2009）94頁以下参照。
10) この点は、加藤雅信＝加藤新太郎＝池田真朗〈鼎談〉「債権譲渡、債権担保の新動向を語る」判例タイムズ1185号（2005）7頁でも若干触れた（同鼎談はその後加藤雅信＝加藤新太郎編著『現代民法学と実務(中)』（判例タイムズ社、2008）53頁以下に収録）。
11) 国連国際債権譲渡条約の制定の経過については、池田・前掲注6)『展開』192〜231頁所収の各論考を参照。出来上がった条約の解説資料としては、同「UNCITRAL国際債権譲渡条約草案―草案の紹介と完成までの経緯」NBL722号（2001）27頁以下、池田真朗＝北澤安紀＝国際債権流動化研究会「注解・国連国際債権譲渡条約(1)〜(4・完)―UNCITRAL総会報告書をもとに」法学研究（慶應義塾大学）75巻7号158頁以下、8号138頁以下、9号162頁以下、10号198頁以下（2002）。
12) たまたま筆者は、同研究会のメンバーとなり、またUNCITRALの債権譲渡条約作業部会の日本政府代表となって、双方の作業にかかわることになったため、当

時は両者が大筋の内容において齟齬のないものになることに腐心した次第である。
13) 池田真朗「国連債権譲渡条約の進展と国内資金調達法制の整備」金融法務事情1699号（2004）1頁（第4巻収録予定）参照。
14) この部分の記述については、池田真朗「電子債権法制の立法作業の開始」銀行法務21・657号（2006）1頁参照。
15) ちなみに、私は、最初に報告書を出した経済産業省の研究会から参加し、法務省、金融庁の研究会（うち法務省の電子債権研究会では座長）、法制審議会電子債権部会、金融庁の上記合同会合のいずれにも委員として参加した。
16) ただ、これは、国の政策として義務的に遂行するものではなく、このテーマの探求は既に世界の趨勢になっているものと理解してよい。
17) たとえば手形レスの決済方法として広まっている、一括決済方式の債権譲渡（ファクタリング）方式などが挙げられる。前述の売掛債権担保融資保証制度でいえば、最大の難点である、各債権のエビデンスの徴求の部分（現在の制度では書類も多く面倒であって、これが進展の妨げとなっている）が、大幅に改善されることが想定される。一括決済方式関係の拙稿については、本書に続く『債権譲渡の研究』第4巻に収録の予定である。
18) ここでは参考までに、著者以外のものも含め、電子記録債権法構想段階からの主要な参考文献を掲げておく。まず、立法以前のものとしては、単行書として、大垣尚司『電子債権』（日本経済新聞社、2005）、論文等として、池田真朗「金融システムの電子化についての法的検討―『電子債権』への新たな取組みを中心に」銀行法務21・634号（2004）24頁以下、同「電子債権論序説―産業構造審議会小委員会報告書を契機に」NBL790号（2004）35頁以下、特集「企業金融の活性化と電子債権」ジュリスト1276号（2004）の中の①池田真朗=岩原紳作=小野傑=佐藤良治=中村廉平=松本恒雄〔座談会〕「『電子債権法』の立法化に向けた理論的課題」2頁以下、②北川慎介「電子債権の議論と今後の課題」30頁以下、③大垣尚司「新時代の企業金融と電子債権法構想の意義」38頁以下、特集「電子債権と金融ビジネスモデル」金融財政事情2005年6月6日号の中の①市川雅一「電子債権を活用した新しい金融サービスの創出に向けて」12頁以下、②渡邊隆彦「電子債権のローンセカンダリー取引への活用」17頁以下、③大垣尚司「電子債権と地域金融機関のビジネスモデルへの提言」24頁以下、特集「電子債権の期待と課題」NBL812号（2005）の中の①木原正裕「ローン債権売買市場活性化」13頁以下、②平田重敏「一括決済方式」16頁以下、③高橋秀充「手形の電子化」19頁以下、④佐藤良治「CMS」22頁以下、⑤中村廉平「金融機関融資の電子化」26頁以下、⑥吉本利行「ノンバンク融資の電子化」29頁以下、さらに西方健一「『金融システム面からみた電子債権法制に関する議論の整理』（金融審議会情報技術革新WG座長メモ）の概要」金融法務事情1747号（2005）36頁以下、藤田佳秀「電子債権法制によるローンセカンダリー市場の活性化」金融法務事情1750号（2005）31頁以下、池田真朗「電子債権構想の具体化と立法への展望」Law ＆ Technology 30号（2006）4頁以下、葉玉匡美・坂本

三郎「電子債権に関する私法上の論点整理―電子債権研究会報告書」の概要NBL825号（2006）28頁以下。経済産業省産業構造審議会産業金融部会の報告書、金融庁金融審議会金融分科会の「情報技術革新と金融制度に関するWG」の座長メモ、法務省電子債権研究会報告書等は各省庁のホームページ参照。次に、立法以後のものとしては、始関正光=高橋康文『一問一答 電子記録債権法』（商事法務、2008）、池田真朗=小野傑=中村廉平『電子記録債権法の理論と実務』（経済法令研究会、2008）、池田真朗=太田穣『解説 電子記録債権法』（弘文堂、2010）などがある。

Ⅴ 小 括

　以上のような債権譲渡に関する一連の法整備や制度創設を理解した上で、つまり、債権譲渡取引が中小企業を中心とする企業の資金調達手段として確立し、それを、既存の法の解釈にとどまらず、立法が支えてきたというプロセスを認識した上で、本書は、民法と債権譲渡特例法そして動産債権譲渡特例法をめぐる判例法理の進展を整理し、解釈上・運用上の諸問題を分析する。そこに浮かび上がるのは、民法の全領域の中でも、この四半世紀におそらく最も急な成長および変容を遂げてきたといえる債権譲渡関係分野が、現在もその発展を止めることなく、最先端の論点としてダイナミックに変化し続けている姿であろう。したがって、本書の以下の各章の記述が、その動態をいかに（動態のままに）把握して提示できるかが、本書の価値を決めることになるかと思われる。

第 1 部

債権譲渡取引の変容

第1章
債権譲渡に関する判例法理の展開と債権譲渡取引の変容
―― 危機対応型取引から正常業務型資金調達取引へ

I　はじめに

　債権譲渡についての判例・学説上の議論は、昭和50年代に、指名債権譲渡の二重譲渡の優劣の基準をめぐる判例の進展の中で、ようやく、民法学の「争点」と呼ばれるのにふさわしいと評価されるに至った[1]。これは、物権変動と債権譲渡とを民法中の2大権利移転の問題と捉えた場合には、物権変動論と比較して、誠に「遅すぎた脚光」であったといえる。しかしながら、実はこの昭和50年代の注目度は、この分野にとってはほんの序章に過ぎないことが、その後明らかになってきた。いわば加速度的に重要度を増してきた債権譲渡（集合将来債権譲渡を含む）は、この10年余【本章執筆時は2004（平成16）年である】の最高裁判例を振り返るとき、まさに「転換期の取引法」というテーマに最もふさわしい分野のひとつであるといって過言でなかろう。

　その「転換」を用意したのは、取引実務における債権譲渡という取引形態の意義と評価の問題であった。つまり、ことにわが国の場合、債権譲渡は、従来から危なくなった企業等のする苦し紛れの取引と認識されてきたのである。この10年の取引法判例の中に現れた債権譲渡の変化は、債権譲渡が危機対応型の紛争処理取引から正常業務型の資金調達取引へと、取引社会の中での位置づけを大きく変えていったことと軌を一にしていることが理解される。

本章の狙いは、まさにその点を浮き彫りにすることにある。

 1) 椿寿夫「債権の二重譲渡と対抗要件」『新版・判例民法演習3 債権総論』（有斐閣、1982）171頁。それまでは、債権譲渡については、468条1項の異議を留めない承諾（これは債権譲渡法理全体から見れば特殊な規定である）についての議論のほうが盛んであって、肝心の対抗要件についての考究は遅れていた。

II 指名債権譲渡の対抗要件の構造と二重譲渡の優劣の基準

1 優劣基準の判例法理の完成

　指名債権譲渡に関しては、一連の二重譲渡優劣基準の判例法理を最終的に完成させたのが、［1］最三小判平成5・3・30（民集47巻4号3334頁）であった。これは、二重譲渡の際の優劣決定基準として到達時説を採ることを明らかにした最判昭和49・3・7（民集28巻2号174頁）（参考判例①）と、到達時説で優劣が決まらない通知同時到達（または到達先後不明）の場合、同順位譲受人はいずれも債務者に対して債権全額の請求ができるとした最判昭和55・1・11（民集34巻1号42頁）（参考判例②）とを受けて、同順位譲受人が供託金還付を争った場合、按分取得になると判示したものである。

　まずはこの［1］判決の事実と判旨を紹介する。

　〔事実〕　X（国）は、A会社に対する租税債権を徴収するために、A社のB組合に対する運送代金債権を差し押さえ、右差押通知は、昭和60年9月24日、Bに交付送達された。しかし本件債権については、Yに債権譲渡した旨の通知も同日にBに到達しており、それらの到達の先後は不明であった（第一審の認定によれば、それらの到達の先後は不明ながら、きわめて近接した時間の幅の中で到達しているので、同時到達として取り扱うとされた）。B組合は、債権者不確知を理由に62万円を供託した。そこでXがYを相手方として、右供託金62万円の還付請求権の取立権を有することの確認を求めた。

　〔判旨〕　破棄自判「各通知の到達の先後関係が不明であるためにその相互間の優劣を決することができない場合であっても、それぞれの立場において取得した第三債務者に対する法的地位が変容を受けるわけではないから、国税の徴収職員は、国税徴収法67条1項に基づき差し押さえた右債権の取立権

を取得し、また、債権譲受人も、右債権差押えの存在にかかわらず、第三債務者に対して右債権の給付を求める訴えを提起し、勝訴判決を得ることができる（最高裁昭和53年(オ)第1199号同55年1月11日第三小法廷判決・民集34巻1号42頁参照）。しかし、このような場合には、前記のとおり、差押債権者と債権譲受人との間では、互いに相手方に対して自己が優先的地位にある債権者であると主張することが許されない関係に立つ。」

「滞納処分としての債権差押えの通知と確定日付のある右債権譲渡の通知の第三債務者への到達の先後関係が不明であるために、第三債務者が債権者を確知することができないことを原因として右債権額に相当する金員を供託した場合において、被差押債権額と譲受債権額との合計額が右供託金額を超過するときは、差押債権者と債権譲受人は、公平の原則に照らし、被差押債権額と譲受債権額に応じて供託金額を案分した額の供託金還付請求権をそれぞれ分割取得するものと解するのが相当である。」

［1］判決は右のように判示し、原判決を破棄し、自判して、ＸＹそれぞれが各31万円の供託金還付請求権を分割取得するものとした。

2　一連の二重譲渡事案の紛争形態

このように、二重譲渡の優劣の基準については、参考判例①の基準で決まらない場合を参考判例②と本［1］判決で処理した形となり、二重譲渡事案に関する一連の判例法理形成は、本判決で一段落ということになったのである。

しかしながら、これらの判例法理は、民法上は大変重要ではあるが（中でも理論的には、参考判例①の昭和49年判決が、債権譲渡の対抗要件の構造を沿革に遡って明らかにした最重要判決である。この判旨は後掲［5］判決の判旨でも引用されている）[3]、今日の金融取引法としては、基礎理論という位置づけにすぎないのである。もちろん、金融スキーム上「二重譲渡リスクを避ける」というのは重要な課題である。したがって上記の一連の判例を知っているのは実務家としても常識であるが、いまやこれらは、知っていて当然というレベルの判例法理ということになっている。

そのような位置づけを論証するために、本章でまず問題にしたいのは、こ

れらの判例の事案である。つまりどのような債権譲渡による紛争形態であったのかということである。改めてその点を確認すると、時系列的に、まず参考判例①では、譲受人と差押債権者の間の紛争であった。事案の概要は、

> Xは、AからAのZ（東京都下水道局）に対する債権を譲り受け、Aは、その譲渡通知として、債権譲渡書と称する書面に公証人の確定日付印の押捺を受けて、昭和44年2月13日の午後3時頃、Zに持参し、その職員に交付した（その後内容証明郵便でも通知）。これに対して、YはAに対する金銭債権の執行を保全するために、本件債権に仮差押命令を得、この命令が同日の午後4時5分頃、Zに送達された。XがYの仮差押命令の執行の排除を求めて本訴に及んだ。

というものである。

次に、参考判例②の事案は、

> 金融業を営むXは、昭和49年3月4日、Aに対する貸金債権の弁済に代えて、AのYに対する売掛代金債権を譲り受け、Aは同日その旨を内容証明郵便でYに通知した。しかしAは翌日5日に同じ債権をBにもCにも譲渡し、それらについても内容証明郵便でYに通知した。これら3通の内容証明郵便は、いずれも同月6日の午後零時から午後6時までの間にYのもとに到達した。さらにD社会保険事務所は、Aの滞納金を徴収するために本件債権を差し押え、この差押通知書がやはり同月6日の午後零時から午後6時までの間にYのもとに到達した（つまり3譲渡通知と1差押通知が同日の同一時間帯に到達したもので、Dは差押通知書をYに持参したのだが時刻をDY両者がメモしなかったために、譲渡通知の郵便との到達の先後が不明となったものである）。

というもので、これも多重譲渡の譲受人と差押債権者の間の紛争である。

さらに、先述の［1］判決の事案も、差押債権者たる国（国税庁）と債権譲受人との間の紛争である。

そうすると、これら3判決の事案は、いずれも、譲渡人の債務不払い等に起因する、譲渡人の資産状態悪化時に債権譲渡がされた事案であって、したがって紛争は、文字通りの多重譲渡や、譲渡と差押の競合という形で現れたということなのである。つまり、この時代の債権譲渡法理は、まさに危機対

応型の債権譲渡取引について形成されてきたものであるということが明らかになる。

　しかしながら、転換期の取引法判例として債権譲渡が重要なのは、債権譲渡という取引自体が、企業の危急時の取引から、正常業務の中の資金調達取引に変わってきたからである。そこでは、実務当事者も、分析する研究者側も、債権譲渡取引についての認識や評価を大きく転換させることが必要であって、その観点から判例法理の展開を捉えることが決定的に重要であると思われる。では、そのような債権譲渡取引の変化が、判例の事案にもその通りに現れてきているのか、次にそれを検証しよう。

　　2）　本判決の評釈として、井上繁規・ジュリ1030号（1993）123頁以下、池田真朗・判タ822号（1993）4頁以下、同・金法1364号（1993）70頁以下、荒木新五・Credit & Law 46号（1993）38頁以下、上原敏夫・曹時45巻8号（1993）1頁以下、角紀代恵・民商111巻1号（1994）102頁以下、山田誠一・金法1361号（1993）7頁以下等。
　　3）　池田真朗「本件判批」森泉章教授還暦記念『現代判例民法学の課題』（法学書院、1988）569頁（池田真朗『債権譲渡の研究』（弘文堂、1993）136頁所収）。

III　資金調達取引と債権譲渡

1　資金調達のための債権譲渡

　まずは、債権譲渡が資金調達に用いられるようになった背景から論じておきたい。一般の売掛債権を例にとってみても、実はわが国では、その活用自体が遅れていた。それも、1つには、債権譲渡という取引について、危機に瀕した企業のするものだという根強い偏見があったからであるが、数字的にいうと、平成12年段階でアメリカ合衆国が売掛債権全体の約13％を流動化していたのに対し、わが国ではそれが（平成11年の資料で）約1％にとどまっていたのである。

　しかもわが国の資本金1億円未満の中小企業の有する資産は、平成11年の段階で、土地が約91兆円、売掛金（受取手形を含む）が約87兆円となっており（法人企業統計）、売掛債権は土地に匹敵する総量があったのである。【追補、その後のデータで言えば、平成19年の統計で、全企業ベースでは土地が約159

兆円、売掛金（受取手形を含む）が約244兆円、資本金１億円未満の中小企業では、土地が約82兆円、売掛金（受取手形を含む）が約79兆円となっている（法人企業統計）。】

　売掛債権等の資金調達への活用方法は、大きく分けて２通り考えられる。１つは、いわゆる債権譲渡担保であり、他の１つは、直接金融としての債権流動化である。最近では、伝統的な物的・人的担保融資への過度の依存からの脱却が強調されるようになってきているが、前者の債権譲渡担保は、間接金融には違いがないのであるが、被融資者（譲渡人）の信用力ではなく、当該債権つまり第三債務者の信用力を引き当てにした担保である点に大きな特徴がある。すなわち、信用力の必ずしも十分でない企業でも融資機会を得られるものであるという利点を持つのである。後者の債権流動化は、直接金融であってかつ上記のように第三債務者の信用力が引き当てになるため、株や社債による直接金融が円滑に行かない場合でもさらに調達可能性が開けるものである。世界的にこの債権流動化（SPVが資産担保証券を発行するケースでは「証券化」）は、新しい資金調達手法として発展し定着してきている。ただし、この債権流動化の場合は、ある程度ロットつまり対象債権の総体が大きくないと、なかなか採算がとれるだけのスキームが組みにくいので、どちらかといえば大企業向きの資金調達手法である。ちなみに、後述する平成10年施行の債権譲渡特例法による登記は、立法の当初はどちらかといえばこの債権流動化を中心として想定したが、実際には、債権譲渡担保に関する登記利用が多数のようである。

　そのような背景を把握した上で、判例の検討に戻ろう。新判例の出現が望まれた領域は、まさにこの「背景」から論理必然的に導かれるものだったのである。

2　将来債権譲渡に関する判例法理の進展
(1)　将来債権譲渡契約の有効性

　債権譲渡担保にしても債権流動化にしても、これらの資金調達取引は、実際には既発生の債権だけでなく、将来にわたって発生する債権をも対象にできなければ、取引としての実効性は希薄になる。そこで、将来債権譲渡に関

する判例法理の進展が、実務界から強く望まれるようになってきたのである。

　しかしわが国においては、将来債権譲渡に関する判例法理の形成は、先進諸国に比して遅れていた。もっとも、古く大審院時代の判決は、一般論として将来債権譲渡の有効性を広く認めていたのであるが（大判昭和9・12・28民集13巻2261頁）、最高裁判決としては民集登載事例がなく、最判昭和53・12・15（裁判集民事125号839頁）（参考判例③）があるのみで、これが当事者が1年間の将来債権譲渡の有効性を争い認められたものであったために（決して最高裁が一年に限定したわけではないのだが）、実務では1年以内の将来債権譲渡しか行われないという慣行が続いていたのである。そこにようやく登場したのが、複数年の将来債権譲渡契約の有効性を認めた、［2］最三小判平成11・1・29（民集53巻1号51頁）であった。

〔事実〕　Yは、医師Aとの間に、同人に対する債権の回収のため、同人が昭和57年12月から平成3年2月までの8年3カ月の間に社会保険診療報酬支払基金から支払いを受けるべき各月の診療報酬債権の一定額分を目的とする債権譲渡契約を締結した。この債権譲渡（総額7946万余円）は、昭和57年11月に、確定日付のある証書をもって基金に通知された。Aは、昭和59年6月以降、国税を滞納したため、国Xは、平成5年5月、Aが同年7月から平成2年6月までの1年間に基金から支払を受けるべき診療報酬債権を差し押え、基金に対してその旨の差押通知書が送達された。これに対して基金は、本件債権部分にかかる各債権について、債権者不確知等を原因として、被供託者をAまたはYとして供託した。国Xは、右供託金についてのAの還付請求権を差し押さえて、取立権を取得したとしてYに確認を求めたのが本件訴訟である。

〔判旨〕　破棄自判「将来発生すべき債権を目的とする債権譲渡契約にあっては、契約当事者は、譲渡の目的とされる債権の発生の基礎をなす事情をしんしゃくし、右事情の下における債権発生の可能性の程度を考慮したうえ、右債権が見込みどおり発生しなかった場合に譲受人に生ずる不利益については譲渡人の契約上の責任の追及により清算することとして、契約を締結するものと見るべきであるから、右契約の締結時において右債権発生の可能性が低かったことは、右契約の効力を当然に左右するものではないと解するのが

相当である。」

　そして、医師が社会保険診療報酬支払基金から将来 8 年 3 カ月の間に支払を受けるべき各月の診療報酬債権の一部を目的として債権譲渡契約を締結した場合において、右医師が債務の弁済のために右契約を締結したとの一事をもって、契約締結後 6 年 8 カ月目から 1 年の間に発生すべき目的債権につき契約締結時においてこれが安定して発生することが確実に期待されたとはいえないとし、他の事情を考慮することなく、右契約のうち右期間に関する部分の効力を否定した原審の判断には、違法がある、とした。

　このように、本判決は、将来債権の具体的な発生可能性の多寡は契約の有効性を左右しないとして、8 年 3 カ月分の将来債権譲渡契約の有効性を肯定し、契約締結から 6 年 8 カ月後から 1 年間に発生する分の債権の譲渡を認めたのである。ここにおいて、複数年にわたる将来債権譲渡契約は初めて最高裁で有効性のお墨付きを得たことになり、本［2］判決は、実務界から「待ちに待った最高裁判決」として歓迎されたのである。

(2)　将来債権の特定性

　ただ、将来債権譲渡契約自体の有効性についてはこのようにお墨付きを得ても、次の段階として、実際にその契約の目的物が特定されているのか、という、特定性の議論が必要となる。つまり、この［2］判決においても、譲渡対象債権の特定は、有効性の前提となっていた。そして［2］の事案では、基金に対する診療報酬債権で期間も金額も特定していたので（注意したいのは、ここでいう診療報酬債権は、個々の患者に対するものではなく、保険診療をした分の、診療報酬支払基金から医師に支払われる債権であるので、第三債務者も基金に特定している）、特定性に関して何ら疑念のない事案だったのである。したがって、その「特定」の程度の問題が、検討課題として残されていた。これについて、将来の集合債権譲渡予約のケースで、譲渡の目的となる債権が他の債権と識別可能な程度に特定されていればよい（特定性は識別可能性で足りる）と判示したのが、［3］最二小判平成12・4・21（民集54巻 4 号1562頁）であった。

〔事実〕　A社は、X社から寝装品の材料を継続的に仕入れていたが、昭和60年ころから継続的に買掛債務を負うようになり、平成 3 年頃には、資金繰

りに困難が生じるようになった。そこで、Aに融資をするなど協力してきたXは、平成4年9月、XのAに対する現在及び将来の債権を担保するため、Aの第三者に対する債権をXに譲渡する旨の譲渡予約を締結した。本件予約によると、譲渡の目的となる債権は、「Aがこたつ、羊毛・羽毛ふとん、暖卓台及びこれらのセット等の売買取引に基づきY社他10社に対して現に有し又は将来有することのある一切の商品売掛代金債権」であり、Aに債務の弁済の遅滞、支払停止、その他不信用な事実があったときは、Aは期限の利益を失い、Xは、直ちに債権譲渡の予約を完結し、債権の取立て等を実行することができることになっていた。

その後平成5年11月に至り、Aは経営改善の見通しが立たず廃業するとXに連絡してきたので、Xは、あらかじめ預託を受けていた債権譲渡通知書を債務者であるYらに発送した。Xからの請求に対して、Yが本件予約は譲渡の目的債権が特定されていないから無効である等として弁済を拒んだため本件訴訟となった。

〔判旨〕 上告棄却「債権譲渡の予約にあっては、予約完結時において譲渡の目的となるべき債権を譲渡人が有する他の債権から識別することができる程度に特定されていれば足りる。そして、この理は、将来発生すべき債権が譲渡予約の目的とされている場合でも変わるものではない。本件予約において譲渡の目的となるべき債権は、債権者及び債務者が特定され、発生原因が特定の商品についての売買取引とされていることによって、他の債権から識別ができる程度に特定されているということができる」。

つまり、本［3］判決は、譲渡の目的となる債権が他の債権と識別可能な程度に特定されていればよい（特定性は識別可能性で足りる）とした判決で、本事案では実際には債権者、債務者、発生原因の特定を掲げて特定性を肯定したものである。これによって、厳密な特定がなければ有効性が否定されるのではないかという実務での心配が相当程度に払拭されたといってよい。

(3) 小括

このように、［2］判決で発生可能性を問わず複数年の将来債権譲渡が認められ、［3］判決で特定性は識別可能性でよいとされたことで、将来債権譲渡を取引の中で活用しようという実務担当者には、かなりの指針といった

ものが与えられる形になった。またこれら2判決によって、わが国における将来債権譲渡に関する判例法理はようやく形成を開始した、と評価することができる。

なお、[2][3]判決の事案を確認すれば、それらにおける債権譲渡は、債権担保や債権回収のためになされている。譲渡人は、譲渡契約時点で、多少経営悪化の方向はあっても、倒産寸前というような危機的状態にあったわけではない。したがって、危機的状況における二重三重の譲渡という紛争形態は、もはやここには見られないのである。

3 集合（将来）債権譲渡担保に関する判例法理の進展

(1) 集合債権譲渡担保契約における「通知」

上記の[2][3]判決の考察からは、さらに「資金調達のための債権譲渡」という色彩の強まった事例での判例法理の形成が必然となったということが予測されよう。そして、事実もそのように推移したのである。先述した資金調達手法のうち、まず債権譲渡担保取引についての判例法理を考察する。もちろん、この場合の債権譲渡担保は、既発生の債権とこれから発生する将来債権との両方を対象にした、集合（将来）債権譲渡担保となることが多い。

これらの債権譲渡担保の場合、当初は、（[3]判決の事案にもみられるように）もともと、担保として債権譲渡を企図した時点ではサイレント、つまり第三債務者に知らせないで行い、したがって、対抗要件の具備もない形態にするものが多かった。そして、譲渡人（被融資者）の経営状態が悪化した時点で対抗要件具備をしようとするのである。しかしながら、このような債権譲渡担保契約は、それ自体は契約としては可能でも（このような契約も契約として違法なものではないとした下級審判決として、たとえば東京地判昭和55・3・31判時975号48頁がある）、対抗要件具備までは、他の差押債権者が出現した場合はその者に当然劣後するというリスクがあり、さらにその危急時に至っての対抗要件具備は、破産法上の否認権の対象となる可能性もあるという、いまだ問題の多い契約形態であった[10]（しかしながら、このサイレントでの譲渡担保を選ぶのは、先述した債権譲渡に対する実務界の偏見のために、債権譲渡があったと聞くと経営悪化を疑われるという風評被害を避ける狙いもあったのであ

る。この点は次の債権譲渡特例法登記の判例のところで再論する）。

　まさにこのような集合債権譲渡担保契約における「通知」の内容が問題になったのが、［４］最一小判平成13・11・22（民集55巻６号1056頁）[11]であった。

　本件については、本書第７章にその評釈を収録するのでここでは詳細は省略するが、つまり本判決は、①集合債権譲渡担保契約で、第三債務者に通知するまでは譲渡人の債権回収を許諾するような契約でも、債権は確定的に譲受人に譲渡されている、②このような債権譲渡についても対抗要件は指名債権譲渡の対抗要件具備の方法によることができる、③その通知の中で、第三債務者に対して譲渡人に付与された取立て権限行使への協力を依頼したとしても、債権譲渡の第三者対抗要件の通知として効果に欠けるところはない（債権が譲受人に移転した旨の通知である）、というのである。

　ここでは、まず第１に、債権譲渡担保では、譲渡があれば債権は確定的に譲受人に移転すること、つまり、集合動産譲渡担保の分野でいわれる「所有権的構成」と「担保的構成」でいえば、所有権的構成にあたるということが示されていることに注目したい（さらにいえば、債権譲渡担保の最高裁判例では、「所有権的構成」「担保的構成」などという表現は一切使われていない。後述するように、債権譲渡があったかなかったか、あったならば債権は移転し、ないのであれば移転していない、という論理で貫かれているのである。債権ということでいえば、「権利移転的構成」と表現するべきであろうか）。そして、集合債権譲渡担保契約について、「集合債権にかかる債権譲渡担保設定通知」という表現をしている通知であっても、これで「債権譲渡通知」として第三者対抗要件を有効に取得しうるとしたのである（なお、この判決を、債権譲渡担保契約における「債権譲渡担保設定」の通知の有効性を認めた、というふうに理解するのは誤りである。本判決の判旨の論理は、原審からの争点を見ても、あくまでも、「債権譲渡担保設定通知」とあっても、債権を移転させる「債権譲渡」の通知として有効である、とするものである）[12]。

　(2)　予約についての「通知・承諾」と本契約の対抗要件具備

　次に、指名債権譲渡の予約について確定日付ある証書による債務者に対する通知または債務者の承諾を得た場合に、それをもって予約の完結による債権譲渡の効力を第三者に対抗することはできるか否かに関する、［５］最三

小判平成13・11・27（民集55巻6号1090頁）[13]が出された。事案は、個別のゴルフクラブ会員権譲渡であって、単一債権の譲渡であるが、いわゆる予約型集合債権譲渡担保契約の法的評価に大きな影響を与えるものである。

この判決についても、本書第8章に評釈を収録したので詳細は省略するが、本判決は、債権譲渡の予約に通知・承諾を具備しても、その後の予約完結による本契約たる債権譲渡の対抗要件にはならないという、理論的には当然の事理を明らかにしたものである。[14]

この判決の論理からすると、予約型債権譲渡担保契約については、予約完結時に権利移転が起こるのであって、そこで初めて（15日以内に）する対抗要件具備は否認の対象にならないということになろう。したがって、予約段階では第三者に対する優先権は得られず、その代わりに本契約から15日以内に確定日付のある通知・承諾を具備すれば破産法上の否認は受けない、ということになると予測される。

なお、本判決が示された結果、いまだ最高裁の判断が示されずに残っているのは、停止条件型債権譲渡担保契約についてである。停止条件型についても、同様に停止条件成就時に権利移転が起こると考えれば、そこから15日以内にする対抗要件具備行為は否認の対象にならないことになりそうである。しかしこの停止条件型については、大阪高判平成10・7・31（金判1050号5頁）、大阪高判平成10・9・2（金判1050号6頁、金法1528号39頁）が、いずれも担保設定契約としての実質は停止条件型債権譲渡担保契約の契約時から存在するとして、対抗要件具備行為についての否認権行使を認める判断をした。これらは上告されたが、前者は上告人が上告理由書を提出しなかったため却下で確定してしまっており（大阪高判〔上告審〕平成10・10・14金判1057号14頁）、後者はその後の上告審判決の情報がない。【補注、その後別件で最判平成16・7・16民集58巻5号1744頁が予測通りの判断を示した。本書第9章参照。】

(3) 債権譲渡担保と真正債権譲渡

このように、[4][5]判決では、事案は完全に、債権を用いて資金調達をするという、資金調達目的の債権譲渡になっている。また、ここまでにみた最高裁判例は、債権譲渡担保について真正譲渡構成（いわば所有権的構成）をとっており、いわゆる担保的構成での処理は見られない。先にも述べたと

おり、契約が譲渡担保であろうが真正譲渡であろうが、債権譲渡といえるものがあれば債権は移転し、そうでなければ債権は移っていない、という明瞭な処理である。実はこのことは、債権譲渡契約に関する国際レベルの判断基準とも一致する。UNCITRAL（国連国際商取引法委員会）が作成した国連国際債権譲渡条約（2001年採択、未発効）[15]では、真正譲渡も譲渡担保も区別できないとして等しく対象としているし、周知のようにアメリカUCC（統一商事法典）第9編では、担保の章で真正売買も同一に扱うという処理をしているのである。もっとも、近年のいわゆる債権流動化スキームの中では、この真正売買か担保かという点が、譲受人の財産か譲渡人に残っている財産かというところで、実際には激しく争われている。ことに会社更生法の適用事案では、共益債権になるか（融資者ないし投資家が回収できる）、更正担保権になるか（管財人の元に入る）という歴然とした違いにつながるため、未回収部分の清算義務の有無等を巡り、名目だけでなく実質的に真正譲渡なのか担保なのかが争われるのである。

4 債権譲渡特例法登記に関する判例

わが国では、債権流動化や集合債権譲渡担保等の取引において、民法の定める対抗要件よりも簡易に対抗要件具備ができることを企図した債権譲渡特例法が、平成10年に施行され、債権譲渡登記制度が創設された。この施行初期にも、債権譲渡登記をした中小企業の信用不安を言い立てる信用調査機関などもあり、いわゆる風評被害が問題となった。しかしこのような「導入摩擦」的問題で一時数字が伸び悩んだ債権譲渡特例法登記も、わが国でも徐々に債権譲渡が「企業の正常取引としての資金調達手法」として広く認知されるようになってきたことから、その後順調に利用を伸ばし、既に平成12年の段階で、登記実績は、譲渡債権の個数が年間約6,480万個、債権総額にして年間約30兆8,000億円の巨額に達している[16]。

この債権譲渡登記の普及につれて、これに関係する紛争も増加してきて、下級審裁判例も目にするようになってきた。この、債権譲渡特例法登記に関する最初の最高裁判決（および決定）として現れたのが、［6］最一小決平成14・10・1（金法1665号59頁）と［7］最一小判平成14・10・10（民集56巻8号

1742頁）である。[17]

　この２つは同一事件であり、将来にわたって発生する債権を、一方には債権の担保として、他方には代物弁済として二重譲渡したケースで、二重の特例法登記がされ、第三債務者が供託した供託金の還付請求権を、二重譲受人が相互に還付請求権確認訴訟を提起して争ったものである。

　これらについても本書では第一審からの評釈を収録したので（本書第４章第１節から第４節）、ここでは詳細は省略するが、[18][19]一方の登記は、譲渡にかかる債権の発生年月日として各債務者ごとに最初の日（始期）のみを記載し、終期を記載していなかったとして、また他方の登記は、始期終期を明示していたが、譲渡された債権の種類（コードで選択する）を、「売掛債権」とするコード間違いを犯していたとして、最終的に双方が敗訴したというものである。

　これが、債権譲渡特例法登記に関する初の最高裁判決となったのであるが、そもそもは両社担当者の債権譲渡登記実務への不慣れが惹起した紛争ともいえる。ただ、結果として、［６］のコード間違いの事案のほう（上告受理申立理由を書かなかったようで、上告理由に当たらないとして実質門前払いをされた）で実質的な最高裁判例ができなかったことが残念に思われる。つまり、［７］の始期のみを記載したほうは、債権譲渡登記に関する諸規定および告示を正しく解釈すればそうなるので（私見の原審評釈参照）、[20]この結論は予期されたものであるが、［６］は、中小企業で行われている会計実務などを勘案すると、この債権コード選択をあまり厳格に解釈すると、債権譲渡登記の信頼性が失われ、利用が抑制される結果につながると思われるからである。なお、本件では、このように両者敗訴となったが、この場合でも、X・Yの和解によって供託金の還付を受ける等の最終処理は可能である。[21]

5　小括──今後の課題

　以上、［２］から［７］の各判例の事案は、いずれも危急時型の債権譲渡ではなく、譲渡人企業のほぼ正常な取引の中の資金調達手法として債権譲渡が使われている。ただし、これらの事例においても、将来の債務状態悪化を予測しての債権譲渡担保、という色彩は否めないものがあるが、それは物的担保設定においても同様であって、担保紛争事例に共通の状況であると考え

られる。ただ、債権譲渡においては、二重譲渡リスクの回避により意を用いなければならないことは確かである。［６］［７］のケースでも、Ａ社がどれだけ意図的に二重譲渡をしたのかは不明であるが、二重登記は避けられないものの（債権譲渡登記は、あくまでも権利移転の公示なのであって現在の債権の存在の公示ではないし、登記官には実質審査権はない）、後続のＸ社のほうが先行登記を調査すれば発見できたものではないかと思われる。

　今後の課題は、第三債務者不特定の将来債権譲渡についてである。これが法によって認められると、融資の幅が広がる（たとえば、旅行会社の将来の旅行サービス債権を担保にした融資や、ベンチャー企業が開発中のコンピューターソフトの売上代金債権を担保にした融資等が確実に行えるようになる）。これまでの上記判決は、すべて第三債務者の特定していた事例であるが、前記［３］判決の趣旨からすれば、第三債務者が不特定でも、他の条件から識別可能であれば、将来債権譲渡契約としては有効と認められよう。問題は、そのような第三債務者不特定の将来債権譲渡にどのように対抗要件を具備するかである。現時点では、民法上の通知・承諾という対抗要件は、債務者が不特定であれば当然具備は不可能であるし、債権譲渡登記も、債権譲渡特例法で債務者名が必要的記載事項のため、できないのである。これについて、平成16年7月現在、法制審議会動産・債権担保法制部会で、第三債務者名の記載を将来債権については必要的記載事項としないという方向の法改正の検討が進んでいる。【補注、この改正は新法すなわち動産債権譲渡特例法の中で実現した。これによって、第三債務者不特定の債権譲渡でも登記が可能となったということは、第三債務者不特定の将来債権譲渡が有効であるということを前提にしているといえよう。詳細は本書第14章参照】。

　　4）　中小企業庁・中小企業債権流動化研究会報告書「債権の流動化等による中小企業の資金調達の円滑化について」（2001年3月）10頁参照。
　　5）　詳細は池田真朗「将来債権譲渡の効力(上)(下)―最判平11・1・29をめぐって」NBL665号（1999）6頁以下、666号27頁以下（同『債権譲渡法理の展開』（弘文堂、2001）234頁以下所収。同書は以下、池田『展開』として引用）。
　　6）　本［２］判決の評釈として、池田真朗・前掲注５）のほか、荒木新五＝須磨美博＝道垣内弘人＝冬木千成＝堀ామ兒「将来の診療報酬債権の譲渡に関する最三小判平11・1・29を読んで」金法1544号（1999）19頁等。

7) 堀龍兒・金法1539号（1999）1頁。
8) 本［3］判決の評釈として、浅生重機・金法1604号（2001）13頁以下、池田真朗・判例評論507号（2001）173頁以下（同『展開』264頁以下所収）、千葉恵美子・みんけん（民事研修）528号（2001）18頁以下等。
9) 判批として、池田真朗・ジュリ756号（1982）192頁以下（同『債権譲渡の研究』183頁以下所収）。
10) なお、詐害行為取消権との関係では、勿論譲渡人の危機時に至っての債権譲渡は詐害行為となりうるが、債権譲渡自体が詐害行為とならないのであれば、その対抗要件具備が無資力状態に至ってからなされた場合でも、詐害行為にはならない（譲渡通知は独立して詐害行為取消の対象とならない）とした判決として、最判平成10・6・12（民集52巻4号1121頁）がある。
11) 本［4］判決の評釈として、小野秀誠・金融・商事判例1142号（2002）61頁以下、池田真朗・金法1652号（2002）22頁以下、千葉恵美子・ジュリ1223号（2002）72頁以下、小山泰史・銀行法務21 46巻10号608号（2002）82頁以下、角紀代恵・平成13年度重要判例解説76頁以下等。
12) 詳細は、池田・私法判例リマークス25号（2002年下）30頁以下（本書第7章所収）。
13) 本［5］判決の評釈・解説として、池田真朗・NBL741号（2002）67頁以下、同・判評523号（2002）174頁以下（本書第8章所収）、田髙寛貴・判タ1091号（2002）44頁以下、富越和厚・法曹時報54巻10号（2002）180頁以下、石田剛・平成13年度重要判例解説78頁以下等。
14) 池田真朗・前掲注13）本件判批・NBL741号67頁、同・判評523号174頁。
15) 池田真朗「UNCITRAL国際債権譲渡条約草案—草案の紹介と完成までの経緯」NBL722号（2001）27頁以下参照。
16) 後藤博「債権譲渡登記のオンライン申請制度の概要」ジュリ1201号（2001）74頁。なお池田真朗「債権譲渡特例法—施行後3年の総合検証—」みんけん（民事研修）534号（2001）3頁以下参照（本書第3章所収）。
17) 本［6］決定［7］判決の評釈として、池田真朗「債権譲渡特例法登記の始期・終期や種類の記載と対抗力—最一小判平14・10・10と最一小決平14・10・1の検討—」金法1676号（2003）6頁以下（本書第4章第4節所収）。
18) 第一審評釈として池田真朗・判タ1068号（民法判例レビュー74）（2001）88頁以下（本書第4章第2節所収）。
19) 控訴審評釈として池田真朗「債権譲渡特例法登記の記載と対抗力に関する東京高判平13・11・13の考察—将来債権の発生期間の特定と債権の同定—」金法1650号（2002）43頁以下（本書第4章第3節所収）。
20) 池田真朗・前掲注19）原審評釈47頁（本書第4章第3節所収）、同・前掲注18）第一審評釈91頁参照（本書第4章第2節所収）。
21) 池田真朗・前掲注17）本件評釈15頁（本書105頁）。

22) 中小企業等の場合、債権管理が行き届かないと、過失で二重譲渡を犯すこともある。たとえば、一括決済方式（ファクタリング型、信託型）の対象となっている債権を、誤って他社の融資に対して債権譲渡担保に提供する債権に混入させると、もちろん紛れもない二重譲渡になってしまう。池田真朗「債権譲渡禁止特約再考」法学研究（慶應義塾大学）72巻12号（1998）205頁（同『展開』335頁所収）。

IV 譲渡禁止特約

1 問題の位置づけ

　ここまでにみてきたように、債権譲渡が正常業務の中での資金調達取引と位置づけられたことによって、改めて重要な問題としてクローズアップされてきたのが、民法466条2項の譲渡禁止特約の問題である。この規定が資金調達取引の阻害要因になっている、ということである。その点は再度後述するが、最高裁判例レベルでは、いまだそのような現代的問題は明らかになっていない。ここで紹介する[8]最一小判平成9・6・5（民集51巻5号2053頁）[23]も、譲渡禁止特約のある債権を、譲受人が特約について悪意ないし重過失で譲り受けた後で債務者が債権譲渡に承諾を与えた場合、その譲渡をもって承諾前に差押えをした債権者に対抗できるかという論点にかかわるものである。しかしながら、この論点は、それ自体学理的に興味深いものであるだけでなく、近い将来、この民法466条の分野の解釈論を、あるいは立法論までを、全面的に見直すことに発展する可能性を含んでいるものと感じられるのである。

2 承諾による譲渡の遡及的有効とその対第三者効

　この論点の理解のためには、前提となる参考判例に言及する必要がある。
　最判昭和52・3・17（民集31巻2号308頁）（参考判例④）は、「譲渡禁止の特約のある指名債権を譲受人が特約の存在を知って譲り受けた場合でも、その後、債務者が右債権の譲渡について承諾を与えたときは、右債権譲渡は譲渡の時にさかのぼって有効となり、」「譲渡に際し債権者から債務者に対して確定日付のある譲渡通知がされている限り、債務者は、右承諾以後において債権を差し押え転付命令を受けた第三者に対しても、右債権譲渡が有効である

ことをもって対抗することができるものと解するのが相当であり、右承諾に際し改めて確定日付のある証書をもってする債権者からの譲渡通知又は債務者の承諾を要しないというべきである」と判示して、承諾による譲渡の遡及的有効と、その場合の最初の対抗要件具備の有効性を認めた（ただしこのケースでは、差押債権者は承諾があった後に登場しているので、結論的にはいわば当然という感もあった）。

　特約の存在を知って譲り受けたという点については、最判昭和48・7・19（民集27巻7号823頁）（参考判例⑤）が、善意ではなく善意無重過失を要求し、これが今日の判例・多数説となっている。

　参考判例⑤の昭和48年判決の判旨は、「民法466条2項は債権の譲渡を禁止する特約は善意の第三者に対抗することができない旨規定し、その文言上は第三者の過失を問わないかのようであるが、重大な過失は悪意と同様に取り扱うべきものであるから、譲渡禁止の特約の存在を知らずに債権を譲り受けた場合であっても、これにつき譲受人に重大な過失があるときは、悪意の譲受人と同様、譲渡によってその債権を取得しえないものと解するのを相当とする。そして、銀行を債務者とする各種の預金債権については一般に譲渡禁止の特約が付されて預金証書等にその旨が記載されており、また預金の種類によっては、明示の特約がなくとも、その性質上黙示の特約があるものと解されていることは、ひろく知られているところであって、このことは少なくとも銀行取引につき経験のある者にとっては周知の事柄に属するというべきである」というものであった。

　この判決の第1の論理は、「重大な過失は悪意と同様に取り扱うべきものである」という点にあり、そして第2にその重過失の認定にあたっては、銀行預金債権に譲渡禁止特約が付されていることはひろく知られていて、銀行取引につき経験のある者にとっては周知の事実であるから、という「公知性」を根幹の理由としているのである。

　なお、判例は従来から、譲渡禁止特約つきの債権を譲渡した場合には譲渡は物権的に無効（物権的効力説）という判断と一般的に理解されている（参考判例④の昭和52年判決が「承諾があるとさかのぼって有効となる」としていることも理由のひとつとされている）。

以上の論理的前提のもとに、［8］判決が登場した。これはまさに、昭和52年判決で解決が残されていた、①確定日付ある通知、②差押え、③承諾という順序の場合に譲受人と差押債権者の優先問題について判示するものになったのである。

〔事実〕　A社は、B社に対し、1,100万余円の売掛債権を有しており、同債権については、譲渡禁止特約が付されていた。Xは、Aに対する貸付金の代物弁済として、本件債権の全額を譲り受けた。AはBにこの譲渡を昭和62年12月10日に到達した内容証明郵便で通知した。しかしXは、本件債権に譲渡禁止特約のあることを知っていたか、知らないことに重大な過失があった。一方国Yは、Aに対する社会保険料債権・国税債権の取立として、同月11日に、Bに対し本件債権の差押通知をした。Bは、その後も債権譲渡通知や差押通知を受けたため、昭和63年1月29日に、本件債権について供託した（債権者不確知と差押等の競合によるいわゆる混合供託）。Bはその際、AからXへの本件債権の譲渡を承諾した。X・Y双方から供託金還付請求権の確認を求めて提訴。第一審は、各事件を併合の上、Bは供託に際してXへの譲渡を承諾したから、譲渡通知の日が最も早いXが優先するとしてX勝訴の判決をした。これに対して原審は、Bは供託に際し右譲渡自体は認めた上で真の債権者を確知できないとして供託しているので、AからXへの譲渡につき承諾したというべきである、とした上で、その対抗力は、右承諾の時まで遡及するにとどまるから、Xはその前に差押えをして対抗要件を具備したYには対抗できないとして、原判決を取り消し、Y勝訴の判決をした。

〔判旨〕　上告棄却「譲渡禁止の特約のある指名債権について、譲受人が右特約の存在を知り、又は重大な過失により右特約の存在を知らないでこれを譲り受けた場合でも、その後、債務者が右債権の譲渡について承諾を与えたときは、右債権譲渡は譲渡の時にさかのぼって有効となるが、民法116条の法意に照らし、第三者の権利を害することはできないと解するのが相当である（最高裁昭和47年(オ)第111号同48年7月19日第一小法廷判決・民集27巻7号823頁、最高裁昭和48年(オ)第823号同52年3月17日第一小法廷判決・民集31巻2号308頁参照）。」

つまり本［8］判決は、譲渡禁止特約のある債権が譲渡され、譲受人が特約について悪意ないし重過失で譲り受けた場合も、その後で債務者が債権譲

渡に承諾を与えたならば、債権譲渡は譲渡時にさかのぼって有効になる。しかし、承諾前に（つまり時系列的にいうとその遡及する途中に）差押えをした債権者がいた場合は、民法116条の「法意に照らし」て、その差押債権者の権利を害することができないとしたのである。

　この判旨は、正確に言うと問題がある。債権譲渡は譲渡時にさかのぼって有効となるのはいいとして、問題は、そのときにいつ第三者に対抗できることになるのか、つまり「対抗要件の効果発生時期」が明らかにされるべきであるのに、そこに言及がされていないのである[24]。おそらく、債権譲渡は譲渡の時に遡って有効となるので、譲渡時以降、もっとも早い第三者対抗要件が具備された時期に対抗力が備わる、というべきなのであろう。したがって、正確にはその論理を一段判旨に加えて、①そうすると、承諾時より前にまず確定日付のある通知があり、それから差押えがあるので、本来は確定日付のある通知で第三者対抗要件を具備した者が優先するはずなのだが、②116条但書から、第三者の権利を害することができないので、結局確定日付ある通知とこの承諾の間に差し押えた差押債権者が譲受人に優先する、ということになろう。

　けれども、ここでは紙幅の関係で詳細は省くが、まず、なぜ116条なのか、が問題である。いわゆる物権的効力説で、禁止特約のある債権の譲渡が、悪意の譲受人に権利が移転しないという意味で「物権的に」無効であるとするなら、116条でなく民法119条のほうが筋が通るのではないかという疑問が生じる（民法116条は、もともと契約それ自体としては有効であるものを追認して効果を遡及させるという規定であるから、いわゆる債権的効力説〔譲渡禁止特約は特約の当事者間で相対的に譲渡しえない債権を創出するにとどまり、特約違反の譲渡も対外的には有効であり、ただ債務者には弁済を拒む抗弁権を生じる〕のほうにより親和的であろう）。さらには、物権的効力説なるものの意味が必ずしも明瞭でない、そもそも物権的効力説が適切なのか、と疑問は広がるのである。詳細は別稿に譲るが、譲渡禁止特約についての解釈論は、（次に述べる実務の要請を別にしても）全面的に再検討する余地があるように思われる。【補注、この点は本書第11章、第12章参照。】

3　現在の実務上の問題と今後の展望

　現在の資金調達取引実務では、この譲渡禁止特約が大きな阻害要因になっている[25]。しかも、このような特約が世界的スタンダードであるならば、ある意味でそれも仕方がない（合理的な理由がある）ということになろうが、実はこのような譲渡禁止特約を明文で認める民法は世界中でごく少数なのである。主要国ではドイツ、スイスくらいであり、実はドイツも他の法律で民法の譲渡禁止特約を実質外しているという実情がある（この点は別稿で詳論する予定である）。

　したがって、現在、売掛債権を活用する金融取引においては、なるべくこの譲渡禁止特約を外す合意をとりつけようとしたり、そもそも譲渡禁止特約付き債権はスキームに入れないことにしたり（例・売掛債権担保融資保証制度）、官から指導して特約をつけない運動をしたりしているのである（経済産業省、日本銀行。調達省庁として防衛庁なども自主的にこの特約を外すようにしているという）。

　さらに、詳細は別稿（本書に続く第4巻で扱う予定）で論じるが、立法論の必要性もあるように思われる。もちろん、法が明示しなくても当事者間で譲渡禁止特約を有効な合意としてするのは契約自由の原則からして問題がない。ただその場合は、特約違反の譲渡があった場合は、当事者間では当然債務不履行の問題になりうるが、譲受人は原則的に（当事者から特約を知らされていて害意をもって譲り受けた場合などを除けば）問題なく債権を取得することになろう。ただ、金融取引の中では、譲渡を禁じることが当然必要というスキームもある（例・ネッティング等）。この点、アメリカUCC（譲渡禁止特約の効力を明文で否定）やUNCITRAL国際債権譲渡条約の規定（一般の売掛債権等については譲渡禁止特約の効力を否定し、ただ特約が有効となる場合も定める）等も参考にするべきである。

　もし立法論まで飛躍できないのであれば、解釈論で事態の改善ははかれないかという議論になる。そしてその場合は、先述した物権的効力説への疑問が提示されることになろう（たとえば、A・B間の譲渡禁止付債権が悪意のCに譲渡され、さらに善意のDに譲渡されたというケースで、物権的効力説では（A・C間の譲渡が無効なので）Dは保護されない。しかし、譲渡禁止特約は、法の定

める譲渡性を例外的に奪うものとしてなされる特約であってもともとそれを知らない第三者には通用しないという「合意の相対効」の規定と見れば、A・BはDにはA・B間の特約を対抗することはできないことになるはずである）。

なお、判例法理上の新たな問題としては、前掲昭和48年判決が公知性を理由に重過失を悪意と同視したことが発展して、（今日の実務では譲受人は重過失ありと認定されるリスクを免れないので、禁止特約の有無を調査して自衛を図っているのであるが）一般に譲受人には債権譲渡禁止特約についての「調査義務」が課されるというような理解が下級審の一部に出てきており、「調査義務」があるという理解が正しいのか、またそれを果たさないと「重過失」になるのか、という問題が顕在化してきている（たとえば大阪地判平成15・5・15金法1700号103頁）。この点も、判例法理を根本的に見直す必要があろう。【補注、本書第11章の諸論考を参照。】

23) 本［8］判決の評釈として、池田真朗・金法1499号（1997）11頁以下（同『展開』341頁以下所収）、吉田光碩・判タ960号（1998）68頁以下、角紀代恵・民商118巻1号（1998）106頁以下、佐久間毅・平成9年度重判69頁以下、深谷格・リマークス18号（1999）40頁以下等。
24) 池田真朗・前掲注23) 金法1499号13頁（『展開』348頁）参照。
25) かつて学説や判例が問題にしたのは、もっぱら銀行預金に付された譲渡禁止特約であったが、わが国ではこれが広く実務界で多用されるようになっており、平成13年のアンケート調査では、資材調達額ベースでいうと、取引債権一般（売掛債権、請負代金債権、サービス料債権等）の約半分近くにこの譲渡禁止債権が付されているという実情が明らかになった。経済産業省中小企業債権流動化研究会最終報告書（2001）59頁。
26) この判決の評釈として、池田真朗・判タ1150号（2004）87頁以下（本書第11章）。

V 結びに代えて
——債権譲渡に関する判例法理の将来展望

本章がとくに項目を設けなかった民法468条1項の債務者の異議を留めない承諾については、この10年で（とくに本章の観点からは）見るべき最高裁判決がない。ちなみにこの間の最高裁判決としては、10年以上の期間をとって

も、平成4年に、異議を留めない承諾の影響する人的範囲について従来の見解を確認した、抵当権の被担保債権が弁済によって消滅した後に譲渡され、債務者が異議をとどめないでその債権譲渡を承諾した場合であっても、これによって債務者が債権の譲受人に対して右債権の消滅を主張し得なくなるのは格別、抵当不動産の第三取得者に対する関係において、被担保債権の弁済によって消滅した抵当権の効力が復活することはないとした最三小判平成4・11・6（判時1454号85頁、金法1356号42頁）があったほかは、平成8年に、実質的には錯誤の判例というべき、敷金返還請求権を目的とする質権設定についての第三債務者の承諾に関する錯誤が、動機の錯誤ではなく承諾の内容自体に関する錯誤であるとされた事例である最三小判平成8・6・18（判時1577号87頁、金法1466号38頁）、さらに平成9年に、これまた公序良俗違反の判例としての色彩の濃い、賭博の勝ち負けによって生じた債権が譲渡された場合においては、右債権の債務者が異議を留めずに右債権譲渡を承諾したときであっても、債務者に信義則に反する行為があるなどの特段の事情のない限り、債務者は、右債権の譲受人に対して右債権の発生に係る契約の公序良俗違反による無効を主張してその履行を拒むことができるというべきである、とした事例である最三小判平成9・11・11（民集51巻10号4077頁）が出ているだけである。

　一方、現在の実務に目を向けると、本章が問題にしてきた、企業の正常業務の中の資金調達のための債権譲渡では、異議を留めない承諾は、担保とされる債権の「掛け目」を高くし、また流動化の対象とする債権の「格付け」を上昇させるものとして、活用され始めている。しかしながらそれは、古く学説が大いに議論した、「観念の通知」による抗弁の切断などという説明の付けにくいものではなく、明らかに「抗弁放棄の意思表示」として用いられているのである（したがって、無留保で「承諾します」という承諾文言ではなく、「異議を留めず承諾します」「譲渡されても異議を申し述べません」という承諾文言の文書を徴求するのである）。おそらくこれが実務での異議を留めない承諾のリーズナブルな用法であり、今後468条1項に関する最高裁判例が重要な議論を呼ぶものとして登場する場合は、このような用法に関する紛争事例についてであろうと予測される。

今後も、債権譲渡関係の判例は、将来債権譲渡、債権譲渡担保、債権流動化、等でなお発展を続けると予測される。譲渡禁止特約についても、立法と判例の競争状態が出現するかもしれない。また、特例法登記をはじめ、電子化の進展の中で現れてくる判例もあろうかと予測される。なお、債権の管理記帳の電子化が進めば、弁済済みの債権の譲渡に異議を留めずに承諾するなどという、(通謀でもなければ)理不尽な紛争形態は、減少していくと考えられる。[27]

　学理から実践へ。危機段階での取引から正常業務での資金調達取引に変貌した債権譲渡についての判例法理の展開は、研究者の側にも、分析視点の大きな「パラダイムシフト」を要求するものになっているといえるのではなかろうか。

27) さらに、電子化という意味では、指名債権や手形を電子化する「電子債権」の議論も開始されていることを付言しておこう。池田真朗「金融システムの電子化についての法的検討―『電子債権』への新たな取組みを中心に」銀法21・634号(2004) 24頁以下、同「電子債権論序説―産業構造審議会小委員会報告書を契機に」NBL790号(2004) 35頁以下参照。【補注、電子記録債権法は平成19 (2007) 年6月2日に公布され、同20 (2008) 年12月1日に施行された。詳細は本書に続く第4巻で扱う。】

第 2 部

債権譲渡特例法の浸透

第2部の概要

　民法467条は、確定日付のある証書による通知・承諾という、指名債権譲渡の対抗要件を規定するが、その対抗要件をコンピューター上の登記によって代替するという、民法467条についての特例を定めた「債権譲渡の対抗要件に関する民法の特例等に関する法律」（以下「債権譲渡特例法」と略す）は、平成10（1998）年6月5日に第142回通常国会において成立し、同月12日に平成10年法律第104号として公布され、同年10月1日に施行された（この法律の立法の経緯は、拙著『債権譲渡法理の展開』〔『債権譲渡の研究』第2巻〕参照）。この法律は、立法時点では、主として、平成5年に成立したわが国の債権流動化立法のパイオニアとして位置づけられる特定債権法の適用対象（リース債権、クレジット債権限定）を広げて、一般化するものと考えられていたが、施行後は、それ以上に、中小企業が売掛債権等を担保に資金調達をする手法に広範に活用され、債権譲渡登記は急速にその利用高を伸ばした。

　債権譲渡特例法は、その後いくつかの改良点が明らかになり、それらを修正し、かつ新しく動産譲渡登記の創設も加えて、平成16（2004）年に、動産債権譲渡特例法に衣替えする（そして特定債権法はその役割を終えて廃止された）。

　この第2部に収録する論考は、もはや歴史的な議論となったが、債権譲渡特例法施行の年であり日本民法典施行100年の機会に書かれた、いわば今日の民法改正論議の先触れと位置づけられる論考（第2章）と、債権譲渡特例法の施行後3年を経過した段階の論評（第3章）、そして、将来債権譲渡登記をめぐって形成された判例法理を、第一審、第二審、最高裁と追った判例評釈（第4章）である。ちなみに、これらについては、その年代に書かれたものとしての意義を明らかにするという趣旨から、内容に現代の立法状態に合わせての修正（例えば、債権譲渡特例法2条は動産債権譲渡特例法では4条となる、等）は加えていないことをお断りする（ただし読者の誤解を避けるために、各章ごとに初出個所には現行法の補注をほどこした）。

平成16年の動産債権譲渡特例法成立から先は、あらためて本書第6部で扱うことになる。

なお、筆者は、第2章収録論考（初出平成10〔1998〕年12月）の末尾で「また、今回の立法が対抗要件立法としてなされ、民法規定はそのまま残したという点は、民法の通知システムにも、一般の債務者にとっては最もコストとリスクの少ないシステムという利点があることを強調してきた筆者としては、非常に適切なものであったと確信している。ただ将来、社会全体のコンピュータ化の浸透等、現在の価値判断の前提が変化する場合には、また別の方向性が考えられる可能性もあろう。」とした点については、それに先立って、平成10（1998）年9月に発表した拙稿「債権譲渡特例法の評価と今後の課題」（ジュリスト1141号119頁以下）では、さらに詳しく、「ただ、21世紀を見通すと、将来的には、債権譲渡についてはすべて、個別通知よりも電子登録システムでそれに各人がアクセスする方向で処理するほうが適しているかもしれないということもいえそうである。つまり、将来は、民法の債権譲渡通知を電子化するよりも、システムを電子的な登記登録に一本化する、という方向が考えられるのである。その時代には、親族間の譲渡等でも、個人が登記登録のシステムにアクセスすることの負担等は格別に考慮しなくてよい状況にあるとも考えられるからである。そういう、ある程度先の時代まで見越すと、今回の立法はさらに意義深いものであると考えることもできる」と書いている（ジュリスト1141号124頁、なお同趣旨の記述は拙著『債権譲渡法理の展開』160頁に収録済みのNBL657号掲載論考でも行っている）。

これはまさに、平成21（2009）年4月に民法債権法改正検討委員会の発表した「債権法改正の基本方針」で示された債権譲渡規定の改正提案（対抗要件を債権譲渡登記に一本化する）につながる記述ではある。しかし問題は、平成21年現在、わが国のIT化が果たしてここまで進展してきているかという判断であろう。

第2章
民法と債権譲渡特例法
—— 指名債権譲渡法理の新展開

I　はじめに

　本年（平成10年）、日本民法典は施行100年の記念すべき年を迎えた。前3編の財産法部分については、ほとんどが施行以来の規定内容を維持してきた民法典であるが、近年、いくつかの角度から見直しの時期に来ているとも評されている。実際、夫婦別姓、成年後見等について、改正案が出されたり準備されたりしていることは周知の通りである。もちろん、法的安定性という側面を考えると、民法という私法の基本法においては、頻繁に改正されるのは必ずしも適切なことではない。しかし、時代の流れの中で、どうしても変わらなければならない部分が出てくることも、また否定できないのである。

　そのような状況の中で、指名債権譲渡の対抗要件を規定する民法467条についての特例を定める、「債権譲渡の対抗要件に関する民法の特例等に関する法律」（以下、債権譲渡特例法と略す）が本年（平成10年）6月5日に第142回通常国会において成立し、同月12日に平成10年法律第104号として公布された（同年10月1日施行）。本章は、この新法と民法との関係を中心に、新立法の背景となった、指名債権譲渡の実務上での新展開と、それに対する法の対応を論じようとするものである。

　本論に入る前に、概略の問題状況を把握する必要があろう。第1には、指名債権という、本来民法上では譲渡性は認められてはいても、そう頻繁に移

転・流通することは予定されていなかった債権を用いて、積極的に資金調達を図ろうとする、金融実務における新しい手法の出現を認識しなければならない（またこの手法は国際的に展開されつつある）。第２には、それが、民法中の指名債権あるいは指名債権譲渡という制度それ自体の変容を迫るものなのか、それとも、既存の指名債権あるいは指名債権譲渡の概念およびその機能は一方で維持されつつ、新しい活用方法が出現したと見るべきなのか、という点を見極めなければならない。その点が、民法改正か新法制定かの分岐点を示すと考えられるからである。

　筆者は、平成７（1995）年６月以来、法務省民事局の債権譲渡法制研究会のメンバーとして、この債権譲渡特例法の基本答申にあたる同研究会の報告書作成に参加した。また、その過程で、自らの立法試案も発表した[3]。ただし、その後の法制審議会民法部会における審議と法務省民事局作成原案については、直接に関与していない[4]。また筆者は一方で、平成７（1995）年11月から開始された、UNCITRAL（国連国際商取引法委員会）の国際契約実務作業部会における、資金調達のための国際債権譲渡に関する条約案の草案作成作業にも、日本代表として参加してきた。この条約案は、いわば本債権譲渡特例法の国際版にあたるものである。そこで本章では、このUNCITRALの動きも考察しつつ、この新法について分析することとしたい。

　1）　民法典について、今すぐに改正をするかどうかというよりも、全体の見直しの必要があるという点では、多くの学者が共通に認識するところとなってきており、本年（平成10年）の日本私法学会でも、民法シンポジウムのテーマとして取り上げられているところである。能見善久＝池田真朗他「債権法改正の課題と方向——民法100周年を契機として」（別冊NBL51号、1998）参照。
　2）　本法の立法担当者による解説として、揖斐潔「債権譲渡の対抗要件に関する民法の特例等に関する法律の概要(1)(2)」NBL644号（1998）６頁以下、645号（1998）49頁以下がある。また、解説書として、法務省民事局参事官室・第４課編・Ｑ＆Ａ債権譲渡特例法（商事法務研究会、1998）がある。
　3）　この研究会は、平成７年６月から平成９年４月まで、16回にわたり開催され、メンバー（学界からは筆者と角紀代恵立教大学教授）の報告や、関係各界の代表者からのヒアリング等を行った。「債権譲渡法制研究会報告書」（平成９年４月25日）については、NBL616号（1997）31頁以下、および前掲注２）Ｑ＆Ａ債権譲渡特例法175頁以下参照。

4) 池田真朗「債権流動化と債権譲渡の対抗要件(上)(下)——包括的特別法の立法試案」NBL585号（1996）6頁以下、586号（1996）25頁以下、さらに債権譲渡法制研究会報告書公表後の立法提言として、池田真朗「債権流動化と包括的特別法の立法提言(上)(下)——債権譲渡法制研究会報告書をめぐって」NBL619号（1997）6頁以下、620号（1997）18頁以下。

II　債権譲渡特例法立法の背景

　本債権譲渡特例法の立法の背景には、まず、企業や金融機関の資金調達方法の多様化という現象がある。従来の企業の資金調達方法は、株式や社債の発行による資金調達以外には、不動産などを担保にしての金融機関からの有担保借入れが最も一般的なものであった。しかし、ここに以下の3点の問題点が現れてきた。

　①業態によっては、担保不動産等は十分に所有していないが、指名債権なら多数保有しているという企業が存在する。たとえばクレジット会社の場合は、立替払いをした指名債権を、一本一本は30万とか50万とかいう小口であっても、全体としては大量な数で保有している。これを活用して資金調達をしたいという欲求がある。②社債等の発行による資金調達も、金融機関からの融資も、いずれも当該企業の信用力によってなすものであり、当該企業の信用力が落ちれば、それだけ資金調達が難しくなるという難点がある。これを克服したいという要請がある。さらに一時的にもせよ近時の問題点としては、③不動産の価値の下落という現象に直面して、担保不動産に依存しない、多様な借入方法を開発する必要性が増大している、ということが挙げられる。これら3点の要請に応える資金調達方法が、指名債権譲渡による資金調達なのである。そしてこれは具体的には、いわゆる債権の流動化という手法につながる。

　たとえば、クレジット会社が、顧客に対する立替金債権を何百何千とまとめて、特別目的会社や信託銀行等に譲渡して、今必要な資金を得る。譲り受けた特別目的会社は、それをもとに証券を発行して投資家に売却するというのが債権流動化の代表的な構成であるが、この証券発行後の問題は有価証券

法理の分野の問題であって、ここではそれには深入りしない。いずれにしても、このような形の資金調達の場合、譲渡人（資金調達を企てる企業等）から譲受人（融資者たる特別目的会社等）への債権譲渡は、民法上の指名債権譲渡となる。また一般には、譲受人たる特別目的会社は、債権の具体的回収を譲渡人たる企業等に委託し、各債務者のほうは、相変わらず元の債権者（譲渡人）に支払いを続ければよいという構図になっている。

このような、1つの新しい資金調達方法としての債権譲渡は、すでに世界的にアメリカ、イギリス、フランス等かなりの先進諸国で広く行われている。したがってこの資金調達のための債権譲渡は、経営状態の悪化した取引先から債権譲渡で貸金を回収するなどという危機的なものとは全く関係がない、正常な経済活動の中の新しい資金調達方法であることに留意する必要がある。

また、この指名債権譲渡による資金調達方法は、企業が自身の信用力で資金調達をするのではなく、資産としての債権そのものの信用で資金を得るものである。つまり、債権の場合は、債務者が支払ってはじめて実現するものなのだから、それぞれの債権の債務者の信用力が問題になる。そこで、当該債権を譲渡しようとする企業の信用力は不十分でも、債務者のほうが優良ならば、その債権は信頼できるので、有利な条件で譲渡できる。これが一般にいう、アセット・バックト（資産担保）での資金調達の利点である。したがって指名債権による資金調達は、自己の担保不動産の多寡に依存せず、また自己の信用力に依存せずにできる資金調達ということになる。

しかし、わが国ではこの指名債権譲渡による資金調達の実現のために最も障害となるのが、指名債権譲渡に関する民法467条の規定であるとされたのである。つまり、多くの場合、多数債権の一括譲渡の形態を採るこの資金調達方法においては、全債務者への通知が必要とされること、しかも第三者対抗要件を具備するためには確定日付のある証書でその通知を行わなければならないことが、手間とコストの面で過重であり、これを何とか改善してほしいという要望が、実務界から強く出されていた。さらに実務では、担保のための債権譲渡等で、通知をすると、従来の危機的段階での債権譲渡というイメージから、譲渡人についての信用不安を引き起こすので、できれば債務者には債権譲渡を通知せず、しかも債務者に知らせずに第三者対抗要件を具備

したい、というニーズもあった。

　これらの諸点から、特例法を作るか民法を改正するか、という議論が高まってきたのである。これが今回の特例法制定の背景のあらましである。

III　民法改正か特例法立法かの選択基準

　それでは上記のような実務界の要望に応えるためには、民法を変えればよいか。結論を先に述べれば、現時点ではそれは正しい選択ではない。それは、現行の民法の規定は、譲渡人と譲受人の立場からみれば、資金調達には不向きかもしれないが、もう一方の当事者である債務者にとっては、一番安全な、コストのかからないシステムであるというメリットがあるからである。[5]

　現行の日本民法の債権譲渡の対抗要件システムは、フランス民法に倣ったもので、債務者のところへ情報をすべて集中させるシステムになっている。アメリカ合衆国は、統一商事法典で、債権の担保も譲渡も、登録制度（ファイリング・システム）を採用している。ドイツ民法はまた別で、対抗要件なしに第三者に対抗できるが譲渡を知らなかったために不利益を受ける債務者は個別に保護する、という方式である。日本とフランスの方式は、債務者にまず譲渡の情報を通知して、債務者に弁済請求できる状態を作るとともに、この債権に利害関係を持とうとする者は、債務者に問い合わせて回答を得る、という形で、債務者をインフォメーションセンターにして、不完全ながら公示の機能を狙ったものである。そして債務者は、譲渡の通知に従って弁済すれば有効な弁済となり、譲渡の通知がなければもとの債権者に払えば免責される、という形で保護される。つまり債務者は、何も行動しなくても移転情報がすべて集まってくるので、債務者にとっては一番安全でコストがかからない形態といえるのである（ここでは第三者対抗要件と債務者保護要件が重ね合わされていると表現してもよい）。さらに、債務者だけでなく譲渡人や譲受人にとっても、たとえば親族間友人間での債権譲渡を考えたりした場合は、何か書式を整えてどこかに登録登記をする、などというよりは、この民法の確定日付ある証書による通知のシステムのほうが、たとえば内容証明郵便一本でできるのであるから、簡単で便利といえる。

したがって、民法の規定にはやはり合理性があり、また、民法の規定を必要とする債権譲渡も相変わらず存在する、ということになる。そこで、民法の規定と並行して、資金調達のための債権譲渡を対象とした、対抗要件システムを簡易化する特例法を制定する必要が認められたというわけである。

5）　池田・前掲注4）「債権流動化と債権譲渡の対抗要件(下)——包括的特別法の立法試案」NBL586号（1996）26頁参照。

Ⅳ　特例法制定のポイントと特定債権法

そうすると、特例法制定のポイントは、第1に、債務者に通知をしなくても、第三者対抗要件を具備できる（つまり同一債権の差押債権者や二重譲受人にも勝てる）ということ、第2に、そのために債務者の立場を今よりも不利にしてはならない、という点にある。そこから、現在の民法では重ね合わされている第三者対抗要件と債務者保護要件を切り離すという発想が現れる。これが、譲渡人と譲受人だけで債権譲渡登記をすれば第三者対抗要件が具備でき、債務者はその債権譲渡登記の通知がなければ、元の債権者である譲渡人に弁済すれば有効な弁済となるという、本特例法の基本構造につながるのである。

さて、わが国では既に平成4年に制定された、債権の流動化を目指した最初の立法である特定債権法（平成4年法律第77号「特定債権等に係る事業の規制に関する法律」）が存在する。この特定債権法では足りないのか、という疑問にも触れておきたい。特定債権法については、私見もそのパイオニアとしての価値は認めるものであるが、特定債権法は、これを用いて資金調達を図れる業種が、リース業界・クレジット業界に限られている点で普遍性を持たない。また、特定債権法は、第三者対抗要件として新聞紙上での公告で、民法467条の対抗要件とみなすとした、みなし対抗要件を採用しているが、この方式にはやはり若干の無理があると言わざるをえない。つまり特定債権法は、民法467条の、債務者を情報の中心に置く対抗要件をそのまま維持して、公告という制度をもってそれにみなすとするのであるが、これはやはりフィクションにすぎず、新聞に掲載するのと債務者に通知が届くのとを債務者の認識

という意味で同等に見ることは無理と思われるのである[6]。

したがって、作られるべき新法は、民法と併存するのだが、業種業態による限定のない、包括的な法律で、しかも民法のシステムとは異なり、明らかに第三者対抗要件と債務者保護要件とを切り離した法律、と考えられたのである。

> [6] その上、特定債権法は、民法468条2項のいう、債務者は、通知を受けるまでに譲渡人に対して発生していた抗弁事由を譲受人にも対抗できる、という規定(これは債権譲渡の性質を考えた時には当然の規定である)に対応する規定を置かなかった。したがって、新聞に公告がされた段階で、債務者は実際にはそれを知らなくても、そこから先に発生した抗弁事由は対抗できなくなるという欠点がある。この点は債権譲渡特例法では2条3項に十分な手当てがある。池田真朗「債権譲渡特例法の評価と今後の課題」ジュリスト1141号(1998)122頁参照。

V 債権譲渡特例法の基本構造

1 対抗要件立法という性格

まず、本法律は、前掲債権譲渡法制研究会報告書の示した方向通り、流動化しようとする債権をSPV(特別目的機関)に譲渡する際の対抗要件具備方法に関する立法的手当てをなす「対抗要件立法」としてなされた[7]。したがって、本法律は、具体的には、指名債権譲渡の対抗要件とその効果を定める現行民法467条、468条に代わる制度を創設するものである。この立法の「枠」の限定は、その現行民法の対抗要件の問題を処理することが流動化の障害を取り除く最大の課題であることからしても、また、ある程度早急な対処が必要であったために、様々な角度からの立法的手当てを包摂する法律を作ることは適切ではないと考えられたことからしても、適切なものであったと考える(なお、適用対象範囲については、譲渡人を法人に限定した(2条1項)以外は、譲渡目的等の制限はしない、包括的なものとなっている)。ただしこの「対抗要件立法」への限定は、本特例法が、将来債権の譲渡の問題等、いくつかの民法上の重要論点については言及しないことを意味している。それらの論点は、今後の民法解釈論の発展に委ねられることになる。

2　債権譲渡登記制度の創設

　そこで、対第三者対抗要件としては、債務者への情報提供とは切り離した客観的な公示力のあるもの、ということで、登記登録の制度が考えられたのである。この場合の登記登録というのは、債権の存在を公示するものではなくて、こういう譲渡がこの時点で存在した、ということを証明するものである。

　本特例法は、管轄上の理由等から登録ではなく登記という名称を採用し、「債権譲渡登記ファイルに譲渡の登記がされたときは、当該債権の債務者以外の第三者については、民法第467条の規定による確定日付のある証書による通知があったものとみなす」として、「債権譲渡登記」を規定した（同法２条１項。同条文はさらに「この場合においては、当該登記の日付をもって確定日付とする」と続く[8]）。【補注、現行の動産債権譲渡特例法では４条１項になる。】

　したがって、本特例法では、譲渡人と譲受人で登記をすれば第三者対抗要件を具備しうる。この債権譲渡登記は、上の法文の示す通り、民法467条の確定日付ある通知に代わるものと位置づけられる。その民法の確定日付ある通知の場合も譲渡人が行い債務者は関与しないのであるから、債権譲渡登記に債務者の関与をさせなくてよいのも当然という論法が成り立つ。ただその分、登記される債権譲渡の債務者のプライバシー保護を考えて、債務者名など、登記の詳細情報は関係者でないと取れないという手当てをしているのである[9]。

　第三者対抗要件と債務者保護要件を切り離した以上、譲受人は、他の第三者に優先することだけが問題なら、譲渡のあったことを債務者に通知する必要はない。通知は、たとえば譲受人が自己のもとに弁済させたい等の場合にだけすればよいことになる。このような債権譲渡の場合、譲受人はすなわち融資者であり、通常は個々の債権の回収作業を自らなすことは望まず、旧債権者たる譲渡人に回収を委託する。そのような場合は通知の必要はない（法文ではこの通知の任意性がいささか読み取りにくいように感じられる）。一方、債務者は知らされないうちは元の債権者に支払えば免責されることになる。

3　債権譲渡登記の実務について

　債権譲渡登記の実務についての政省令は、平成10年8月に制定されたが[10]、筆者自身は本稿執筆時（同年9月）において未だそれらの詳細な分析を行う時間がなかった。この点については、特例法施行（同年10月1日）以後の推移をみて別途詳述したい。いずれにしても、取扱法務局は当初は東京法務局（中野分室）1局で、申請者は磁気ディスク（フロッピー）を持参して書面申請をすることになる。将来的には、全国の法務局で、しかも申請段階からコンピュータ化されることが期待される[11]。

4　国連での条約制定作業と債権譲渡特例法

　ちなみに UNCITRAL では、国際的な債権譲渡（譲渡人と譲受人が別の国に属する国際譲渡の場合だけでなく、債務者と債権者（譲渡人）が別の国に属する国際債権の国内譲渡も含む）について、対抗要件（優先基準）の異なる各国の制度を統一した条約を作って資金調達のための債権譲渡を推進しようとしており、方向としては電子的な国際統一登録システムの構築を目指しているものであるが、一部の参加国に時期尚早との意見もあって、条約案の取りまとめが難航している（現時点では、平成12〔2000〕年春までに作業を終える予定である）。筆者は、平成10（1998）年3月、わが国会に上程された段階の本法律案の英訳を UNCITRAL の会議場で配付・紹介したところ、通知型の対抗要件システムの民法を持つ日本が、この条約案の目指す登録型の特例法を作る、ということで非常に好意的な反応を得た。筆者は、数年前の特例法立法試案作成の頃から、わが国の特例法が、この UNCITRAL の条約案の方向に適合するものになってほしいと考えてきたが[12]、現時点では、国内法の整備が UNCITRAL をいわば追い越した形になったわけである。

7)　他の立法手法としては、SPV の設立や、債権の SPV への譲渡の具体的手続、許可・監督等に関する立法的手当てとしての「仕組み立法」と、いかなる形で証券化し投資家に販売するかという局面での立法的手当てとしての「証券化立法」がある。前掲注3)「債権譲渡法制研究会報告書」参照。

8)　ただし「登記」という名称については、一般人に過度の信頼をさせる懸念もある。詳細は池田真朗「債権譲渡特例法の評価と今後の課題」ジュリスト1141号（1998）120〜121頁参照。

9) 同法8条は、対象を限定せず債権譲渡に関する概括的な登記事項の概要を開示する登記事項概要証明書と、利害関係のある者のみに対して債務者に関する情報を含むすべての登記情報を開示する登記事項証明書とによる、2段階の情報開示方法を定めている。
10) 債権譲渡登記令（平成10年政令第296号）、債権譲渡登記規則（平成10年法務省令第39号）がそれである。これらについての解説は、渋佐慎吾「債権譲渡登記制度の創設および制度の概要(1)(2)」NBL649号（1998）6頁以下・650号（1998）27頁以下、千葉和信「債権譲渡特例法における登記手続の概要」銀行法務21・554号（1998）14頁以下参照。
11) 本章初出論考執筆時（平成10年9月）の段階で、世界的に最も進んだ債権譲渡登録システムを持つのはカナダである。カナダの数州では、登録、検索等をすべてコンピュータ化したシステムを実用化している。池田真朗「カナダにおける債権譲渡登録制度——UNCITRALでの紹介を中心に」NBL639号（1998）17頁以下参照（同『債権譲渡法理の展開』〔弘文堂、2001〕204頁以下所収）。
12) 池田・前掲注4）「債権流動化と債権譲渡の対抗要件(上)(下)——包括的特別法の立法試案」NBL585号（1996）6頁以下、586号（1996）25頁以下。同・前掲注11）『展開』74頁以下所収。

VI 債権譲渡特例法と民法および特定債権法との関係

　今回、新法は既存の他の法律を吸収する等のことなく制定されたので、理論的には、民法による対抗要件との競合ばかりでなく、特定債権法との競合の問題も起こりうることになった。もっとも、実際にそれらの競合による紛争がどの程度出現するのかは疑問であり、いたずらに議論を先走らせるより、しばらくは慎重に現実の運用を観察すべきかと思われる。

　債権譲渡特例法の登記（および登記通知）の競合、および民法の通知・承諾と特例法の登記（および登記通知）との競合に関しては、法務省側では既に各場合を想定した優劣関係の処理を検討し公表している。[13] しかも登記事項証明書には登記の時間までが記載されるというので、若干のケースを除けば、概ね明瞭に解決可能と考えられる。しかし、一点問題点を指摘すれば、法務省の示す解釈では、民法による確定日付ある証書による通知と特例法による登記事項証明書を付した通知の競合の場合、債務者は、民法の通知の到達時と、特例法の通知に付された証明書上の登記譲渡とを比較して早いほうの者

に支払わなければならないとする$^{14)}$。これまでの民法上の判例（最判昭和49・3・7民集28巻2号174頁）・通説では、二重譲渡の優劣の基準は確定日付ある通知の到達時の先後による$^{15)}$ということで、債務者はどちらの確定日付ある通知が自己の許に先に着いたかだけを判定すればよかったのが、特例法の通知との競合の場合は、それだけ債務者の負担が増すことになる。この点は、今後も議論の余地があろう$^{16)}$。

また、特例法の登記通知と特定債権法の公告の競合は、特定債権法の仕組みの観点からすれば、かなり起こりにくいだろうとは想像されるが、もし競合した場合には、新聞紙上への公告の時点を特定しにくいため（発刊日1日の幅を持つというのが多数の見解のようである）、同時到達事例が増えるという難点がありそうである$^{17)}$。

13) 前掲注2）Q&A債権譲渡特例法57頁以下。
14) 前掲注2）Q&A債権譲渡特例法62頁。
15) なお、同時到達または先後決定不能の場合は、同順位譲受人のいずれもが全額の弁済請求ができ（最判昭和55・1・11民集34巻1号42頁）、その場合に債務者が供託すれば債権額に応じた按分となる（最判平成5・3・30民集47巻4号3334頁）。池田真朗『債権譲渡の研究〔増補版〕』（弘文堂、1997）167頁以下、261頁以下参照。
16) これらの点に関しては、池田・前掲注6）「債権譲渡特例法の評価と今後の課題」ジュリ1141号122〜123頁参照。
17) 同上。

Ⅶ 小 括

指名債権譲渡による資金調達は、現在すでに企業等の資金調達手法の1つとして世界的に定着してきている。わが国においても、今回の立法が、不良債権処理のような一時的な経済社会の建て直しに利用されるのではなく、独自の目的を持った1つの新しい有用な資金調達手段なのであるということが明瞭に認識されて、本法が順調に活用されていくことを期待したい。実際、この債権譲渡特例法の立法は、わが国の企業等にとって、資金調達の新しい可能性を確保した有益なものといえるであろう。

また、今回の立法が対抗要件立法としてなされ、民法規定はそのまま残し

たという点は、民法の通知システムにも、一般の債務者にとっては最もコストとリスクの少ないシステムという利点があることを強調してきた筆者としては、非常に適切なものであったと確信している。ただ将来、社会全体のコンピュータ化の浸透等、現在の価値判断の前提が変化する場合には、また別の方向性が考えられる可能性もあろう。さらに、今回の特例法の施行の波及的効果として、将来債権譲渡の問題や譲渡禁止特約の効力等についての民法上の解釈論の展開に拍車がかかることが予想される。

さて、近時は、民商法関係分野をはじめとして広い領域で国会での立法活動が盛んになり、議員立法等、必ずしも従来の審議会方式を経ない立法の例も見られる。しかしこのような立法形態は、世界的にみればむしろよくあることである。したがって、それら立法形態の是非よりも、民法に限らず、わが国の法体系全体が動的な要素を持ってきたということに着目する必要があるように思われる。立法する側の角度からは、法的安定性という命題と社会変化やニーズに応えるという使命とのバランスが問題になろうが、法を運用する側にも、意識の変化が求められる部分もあるかもしれない。少なくとも、筆者のような民法学者の立場からすれば、学者の仕事として解釈論に圧倒的な比重のあったこれまでから、立法論を視野に入れた研究態勢に移行する必要性を感じる昨今であるといえる。

18) 民法改正か特別法制定かという問題に関する私見として、池田真朗「指名債権譲渡法理と債権流動化への学理的対応」法学研究（慶應義塾大学）70巻12号（1997）147頁以下、とくに188頁以下参照（同・前掲注11）第2章所収）。

19) この点、前掲注6）論文では、さらに詳しく、「ただ、21世紀を見通すと、将来的には、債権譲渡についてはすべて、個別通知よりも電子登録システムでそれに各人アクセスする方向で処理するほうが適しているかもしれないということもいえそうである。つまり、将来は、民法の債権譲渡通知を電子化するよりも、システムを電子的な登記登録に一本化する、という方向が考えられるのである。その時代には、親族間の譲渡等でも、個人が登記登録のシステムにアクセスすることの負担等は格別に考慮しなくてよい状況にあるとも考えられるからである。」と書いた（池田・前掲注6）「債権譲渡特例法の評価と今後の課題」ジュリ1141号124頁）。

第3章
債権譲渡特例法
——施行後3年の総合検証

I　はじめに

　今日、わが国の民事法の世界は、明治31（1898）年の民法典の施行、昭和22（1947）年の民法典第4編・第5編の大改正に続く、「第3の立法期」と呼ばれるほどの変革の時期にある。その中で、平成10（1998）年10月に施行された債権譲渡特例法（「債権譲渡の対抗要件に関する民法の特例等に関する法律」）[1]は、施行後丸3年で、民法財産法の分野のかなり重要な特別法としての地位を占めるに至っている。周知のとおり同法は、債権流動化を推進する方策の1つとして、民法の定める指名債権譲渡の第三者対抗要件の簡素化を図るために、いわゆる債権譲渡登記制度を創設した。この債権譲渡登記制度は、東京法務局民事行政部債権登録課（東京都中野区）において集中的に取り扱われているが、その利用は急速に増加してきている。法務省の担当官の記述によると、登記申請件数は平成11年に年間約7,000件であったものが、平成12年には約1万2,800件（月平均約1,070件）となり、さらに平成13年1月から3月までの申請件数は月平均1,470件と増加している。また平成12年の登記実績における譲渡された債権の個数は年間約6,480万個、債権総額にして年間約30兆8,000億円の巨額に達しているという。[2]

　筆者は、同法の立案段階に関与し、いくつかの論考を発表した経緯もあり、[3]同法の成長と改良には強い関心を持っている。本章は、施行後3年を経過した同法について、形成が始まった判例法理の紹介・分析も含めて、総合的な

検証を試みるものである。なお、本章は構成上、筆者の既発表の諸論考と一部重複する点もあることをお許しいただきたい。

1) 同法の制定の経緯については、池田真朗「債権譲渡特例法の評価と今後の展望」NBL656号（1999）33頁（同『債権譲渡法理の展開』〔弘文堂、2001〕137〜138頁所収）参照。
2) これらの数字は、後藤博「債権譲渡登記のオンライン申請制度の概要」ジュリスト1201号（2001）74頁による。
3) 注1）論文の他に、池田真朗「債権流動化と債権譲渡の対抗要件(上)(下)——包括的特別法の立法試案」NBL585号（1996）6頁以下、586号25頁以下（同前掲注1）『展開』74頁以下所収）、同「債権流動化と包括的特別法の立法提言(上)(下)——債権譲渡法制研究会報告書をめぐって」NBL619号（1997）6頁以下、620号18頁以下（同前掲注1）『展開』99頁以下所収）等。

II　債権譲渡特例法の位置づけ

　債権譲渡特例法は、平成5（1993）年に施行された「特定債権等に係る事業の規制に関する法律」（特定債権法）に続く、わが国における2つ目の債権流動化推進立法といえる。しかしこの2つの法律は、いずれも、指名債権の流動化の際の阻害要因となる、民法467条に規定される個別債務者に対する確定日付ある通知・承諾という第三者対抗要件の要求を緩和する手段を創設したものではあるが、その性質をかなり異にする（ちなみに、民法規定が流動化の阻害要因になるというのは、各債務者への確定日付ある証書を使っての通知（承諾）という手続きが煩瑣で費用がかかるという点と、債権譲渡を知らされた債務者が譲渡人債権者の経営状況に不安を抱くことがあるので、なるべく債務者に知らせずに第三者対抗要件を具備したいという2点から、実務界で改善を要請する声が上がっていたものである）。

　第1に、特定債権法が、リース債権・クレジット債権の流動化という通商産業省（現・経済産業省）所管の業界限定の流動化立法であり、かつ流動化スキームの全体にわたって所管官庁の監督指導が及ぶ性格のものであったのに対し、債権譲渡特例法は、主体に法人という限定だけを付した、対象債権や当事者の業種業態を問わない包括立法であった。第2に、特定債権法は、

資金調達スキーム全体に関わる文字通りの流動化立法であったが、債権譲渡特例法は、対抗要件限定立法であって、新たに創設した債権譲渡登記によって、債権譲渡や債権譲渡担保についての第三者対抗要件を付与することのみを目的としたものである。第3に、民法467条の手続きの緩和手法としても、特定債権法は新聞紙上への譲渡情報の概要の公告をもって各債務者への467条2項の通知があったものとみなすという方法を採ったが、これはいささかフィクションに過ぎ、また民法468条2項（債務者は通知を受けるまでに譲渡人に対して得ていた抗弁事由を譲受人に対抗できるとするもの）に関する備えが規定されていなかったため、その公告の時点で、債務者が実際に知らないうちに抗弁が切れてしまうなどという法理論上の難点もあった（さらにもし二重譲渡や差押があったときには、民法上の確定日付ある通知や差押通知との優劣を債務者への到達時という判例の基準時で比べる際に、新聞発刊の日という1日単位でしか比較できないという批判もされた。ただ実際には特定債権法の場合は、利用する業者に対する所轄官庁の指導等でそのような問題点が露呈しにくい運用にはなっている）。これに対して債権譲渡特例法の場合は、債権譲渡登記という、債務者の関与から切り離された第三者対抗要件（債権譲渡登記は譲渡人と譲受人とで共同申請する）を創設し、これを民法467条2項の対抗要件とみなすという構成自体は特定債権法の公告と同じであるものの、さらに民法467条2項の第三者対抗要件と同法467条1項の対債務者対抗要件（権利行使要件[4]）とを区別し、登記（特例法2条1項）をしただけでは467条2項の第三者対抗要件は具備されるが467条1項の対債務者権利行使要件は具備されず、それを具備する（譲受人が債務者に弁済を請求する）ためには登記事項証明書を添えた通知をしなければならないことにした（特例法2条2項）。【補注、2条1項は現行の動産債権譲渡特例法では4条1項に、同じく2条2項は4条2項になる。】そこで債務者は、この通知を受けるまでに譲渡人に対して得た抗弁事由はすべて譲受人に対抗可能となり、468条2項とのバランスの問題も解決されている。これは、いわゆる大量債権を包括譲渡する債権流動化の場合には、旧債権者たる譲渡人がそのまま債務者に対する関係ではサービサーとして債権回収にあたるケースも多いこと（その場合は譲受人は譲渡人の信用不安等が起こるまでは自ら回収する必要はないので通知はしなくてよい）を考慮

した構成であって、特別法として民法規定と接合させる観点からはなかなかうまく工夫された規定であったといえる。

　ちなみに、このような指名債権の流動化に対処すべき特別法の必要性は、わが国の民法467条の母法であり、わが民法よりもさらに重い通知・承諾の手続きを規定するフランス民法1690条に関して（同条ではわが民法の通知にあたるところが執達吏による送達、承諾のところは公正証書による承諾となっている）、すでに1981年にダイイ法[5]という、企業の資金調達のために債権譲渡を円滑化させる立法がなされていたところからも想定できた（同法は、譲受人を金融機関に限り、具体的には、執達吏の送達（もちろん送達証書に確定日付が含まれる）の代わりに、譲渡明細書（1枚に多数の譲渡を記入できる）の受取通知付き書留郵便による通知でよいとして、その明細書に譲受人金融機関が記入した日付を確定日付とみなすという手法を採っている）。さらにいえば、債権譲渡特例法は、公の機関への登記登録という制度を創設したことによって、ダイイ法よりもさらに債権流動化処理に向いている、アメリカUCC第9編の登録（ファイリング）システムや、カナダのコモンロー地域の登録システムに[6]近い性格のものとなったといえよう。

4）　一般には債務者に対する対抗要件と呼ばれるが、実際には対抗問題が生じるのではなく、譲受人が債務者に対して債権を行使して弁済を請求しうる要件ということであり、筆者は対債務者権利行使要件という表現を用いている。池田真朗『債権譲渡の研究〔増補版〕』（弘文堂、1997）114頁以下（同・増補2版〔2004〕同頁）参照。

5）　ダイイ法については、筆者が最初に簡単な紹介を行ったが（池田真朗「フランス民法における指名債権譲渡法理の展開」法学研究（慶應義塾大学）56巻5号（1983）、同前掲注4）269頁以下参照）、山田誠一「金融機関を当事者とする債権の譲渡および質入れ——フランスにおける最近の動向」金融法研究（金融法学会）7号（1991）58頁以下が詳細である。その他、池田真朗「ダイイ法に関するその後の展開（海外金融法の動向——フランス）」金融法研究14号（1998）145頁以下、同「ダイイ法に関するその後の展開II（海外金融法の動向——フランス）」金融法研究15号（1999）146頁以下も参照。

6）　池田真朗「カナダにおける債権譲渡登録制度——UNCITRALでの紹介を中心に」NBL639号（1998）17頁以下（同・前掲注1）『展開』204頁以下所収）。

III　初期の問題状況

　債権譲渡特例法による債権譲渡登記は、施行当初は順調な数字の伸びを見せた。しかし、実はその実績の内容は、草案段階で主たる目的として想定された債権流動化のための大量債権の包括譲渡の登記よりも、商社やノンバンク等が、それまで融資の添え担保として対抗要件具備なしに譲渡担保に取っていた融資先の売掛債権等を、この制度を活用して一斉に登記してきたものが多かったのである。このこと自体は、不安定な担保を適正な法定の対抗力のある担保とするという、法律的には望ましい現象ではあったのだが、それがゆえに、この債権譲渡特例法の問題点が浮き彫りになった。債権譲渡登記の概要が商業登記簿に記載されるという同法9条の規定の存在と、将来にわたる集合債権の譲渡担保についてこの債権譲渡登記をする場合に、同法が要求する譲渡に係る債権の総額の記載（5条1項5号【補注、現行8条2項3号】）の際に見積額として累積譲渡額を記載したという2つの原因から、譲渡人の信用不安を惹起するという問題が発生したのである。

　具体的には、信用調査機関が中小企業の商業登記簿に巨額の債権譲渡登記を発見し、当該中小企業の信用に疑念を抱いたり、中にはその結果当該企業が債権譲渡登記の抹消をせまられたケースもあるという。一時は現実に信用不安が発生して経営が困難になったケースもあるといわれ、中小企業のコンサルタントの中には、融資者から債権譲渡登記を求められたら絶対に断れと指導するところもあったと聞く。これらの反応は、債権譲渡は危機的な状況である「良くないもの」と評価する取引社会の先入観がいまだ根強く存在していたことを示している。その意味では、この問題は一種の「導入摩擦」と評することができるものではあったが、中小企業等にとっては、信用不安を言い立てられることは死活問題であり、過剰反応もやむをえないところがあった。

　この登記事項の概要を商業登記簿に表示する規定（特例法9条・10条1項）は、筆者が最初に発表した立法試案でも[7]、筆者が関係してまとめられた債権譲渡法制研究会報告書でも[8]全く考えられておらず、その後の立法段階で出現

したものである。担当官の解説では、債権譲渡登記等では、当事者の表示を変更する登記の制度を設けていないので、公示機能を補うため、譲渡人の商業登記簿に登記事項の概要を表示することとしたもので、これによって、債権譲渡登記制度の簡便性を維持しながら、その公示機能を補完し、債権譲渡に関する情報を調査しようとする者の利便をはかる役割を果しているとされる[9]。しかしこれによって、譲渡人が債権譲渡登記をした事実がより簡便に検索されるようになったことは明らかである。この商業登記簿記載に関する実務界の不満は強く、筆者としても、関与後の立法過程で出現した、この規定の必然性は理解できないところがあった（もし実質的に商業登記簿の公示性を高めるという目的があったのであれば、別の方法で実現させればよかったのであり、また法務省側の見解として示されている、登記された譲渡人等の商号等に変更が生じたときに、譲渡人等を検索する手段として役立つという理由は、上記のようなデメリットと比較すると、必ずしも十分な説得力のあるものとは言いがたい）。かような次第で、この第9条については、廃止ないし修正を積極的に検討すべきと主張されるに至ったのである[10]。

ただし、私見は、商業登記簿記載という制度の存在によって、今後商業登記制度に基礎を置く電子認証制度が運用を開始する場合には、それがそのままこの債権譲渡登記制度の将来のオンライン申請導入等の場合に活用できるという利点が考えられ、これが商業登記簿記載の規定を維持する理由になりそうであるということは指摘しておいた（しかしこれも、商業登記制度に基礎を置く電子認証以外の、民間電子認証機関に関する法整備作業によって、商業登記制度とは独立した形で、債権譲渡登記のオンライン申請の際の電子的申請者確認が不可能なわけではないと考えられるとも述べておいた[11]）。

もう1つの、債権総額の記載については、それが登記の際の必要的記載事項とされており（5条1項5号）、かつ将来債権の場合はその債権額は見積額が記載されることになろうという法務省側の解説がなされていた[12]。そこで、たとえば売掛金債権を何年分か極度額を定めて譲渡担保に取るという場合、譲受人側としては、債権の把握に欠けるところがないよう、売掛金が発生するつどの、譲渡債権の累積額を記載したわけである。ただそうすると、金額的には、譲渡人企業の通常の業務からは不相応な巨額のものとなる場合が多

い。そこでこれを見とがめられて信用不安を増幅する、ということになるのである。この点は、私見は当初から、見積額は個々の第三債務者ごとの限度額で良いとするべきだと考えてきた。たとえば、譲渡人と特定の第三債務者（後述するように本特例法では債務者の特定は必要である）との間の継続取引における売掛金債権の譲渡であれば、ある時点で第三者との対抗の問題になった場合は、その時点での残債権額が問題となるのであって、それは当該第三債務者ごとの限度額の合計額程度を把握しておけば足りるはずという主張である[13]。

7) 池田・前掲注3）「債権流動化と債権譲渡の対抗要件——包括的特別法の立法試案」NBL585号6頁以下、586号25頁以下（同・前掲注1）『展開』74頁以下所収）。
8) 債権譲渡法制研究会報告書（平成9年4月25日）NBL616号（1997）31頁以下等参照。
9) 法務省民事局参事官室・第4課編「Q＆A債権譲渡特例法〔改訂版〕」（商事法務研究会、1998）119～120頁。
10) 池田真朗・後掲注19)「判批」判タ1024号57頁、同「債権譲渡登記制度の効用と波紋」銀行法務21・561号（1999）1頁等。なお、池田真朗・須磨美博・堀龍兒・巻之内茂・座談会「債権譲渡特例法施行一年を振り返って」金法1567号（2000）38頁以下の出席者も、全員がこの制度に批判を述べていた（41～42頁、46～47頁参照）。
11) 池田真朗・後掲注19)「判批」判タ1024号57頁（同・前掲注1）『展開』178頁）。
12) 前掲注9) Q＆A債権譲渡特例法90頁。
13) 池田真朗・法務時評「債権譲渡登記制度の効用と波紋」銀行法務21・561号（1999）1頁。

Ⅳ 制度の改善と進展
——問題点に対する対応策

1 見積額の記載

以上に示した問題点のうち、譲渡総額について見積額を記載する点については、もともとその内容が法律や政省令で規定されているものではないので、取引実務の中でコンセンサスが形成されてくればよいと考えていたが、実際に、実務界の検討によって、譲渡人の信用不安を助長する累積額を登記するのではなく予想残高（ピーク時の債権残高）でよいという説が強くなり[14]、商

社等でも累積額から残高へ移行するところが多いとの報告がされている[15]。私見は、集合債権譲渡担保の例よりは、リボルビング払消費者クレジット債権の包括流動化の例を考えて前記のような議論をしていたが、趣旨としては予想最高残高等でよいと考えていたので、もちろんこの趨勢に異論はないことを述べた[16]。

2　立法的補正──商業登記簿記載事項からの債権総額記載の削除

　商業登記簿に債権譲渡登記の概要がそのまま記載される点については、前述のように多くの批判があり、「商業登記簿に載せるにしても、譲受人と債権金額まで書くのではなくて、一応そういう登記があるという程度にしてくれればいいが、概略が全部わかってしまうという現在の制度はやめていただきたい」等の意見も示されていた[17]。これらの批判に配慮したと思われるが、法務省は、省令によって債権譲渡登記規則の改正を行い（平成13年3月22日法務省令第29号、債権譲渡登記規則の一部を改正する省令）、商業登記簿への記載自体は継続されるものの、記載事項から債権の総額が外されることとなったのである。これによって、債権譲渡登記情報の商業登記簿記載自体は、従来からの法務省側の説明通り、債権譲渡登記簿は商号変更に対する手当てがないという理由で検索の便宜のために維持されるものの、譲渡債権額については、記載がされないことになったわけである。部分的な補正であって、これではなお不十分との声もあるが、評価すべき改善といえよう。

3　立法的改良──債権譲渡登記のオンライン申請

　さらに、債権譲渡登記については、これまで中野の東京法務局1カ所で、郵送も含めて、申請書と磁気ディスクの受付をしていたものが、平成13（2001）年3月26日より、企業等（当初は登録済の法人約100万社）の端末からのオンライン申請ができるようになった。わが国の「登記」でオンライン申請ができるようになったのはこの債権譲渡登記が最初である。この場合、書類申請の場合に添付していた、代表者の資格証明書や印鑑証明書も、当然のことながら、電子認証による電子証明書で代替できる。これは平成12年4月に制定され同年10月から施行された「商業登記法等の一部を改正する法律」

に基づく、商業登記制度に基礎を置く電子認証制度によるものである。実はこの電子認証は、当初、一般の個人にまで広げるのは時間がかかると予想されていたもので、同法でもその認証対象は、個人に関しては、会社その他の法人の代表者や商号を登記した個人商人に限られる。この点で、債権譲渡特例法がその対象を法人に限っておいた（そして、問題は生じたが商業登記簿記載と連動させておいた）前述のメリットが顕在化したということにはなる。[18]

このオンライン化によって、債権譲渡登記の利用はさらに進展することが期待されたのであるが、ただ、半年が経過した平成13年9月現在、未だオンライン申請の利用は進捗していないようである。単に時期尚早ということなのか、費用面の設定に問題があるのか（電子署名の登録の費用負担が問題ともいわれている）等を検討すべき状況のようである。

14) 森井英雄=辰野久夫「債権譲渡特例法の実務上の疑問に答える」Credit&Law（「月刊クレジット&ロー」）117号（1999）30頁。なお森井英雄=辰野久夫=升田純=池辺吉博『債権譲渡特例法の実務』（商事法務研究会、1999）も参照。同書中に収録される池辺・後掲注15)論文18頁（同書148頁）では、「譲渡に係る債権の総額」は「譲渡に係る債権の予想残高」ではあるがそれが集合債権譲渡担保の「限度額」となるわけではないとする。この点につき道垣内弘人「債権譲渡特例法5条1項にいう「譲渡に係る債権の総額」について」金法1567号56頁以下も、森井=辰野説が譲渡債権を特定するにあたり「限度額」を設定する必要があるとする点は批判し、上の池辺説と同旨を述べるが、結論的には森井=辰野説の「予想残高」説は支持している。
15) 池辺吉博「債権譲渡特例法と商社の担保実務」Credit&Law（「月刊クレジット&ロー」）120号（1999）15頁。
16) 池田・前掲注1)『展開』174〜175頁。
17) 堀龍兒・前掲注10)座談会発言・金法1567号46頁。
18) 池田・前掲注1)『展開』176頁。

V 裁判例の登場

さて、この債権譲渡特例法に関する下級審裁判例も出始めている。本章ではこれを少し詳しく紹介したい。私が把握した限りでは、公刊裁判例は既に2件ある。その最初のものは、前述した同法2条2項所定の通知に関する、

東京地判平成11・9・17（金法1561号76頁）であり、第2のものが、始期のみを記載して終期を定めずにした将来債権譲渡登記の対抗力に関する、東京地判平成13・3・9（金判1119号36頁）である。これら2件の判決の詳細な内容は、それぞれ拙稿評釈[19]を参照していただくこととしたいが、この2件を並べてみると、それらがいずれも、実務上の「慣れ」が不十分であることに起因する事件、という共通点があることがわかるのである。

1　東京地判平成11年9月17日

　まず、第1の東京地判平成11・9・17は、債権譲渡につき債権譲渡登記を経由した場合、譲受人が登記事項証明書の写しを債務者に交付することは特例法2条2項所定の通知に当たらないとしたものである。この判決は、少なくとも判例雑誌登載例としては債権譲渡特例法に関する初めての裁判例であるが、民法の対抗要件と特例法の対抗要件が競合するケースを扱ったものであり、民法と異なって対第三者対抗要件（2条1項の債権譲渡登記）と対債務者権利行使要件（2条2項の登記事項証明書を付した通知）とを分離した同法における、対債務者権利行使要件の具体的具備方法に関するものとして意義を持つ。

　事案の概要は以下のようであった。X社は、A社に対する貸金債権を担保するため、AのY社に対する売掛代金債権につき譲渡担保を受け、平成11年4月6日、債権譲渡特例法2条1項所定の債権譲渡登記（本件登記）を経由したうえ、Yに対して同月19日に電話で債権譲渡に基づき支払いを求める旨述べた上で同月20日配達の内容証明郵便により債権譲渡とその登記があったことを通知し、さらに同年6月5日、同条2項所定の債務者に対する対抗要件を備える趣旨で、本件登記の登記事項証明書の写しを交付して通知した。ところが、同年4月17日以降、AからYに対して、他の債権者B・Cらに売掛債権を譲渡する旨の内容証明郵便による通知が何通も着いたため、Yは、同年5月17日と25日に、債権譲渡通知が最初に配達されたBとCを被供託者として供託した。この際YはXについては被供託者としなかった。そこで、Xが、主位的に売掛代金の支払を、予備的に、YがXが本件登記を備えたことを知りつつXを被供託者としないで供託したことが不法行為に当たると

して損害賠償を、請求した。

これに対して判決は、以下のように判示してXの請求を棄却した（確定）。「債権譲渡特例法においては、民法上の指名債権譲渡の場合とは異なり、債務者に対して譲渡人のみならず譲受人も通知することができるとされている。これは公の機関が発行する登記事項証明書の交付を要件とすることにより、自称譲受人による譲渡証の偽造その他による虚偽通知の弊害を防止できるからであると解されるので、右登記事項証明書の交付がその写しの交付で足りるとすると、その趣旨を達成することができなくなる恐れがある。譲渡人による通知の場合はかかる弊害はないので、登記事項証明書の写しの交付であっても、二重譲受人相互間の優劣の基準となる譲渡の登記の日時を債務者に知らせることが可能と考えられるが、写しで足りるとすれば、登記事項証明書の全部の写しが必要か一部の写しで足りるかなどの問題が生じ、債務者は債務者対抗要件の具備の有無につき困難な判断を強いられることが考えられ、債権譲渡特例法の目的である債権譲渡の円滑化・迅速化を阻害することになりかねない。以上からすれば、少なくとも譲受人からの登記事項証明書の写しの交付による債権譲渡の通知は、債権譲渡特例法2条2項の「登記事項証明書を交付して通知し」た場合に当たらないと解するのが相当である。」

本判決の結論は常識的かつ妥当なものである、と最初にとりあえず述べておく。ここでは特に、当事者の行動とその法的評価という点を分析したい。事案におけるXとYの行動を順次検討すると、Xは、①4月6日に本件債権譲渡登記を適法に（かつ他の債権者による民法467条2項の確定日付ある債権譲渡通知に優先して）経由したうえ、②Yに対して、まず4月19日に電話で支払いを求める旨述べた上で、4月20日配達の内容証明郵便により債権譲渡とその登記があったことを通知し、③さらに同条2項所定の債務者に対する対抗要件を備える趣旨で、6月5日に、Yに対して本件登記の登記事項証明書の写しを交付して通知した。一方Yは、④4月17日以降B・Cへの債権譲渡に関する確定日付のある通知を受け、さらに同月20日にXから債権譲渡および本件登記のあったことを内容証明郵便で通知された上で、同年5月17日と25日に、B・Cを被供託者として債権者不確知の供託をした、というものである。

上の事実関係に法的評価を当てはめていくと、まず①の登記具備によって、Xは、譲受人として他の第三者に優先する地位を得た（特例法2条1項）。しかしYに通知しなければYには権利行使できない（特例法2条2項）。ただしこの段階で、後に民法上の債権譲渡通知をしたBとXの間の紛争になれば、XはBに勝てるわけである。なお、②の内容証明郵便による通知は、判決書によれば譲受人Xからしたものであるので、民法467条の債権譲渡通知とみなすことはできない（民法上の債権譲渡通知であれば、467条1項により、Aからしなければならない。また、民法上の債権譲渡通知とみることができても、B・Cには劣後することになる）。また、この内容証明郵便の配達の前日に電話で支払いを求めた際にYの従業員は「Aの売掛金に関しては現在調査中である」と答えたとのことで、承諾（債権譲渡特例法2条2項の承諾も、民法467条1項の承諾も、無方式でよいので電話でも可能である）があったとも認められないと判断されている。一方、Yは④で供託をした。この供託が有効であれば、Yは債務を適法に免れる。そこでYが供託をした5月の段階で見れば、B・Cは（実際に全く同時か若干の差があったのかは不明であるが）、「最初に債権譲渡通知が配達された」譲受人であって、Xはこれに対して民法上も債権譲渡特例法上も対抗要件を具備していないことになる（仮に②のXからの内容証明郵便がA名義の通知であったとしても民法上は明らかにB・Cに劣後するのは前述の通り）。したがって、YがB・Cを被供託者として債権者不確知による供託（いずれの譲渡通知が先に着いたかが不明という理由で受け付けられる）をしたことは正当であり、この供託は適法である。いわばYはこの紛争から問題なく抜けることができたと表現してよい。供託が適法である以上、この供託がXに対する不法行為となりえないことも、本判決の判示するとおりである。

　そうすると、以上の法的判断からすれば、本判決の判決要旨となっている、③の登記事項証明書の写しの交付の法的評価を待つまでもなく、XはYには勝てないことになろう（もしこの写しの交付がYの供託前であれば、写しの交付の法的評価が、供託の有効性に関してより大きな問題になったのであるが）。後はXとしては、B・Cに対して、債権譲渡登記による優先を理由に、供託金還付につき異議を申し立てて争うか、B・Cのいずれかが還付を受けた場合に

はその者に対して不当利得返還請求をすることになるはずである。

このようにみてくると、本件は、X社の担当者が債権譲渡特例法の実務に不慣れなために、かなりの行動をしながら、いずれも債権譲渡特例法および民法の法定された対抗要件具備手続に当たらず、債務者Yに対する関係では法的な保護を受けられないで終わった事例という理解ができる。これは、対抗要件の法定性（それによって対抗要件による画一的処理ができる）という観点からは、当然肯定しなければならない帰結である。さらにいえば、債権譲渡特例法は、債務者に通知せずに登記により対抗要件を具備できるとしたことから、それを通知されない債務者を保護する趣旨で対第三者対抗要件と対債務者対抗要件（権利行使要件）とを分離したのであるから、本件でもYは保護されて当然であり、逆に本件ではXはB・Cには優越する地位を登記によって得たのであるから、当然最初からB・Cを相手取って争うことを考えるべきであったのである。したがって、本件そのもののような事案は、今後債権譲渡登記関係の実務が企業の法務担当者に浸透していけば、発生しなくなる紛争であると考えられるのである（それでもなお、本判決を機会に、特例法2条2項の債務者への通知が要求する形式について検討しておく意味は十分にあると思われるが、その点は既発表の前掲評釈（注19）掲記）を参照されたい）。

2　東京地判平成13年3月9日

第2の平成13年判決の要旨は、集合債権の譲渡担保契約において、債権譲渡特例法に基づき、譲渡を受ける債権の発生年月日（始期）のみを記載し、終期の記載のない登記は、将来発生する債権を譲渡担保として公示する登記であり、そのような登記においては、債権発生年月日（始期）から終期の定めのない期間に発生した債権を譲渡の対象にしていることを公示しているとみるのが相当である、というものである。この判決は、ある期間にわたって発生する将来債権の譲渡についての特例法上の登記の対抗力の問題について、初めての議論を提供するものであるが、その判断の前段として、最近の最高裁判決[20]が論じている、集合将来債権譲渡契約の有効性（特定性の有無）についても、検証すべき問題点を提示するものである。

事案の概要は以下のようであった。訴外Aの債権者であるYとXは、Aか

ら、AのBら6社に対する現在および将来の報酬債権を譲渡担保として二重に譲り受け、その旨をいずれも債権譲渡特例法に基づき登記した（ちなみに、A・Y間の債権譲渡担保契約は平成11年2月10日締結、A・X間の債権譲渡担保契約は平成11年5月26日締結である）。登記の時期は、Yの登記のほうがXのそれより先であり（Yの登記は平成11年3月4日14時46分、Xのそれは同年5月28日13時57分である）、通常であればYが当然に優先してなんら問題のない事案であった。ところが、Yの登記は、譲渡を受ける債権の発生年月日として最初の日（始期）のみを記載し（たとえばBについて平成10年8月31日）、終期の記載をしていなかった。一方Xの登記のほうは、始期を平成10年4月1日、終期を平成12年3月31日と明示していた。[21]このような状況で、Xは、Yの登記は、債権発生年月日（始期）に存在した債権にしか登記の対抗力は及ばず、始期以降発生した債権についてはXの登記が優先するとして争ったものである（Bら第三債務者は債権者不確知として債権額を供託したので、X・Y間の供託金還付請求権確認請求訴訟となった）。

【補注、詳細は本書第4章第2節収録の本判決評釈を参照されたいが、この判決はXの請求を棄却したものの、控訴審では、筆者らの本判決評釈での予測通りに結論が逆転し、さらに最高裁まで進むことになる。高裁評釈は本書第4章第3節、最高裁判決評釈は第4章第4節に収録した。】

　以上分析した、東京地裁のこれら2つの判決は、いずれも、実務担当者のおそらくは不慣れないし不注意が招いた紛争に関するものであったといえる。そこから新たな特例法の解釈論が生まれたり、副産物的に学理上の進展があったりすることになるかもしれないが、事案の現実は、いわば現場の実務がこの新法とそれに基づく新しい登記制度に習熟するまでの過渡期的な紛争であったといえるのではなかろうか[22]。そして、債権譲渡特例法の判例法理もまた、文字通り形成の途についたばかりであるといえよう。今後も相当数の判例が出ることが期待されるのである。

19)　東京地判平成11・9・17金法1561号76頁については、池田真朗「判批」〔民法判例レビュー68〕判タ1024号（2000）57頁以下（同・前掲注1）『展開』177頁以下所収）、東京地判平成13・3・9金判1119号36頁、判時1744号101頁については、池田真朗「判批」〔民法判例レビュー74〕判タ1068号（2001）88頁以下（概略は、同

「終期の記載のない将来債権譲渡登記の対抗力」金判1123号2頁）（本書第4章・第2節所収）。
20) 複数年の長期にわたる将来債権譲渡契約の有効性を認めた最判平成11・1・29民集53巻1号151頁と、集合将来債権の譲渡担保予約のケースで、識別可能性があることをもって特定性の要件を満たしていると認めた最判平成12・4・21民集54巻4号1562頁がある。
21) この点が平成10年法務省告示第295号の問題になる。本書83頁参照。
22) 池田・本件控訴審判決評釈・金法1650号（2002）50頁（本書98頁）参照。

VI　残された課題
―― 債権譲渡特例法の今後のさらなる改良を目指して

1　第三債務者不特定の将来債権譲渡についての登記

　現段階で、債権譲渡特例法の改良が最も望まれる点は、おそらく、同法5条6号によって、譲渡される債権の債務者すなわち第三債務者名が必要的記載事項になっている点であろう。これは、いわゆる将来債権の譲渡を含む債権流動化を考えた場合、発生可能性はあるが第三債務者不特定の債権も譲渡したいという要請が実務界に存在し、ことに国際的には、長期にわたるプロジェクトファイナンス等を考えた場合、このような第三債務者不特定の債権も当然に譲渡の対象として認められるべきという意見が強いのである。[23] これは、たとえばテーマパークを建設する事業者が、完成後の入場料収入を担保にして融資を受ける場合とか、ベンチャー企業がソフトウェア開発をする場合にそのソフトウェアの予想される販売収入を担保に融資を受ける場合等を想定すれば、当然ということがわかる。これが現在の債権譲渡特例法では登記できないのである。しかも5条1項6号は、「譲渡に係る債権の債務者その他の譲渡に係る債権を特定するために必要な事項で法務省令で定めるもの」とあるので、「譲渡に係る債権の債務者」の部分は、法文に特定して明示されており、後段の「その他の譲渡に係る債権を特定するために必要な事項で法務省令で定めるもの」にはあたらず、問題は法務省令の改正では解決できないものと読まざるをえないであろう。【補注、現行の動産債権譲渡特例法8条2項4号では、この5条1項6号のうち「譲渡に係る債権の債務者その他

の」の部分が削除された。】

　さらにいえば、実はこの問題は、わが国ではもう一段前の段階、つまり将来債権譲渡契約の有効性やその場合の債権の特定性の問題を論じる判例法理のほうで、いまだ厳密には未解決の問題なのである。というのは、先に言及した最近の最高裁判決（複数年の長期にわたる将来債権譲渡契約の有効性を認めた最判平成11・1・29民集53巻1号151頁と、いわゆる集合将来債権の譲渡担保予約のケースで、識別可能性があることをもって特定性の要件を満たしていると認めた最判平成12・4・21民集54巻4号1562頁）は、いずれも第三債務者が明瞭に特定している事案を扱っており、第三債務者不特定で有効性や特定性が認められるか否かは未だ判断されていない残された問題とみるべきだからである[24]。

　したがって、この判例法理の検討も行いつつ、特例法5条6号に何らかの工夫を加えることによって、第三債務者不特定の債権でも、（少なくとも他の方法から特定性が満たされるのであれば）登記可能という方向に修正がなされることが望まれるのである。

　ただ、この議論にもう1点、学理的な検討要素を挙げておけば、民法467条の対抗要件との関係が問題となる。もともと債権譲渡特例法に基づく登記は、民法467条2項の定める第三者対抗要件である、債務者に対する確定日付ある証書による通知を代替するものとして定められた（特例法2条1項が民法467条2項の通知と「みなす」とするのはその趣旨である。それゆえ、「登記」といっても、譲渡後の権利関係を公示するものではなく、譲渡の事実を公示するものである）。したがって、当事者は法人であれば、民法467条による通知（または債権者による承諾）と、特例法による登記とを完全な代替策として、いずれかを選択できたわけである。しかしながら、民法467条の対抗要件は、まさに債務者（第三債務者）を情報の基軸として、同人を不完全ながら生ける公示機関として想定してできているものである[25]。そこで必然的に、第三債務者不特定の状況では、（通知・承諾を得る相手が決まらないので）民法467条の対抗要件具備は選択できない。それゆえ、もしここで第三債務者不特定でも債権譲渡登記が可能とすると、債権譲渡特例法は、民法を超える新しい適用範囲を獲得することになる（より正確に言えば、特例法2条1項の登記は民法467条2項の等価代替手段と措定されてきたのが、467条2項よりも使えるケー

スが多くなるということである)。このことをどう評価するか(新制度を創設したのだからと積極的に肯定するか、当初の建前にこだわるか)が問題になろう。

　これは、もう一段前と表現した判例法理の検討からいけば、次のような文脈で問題にされることにもなる。判例は第三債務者不特定の将来債権譲渡を有効と認めるのか。認めると、民法上はその時点では対抗要件を具備できない債権譲渡を認めることになる。それがわが民法が物権・債権の移転に共通して採っている対抗要件主義からして適切かどうか。いやその場合も当事者が法人であれば債権譲渡特例法による登記のほうで対抗要件が具備できるのだからそれでよいではないか(となるかどうか)という文脈である。なお、この場合は、それでは当事者が個人の場合だけが不整合だということで、特例法が当事者を法人に限った点が新たに問題となる可能性もある(この点は海外では個人で債権流動化をする例があり、国際基準からは個人を除外するのは疑問視される)。いずれにしても、今後の重要な検討課題といえよう。

2　2条2項の通知の具体的方法

　最後に付言すれば、前掲の東京地判平成11年の評釈からは離れるが、現在実務において債権譲渡特例法2条2項が問題になっている点は、通知の技術的方法である。具体的には、登記事項証明書を交付して通知する際に、その通知が送られたことを証明するために内容証明郵便を用いたいが、内容証明郵便には証明書が同封できない、という不満である。

　しかしながら、立法に参画した者として述べると、この2条2項は、規定の文言からも明らかな通り、内容証明郵便での通知はもともと要求していないのである。つまり、民法467条2項では、通知の時的先後を証明するために、日付が遡記できないように確定日付ある証書を要求したのであるが、特例法では、譲受人の優先基準時は登記時と決まっているのであるから、登記事項証明書の中でその時的先後の証明機能は尽きている。したがって、後は、この登記事項証明書を付した通知が到達した事実が証明できれば足りるのである。加えて、この通知を内容証明郵便でするとなると、この通知は(もともと登記事項証明書を発行してもらうだけで既に煩瑣で費用がかかるのに、加えて確定日付がいるというのでは)民法467条2項の通知よりもはるかに手続負

担の重いものとなってしまう。本来の債権流動化型（比較的大規模の企業がSPVに大量の債権を譲渡して資金調達を図る）では、譲渡人企業がそのまま債権回収のサービサーとして機能するのが通例であるので、譲渡人企業の業務悪化等の事情が起こらない限りはこの通知は必要がない（したがって、実際に行うとなった場合には多少煩瑣でも仕方がないと考えられる）。しかし、従来からの債権譲渡担保型の融資で債権譲渡登記を用いるときは、この通知が必要な場合もかなりの確率で出てくると思われるので、この手続面の配慮も重要である。

　結論的には、私見は、窓付き封筒（宛名は手紙の内容物のほうに書かれているものが封筒の窓から見える）の利用と配達証明郵便の利用とを組み合わせる等のことで、技術的にこの通知の到達を証明できる方法を工夫すべきと考えている[26]（たとえば、登記事項証明書の裏面に宛て名を直接印字して、窓付封筒で送るのである）。もちろん、それらでは、手紙（封筒）の到達は証明できても、内容物が相手に送られたことの完全な証明には足りないという意見もあろうが、もともと内容証明郵便という制度（これは私的な内容を郵便局員に開示するという、プライバシーの見地からはかなり問題のある制度である）は、世界各国に等しく存在するものではない。たとえば、フランスには内容証明郵便の制度はなく、前述の受取通知付き書留郵便の制度があるだけである。したがってわが国でも、内容証明郵便を用いずに、低コストで2条2項の通知の送付がなされ得ることが法的に承認される必要があろう。もっともこの問題も、2条2項の通知自体の電子化がされれば全く問題にならなくなる可能性もある。

23) UNCITRAL（国連国際商取引法委員会）で2001年7月に完成した国際債権譲渡条約草案においても、第三債務者不確定でも譲渡の効力を持ちうる形で規定されている。池田・次注24) 参照。
24) 池田真朗「判批」判時1740号（判評507号）（2001）173頁以下、同・前掲注1)『展開』276〜279頁所収。
25) 池田・前掲注1)『展開』82頁以下。いわゆる到達時説を採った最判昭和49・3・7民集28巻2号174頁参照。
26) 池田・前掲注10) 座談会発言44頁。

VII おわりに

　以上で債権譲渡特例法のひと通りの検証を終えるが、さらにマクロ的な視点からこの法律を眺めると、以下のようなことがいえる。第1には、本法は、いわば21世紀の債権譲渡取引を担う法律であるということである。つまり、今日の債権譲渡は、かつての資金繰りに行き詰まった企業が苦し紛れにする危機的段階の取引から、正常業務の中での新しい資金調達方法として変貌し発展しつつある。本法は、資金調達のための大量債権の流動化や将来債権担保融資などに資する、その意味で債権譲渡の「新しいイメージ形成」を推進する法律なのである。

　第2には、本法は、現代の法律世界の電子化、国際化に対応する、先端性を備えた法律であるということである。本文でも触れたように、本法による登記は、わが国の登記の中でも最も早くオンライン申請が可能となったものである。加えて本法は、2001（平成13）年秋の国連総会に提出されたUNCITRAL国際債権譲渡条約草案の中でひとつのオプションとして規定されている、国際登録システムに連結できる可能性を持つ、国際基準に合致した法律でもある。このように新時代の要請に適合する債権譲渡特例法は、今後なお適正な成長を遂げることが望まれるのである。

　27）池田真朗「UNCITRAL国際債権譲渡条約草案――草案の紹介と完成までの経緯」NBL722号（2001）27頁以下。

第4章
将来債権譲渡登記の判例法理
──登記の始期・終期や債権の種類と対抗力

第1節　将来債権譲渡登記と判例法理の形成
──経緯の概説

　債権譲渡特例法登記については、下級審裁判例の形成は行われてきていたが（例として、債権譲渡譲受人が債権譲渡登記事項証明書の写しを債務者に交付することと債権譲渡特例法2条2項【補注、動産債権譲渡特例法では4条2項】所定の通知に関する、東京地判平成11・9・17金法1561号76頁。拙著『債権譲渡法理の展開』177頁以下参照）、ここに重要な最高裁判決が出された。実務界で論議と懸念を呼び起こしていた、集合将来債権譲渡についての債権譲渡特例法登記において始期のみを記載して終期を記載しなかったというケースについてのものである。結論は、「債権譲渡登記に譲渡に係る債権の発生年月日の始期は記録されているがその終期が記録されていない場合には、その債権譲渡登記に係る債権譲渡が数日にわたって発生した債権を目的とするものであったとしても、他にその債権譲渡登記中に始期当日以外の日に発生した債権も譲渡の目的である旨の記録がない限り、債権の譲受人は、その債権譲渡登記をもって、始期当日以外の日に発生した債権の譲受けを債務者以外の第三者に対抗することができないものと解するのが相当である」として、上告を棄却した（最一小判平成14・10・10民集56巻8号1742頁）。債権譲渡特例法に関する初の最高裁判決である。

実はこの事案では、第一審が、そのような登記は債権発生年月日（始期）から終期の定めのない期間発生した債権を譲渡の対象としているとみるのが相当として対抗力を肯定した（東京地判平成13・3・9判時1744号101頁）。しかしこれについては、筆者は、債権譲渡登記の個別記載事項に関する平成10年法務省告示第295号の解釈（終期の記載は任意とされているが、それは書いても書かなくてもよいという意味ではなく、債権の発生が数日にわたる場合は必ず記載し、1日のみの発生である場合は書かなくてよいという意味）からして、控訴審で判断が覆る可能性を予測していたが、速やかにそのとおりの控訴審判決が出た[1]（東京高判平成13・11・13金法1634号66頁、金判1130号11頁）。今回の最高裁判決はその上告審であり、したがって上告棄却という結論は、あらかじめ予想されていたものである。

　ただ、控訴審では、第一審で論じられていなかった、債権譲渡登記における債権種類コードの選択の誤りによる対抗力の否定という、新たな判断が加わっていた（本来、海外赴任に関するサービスの報酬債権であるものを売掛債権のコードで登記したから無効というものである）。実務界からは、この点に強い拒絶反応が示されたが[2]、私見は控訴審評釈で、これは前記の告示の解釈の問題と比較すれば付随的な効力否定事由であると把握し、分類上判断が分かれるような債権についてまで、より厳格な記載がなければ登記の効力を否定するという話ではないだろうと、厳格な解釈の行き過ぎを懸念する記述をしておいた[3]。幸いというべきか、最高裁では、上告受理申立て理由がこの第2の争点を争わなかったため、本最高裁判決は第1の始期・終期の問題だけで判示されている。

　控訴審評釈にも述べたように、私は債権譲渡特例法登記の有用性を（そして国際基準への適合性をも）高く評価しているものであり、本事案が、特例法登記の手続を必要以上に煩瑣なものと誤解させたり、またその効力に対する信頼性や予見可能性を低下させるものとなってはならないと懸念してきた。その意味では、本最高裁判決によって、終期記載に関する告示の解釈が明瞭に示されたこと、そして本判決が第一審判決から約1年半という短い期間で出されるに至ったことは、良いことであったと思う。現実には、終期を決めかねる契約もあるであろうが、その場合も、想定しうる終期を記載して登記

申請する等の工夫を望みたい。ともかくこの判例によって、特例法登記制度の、判例による地固めが一歩進んだといえる。

以下本書では、本件訴訟の展開を追う意味もこめて、第一審、第二審、最高裁判決と、3判決の評釈を順を追って収録する。

1) 池田真朗「判批」判例タイムズ1068号（2001）88頁（本章第2節）。
2) 座談会「売掛債権担保融資保証制度の特徴と運用上の留意点」金融法務事情1643号（2002）32頁以下の中村廉平氏の発言等参照。
3) 池田真朗「判批」（第二審評釈）金融法務事情1650号（2002）49～50頁（本章第3節）。
4) 池田・前掲注3) 48頁。

第2節　将来債権を含む集合債権譲渡担保契約において債権譲渡特例法に基づき譲渡債権の発生年月日として始期のみを記載した登記の対抗力
―― 東京地判平成13年3月9日判時1744号101頁

I　はじめに

平成10年10月に施行された債権譲渡特例法については、既に裁判例が出始めているが（公刊裁判例としては、同法2条2項所定の通知に関する東京地判平成11・9・17金法1561号76頁をおそらく嚆矢とする）、今回実務上も解釈上もかなり議論を呼びそうな判決が出された。始期のみを記載して終期を定めずにした将来債権譲渡登記の対抗力に関する、東京地判平成13・3・9（判時1744号101頁、金判1119号36頁、金法1616号51頁）がそれである。本判決の要旨は、集合債権の譲渡担保契約において、債権譲渡特例法に基づき、譲渡を受ける債権の発生年月日（始期）のみを記載し、終期の記載のない登記は、将来発生する債権を譲渡担保として公示する登記であり、そのような登記においては、債権発生年月日（始期）から終期の定めのない期間発生した債権を譲渡の対象にし

ていることを公示しているとみるのが相当である、というものである。

本判決は、ある期間にわたって発生する将来債権についての債権譲渡特例法上の譲渡登記の対抗力の問題について、初めての議論を提供するものであるが、その判断の前段として、最近の最高裁判決が論じている、集合将来債権の譲渡契約の有効性（特定性の有無）についても、検証すべき問題点を提示するものである。

　　5）　同判決については、池田真朗「判批」（民法判例レビュー68）判タ1024号（2000）57頁以下（同『債権譲渡法理の展開』（弘文堂、2001）177頁以下所収）。

II　事案の概要と判旨

1　事案の概要

訴外Aは、訴外B社らに対して、その社員の海外赴任にかかる種々のサービス等を提供し、報酬債権を得ていた。Aの債権者であるYとXは、Aから、AのBら6社に対する既存のおよび将来発生する報酬債権を譲渡担保として二重に譲り受け、その旨をいずれも債権譲渡特例法に基づき登記した（ちなみに、A・Y間の債権譲渡担保契約は平成11年2月10日締結、A・X間の債権譲渡担保契約は平成11年5月26日締結である）。登記の時期は、Yの登記のほうがXのそれより先であり（Yの登記は平成11年3月4日14時46分、Xのそれは同年5月28日13時57分である）、通常であればYが当然に優先してなんら問題のない事案であった。ところが、Yの登記は、譲渡を受ける債権の発生年月日として最初の日（始期）のみを記載し（たとえば、Bについて平成10年8月31日）、終期の記載をしていなかった。一方Xの登記のほうは、始期を平成10年4月1日、終期を平成12年3月31日と明示していた（なお、Yの登記では、譲渡された債権の種類を「その他の報酬債権」としていたが、Xの登記では、それを「売掛債権」としていた。これは第二審で問題になる）。

このような状況で、Xは、Yの登記は、債権発生年月日（始期）に存在した債権にしか登記の対抗力は及ばず、始期以降発生した債権についてはXの登記が優先するとして争ったものである（Bら第三債務者は債権者不確知として債権額を供託したので、X・Y間の供託金還付請求権確認請求訴訟となった。

なお、XはX・Y間の併合された8件の事件のうちの6件の原告、2件の被告である。したがって判決文は、Xのほうを原告、Yのほうを被告と呼んでおり、本評釈もそれに合わせて原告にX、被告にYを当てているが、この点一部の掲載誌コメント（金判1119号、金法1616号）のX・Yの呼称は当てはめが逆になっているので、読者の疑念がないよう、念のため記しておく。また、Xが主張する本件報酬債権の全部が、Yの債権譲渡担保契約の債権譲渡の対象に含まれていることは、判決文中で確認されている）。

2　判　旨

①　「被告Yの債権譲渡担保契約は、訴外AがYに対し被担保債務を完済するまでに発生するAの訴外Bら6社に対する将来の債権を譲り受けたものである。換言すれば、譲渡の対象となった、「将来の債権」の終期は「定めがない」もしくは、被担保債務の弁済を完了したとき（不確定期限）として定められるものであるところ、このような債権譲渡担保契約も、「将来の債権」として特定しているといえ、有効である（最判平成12・4・21判時1718号54頁〔筆者注、民集54巻4号1562頁〕）。」

②　ア　「本件告示（筆者注、債権譲渡登記の個別記載事項に関する平成10年法務省告示第295号）によれば、将来発生すべき債権の記録の方法については、既存債権か将来債権かを区別する項目、あるいは将来債権として独自に記録する項目は設けられておらず、既存債権と兼用して同一の項目を用いる方式とされている。」

イ　「本件告示によれば、債権発生年月日（始期）の記録は必須とされているところ、「債権の発生日が1つの年月日であるときはその年月日を、債権の発生日が数日に及ぶときは、その初日の年月日を記録する。将来発生すべき債権についても、同様である。」とされている。Yの債権譲渡担保契約のように「将来、数度にわたって繰り返し発生する債権」を対象にする場合には、「債権の発生の初日」を始期として記載することになる。」

ウ　「本件告示によれば、債権発生年月日（終期）の記載は任意とされており、もちろん記載がなされれば、債権発生の終期を示すことになるが、記載がない場合には、債権発生年月日時点の債権のみ公示していると解すること

は困難である。すなわち、終期が必須の記載事項であれば、終期の記載がないことにより、発生年月日（始期）の時点の債権を公示していると解する余地がある（もっとも、必須の記載事項であれば記載がないことにより登記が受け付けられない可能性が高い）が、終期が任意の記載事項である以上、終期はない。換言すれば、終期の定めがないと解するのが合理的である。」

エ 「Yの債権譲渡登記によれば、「発生時債権額」及び「譲渡時債権額」については、それぞれ別紙第三債務者一覧表「発生時債権額」及び「譲渡時債権額」欄記載のとおりの金額（例えば、第三債務者Bについてはそれぞれ「金1,263万6,215円」）を記録している。これは、本件告示に従い、将来債権としての見積額を記録したものと解される。」

③ 「以上によれば、Yの債権譲渡登記は、将来発生する債権を譲渡担保として公示する登記であり、そのような登記においては、債権発生年月日の終期のない登記は、債権発生年月日（始期）から終期の定めのない期間発生した債権を譲渡の対象としていることを公示しているとみるのが相当であり、この点の原告Xの主張は採用することができない。」

III 検　討

1　将来債権譲渡契約としての債権の特定性

本題となる債権譲渡登記の問題を論じる前に、将来債権譲渡契約としての有効性（特定性の有無）に触れておかなければならない。

前掲判旨①では、「被告Yの債権譲渡担保契約は、訴外AがYに対し被担保債務を完済するまでに発生するAの訴外Bら6社に対する将来の債権を譲り受けたもの」と認定し、「換言すれば、譲渡の対象となった、「将来の債権」の終期は「定めがない」もしくは、被担保債務の弁済を完了したとき（不確定期限）として定められるものであるところ、このような債権譲渡担保契約も、「将来の債権」として特定しているといえ、有効である」として、最判平成12・4・21民集54巻4号1562頁[6]（判時1718号54頁）を引用している。契約内容についてはまさに裁判所の事実判断の問題であるが、このような「終期の定めがない」もしくは「被担保債務の弁済を完了したときという不

確定期限が付されている」という将来債権譲渡契約について、特定性があるといえるかどうかは、本判決が引く上記最判平成12・4・21（以下、最高裁平成12年判決と表記する）の示す基準を用いても、なお議論の残るところであるように思われる。

　その最高裁平成12年判決は、いわゆる集合将来債権の譲渡担保予約のケースで、「債権譲渡の予約にあっては、予約完結時において譲渡の目的となるべき債権を譲渡人が有する他の債権から識別することができる程度に特定されていれば足りる。そして、この理は、将来発生すべき債権が譲渡予約の目的とされている場合でも変わるものではない。本件予約において譲渡の目的となるべき債権は、債権者及び債務者が特定され、発生原因が特定の商品についての売買取引とされていることによって、他の債権から識別ができる程度に特定されているということができる」として、識別可能性があることをもって特定性の要件を満たしていると認め、予約を有効としている。

　ちなみに、この最高裁平成12年判決の前年に出された、複数年の長期にわたる将来債権譲渡契約の有効性を認めた最判平成11・1・29民集53巻1号151頁[7]（以下、同じく平成11年判決と表記する）は、その判決要旨に至る前の部分で、「将来の一定期間内に発生し、又は弁済期が到来すべきいくつかの債権を譲渡の目的とする場合には、適宜の方法により右期間の始期と終期を明確にするなどして譲渡の目的とされる債権が特定されるべき」と説示しており、有効性を認める前提として、目的債権の特定を要求していることは明らかであった[8]。

　この「特定」の仕方については、すでに最判昭和53・12・15（判時916号25頁、裁判集民事125号839頁）が、「それほど遠い将来のものでなければ」「始期と終期を特定してその権利の範囲を確定することによって」将来発生する診療報酬債権を有効に譲渡できるとしていた（ちなみにこの昭和53年判決は、当事者が将来1年間分の債権の譲渡の有効性を争い、それを最高裁が認めたものであったが、その後にこの問題に関する最高裁判決が平成11年判決まで長く現れなかったため、実務界に、将来債権譲渡は1年分だけ有効であるという認識を形成させていたものである）。ただこの制約条件の意味については、「有効性を認める前提として、目的債権の特定を要求することは明らかであるが、この点は、

債権譲渡の一般原則に従うものであり、同判決は、これを超えて、目的債権の適格要件などについて一般的な議論をしていない」（平成11年判決掲載誌コメント）との理解が適切であると思われるものの、実際には、将来債権譲渡の有効性について新たな制限的条件を創設したものと評価されていたことは否めない[9]。

さて、上記平成11年判決は、これらの制限的条件を緩和したことになると評価してよいと思われる[10]。もっとも、平成11年判決が直接に「緩和した」といえるのは、（契約後6年8カ月目以降という）将来の「期間」の長さについてだけではあるが、同判決がいう「適宜の方法により右期間の始期と終期を明確にするなどして譲渡の目的とされる債権が特定されるべき」という表現は、特定性を要求すること自体は変わらないが、「始期と終期を明確にする」という方法も特定の1つの方法であり、他の方法で特定してもよい、と読むこともできるように思われる。

そこでようやく、本判決が引く最高裁平成12年判決であるが、この平成12年判決は、先に掲げた通り、「債権者及び債務者が特定され、発生原因が特定の商品についての売買取引とされていることによって、他の債権から識別ができる程度に特定されている」という表現で、識別可能性をもって特定のメルクマールとしたのである。そして本判決は、この基準を採用するという趣旨で平成12年判決を引用したものと理解される。

そうすると、これは本件の当事者が結んだ契約が、前掲判旨①にいうような内容のものと認定できるのであれば、「被担保債務を完済するまでに発生するAの訴外Bら6社に対する将来の債権」という形で債権の識別はできるということになろう（なお、この点、本件では「被担保債務」が既発生のリース料債権であることに留意すべきであろう。つまり、本件で問題になっているのは、総額の確定した発生済のリース料債権を回収するための債権譲渡なのであって、その角度からの識別可能性は高いといいうる。判決文がその後に続ける「換言すれば、譲渡の対象となった、「将来の債権」の終期は「定めがない」もしくは、被担保債務の弁済を完了したとき（不確定期限）として定められるものである」という表現も、この「被担保債務の確定性」を前提として認められる論理ではないだろうか。ここでは詳言しないが、前掲判旨②エの端数のある「見積額」も、被

担保債権の完済までの債権額に連動している「見積額」と裁判所は判断したはずである)。そうすると、本判決のいう「このような債権譲渡担保契約も、「将来の債権」として特定している」という論理は、本件譲渡担保契約が「被担保債務を完済するまでに発生する将来の債権を譲り受けたもの」という事実認定を前提として(さらに、前述のように始期と終期の明定を特定のための一方法にすぎないと位置づけることができるとして)、何とか平成12年判決の基準に適合する、とはいえるように思われる。

しかしながら、ここまでは、本判決の評釈としての前段の議論である。本題は、そのような事実認定で特定性ありとされた将来債権譲渡担保契約についての、本件のような債権譲渡特例法上の登記が有効かという問題であり、これはまったく別個の検討を要するというべきである。

2　始期のみを定めた債権譲渡登記の有効性と対抗力

本判決(前掲判旨②ウ)は、債権譲渡登記の個別記載事項に関する平成10年法務省告示第295号を論じて、「本件告示によれば、債権発生年月日(終期)の記載は任意とされており、もちろん記載がなされれば、債権発生の終期を示すことになるが、記載がない場合には、債権発生年月日時点の債権のみ公示していると解することは困難である。すなわち、終期が必須の記載事項であれば、終期の記載がないことにより、発生年月日(始期)の時点の債権を公示していると解する余地がある(もっとも、必須の記載事項であれば記載がないことにより登記が受け付けられない可能性が高い)が、終期が任意の記載事項である以上、終期はない。換言すれば、終期の定めがないと解するのが合理的である」と説示して、Yの本件登記は「将来発生する債権を譲渡担保として公示する登記であり、そのような登記においては、債権発生年月日(始期)から終期の定めのない期間発生した債権を譲渡の対象にしていることを公示しているとみるのが相当」として、Yを勝訴させた。

しかしそもそも同告示の理解はこれでよいだろうか。たしかに同告示においては、債権個別事項ファイルの項番24・25で、「債権発生年月日(始期)」「債権発生年月日(終期)」を記録するようになっており、前者は必須だが後者は任意としている(そしてその注4は、始期については、複数の発生日がある

ときはその初日を書けばよいとしている)。しかしながら、その注5によると、終期については、「債権の発生日が数日に及ぶときに限り、その末日の年月日を記録する。将来発生すべき債権についても、同様である」としている。[11]
この表現は、いささか分かりにくいが、「債権の発生日が数日に及ぶ」場合、つまり、ある期間にわたって発生する債権の場合には、その末日の年月日の記録を求めていると読める。そこでの「……ときに限り、……記録する」という表現が曖昧なのであるが、これが「発生が数日に及ぶときには、その末日の年月日を記録しなければならない」という趣旨であるとすれば、告示にいう「任意」の意味は、書いても書かなくてもいいという意味ではなく、発生日が数日に及ぶ場合は必ず記載する、同一日ですべて発生する場合は記載しなくていい、という意味で「任意」であるということになろう（したがって、その意味で「任意」である以上、実質審査をしない登記としては、終期の記載がなくても受理され、またその記載事項のかぎりでは有効であることに疑いはない)。

これは告示の解釈の問題であり、これもまた裁判所の判断の範囲ではあるが、告示のほうは記載を要求しているということであれば、本判決は、要求通り記載しなかった場合の登記の効力（第三者への対抗力）を始期以降に発生する債権についても認めた事例ということになる。しかしながら、「任意」という意味を上のように解するならば、登記としての効力（何が登記され公示されたのか）という観点からは、あくまでも本件のような登記では、始期とされたその日に存在した債権の譲渡だけが登記され対抗力を持つ、という理解が当然に主張されうるのではなかろうか。この点で本判決の論理には疑問を感じる。ちなみに本件は控訴されている。法務省側も、告示の表現がいささか不明瞭であったことを考えると、何らかの形で見解を表明するべきかもしれない。

ただ、逆に始期と終期を必ず明示しないと登記ができないという構成が採られるとすると、それが実務上、債権譲渡担保取引の発展を阻害する要因になるか否かという問題が、また別途生起する可能性がある（後述のように契約上期限を定めていない場合等に問題になりうる。少なくとも、必ず始期と終期を明示させる構成は、実体的に将来債権譲渡担保契約の有効性ないし対象債権の

特定性の問題を緩やかに解する方向性とは逆行する。ただ、契約とは別に、特例法の登記上に終期をどうしても書くことができないというケースがどれだけあるのかという疑問もある)。この点については、いささか政策的な議論ともなるので、実務界の反応や諸外国(ことにアメリカ、カナダ等)の規定などを検討してからさらに論じたい。

なお、上に述べたのは、法務省告示を上のような意味と前提しての登記法的「スジ」論であり、本判決の事案の具体的解決としては、あるいは裁判官は事実認定の中で別の利益判断を加えていたのかもしれないことを書き添えておこう(つまり、Xは登記時にYの登記が既になされている——すなわち二重譲渡になっていて登記しても劣後する——ことを検索しえたのであり、このような検索がいわゆる一括決済方式の受託会社などではかなり神経質に行われていること[12]等も勘案すると、Xは、(Yの登記を看過してかあるいは認識しつつ敢えてか)遅れて登記をし、Yの先行登記の瑕疵を奇貨として、その逆転を狙ったという点にいささか法の保護を与えるのに適切でないという評価を与えたという、「スワリ」の議論の余地がないかということである)。

3　小　括

以上検討を加えたところからすると、本判決の結論が上級審で維持されるかどうかは、かなり疑問もある。現段階の実務としては、ある期間にわたって発生する債権についての譲渡を登記する場合は、なお債権発生年月日の始期と終期は必ず記載しておくべきであろう(たとえ終期が当該譲渡担保契約上は未決定であったり不確定期限である場合でも、現行の債権譲渡特例法や同政省令の規定ぶりからすれば、仮の終期を設定して記載し、その終期が到来してなお継続させたい場合は、そこから再度登記するという労をいとわないほうが賢明かと思われる)。

6)　評釈等として、浅生重機「いわゆる集合債権の譲渡予約と目的債権の特定性」金法1604号(2001)13頁以下、池田真朗「判批」判例評論507号(判時1740号)(2001)173頁以下(若干補筆して同・前掲注5)『展開』264頁以下)、千葉恵美子「集合債権譲渡担保と目的債権の特定性」みんけん(民事研修)528号(2001)18頁以下。

7)　評釈等として、荒木新五=須磨美博=道垣内弘人=冬木千成=堀龍兒「将来の診療

報酬債権の譲渡に関する最三小判平11・1・29を読んで」金法1544号（1999）17頁以下、池田真朗「将来債権譲渡の効力(上)(下)最判平11・1・29をめぐって」NBL665号（1999）6頁以下、666号（1999）27頁以下（池田・前掲注5）『展開』234頁以下所収）。
8）　池田・前掲注5）『展開』268頁。
9）　高木多喜男「集合債権譲渡担保の有効性と対抗要件(上)」NBL234号（1981）9頁、荒木他・前掲注7）金法1544号17頁、池田・前掲注7）NBL666号34頁（同・前掲注5）『展開』248頁）参照。
10）　池田・前掲『展開』268頁。
11）　法務省民事局参事官室・第4課編・Q＆A債権譲渡特例法〔改訂版〕（1998）245頁。
12）　池田・前掲注5）『展開』335頁・337頁注63）参照。

第3節　債権譲渡特例法登記の記載と対抗力に関する東京高判平成13年11月13日の考察
　　　──将来債権の発生期間の特定と債権の同定

　平成10年10月に施行された債権譲渡特例法による登記については、かなり短期間に相当数の利用実績を挙げるようになった反面、これまで、商業登記簿記載の問題や、見積額算出方法の問題等について、いわば新制度の「導入摩擦」ないし「初期欠陥」に関する紛争が起こり、それを受けていくつかの制度補正もなされてきた。しかし最近になって、登記自体の記載方法や記載内容に関する紛争が登場し、実務上も解釈論上もかなりの議論を呼んだ。これが、東京地判平成13・3・9（金法1616号51頁、判時1744号101頁、金判1119号36頁）である。
　同判決は、集合債権の譲渡担保契約において、債権譲渡特例法に基づき、譲渡を受ける債権の発生年月日（始期）のみを記載し、終期の記載のない登記は、将来発生する債権を譲渡担保として公示する登記であり、そのような登記においては、債権発生年月日（始期）から終期の定めのない期間発生し

た債権を譲渡の対象にしていることを公示しているとみるのが相当であるとして、その対抗力を肯定した。しかしこれについては、債権譲渡登記の個別記載事項に関する平成10年法務省告示第295号の解釈等からして判断が覆る可能性を予測した筆者らの評釈もあったところ、速やかに同判決の控訴審判決が出された。それが本節の扱う、東京高判平成13・11・13（金法1634号66頁、金判1130号11頁）である。

同判決は、始期のみを記載して終期を定めずにした将来債権譲渡登記の対抗力については、筆者らの見解どおりにこれを否定した。しかしながら同判決は、今度は、債権譲渡登記における債権の種類コードの選択の誤りによる対抗力の否定という、原審では論じられていなかった新たな判断を示した。そして、これがまた実務界において非常に大きな問題とされるに至っている。

この判決の事案（二重登記での供託金還付請求権確認訴訟）は、理論的には、民法における債権の二重譲渡の優劣基準の問題が債権譲渡登記の場面で争われている形といえるが、実務的には、この債権譲渡登記の「使い勝手」という問題を超えて、同登記の制度としての有用性、信頼性に関わる重大な問題となっているといえる。本節は、この東京高裁判決の評釈という形態を採りつつ、債権譲渡登記の今後の発展に関わりうるこの問題の詳細な分析を行ない、若干の提言を試みるものである。

13) 池田真朗「判批」判例タイムズ1068号〔民法判例レビュー74〕（2001）88頁（本章第2節）、同「終期のない将来債権譲渡登記の対抗力」金融・商事判例1123号（2001）2頁、田原睦夫「判批」金融法務事情1622号（2001）4頁。なお、第一審判決に賛成するものとして、升田純「判批」Credit & Law 144号（2001）30頁、清原泰司「判批」判例評論515号（2002）9頁（判例時報1764号〔2002〕163頁）。

I 事案の概要と判旨

1 事案の概要

事案そのものは、前節の第一審判決（東京地判平成13・3・9）評釈に掲げたところであるので、省略する。第一審判決は、集合債権の譲渡担保契約において、債権譲渡特例法に基づき、譲渡を受ける債権の発生年月日（始期）の

みを記載し、終期の記載のない登記は、将来発生する債権を譲渡担保として公示する登記であり、そのような登記においては、「本件告示〔筆者注、債権譲渡登記の個別記載事項に関する平成10年法務省告示第295号〕によれば、債権発生年月日（終期）の記載は任意とされており、もちろん記載がされれば、債権発生の終期を示すことになるが、記載がない場合には、債権発生年月日時点の債権のみ公示していると解することは困難である。すなわち、終期が必須の記載事項であれば、終期の記載がないことにより、発生年月日（始期）の時点の債権を公示していると解する余地がある（もっとも必須の記載事項であれば記載がないことにより登記が受け付けられない可能性が高い）が、終期が任意の記載事項である以上、終期はない。換言すれば、終期の定めがないと解するのが合理的である」との解釈のもとに、債権発生年月日（始期）から終期の定めのない期間発生した債権を譲渡の対象にしていることを公示しているとみるのが相当であるとして、Yの登記の第三者対抗力を認め、Yに供託金還付請求権を認めてXの請求を棄却した。Xより控訴。控訴審では、主として(1)Yの債権譲渡登記の効力と、(2)第一審では争われていなかった、Xの「売掛債権」とした債権譲渡登記の効力の2点が争われた。

2　判　旨

(a)　争点①について

「（A・Y間の債権譲渡担保契約について、Yが第三債務者に債権譲渡登記の通知等をする時点で譲渡対象債権が特定、識別されるのであれば有効性を認めうるとの趣旨を述べたうえで）しかし、Yの債権譲渡担保契約について上記のような譲渡対象債権の特定についての予定合意あるものと認めるとしても、同契約については前述した第三債務者を始め、差押債権者や他の債権譲受人との関係で、これを公示する方法としての債権譲渡登記の記録が不適切であるために、その債権譲渡登記のあることを第三債務者に通知しても、登記をした時点で存在した債権を特定し、その譲渡を通知しただけのことで、その後に生じた債権についての対抗要件とはならないものと解される」（以下(4)で理由を述べる）。

「(4)ア〔要約〕　本件告示では、譲渡債権について、既存債権か将来債権か

を区別する項目はなく、既存債権と同一の項目を用いている。そして、その特定に関して、債権個別事項ファイルでは項番24で「債権発生年月日（始期）」を記録して、同項番25で「債権発生年月日（終期）」を記録することになっており、この終期の記載は「債権の発生日が数日に及ぶときに限り、その末日の年月日を記録する。将来発生すべき債権についても、同様である」とされている（本件告示の3、(5)、注5）。したがって、「将来、数度にわたって繰り返し発生する債権」を対象にする場合には、債権の発生の初日を始期として記録し、最後に債権が発生する日を終期として記録することが基本的に想定されている。

イ〔要約〕　Yは、上記項番25の「債権発生年月日（終期）」の記載が任意とされている（同項番の条件欄）ことから、「債権発生年月日（始期）」のみの記載がある場合には、当該年月日に発生した債権のみを公示している場合と、当該年月日を始期とする将来債権を公示する場合の両方がある旨主張する。

ウ　しかし、Yの主張のように理解するときは、債権個別事項ファイルを見ただけでは、それが発生日が1つの債権を公示しているのか、発生日が数日に及ぶ債権を公示しているのかが判明しないことになり、不都合を来すことは明らかであるし、そもそも記載があってもなくても同様の法的効果を生じるというようなことは公示制度として異例のことであり、わざわざ「債権発生年月日（終期）」といった項番を設けた意義を減殺するものといわなければならない。

エ　(中略) 本件告示における「任意」との用語の使用方法をみると、それは債権譲渡ないし債権譲渡登記において当該記録事項に対応する事実が存在する場合と存在しない場合とがあるときに、記録する事実がない場合には記載する必要がない、記載しなくても登記が受け付けられないということはないという意味で「任意」とされているもので、該当事実が存在する場合でも、記載してもしなくてもいい、記載しなくても法的効果に変わりがないという意味で「任意」とされているのではないことが明らかである。

オ　以上によれば、本件告示3、(5)の項番25「債権発生年月日（終期）」の記録が任意とされ、これについての注5で「債権の発生日が数日に及ぶと

きに限り、その末日の年月日を記載する。将来発生すべき債権についても、同様である。」と説明されているのは、「債権の発生日が１つの日である場合には記録する必要はないが、債権の発生日が数日に及ぶときは記録しなければならない。」との趣旨に理解すべきである。(以下略)

　カ　（Ｙの前記主張の実質的な論拠は、将来債権については終期を年月日で特定できないものがあり、上記項番25については本件告示により、８バイト、文字数８の半角文字で記録することとされているから、このような制限のもとでは終期を記録できない場合があるということと思われる、として）しかし、いずれにしても譲渡される債権は特定されているはずであるから、実際的には当事者間で一応想定される終期を合意し、これを記録することがそれほど困難とも思われず、譲渡時債権額の記録と相まって特段の問題も生じない場合も多いのではないかと推測される。そして、このような便宜的な方法を用いるのが困難な場合、あるいは適切でない場合には、債権譲渡登記規則（平成10年法務省令第39号）13条１項２号、９条２項、本件告示３、(5)の項番32に基づき、債権を特定するために必要な事項を有益事項として記録すべきである（これを本件についていえば、「債務残額に充つるまでの金額部分」といったことでは複数の第三債務者にとって譲渡部分が判明しないから、「譲渡債権の終期」の代わりに有益事項として「本件債権譲渡登記についての通知をするまでの間に発生した将来債権のうち同通知の時点で残存する債権」といった記録をすることが考えられ、このような記録があれば、その限度でその債権譲渡については対抗力を認めるべきである。)。(以下略)

　キ　以上のとおり、Ｙの債権譲渡登記は結局終期の記載がないことにより、項番24に記載された債権発生年月日に発生した訴外Ｂら６社に対する債権の譲渡を公示し、その限度で対抗力を有しているにとどまるものであり、上記債権と別紙供託目録(1)ないし(6)記載の供託に係る債権とが同一であるとの証拠はないから、結局のところＹの請求はいずれも理由がないことになる」。

　(b)　争点②について

　「(1)（Ｘの債権譲渡における譲渡債権の特定について）上記の債権譲渡契約においては、報酬債権を指すものとして売掛金債権という簿記会計上用いられている一般的な用語を用いたにすぎないものと推測されるから、この両当事

者間においては売掛金債権という表現が本件報酬債権を含む報酬債権を指すものであることは当然の前提であったと認めるのが相当である。したがって、売掛金債権という用語が用いられていることを理由にＸの債権譲渡契約では本件報酬債権譲渡の合意がなかったとするＹの上記主張は採用できない」。

「(2) (Ｘの、債権の種類を「売掛債権」とした登記の対抗力について、債権譲渡規則、本件告示、同付録コード表等の諸規定を検討したうえで) このようにみてくると、Ｘの債権譲渡登記における債権の種類についての「売掛債権」という記録は、訴外Ａの事業内容、その有する債権の内容等の諸事情等を知悉した状況にない第三債務者その他の第三者にとっては、商品等の売買代金債権と理解されるのが普通であると認められ、殊に債権譲渡登記における債権の種類についての記録は本件告示の付録コード表に示された15種類の債権の中から選択されたものとして表示されていると認識されるであろうから、余計にその傾向は顕著なものと考えられる。

債権譲渡特例法が登記の対象とする債権には様々なものがあり、上記の15種類（「その他の債権」を除くと14種類）の分類では必ずしも適切なものがない等の場合も想定され、その場合にすべて「その他の債権」として記録するのが適切とも思われないから、債権の種類の表示が適切でない登記の効力についても一概に対抗力がないと解するのは相当ではないが、その齟齬の程度等にかんがみて譲渡債権の識別に支障を来すと認められる場合には、譲渡債権について公示がないものとして対抗力を否定するのが相当である。Ｘの債権譲渡登記の場合、本件報酬債権の性質を売掛債権と理解する余地はなく、「売掛債権」と「その他の報酬債権」とは明らかに性質を異にする債権であることからすれば、本件報酬債権につき債権の種類を売掛債権としたＸの債権譲渡登記は、その譲渡債権を特定するための記録に誤りがあり、本件報酬債権を公示しているものとは認められないものと解するのが相当である」。

以上から結論としてＸ・Ｙ双方の各請求をいずれも理由がないとした。

II 検討

1 将来債権譲渡契約の有効性と債権譲渡登記

本判決における争点①には、前提的論点である、本件のA・Y間およびA・X間の将来債権譲渡契約の有効性の問題が含まれている。この問題についての検討は、筆者はすでに本件第一審判決評釈において行っているので[14]、ここでは、そこで提示した若干の疑問点を留保したうえで、それらの契約の有効性を前提として議論を進める。

ただ、1つだけ本判決の記述中の疑問点に言及しておきたい。本判決は、上記判旨には採らなかったが、この前提論点の検討のなかで、「上記のように有益的記載事項による登記方法〔筆者注、これは判旨(4)カと同一〕を講じ、第三債務者に対する債権譲渡登記の通知をすることによって譲渡債権を特定する方法を認めることは、不特定の将来債権の譲渡の予約の登記を債権譲渡特例法が認めていないのにこれを認めたのと類似した機能を認めたのと同様の結果となる」と述べている（これは第一審判決にもない記述である）。この記述はいささか論理の混乱があり、誤解を招く。もちろん本事案は、本判決も認めるように、譲渡の予約ではなく本契約である（だからこそ債権譲渡登記ができる）。また、本契約としての将来債権譲渡契約の有効性は、契約解釈として当該債権の特定性（識別可能性）があるか否かで決まるのであって（最二小判平成12・4・21民集54巻4号1562頁、金法1590号49頁参照）、債権譲渡登記で特定できたかどうかで決まるのではない。あとは、有効とされた将来債権譲渡契約について対抗要件を具備するうえで、債権譲渡登記上、目的債権をどこまで特定して公示できていれば対抗力があるか、という問題になるのである（さらにいえば、予約について対抗要件を具備したとしても本契約の対抗要件としては効力がない。最三小判平成13・11・27民集55巻6号1090頁、金法1634号63頁参照）[15]。あくまでも、契約の有効性の問題と登記の有効性の問題（および本契約の問題と予約の問題）とは切り離して考えるべきである。その意味で、上記引用部分の表現は適切でない。

2 始期のみを定めた債権譲渡登記の有効性と対抗力

　争点①の中心は、始期のみを定めた債権譲渡登記の有効性と対抗力の問題である。本判決はこれについて詳細に判示した。第一審判決は、先の「事案の概要」に掲げたように、債権譲渡登記の個別記載事項に関する平成10年法務省告示第295号中の「任意」の意義を論じて、Yの本件登記は「債権発生年月日（始期）から終期の定めのない期間発生した債権を譲渡の対象にしていることを公示しているとみるのが相当」として、Yを勝訴させた。これに対して本判決は、前掲判旨の「エ、オ」で、筆者が前掲第一審評釈で提示した同告示の理解（「告示にいう「任意」の意味は、書いても書かなくてもいいという意味ではなく、発生日が数日に及ぶ場合は必ず記載する、同一日ですべて発生する場合は記載しなくていい、という意味で「任意」であるということになろう[16]」）と同一の解釈を示して、結論として、前掲「キ」で、これも筆者が、「「任意」という意味を右のように解するならば、登記としての効力（何が登記され公示されたのか）という観点からは、あくまでも本件のような登記では、始期とされたその日に存在した債権の譲渡だけが登記され対抗力を持つ、という理解が当然に主張されうるのではなかろうか[17]」と書いたとおりの結論を導いている。したがって、筆者にはもとよりこの結論についてまったく異存はない。

　さらに、筆者が第一審評釈で、「逆に始期と終期を必ず明示しないと登記ができないという構成が採られるとすると、それが実務上、債権譲渡担保取引の発展を阻害する要因になるか否かという問題が、また別途生起する可能性がある（後述のように契約上期限を定めていない場合等に問題になりうる。少なくとも、必ず始期と終期を明示させる構成は、実体的に将来債権譲渡担保契約の有効性ないし対象債権の特定性の問題を緩やかに解する方向性とは逆行する。ただ、契約とは別に、特例法の登記上に終期をどうしても書くことができないというケースがどれだけあるのかという疑問もある）[18]」と書いた点についても、本判決では、「カ」のところで明瞭に対応する説示がなされている。

　本判決の「カ」の論理は、2段構えになっており、まずは、「実際的には当事者間で一応想定される終期を記載し、これを記録することがそれほど困難とも思われず、譲渡時債権額の記録と相まって特段の問題も生じない場合

も多いのではないか」として、「このような便宜的な方法」によることを示唆し、それが困難あるいは不適切なときには、「債権譲渡登記規則13条1項2号、9条2項、本件告示3、(5)の項番32に基づき、債権を特定するために必要な事項を有益事項として記録すべきである」とするのである。したがって、この有益記載事項の活用というのは、いわば本判決が親切に方法を示したものである。そこで例としてあげられる「本件債権譲渡登記についての通知をするまでの間に発生した将来債権のうち同通知の時点で残存する債権」といった記録による対抗力の肯定は、私見においても是認の方向でと考えたいものであるし、「終期」に代わる債権特定（限定）方法の存在を具体的に論じてくれた点も評価したい。ただ、実際問題としては、前者のように、できるだけ登記上の終期を（たとえ譲渡契約には明示がなくとも）想定して記載して登記申請するほうが簡明かつ無難であろう。

　以上、この争点①の終期の記載に関する部分については、私見は本判決に賛成する。

3　債権コードの記載を誤った登記の効力と本判決の影響

　本判決は、争点②で、X例の債権種類コードの記載を誤った登記について、「債権の種類の表示が適切でない登記の効力についても一概に対抗力がないと解するのは相当ではないが、その齟齬の程度等にかんがみて譲渡債権の識別に支障を来すと認められる場合には、譲渡債権について公示がないものとして対抗力を否定するのが相当である」として、登記の対抗力を全面的に否定した。

　この結論の当否を客観的に論じるならば、問題は、債権種類コードの誤記載という、債権譲渡登記の記載事項の1つについての誤りが、すなわち登記の対抗力を否定するところにまで必然的に繋がりうるかという1点の分析に帰するはずである。その意味では、各登記事項のなかで債権種類コードの占める重要性と、それを誤ったことで判旨にいう「その齟齬の程度等にかんがみて譲渡債権の識別に支障を来すと認められる場合」がどのように発生しうるのかを検証する作業を冷静に行えばよいということになろう。

　しかしながら、本判決は、実務界に（おそらくは裁判官も予想しなかった）

深刻な反響を呼んだ。それは、本判決の趣旨が、債権譲渡登記について、現状の実務よりも正確・厳密な記載を求めるものと受け取られたためである。具体的にいえば、この債権譲渡登記制度においては、登記の際に15種類の「債権種類コード」を選択させることになっていて、その１つに「売掛債権」が入っている（正確には４番目が「0201売掛債権（0301〔割賦販売代金債権〕を除く）」であり、12番目に「0899その他の報酬債権」がある）。しかし、一般の企業の会計処理においては、より広い概念で「売掛金債権」という費目を観念しており、わが国のいくつかの特別法などでも、同様に比較的広い概念で「売掛金債権」を定義している。問題の根本はそこに存する。

　一例をあげれば、わが国における中小企業の資金調達の円滑化・多様化を企図して、平成13年11月17日から取扱いが開始された、売掛債権担保融資保証制度[19]の運用において、本判決はとくに問題とされた。同制度の対象となる売掛債権は、中小企業信用保険法３条の４第１項に規定する「売掛金債権」に限られる。具体的には、①売掛金債権、②割賦販売代金債権、③運送料債権、⑥診療報酬債権、⑤その他の報酬債権、⑥工事請負代金債権である[20]（なお、同制度において根保証の譲渡担保形態を採るものについては、これらの売掛債権のうち将来発生するもの（将来債権）も対象とすることが明示されている）。そうすると、中小企業信用保険法においては、広義の「売掛金債権」の範疇のなかに、①売掛金債権と、⑤その他の報酬債権が列挙されているのであり、売掛債権担保融資保証制度では、同法が定義するこの広義の「売掛金債権」をすべて対象とするのである。このような状況からすると、第１に、狭義の「売掛債権」以外のいわゆる「売掛金債権」を、登記する当事者が、誤って「売掛債権」として登記する可能性がないとはいえない（本判決のＸが、債権の種類コードを「その他の報酬債権」として登記せずに、「売掛債権」として登記したという過誤は、コードの「売掛債権」を、広義の「売掛金債権」と同一視してしまったということで説明がつきそうな過誤である。ただし、種類コードの読み方としては「過誤」であることは間違いないが）。第２に、15種類のコードのいずれに入るか見解の相違がありそうな債権について、もし理解の誤りで別のコードに入れたと判断されたとすると、登記の対抗力が失われてしまうのか、そしてそれを避けるために、より厳密な登記をしなければならないのか、

という問題も生じる。

　この点については、売掛債権担保融資保証制度に関する座談会で、かなり詳しく議論がされている。中村廉平氏は、「現場の実務においてたいへん混乱していること」として本判決の争点②を紹介し、「一般に中小企業というのは、財務経理上、売掛債権ですべてといっていいくらいに認識し、計上してい」るとしたうえで、それを債権譲渡登記上の15種類の債権コードに合わせて峻別し管理しなければならないということに繋がりかねない問題として把握する。さらに同氏は、法務省商事課長の本判決に関する次のような解説文を紹介する。「同判決は、譲渡債権の種類の表示について、「その齟齬の程度等にかんがみて譲渡債権の識別に支障を来すと認められる場合には、譲渡債権について公示がないものとして対抗力を否定するのが相当である」と判示し、「売掛債権」として記載された登記は、報酬債権の譲渡につき対抗力を有しないとした。この問題も、債権譲渡の通知・承諾の場合にも当てはまるものであるが、債権譲渡登記では、法務省告示で債権の種類コードが定められており、これで特定できないときは、「債権発生原因」の項目に64字以内で記録するとされている。債権の種類は、譲渡債権を特定するための重要な要素であり、種類コードで特定できないときは、この項目を活用していただく必要がある[22]」。そして中村氏は、一般に債権譲渡登記を利用するにあたって、解釈によっては複数の種類に該当するような債権があった場合、実務上どう対応したらよいのか、混乱が生じつつあると述べている[23]。

　このような、本判決の波及的影響は、たしかに看過できないものである。ただ私見では、本判決争点②の結論は、売掛債権と分類しえないものを売掛債権として登記したために効力が否定されるということであって、分類上売掛債権か否かの判断が分かれるような債権についてまで、より厳格な記載がなければ登記の効力を否定するという話ではないであろうと考える。

　つまり、債権譲渡登記の効力は、登記された当該債権がどれであるかの識別・同定ができれば確保されるはずである。したがって、この種類コードについていえば、本来このコードは譲渡債権の特定のための一要素と考えられるから、明らかに識別可能性を失わしめるような種類誤記載があれば、例外的に登記の効力が失われる場合があるということはともかく、債権の性質上

第4章　将来債権譲渡登記の判例法理——登記の始期・終期や債権の種類と対抗力　97

コードのいずれに入るか見解の分かれうるような債権についてまで（しかもその種類選択によって当該譲渡債権の識別・同定が不可能になるという段階に至らないものまで）登記の効力を否定するのは不当であろう。もしそのようなことになれば、債権譲渡登記制度の利用可能性を不当に狭め、国が設定した登記制度の信頼性を損ねる（ひいては上記売掛債権担保融資保証制度等の利用の障害ともなる）ことになるのではなかろうか。

　ただ、登記情報から被譲渡債権を特定して認識するためには、このようなコード処理を行なうことは合理性があり、したがって、債権譲渡特例法登記で対抗要件を具備するためには特例法の要求する記載を行なってほしい、という要求自体は、何ら問題のないものと考える。私見のいおうとするところは、それが、一般の取引通念からして不相当に詳密な要求であり、不相当に厳格な解釈をされるというのであればいきすぎである、ということである[24]。もっとも、これまでの債権譲渡登記においては、実務上この債権種類コードをどれだけ正確に判断して登記してきたかということになると、（これまで注意を喚起するような紛争裁判例もなかっただけに）相当疑問もある。そうすると、本判決が（裁判官としては当然の事理を述べただけのつもりが）、法務担当者にとっては、過去の登記の有効性に対して疑心暗鬼になるという、一種のパニックを引き起こしたとしても不思議はない。債権譲渡登記の利用に翳りの出ることを避けるためには、右の私見のような方向で、対抗力が失われるのは明らかに識別可能性を失わしめるような種類誤記載などの場合に限る、ということが裁判例や法務当局の公式見解として示されることが最も望ましいと考えるがどうであろうか。

　実際、もし私見のように考えるならば、本件における「齟齬」の程度は、なお議論の余地を残しうる。つまり、たしかに本件のサービス提供債権はコードの「売掛債権」に入りえないことは明確であるとしても、海外赴任にかかる種々のサービス等の提供を業とするA社が、もし物品の販売等はいっさい行っていない会社であるとすれば、もともとA社の他の一般債権者等からみてもこの登記を狭義の売掛債権についてのものなどと誤認するはずはなく、このコード選択の誤りは、なお本判決のいう「譲渡債権の識別に支障を来すと認められる」状況には至らないのではなかろうか。上告審判断を待ちつつ

疑問を呈しておく。

ただ、今後の債権譲渡登記実務においては、この15種類の判断くらいはしっかりと行うべきであろう。また、私見はそれで十分と考えるが、なお心配の残る場合には、前掲の法務省担当者の説くように「債権発生原因」（これは項番26）の記載等を活用することにはなろう（しかし繰り返せば、それが義務づけられたり、それを欠いたら対抗力否定、などということになれば、債権譲渡登記の利用に不幸かつ不当な障害となろう）。

4　本事案の客観的評価

以上のように検討してくると、本事案は、結局、X・Y双方の担当者が、いまだ債権譲渡登記の実務に習熟していなかったために、不完全な登記をしてしまい、それがために双方ともに登記の対抗力が限定ないし否定されてしまった場合、と評価することもできそうである（その意味では、債権譲渡登記という新制度が実務に根づく過程の紛争という位置づけもなしうる）。Yの側は、譲渡の対象となる将来債権の発生期間について、想定しうる適当な「終期」を記載しておけばよかっただけのことであり、Xの側は、「債権種類コード」の選択にあたって、「その他の報酬債権」の項目を選択しておけばよかっただけのことである。その意味では、X・Y双方の請求を棄却した本判決の判断は、ごく当然ということもできる。ただし、次に述べるように、最終的解決をいかにすべきかの問題が残る。

5　事案の最終処理の問題

本判決は、結局Xの供託金還付請求権も、Yのそれも、いずれも否定した形になっている。これは、ちょうど、同順位の債権譲受人間における供託金還付請求権の帰属に関して分割帰属を判示した最三小判平成5・3・30（民集47巻4号3334頁、金法1356号6頁）の原審である福岡高判昭和63・7・20（民集47巻4号3381頁以下収録、金法1202号26頁）（実際には差押債権者の差押通知と譲受人の譲渡通知とが債務者のもとへ同時に到達した事案）が、差押債権者と譲受人のいずれにも供託金の還付請求権を否定したのと同様な形態であって、理論的にはありうる処理ではあっても、最終的な解決にはなっていないのは明

瞭である（この福岡高判昭和63・7・20も、債務者が差押債権者と譲受人のいずれに対しても弁済する必要がないという不当な結果になると批判された）。ただ、本判決との大きな相違は、福岡高判のケースでは両者ともに十全の対抗要件を（同時に）具備していたのに対し、こちらは、X・Yのいずれも不完全な対抗要件しか具備していなかったという点にある（したがって、最三小判平成5・3・30のような按分帰属などという結論は、両者ともに十全の対抗要件を具備していたからこそ導けるのであって、本件ではまず考えられないというべきであろう）。

　一般に、このような両者敗訴の判決を高裁が出すということは、基本的には、最高裁に最終判断を委ねるという意思表示が示されているということなのかもしれないが、本事案の場合は、それに加えて、筆者が一審判決について論じた、結論の「スワリ」の勘案があったのかどうかも（法律論にはなりにくいが）触れておく必要はあるかもしれない。

　つまり、本件では、前掲法務省告示をこのように解釈すれば、Yの登記にはその登記日に存在した債権にしか対抗力が及ばないのは理の当然ということになる。そうすると、今度は、Xの遅れてした登記のほうが優先することになる。しかしながら、Xは登記時にYの登記がすでになされている——すなわち二重譲渡になっていて登記しても劣後する——ことを検索しえたのであり、このような検索がいわゆる一括決済方式の受託会社などではかなり神経質に行われていること等も勘案すると、Xは、（Yの登記を看過してかあるいは認識しつつあえてか）遅れて登記をし、Yの先行登記の瑕疵を奇貨として、その逆転が達成されることになる。このような結論はたしかにあまり「スワリ」のよくない結論といえそうである。少なくとも、Xがそういう結果を享受するのであれば、Xのほうの登記も、瑕疵のない正確なものであるべきである、というのは、いわば当然の論理であろう。本判決が、第一審では議論になっていなかったXの登記の「債権種類コード」の誤りに着目しかつ判断の決め手とまでしたのには、そのようなバランス感覚がどこかにあったのではなかろうか。

　上述のごとき利益判断をしばらくおき、単純に対抗要件の法理のみで考えれば、X・Yがいずれも不完全な対抗要件しか具備していなかったというケ

ースは、いわゆる民法467条の対抗要件の問題でいえば、両者とも同条1項の対債務者対抗要件しか得ていなかった場合に類似する。この場合は、両者とも相互に対抗しえない結果、債務者はいずれにも弁済を拒みうるが（札幌高判昭和31・12・14高民集9巻10号640頁、金法1284号16頁）、その場合は、いずれか早く同条2項の確定日付のある証書で債務者に通知をした（または債務者の承諾を得た）ほうが勝つと考えられる。[27] その意味では、もし本件でもX・Yいずれかに、たとえばその後民法上の確定日付ある通知・承諾がなされていたような事実があれば、それによって優劣を決することは可能である。しかしこの点でも、本判決は、「Xの債権譲渡につき、債権譲渡登記とは別に平成11年7月23日付で債務者たるA名で民法467条所定の譲渡人による通知であるかのような通知がされた事実が認められる」が、Xの債権譲渡登記の前提として当事者間で合意された内容とは債権の発生期間や譲渡額について明らかな齟齬があるとして、「これらの通知が譲渡人であるAによってされたものとまで認めるには至らない」と判示している。

　最高裁では、上記の諸状況が再度検討の対象となろう。軽々な推測は避けたいが、Yの勝訴となるためには、終期の記載のない登記の対抗力を再度第一審のように全面肯定し直す以外には道がなさそうであり、またその論理構成は、本判決のような本件法務省告示の解釈を正当とする限りはまず困難かと思われる。一方X勝訴の論理としては、まずは本判決争点②の判断を、「売掛債権」という誤った記載ではあったが、それによって目的債権の識別・同定に支障をきたす程度には至っていないなどと事実判断をし直して、Xの登記の対抗力を肯定することが考えられる（この点、先述の「バランス感覚」が、本判決ではいささかX側に厳しい判断に繋がったとみて、それを修正するのだという実質論もありえよう。ただし、いずれにしても本件のケースでは種類コードは「売掛債権」ではなく「その他の報酬債権」とすべきであったと考えるし、その程度の判断の要求は特段企業の担当者に困難を強いるものではないと考える）。さらに、上記の「民法上の通知」の再評価もありえないわけではないであろうが、これは本判決の判決文からも詳しい事実関係が不明であるので、これ以上何ともいえないところである。

14) 池田・前掲注13) 判例タイムズ88頁。
15) 評釈として、池田真朗「判批」NBL741号（2002）67頁。
16) 池田・前掲注13) 判例タイムズ91頁。
17) 池田・前掲注13) 判例タイムズ91頁。
18) 池田・前掲注13) 判例タイムズ91頁。
19) 同制度については、全国信用保証協会連合会業務企画部「「売掛債権担保融資保証制度」の概要(上)・(下)」金融法務事情1633号（2002）6頁以下、1634号（2002）50頁以下、池田真朗「売掛債権担保融資保証制度の法的論点」金融法務事情1643号（2002）6頁以下（本書第5章）、小林明彦「売掛債権担保融資保証制度に関する関係契約書逐条解説」金融法務事情1643号（2002）16頁以下等参照。
20) 坂井益造「「売掛債権担保融資保証制度」の留意事項」信用保証103号（2002）23頁。したがっていわゆるリース債権などは対象に含まれないことになるが、たとえば「おしぼりレンタル」の債権などは、物品使用料よりも役務提供への対価が内容の大半を占めており、こういうものは本制度の対象に含まれる（同23頁）。
21) 池田真朗=井辺國夫=江口浩一郎=小林明彦=中村廉平=松永洋「〈座談会〉売掛債権担保融資保証制度の特徴と運用上の留意点」金融法務事情1643号（2002）22頁以下。
22) 後藤博「譲渡債権の特定に関する東京高判平13・11・13に接して」登記情報484号（2002）1頁。
23) 池田ほか・前掲注21) 32〜33頁〔中村発言〕。
24) その他この問題についての私見は、池田ほか・前掲注21) 33〜35頁〔池田発言〕参照。
25) 池田・前掲注5)『展開』335頁・337頁注63) 参照。
26) 池田・前掲注13) 判例タイムズ91〜92頁。
27) 野村豊弘ほか『民法III債権総論〔第2版補訂〕』191頁（有斐閣、1999）〔池田真朗〕。

III　小　括

　筆者が最も懸念するのは、本判決の事案の実質が、両当事者の経験不足に伴う対抗要件具備の失敗というに近いものでありながら、本判決の説示や法務省当局者の解説が実務担当者によっていささか曲解されることによって、債権譲渡登記がより面倒な、しかも効力についての信頼性や予測可能性の低いものとして把握されてしまうことである。やはり債権譲渡登記は、譲受人からすれば、確実にしかも第三債務者に知らせずに第三者対抗要件を具備で

きる有益な手段であることは間違いなく、また、近い将来に世界の潮流となるであろうと思われる登録型の優先権システム[28]にも互換性のある（少なくとも親和性の高い）制度である。債権譲渡特例法の立法にも携わった者として、本判決が債権譲渡特例法登記の進展を阻害するものとならないよう祈りつつ、最高裁が本件について説得的な最終判断を示してくれるのを待ちたい。

  28) 池田眞朗「国連国際債権譲渡条約の論点分析と今後の展望(上)・(下)」金融法務事情1640号（2002）22頁以下、1641号（2002）13頁以下参照。

第4節　債権譲渡特例法登記の始期・終期や種類の記載と対抗力
―最一小判平成14年10月10日と最一小決平成14年10月1日の検討

　債権譲渡特例法による譲渡登記の記載方法や記載内容に関する紛争として実務上も解釈論上もかなりの議論を呼んだ事件について、最高裁の判断が示された（最一小判平成14・10・10および最一小決平成14・10・1、いずれも金法1665号54頁）。これは、将来にわたって発生する債務を、一方には債権の担保として、他方には代物弁済として二重譲渡したケースで二重登記がされ、第三債務者が供託した供託金の還付請求権を二重譲受人が相互に争った事案であるが、登記の先後による優劣決定自体は明瞭であったものの、双方の登記がともに、譲渡の対象とされた債権の発生期間の終期や種類の記載について不適切な点があったために、登記の対抗力が争われたものである。しかも高裁で二重譲受人双方ともが対抗力を否定されて敗訴し、双方が上告したが、最高裁でも、いずれもが（一方は実質判決、他方は形式決定によって）敗訴するという結果になった。紛争形態も結果も、めずらしいケースではあるが、内容的には、企業法務担当者にはむしろ基礎的事項に関わる必読の判例と言える。また実務上も理論上も、一部分にしろ明瞭な先例を得た意義は大きいが、他方で実質判断が示されない部分が残ってしまったことが残念である。

I 事案の概要と訴訟の経過

　事案の概要は以下の通りである。最初に明記しておくと、本評釈では、10月1日決定の方の上告人であり10月10日判決の被上告人である貿易会社をXとし、決定の被上告人であり判決の上告人であるリース会社をYとする。これは、本件訴訟の開始時点で貿易会社Xの方から主として請求を起こしていたからであり（Xは両者間に提起された8件の事件のうちの6件の原告、2件の被告であった）、第一審からの評釈を継続して読む読者を混乱させないためでもある。この点本最高裁判決掲載誌のコメントでは、10月10日判決を中心に書かれているため、同判決の上告人であるリース会社をXとしているので（金法1665号54頁等）、X・Yが逆になることに注意されたい。

　訴外A社は、訴外B社らに対して、その社員の海外赴任にかかる種々のサービス等を提供し、報酬債権を得ていた。Yリース会社は、Aから、AのBら6社に対する既存のおよび将来発生する上の報酬債権を、YのAに対する債権の残高に充つるまでの部分を譲り受ける旨の譲渡担保契約を結び、債権譲渡の対抗要件に関する民法の特例等に関する法律（以下「債権譲渡特例法」という）に基づき登記した（A・Y間の債権譲渡担保契約は平成11年2月10日締結、Yの登記は同年3月4日14時46分である）。一方X貿易会社は、Aに対する貸金債権の弁済に充てるため、AのBらに対する同じ報酬債権のうち平成10年4月1日から平成12年3月31日までの間に発生するものを譲り受け、登記をした（A・X間の債権譲渡担保契約は平成11年5月26日締結、同登記は同年5月28日13時57分である）。登記の時期は、Yの登記の方がXのそれより先であり、通常であれば登記が重複した譲渡についてはYが当然に優先して何ら問題のない事案であった。ところが、Yの登記は、譲渡にかかる債権の発生年月日（債権譲渡登記規則〔平成10年法務省令第39号〕6条1項4号）として各債務者ごとに最初の日（始期）のみを記載し（例えばBについて平成10年8月31日）、終期の記載をしていなかった。一方Xの登記の方は、始期を平成10年4月1日、終期を平成12年3月31日と明示していた。ただ、Yの登記では、譲渡された債権の種類（コードで選択する）を「その他の報酬債権」としていたが、

Xの登記では、それを「売掛債権」としていた。

このような状況で、Xは、Yの登記は、登記に示された債権発生年月日（始期）に存在した債権にしか登記の対抗力が及ばず、始期以降発生した債権についてはXの登記が優先すると主張したのである。Bら第三債務者は債権者不確知として債権額を供託したので、X・Y間の供託金還付請求権確認請求訴訟となった（Xが主張する本件報酬債権の全部が、Yの債権譲渡担保契約の債権譲渡の対象に含まれていることは、第一審の判決文中で確認されている）。

第一審判決（東京地判平成13・3・9金法1616号51頁、判時1744号101頁、金判1119号36頁）については、本章第2節に収録したので省略するが、そのような登記においては、債権発生年月日（始期）から終期の定めのない期間発生した債権を譲渡の対象にしていることを公示していると見るのが相当であるとして、Yの登記の第三者対抗力を認め、Yに供託金還付請求権を認めてXの請求を棄却した。Xより控訴し、控訴審では、債権譲渡登記の個別記載事項に関する平成10年法務省告示第295号の解釈を中心に、主として①Yの債権譲渡登記の効力と、②Xの債権譲渡登記の効力の2点が争われた。

そして控訴審判決（東京高判平成13・11・13金法1634号66頁、金判1130号11頁）についても、本章第3節に収録したので省略するが、結論としてX・Y双方の各請求をいずれも理由がないとした。

その結果両者より上告されたのが本件である。

II　最高裁の判断

1　最一小判平成14年10月10日の要旨

「債権譲渡登記に譲渡に係る債権の発生年月日の始期は記録されているがその終期が記録されていない場合には、その債権譲渡登記に係る債権譲渡が数日にわたって発生した債権を目的とするものであったとしても、他にその債権譲渡登記中に始期当日以外の日に発生した債権も譲渡の目的である旨の記録がない限り、債権の譲受人は、その債権譲渡登記をもって、始期当日以外の日に発生した債権の譲受けを債務者以外の第三者に対抗することができないものと解するのが相当である。けだし、上記のような債権譲渡登記によ

っては、第三者は始期当日以外の日に発生した債権が譲渡されたことを認識することができず、その公示があるものとみることはできないからである」。

そして、原審の認定した事実関係によれば、本件報酬債権のうち始期当日に発生したものと本件供託にかかるものとが同一であるとの証拠はないというのであるから、上告人は、本件報酬債権のうち本件供託にかかるものの譲受けをもって被上告人に対抗することができないとして、Yリース会社の上告を棄却した。

2 最一小決平成14年10月1日の要旨

「民事事件について最高裁判所に上告をすることが許されるのは、民訴法312条1項又は2項所定の場合に限られるところ、本件上告理由は、理由の不備・食違いをいうが、その実質は単なる法令違反を主張するものであって、明らかに上記各項に規定する事由に該当しない」として、X貿易会社の上告を棄却した。

III 検 討

1 始期のみを定めた債権譲渡登記の有効性と対抗力

実質判断をした、最一小判平成14・10・10から検討する。Yリース会社の側の、始期のみを定めた債権譲渡登記の有効性と対抗力の問題である。結論的に言えば、筆者は本事案について第一審、原審ともに評釈を公にしており[29]、その中で、第一審判決については、債権譲渡登記の個別記載事項に関する平成10年法務省告示第295号の解釈等からして控訴審で判断が維持されるのはかなり疑問と予測し、そして原審判決は筆者の見解に沿った内容で判示され、またこのたびの最高裁判決でもその論理が維持されたのであるから、本判決には筆者としてはもとより全く異存はない。つまり具体的には、前掲の控訴審判決が、筆者が前掲第一審評釈で提示した同告示の理解(「告示にいう「任意」の意味は、書いても書かなくてもいいという意味ではなく、発生日が数日に及ぶ場合は必ず記載する、同一日ですべて発生する場合は記載しなくていい、という意味で「任意」であるということになろう」[30])と同一の解釈を示して、結論

として、前掲「キ」で、これも筆者が、「「任意」という意味を右のように解するならば、登記としての効力（何が登記され公示されたのか）という観点からは、あくまでも本件のような登記では、始期とされたその日に存在した債権の譲渡だけが登記され対抗力を持つ、という理解が当然に主張されうるのではなかろうか」と書いた通りの結論を導き、本最高裁判決も正にその後半部分が要旨となっているのである。

ただここでは、これまでの評釈等に示された見解を客観的に紹介して、本判決の結論の実務的評価を概観しておこう。判例掲載誌のコメントでは、発生年月日の始期の記録はあるが終期の記録がない債権譲渡登記をもって始期以外の日に発生した債権の譲渡を対抗できるかについて、第一審と同様の積極説（升田、清原）と原審と同様の消極説（池田、田原、平井＝大矢）の対立状況があり、本判決は、消極説を採ることを明らかにしたものであると紹介されている（例えば金法1665号57頁）。確かに現象的にはその通りであるが、実質は、学説の理論的な対立というほどのレベルのものではない。

前掲告示の「任意」の意味については、わが国の法令一般の、簡潔にして必要十分な表記という考え方によって書かれたものが、日本語表現として誤解を招いたという部分が確かにあり、それがこの問題の発端となっているのであるが（その意味では立法関係者にはよりわかりやすい表現を心掛けるよう求めたい）、上の積極説（肯定説）については、その「任意」の解釈の部分が否定されれば、後は、将来債権譲渡契約の場合実際には債権発生の終期を具体的な年月日で特定できない場合がある、という現実論が残るのみである。ただ、この現実論が実務上は重要なのであり、消極説（否定説）は告示の解釈からは当然の帰結ではあるとしても、実務の要請には十分耳を傾けなければならない。

たしかに、積極説には、債権譲渡登記が将来債権譲渡の進展の足伽にならないようにしたいとの意欲が読み取れる。清原説は、第一審判決の評釈で、「「終期」の記載がないことを理由に、Ｙの債権譲渡登記の対抗力を「始期」に存在した債権に制限することは、実体的に有効と判断した将来債権の譲渡を、債権譲渡特例法等の法規制によって制限するという不当な結果を招く」と論じるが、しかし契約の有効性とそこから発生する権利がどこまで法的に

第三者対抗力を具備されるかの問題はもとより別の議論であり、ここでは、有効な将来債権譲渡契約に対応する対抗力具備手段が存在していないわけではないので（そしてそれを具備するのに何の困難もないので）、この批判は不当であろう。また、升田説は、将来債権の譲渡であることを明記する旨の記載事項がないため、この事案のような問題が生じているものであり、新たに認められる将来債権の譲渡の対抗要件としては、可能な範囲でその効力を認めるべきであると、立法論的な言及をしつつ第一審判決を支持した[35]。問題の指摘は適切であるが、現行規定の解釈としては、消極説に従わざるを得ないであろう。

　そこで残るのは上記の現実論である。原審判決に対して、堀説は、終期の記載は実務上非常に定めにくいので、これを厳格に解することは避けるべきと主張する[36]（この点は、森井説も終期は「定めようがないというのが本音」[37]という）。堀説はさらに、原審判決が（前掲「カ」の部分で）、「「譲渡債権の終期」の代わりに有益事項として「本件債権譲渡登記についての通知をするまでの間に発生した将来債権のうち同通知の時点で残存する債権」といった記録をすることが考えられ、このような記録があれば、その限度でその債権譲渡については対抗力を認めるべきである」と論じた点についても、「このような備考欄における債権を特定するための有益な事項の記録がどれだけの対抗力を有しているのかは、債権譲渡特例法上は明確ではない」と指摘し、「備考欄の記載に対抗力を有しているというのであるならば、むしろ、債権譲渡特例法上に将来債権の記載の仕方を明確にするような規定を設けるべきで、譲渡債権の総額についても限度額を記載できるような明確な規定を設けるべきである」と、前掲升田説も同趣旨の立法論を述べる。そして、「本判決の「終期」の問題については、Ｙの登記内容を総合的に判断すべきで、将来債権を対象にしていることは登記内容を総合的にみると明らかであり、本判決のように厳格に解すべきでない」と結論付けるのである[38]。確かに、実務感覚を踏まえた適切な指摘であり、傾聴に値すると思われるが、一方で、登記登録という制度は、画一的定型的な処理によって、公示力、対抗力を客観的に具備せしめるべきものであり、総合判断という処理はいささか取り入れ難いところもある（ただし、議論の余地のあることについては後述する）。いずれに

しても、将来債権の譲渡登記としては、現行特例法およびその施行諸規定は万全ではないという認識は共有すべきであろう。

ただ、この点については筆者も既に第一審評釈で、「逆に始期と終期を必ず明示しないと登記ができないという構成が採られるとすると、それが実務上、債権譲渡担保取引の発展を阻害する要因になるか否かという問題が、また別途生起する可能性がある（後述のように契約上期限を定めていない場合等に問題になりうる。少なくとも、必ず始期と終期を明示させる構成は、実体的に将来債権譲渡担保契約の有効性ないし対象債権の特定性の問題を緩やかに解する方向性とは逆行する。ただ、契約とは別に、特例法の登記上に終期をどうしても書くことができないというケースがどれだけあるのかという疑問もある）」[39]と述べた。そしてそれに対応する形で、原審判決の前掲「カ」の説示がなされていたのである。

原審判決の「カ」の論理は、まずは、「実際的には当事者間で一応想定される終期を記載し、これを記録することがそれほど困難とも思われず、譲渡時債権額の記録と相まって特段の問題も生じない場合も多いのではないか」として、「このような便宜的な方法」によることを示唆し、それが困難あるいは不適切なときには、「債権譲渡登記規則13条1項2号、9条2項、本件告示3、(5)の項番32に基づき、債権を特定するために必要な事項を有益事項として記録すべきである」とするのである。したがって、この有益記載事項の活用というのは、いわばこの原審判決が親切に方法を示したものである。そこで例として挙げられる「本件債権譲渡登記についての通知をするまでの間に発生した将来債権のうち同通知の時点で残存する債権」といった記録による対抗力の肯定は、私見（原審評釈）においても是認の方向で考えたいものではあるとしたが、これが実際にどのような程度に対抗力を持つのかは、[40]堀教授が指摘する通り明確ではないし、また本最高裁判決でもその点は一切触れられていない。したがって、今後その点の判例形成も期待したいが、現時点での実際問題としては、原審評釈に述べたように、できるだけ登記上の終期を（たとえ譲渡契約上には明示がなくとも）想定して記載して登記申請する方法を再度推奨しておきたい。[41]

2 債権コードの記載を誤った登記の効力と本判決の影響

　次に、形式処理で終わった、X貿易会社側の上告に対する最一小決平成14・10・1に触れる。債権の種類コードの選択の誤りによって登記の対抗力が否定されるかという、前記②の争点に当たるものである。上告理由の論旨は、Xの債権譲渡登記について、譲渡債権の種類が「売掛債権」と記録されていることから、それが本件報酬債権の譲渡を公示しているものとは認められないとした原審の判断に理由の不備・食い違いがあるというものであったが、最高裁はこれを、単なる法令違反を主張するものであって、明らかに民事訴訟法312条1項または2項に規定する事由に当たらないとして、決定によってX貿易会社の上告を棄却した。この判断自体は、致し方のないところであるが、このような処理に至ったということは、そもそも上告人代理人は、上告受理申立理由を書かなかったということであろうか。この債権譲渡登記における債権の種類コードの選択の誤りによる対抗力の否定という判断は、原審で新たに示されたもので、筆者が原審評釈で紹介したように、実務界において非常に大きな問題とされたところであった。せっかく上告までしておきながら、もし訴訟上の基本的な努力を尽くさなかった面があるのだとしたら、上告審の判断を期待していた筆者としては、誠に残念である。

　いずれにしても、筆者としては、かなり力をこめて対応したつもりの原審評釈中の記述[42]が、今回、期待した上告審の判断を全く得られずに終わったわけである。

　ただ、この争点について、実務家から転じた研究者の評価としては、原審の判断を疑問なく肯定するものも多い。森井説は、売掛債権と報酬債権は明らかに異質のものであり、本件告示に区分が明記されているのであるから、原審判決は当然であるとする[43]。堀説も、「「売掛債権」の表示については、本件告示の区分通りに登記できるにもかかわらず、登記しなかったのであり、これは登記の第三者対抗要件を厳格に解すべきで、報酬債権を売掛債権と実務上表示することがよくあるからといっても通らない話ではないかと考える」として、原審判決に賛成する[44]。法律論としては正に正論であろうし、私見も上述のように、今後の実務においては、この15種類の判断くらいはしっかりと行うべきという見解ではある。

しかし一方で、なお本最高裁決定に対して、「実務は難問を抱えてしまった」と述べ、実務担当者が債権譲渡登記の利用に消極的になることを懸念する意見もある。池辺説がそれであり、同氏は、その理由を以下のように３点掲げる。「①譲渡人は「債権の種類」を意識することなく、帳簿上は売掛金として計上していることが多く、取引当事者ではない譲受人において、債権譲渡登記のつど、債権の種類を判断せざるをえない。②たとえば、１本の契約で工作機械を売買し、据付設置工事も行ない、運転指導をし、さらに１年分のメンテナンスも併せて請け負う取引は、いったいどの種類コードを選択することになるのか。③将来債権である限り、その第三債務者との取引内容が将来変化する可能性がある。また、第三債務者において、「債権の種類」が間違っているのに譲受人に弁済した場合、有効な債務弁済として免責されるのかも問題となろう[45]」。このうち、①は法律論ではなく譲受人の「手間」の問題ではあるが、ことに譲渡人が中小企業の場合には、現実にこのような煩瑣な業務が多くなることは確かである。②は正に、前掲の中村氏の指摘する問題である。なお③の「債権の種類」が誤っているのに第三債務者が譲受人に弁済した場合というのは、債権譲渡登記の対抗力が否定されているだけであって、実際に債務を負っていることに変わりはないのであるが、民法467条の通知・承諾がないのに譲受人に支払った場合、あるいは虚偽の通知を信頼して譲受人に支払った場合、と同様の問題となる（民法478条の債権準占有者に対する弁済として救済されるであろうと考えられるが、その範囲において個別判断の問題が生じるのは確かである）。池辺説は、債権コードの正しい選択が常に容易というわけではないとして、「第三債務者は特定されているのだから、「債権の種類」は「貸付金債権」と「その他の商事債権」の二分類程度でもよいようにできないものであろうか」との意見も提示している。

3　最高裁の判断の評価と債権譲渡特例法の今後の展望

　原審評釈にも記したように、本事案は、結局、Ｘ・Ｙ双方の担当者が、債権譲渡登記の実務に習熟していなかったために起こった紛争ということもできる（Ｙの側は、譲渡の対象となる将来債権の発生期間について、想定し得る適当な「終期」を記載しておけばよかっただけのことであり、Ｘの側は、「債権種類

コード」の選択にあたって、「その他の報酬債権」の項目を選択しておけばよかっただけのことである)。その意味で、本章の冒頭にも述べたように、本事案は実務担当者にとって初歩的・基礎的な事案なのである。

とくに①の争点は、平成14年10月10日判決によって「白黒ハッキリしたことによって実務が安定した[46]」と言える。その意味で、最高裁まで争って判例法理が形成されることは、債権譲渡特例法登記の進展にとって有意義なことと言える。一方、最一小決平成14・10・1の方の②の争点については、(筆者は上告審ではXの側には勝訴できる可能性もあると考えていたのであるが)[47]現状では高裁判決があるにとどまるという状況になった。当座はとにかく譲受人としても譲渡人の取引内容を十分に把握し、15種類の判断をできるだけ正確に行うべきという助言を繰り返すことになろう。いずれにしても、今後のさらなる判例法理の形成を期待したい。

ただ、債権譲渡特例法の立法に参画した者の１人として、今後の債権譲渡登記をマクロ的に考えた場合は、以下のような問題が指摘できる。①この法律はもともと実務の要請に応えた目的志向的な特例法であり、その法律論的に正確な運用と、利用者の使い勝手の改善という問題の両立をどう考えるか。②この法律は当初から指名債権の流動化と債権譲渡担保という、２つの指向性を持っていたものであるが、その中の担保としての使われ方の方が問題とされることが多くなってきており、担保手法の観点からさらに見直す必要はないか。本章の扱った争点は、これら２点の問題点の中に包摂されるものである。具体的に言うならば、別稿で指摘した、第三債務者不特定の債権譲渡の登記が認められるべきかという問題の検討などと併せて今後論じられるべきと考える[48]。その場合に、債権譲渡登記の必要的記載事項についてのいわば「総合的判断」、つまり、単純に現在の個々の必要的記載事項(第三債務者名もその１つである)について存在の当否を問うという議論(これは当然必要)だけではなく、該当債権の特定性や登記の客観的公示性を確保しつつ、より柔軟な処理(例えば現在の必要的記載事項のうち何個かを任意事項あるいは選択的必要記載事項にしたり後日の補完を許すなどというような処理)をすることも、全く不可能というわけではないと思われるので、検討される余地はあろう。

29) 第一審評釈が池田真朗・判例タイムズ1068号〔民法判例レビュー74〕(2001) 88頁以下（本章第2節）、原審評釈が池田真朗「債権譲渡特例法登記の記載と対抗力に関する東京高判平13・11・13の考察——将来債権の発生期間の特定と債権の同定」金融法務事情1650号（2002）43頁以下（本章第3節）。
30) 池田・前掲注29）判例タイムズ91頁。
31) 池田・同上。
32) 升田純・前掲注13）Credit & Law 144号30頁、清原泰司・前掲注13）判例評論515号9頁（判例時報1764号〔2002〕163頁）。
33) 池田・前掲注29）判例タイムズ88頁、同・金融・商事判例1123号（2001）2頁、田原睦夫・金融法務事情1622号（2001）4頁、平井一雄＝大矢一彦・銀行法務21・594号（2001）68頁。
34) 清原・前掲注32）413頁。
35) 升田・前掲注32）430頁。
36) 堀龍兒「判批」金融判例研究12号（金融法務事情1652号）（2002）37頁。
37) 森井英雄「判批」判例タイムズ1089号（2002）56頁は、終期までは「定めようがない」というのが本音であろう、と論じ、この告示を、読み方としては原審判決の通りであろうが、実務上は問題含みの告示としている。
38) 堀・前掲注36）837頁。
39) 池田・前掲注29）判例タイムズ91頁（本書85頁）。
40) 池田・前掲注29）金融法務事情48頁（本書87頁）。
41) 池田・同上（本書98頁）。
42) 池田・同上（本書97頁以下）。
43) 森井・前掲注36）957頁。
44) 堀・前掲注36）837頁。
45) 池辺吉博「債権譲渡登記の対抗力に関する最高裁判決と実務への影響」金融法務事情1659号（2002）1頁。
46) 池辺・前掲注45）241頁。
47) 筆者は原審評釈で、上告審でのＹの逆転勝訴は、原審での本件告示の解釈を正当とする限りまず困難と予測した上で、一方Ｘ勝訴の論理としては、まずは争点(2)につき、「売掛債権」という誤った記載ではあったが、それによって目的債権の識別・同定に支障を来す程度には至っていないなどと事実判断をし直して、Ｘの登記の対抗力を肯定することが考えられるとした（池田・前掲注29）金融法務事情1650号51頁）。
48) 池田真朗「債権譲渡特例法——施行後3年の総合検証」みんけん（民事研修）534号（2001）22頁以下（本書第3章）。なお、池田真朗「第三債務者を特定しない将来債権の譲渡の合意の効力（東京高判昭和57・7・15評釈）」ジュリスト増刊・担保法の判例Ⅱ（1994）59頁以下（同『展開』288〜292頁所収）も参照。

Ⅳ　本事案最終処理の問題

　今回の最高裁の判決と決定によって、結論的には、原審判決の結果と同じく、Ｘの供託金還付請求権も、Ｙのそれも、いずれも否定されたままとなった。したがって、供託金の帰趨も宙に浮いたままとなっている。

　このような両者敗訴の形について、似て非なる二重譲渡紛争の先例と、本件原審判決で根底にあったかも知れない利益判断については、筆者は原審評釈で詳細に分析したので[49]、ここでは、本事案の現実的な最終処理についてのみ検討しておく。

　実はこのような判決（決定）となっても当事者は供託金を実際に取得する方策がないわけではなく、具体的には、以下のような何通りかの処理が考えられる。

　①　債務者がいったん供託金取戻請求をして法務局から金銭の返還を受けた上で、Ｘ・Ｙが和解をして債務者から支払を受ける。

　②　本供託は債権者不確知を理由とするものであるから、被供託者がＸとＹの２名のみであるならば、被供託者全員が同意すれば、被供託者のうちの１名が還付を受けることができる。この場合は、その同意を証する供託規則24条２号の書面があればよく、和解調書等までが必要なわけではない（ただし、この場合の同意を証する書面の印鑑についてＸとＹの印鑑証明書が必要となる）。

　したがって、実際には債務者を再度介入させて①の処理をするよりも、Ｘ・Ｙとしては和解をして（裁判外ででもよい）、両者だけで②の処理をする方が簡便であろう。②の場合には、実務的にはＸ・Ｙいずれかが（法務局に提出する同意書の上で）権利者となって還付を受け、それをＸ・Ｙ内部で配分するという形態が多いようであるが、仮にＸ・Ｙそれぞれが２分の１ずつの権利を有するという同意書を作成して、それを添付して２分の１ずつの払渡請求をした場合も、それを拒絶すべき理由は見当たらないようであるので、応じられるのではなかろうか。

　なお、本事案の評釈では、「実質論からすると、供託金は、未だ、Ａの責

任財産を構成しているので、最終的には、倒産状態にあるAの一般債権者に支払われることが妥当ではあろう」と述べ、しかし供託が介在している場合にこの結論を法的に実現することが果たして可能かと疑問を提起しているものがあるが、上に述べたように、被供託者がX・Yのみで、かつ両者の合意が整うならば、X・Y内部での配分処理ということになり、一般債権者の均霑はなされないと考えるべきであろう。

49) 池田・前掲注29)金融法務事情50～51頁（本書98～99頁）。概略は以下の通りである。本事案の両者敗訴は、民法の譲渡通知（実際には譲渡通知と差押通知）同時到達の事案で、福岡高判昭和63・7・20（民集47巻4号3381頁、金融法務事情1202号26頁）が、差押債権者と譲受人のいずれにも供託金の還付請求権を否定したのと形態は同様である。これに対して上告審の最三小判平成5・3・30（民集47巻4号3334頁、金融法務事情1356号〔1993〕6頁）が、供託金還付請求権の両者への分割帰属を判示したのは周知の通りであるが、本事案との大きな相違は、このケースでは両者ともに十全の対抗要件を（同時に）具備していたのに対し、こちらは、X・Yのいずれも不完全な対抗要件しか具備していなかったという点にある。したがって、按分帰属などという結論は、（両者ともに十全の対抗要件を具備していたからこそ導けるのであって）本件では考えられない。また、X・Yがいずれも不完全な対抗要件しか具備していなかったというケースは、民法467条の対抗要件の問題で言えば、両者とも同条1項の対債務者対抗要件しか得ていなかった場合に類似する。この場合は、両者とも相互に対抗し得ない結果、債務者はいずれにも弁済を拒み得るが（札幌高判昭和31・12・14高民集9巻10号640頁、金融法務事情1284号〔1991〕16頁）、その場合は、いずれか早く同条2項の確定日付のある証書で債務者に通知をした（または債務者の承諾を得た）方が勝つと考えられる（野村豊弘ほか『民法III債権総論〔第2版補訂2版〕』〔有斐閣、2003〕195頁〔池田真朗〕）。その意味では、本件でももしX・Yいずれかの譲渡について、その後民法上の確定日付ある通知・承諾がなされていれば、それによって優劣を決することは可能である。しかしこの点でも、原審判決は、Xの債権譲渡につき、債権譲渡登記とは別に平成11年7月23日付で債務者たるA名で民法467条所定の譲渡人による通知がされた事実を認めつつ、内容的に明らかな齟齬があるとして、それがAによってされた通知とは認めるに至らないと判示している。
　また、「利益判断」として触れたのは、Xは登記時にYの登記が既になされている（すなわち二重譲渡になっていて登記しても劣後する）ことを検索し得たのであり、Xが（Yの登記を看過してかあるいは認識しつつあえてか）遅れて登記をし、Yの先行登記の瑕疵を奇貨として逆転を達成し得るとすると、少なくとも、Xがそういう結果を享受するのであれば、Xの方の登記も瑕疵のない正確なものであるべきであるというのが、いわば当然の論理であろうということである。そこで、原審

判決が第一審では議論になっていなかったＸの登記の「債権種類コード」の誤りに着目しかつ判断の決め手とまでしたのには、そのようなバランス感覚がどこかにあったのではなかろうかと指摘した。
50) 角紀代恵「本件評釈」銀行法務21・614号（2003）26頁。

第3部

売掛債権担保融資保証制度

第 3 部の概要

第 3 部では、信用保証協会の売掛債権担保融資保証制度を扱う。筆者が研究会座長として創設にかかわったこの制度は、もともと不動産担保と人的保証に依存して限界に逢着していた中小企業の資金調達に、売掛債権の活用という道を開く、かなりの役割を果たしてきたといってよい。債権譲渡が中小企業金融に公認システムとして参入したものと評価しても良かろう。第 3 部第 5 章はその創設時に書かれた論考であり、第 6 章はその後の制度改良や発展をトレースし、後の本書第 6 部で触れる ABL（動産・債権担保融資）への保証や、さらに景気の低迷の中で中小企業の資金繰りを下支えする緊急保証にまで対応する、信用保証協会保証の最新の現状を紹介するものである。

第5章
売掛債権担保融資保証制度の創設と
その法的論点

I　はじめに

　経済産業省は、平成13年末の臨時国会において中小企業信用保険法を改正し、中小企業者が売掛先に対して保有している売掛債権を担保として金融機関が融資を行う場合に、信用保証協会が保証を行う、「売掛債権担保融資保証制度」を創設した。同制度は、平成13年12月17日より実際に施行された[1]。本章は、同制度における法的論点について、とくに民法上・特別法上の債権譲渡法制を中心に分析・検討するものである。

　売掛債権を引当てとする金融は、今後中小企業の資金調達手段の1つとして確立することが望まれるが、本制度は、そこに公的機関による信用補完を加えるもので、筆者が座長を務めた経済産業省中小企業庁事業環境部主催の中小企業債権流動化研究会が、平成13年3月に発表した報告書のなかに示した施策案の1つを具体化するものである[2]。本制度は、今後の恒常的な資金調達多様化策として、かつまた現在の経済状況のもとで中小企業の資金調達をより円滑に進めるための支援手段として、その活用が期待されるものである。

　本制度の成立にあたっては、全国信用保証協会連合会の主催する売掛債権担保融資保証制度研究会（座長は筆者）において、さまざまな検討がなされた[3]。なお、本制度における実際の融資・保証方式は、中小企業者ごとに借入極度額が設定され、その範囲で1年間反復して融資を受ける根保証方式が中

心であるが（保証限度額は1億円、貸付限度額は1億1,100万円）、特定の売掛債権を担保として1本の手形貸付がされる個別保証方式も用意されている。

> 1) 同制度の内容については、全国信用保証協会連合会業務企画部「「売掛債権担保融資保証制度」の概要(上)・(下)」金融法務事情1633号（2002）6頁以下、1634号（2002）50頁以下参照。
> 2) 中小企業債権流動化研究会報告書「債権の流動化等による中小企業の資金調達の円滑化について」（経済産業省中小企業庁事業環境部）（2001）73頁、池田真朗「中小企業債権の流動化―民法的側面からの評価と課題」ジュリスト1201号（2001）44頁。
> 3) 本研究会の活動については、「信用保証」（全国信用保証協会連合会）103号（2002）31頁以下。また、売掛債権担保融資保証制度の全体像については、同誌2頁以下の「特集＝売掛債権担保融資保証制度の創設」の諸論考〔池田真朗、井辺國夫、中村廉平、坂井益造〕参照。なお本章の骨子部分は、そのうちの池田真朗「「売掛債権担保融資保証制度」にみる債権譲渡法制」同誌2頁以下に書かれている。

II 問題の背景と法的論点分析の前提
――正常業務のなかの債権譲渡

　一般的に大企業に比して信用力の低いケースが多い中小企業の資金調達を考える場合、従来の間接金融にはもともと担保提供可能物件の限界があり、また株や社債による資金調達は、自己の信用力に依存するためなかなか困難である。このような状況下で、中小企業が、売掛債権のような資産の（つまり他者の）信用力に依存する直接金融の道を開拓しようとすることは、論理必然的な選択であり、しなければならない模索なのである。しかるに、この売掛債権の活用という点については、わが国では世界の趨勢に比してまだ遅れを取っているのが実状である。本制度は、売掛債権を担保として活用するものであって、売掛債権そのものを流動化する直接金融になっているわけではないが、間接金融から直接金融への一歩を進める制度と理解することはできよう。

　この売掛債権による資金調達においてまず経なければならない法的取引が、債権譲渡である。これは、集合債権の流動化等の場合には、いわゆるSPV等への真正売買の形で、また売掛債権担保融資等の場合には、譲渡担保の形

で現れるが、そのいずれにしても、法的性質は民法上の指名債権譲渡であり、真正売買にしても担保にしても、その取得を第三者に対抗するためには、後述の民法や債権譲渡特例法上の対抗要件を具備しなければならないことは周知の通りである。

しかるに、わが国の取引社会は、従来この債権譲渡を好ましからざる取引と理解し、売掛債権等の譲渡を行なった企業について、信用不安を言い立てるような風潮がいまだに残っている。しかし、今日の資金調達のための債権譲渡は、危殆的状況に至った企業が、苦し紛れに代物弁済として同一債権を二重三重に譲渡するようなものとはまったく異なる。世界的にみても、資金調達のための債権譲渡は先進諸国ですでにかなり広範に行なわれている取引形態なのであり、それを国際的に行なうことを円滑化するために、国際債権譲渡に関する国連条約まで作られるに至っているという状況なのである[5]。

したがって、この売掛債権担保融資保証制度は、たんに中小企業の資金調達の多様化策・支援策というにとどまらず、債権譲渡を用いる資金調達方法が、広く民間金融機関および信用保証協会という公的機関が業務として取り扱う、「企業の正常取引のなかの資金調達方法」として正しく認知されていく機縁となる使命をも帯びているものといえる。

4) 大企業も含めた売掛債権の流動化の比率でいえば、アメリカ合衆国が（2000〔平成12〕年の資料で）全体の約13％を流動化しているのに対し、日本は（1999〔平成11〕年の資料では）約１％にとどまっている。前掲注２）中小企業債権流動化研究会報告書10頁参照。
5) UNCITRAL（国連国際商取引法委員会）の草案が、第56回国連総会に提出され、2001（平成13）年12月12日に国連条約として採択されて署名のために開放された。池田真朗「国連国際債権譲渡条約の論点分析と今後の展望(上)(下)」金融法務事情1640号（2002）22頁、1641号（2002）13頁参照。

III 本制度における債権譲渡担保契約

1 債権の準共有

今回創設された売掛債権担保融資保証制度においては、融資を受けようとする中小企業者は、自ら保有する売掛債権を担保として金融機関から事業資

金の借入れを行うのであるが、その際に、信用保証協会に本制度に基づく保証の申込みを行い、保証を受ける。そこで、中小企業者は、売掛債権の譲渡担保契約を結ぶことが当然必要になるわけであるが、本制度の眼目の1つは、この「譲渡担保」の取り方、すなわち、債権譲渡担保契約の「当事者」の設定の仕方にある。

　この「譲渡担保」は、誰のための担保かといえば、本来、金融機関が担保権者になるのは当然であるが、中小企業者の返済不能の場合に代位弁済をする信用保証協会にとっての担保でもあるべきものである。もしこれを金融機関のみの担保として設定する場合は、信用保証協会は保証人として第三者弁済をし、それによって発生する求償権を実現するについては、弁済による代位によって原債権者たる金融機関の有した原債権とそれに付随する担保権を引き継ぎ、これらを行使することになる。これは法定代位であるから、民法の規定上はなんらの手続なしに当然に代位することになる（民法500条）。ただ、その場合の問題は、法定代位によって新たに信用保証協会がこれまで金融機関のもっていた原債権や担保権を行使できることになったことを、第三者に公示し、対抗する手段がないことにある。その不明瞭さを避けるために、金融機関と信用保証協会の間で、本来法定代位の場合には不必要な担保対象債権の再譲渡を行ない、これについて第三者対抗要件を得る、というのでは、法定代位がありながらかえって煩雑な手続を講じなければならないという、不合理な結果となる。そのような不合理を避けるためもあって、本制度においては、最初から、金融機関と信用保証協会が、被融資者たる中小企業の売掛債権を共同で譲渡担保に取る、つまり債権の準共有者となるという構成を採ったのである（いうまでもなく「準共有」とは数人で所有権以外の財産権を有する場合を指すのであって（民法264条）、実質は「債権の共有」にほかならない）。

　この場合、融資を実行する金融機関にとっての被担保債権は、もちろん当該貸付債権であるが、信用保証協会にとっての被担保債権は、当初は、委託を受けた保証人の有する事前求償権（民法459条1項、460条）ということになる。そして、代位弁済後は、信用保証協会にとっての被担保債権は弁済額についての事後求償権ということになる。このように構成すれば、弁済による代位（による原債権および担保権の移転）という法律構成を援用しなくても、

信用保証協会は自己の出捐額の回収根拠を確保できることになるのである。

さらに、本制度では、信用保証協会の保証は、わが国で従来一般に行われてきた全部保証ではなく、保証割合90％の部分保証である（この点の分析はさらに後述するが、諸外国ではすでに一部保証のほうが一般であると聞く）。したがって、弁済による代位で処理する場合には、信用保証協会の弁済後も、いわゆる一部代位（民法502条）の処理を行なわなければならない。もちろん、法定代位である以上、この一部代位の状況が発生していることは当然なのであるが、信用保証協会が原債権およびその担保権について「弁済をした価額に応じて、債権者とともにその権利を行使する」よりは、単独で自己の事後求償権の担保を実行する構成を確保しておくほうが単純・簡明な処理ができることになろう。その意味でも、この債権準共有構成のメリットがあると考えられる（ただし実際の回収に際しては、後述のように金融機関と信用保証協会の緊密な協力のもとに連名で権利行使する形態を採る）。

この債権準共有構成は、取引のなかでこのように用いることは目新しいことで、当初違和感もあるかもしれないが、債権の準共有自体は共有物の賃貸借や相続等でも頻繁に発生することであり、問題なく認められる概念といえよう。ただ、本制度においては、その持分割合についての法的構成や、その対外的な効力等について、今後議論を精緻化していくべき点もあるかと思われる。本章では、以下この点について現時点で考えられる若干の分析を加えておきたい。ただし以下の記述の「分析」にわたる部分はまったくの私見であり、本制度の立上げに関与した、前掲売掛債権担保融資保証制度研究会の座長の立場としてのものではない（以下、本章の各法的論点の私見にわたる部分についても同様である）。

2　本制度における準共有の法的性質

本制度における信用保証協会の一部保証は、保証割合90％の「割合保証」である【補注、平成19年10月から保証割合80％に変更された。次章参照】。一般に一部保証には、一定の金額に満つるまで保証債務の履行を約する「有限保証」と、貸付金額の一定割合について保証債務の履行を約する「割合保証」があるが、本制度の一部保証は後者の「割合保証」である。そこで、担保と

して譲渡された売掛債権への金融機関と信用保証協会の関わり方は、当初は、貸付額を100とすると、その90％に当たる額について信用保証協会の事前求償権が存在する。したがって、提供された同一の売掛債権の相当部分に二重の担保が設定されていることになる。そして、この状態が、信用保証協会の代位弁済の後は、弁済がされた額（貸付金残額の90％に当たる額）について信用保証協会が権利を有し、残りの10％分について金融機関が権利を有するという形に変化することになる。

　そこで、このような両者の関係が、どう法的に位置づけられるか、またいわゆる民法上の多数当事者の債権関係のいずれかに当てはまるか否か、という問題も提起されうる。これらについては、今後議論を深めなければならないと考えるが、とりあえず、以下の分析が加えられよう。

　上記のような準共有持分割合は、金融機関と信用保証協会との間では明瞭に合意することができ、さらにその回収方法についてもたとえば両債権者において一方が他方に全面的に回収を委託する等の合意をすることももちろん有効である。かつそれらを債権譲渡担保契約のなかで譲渡人たる被融資中小企業者に承認させることも法的に問題はない。ただし、たとえば譲受人を連名とした債権譲渡通知や連名での債権譲渡登記は、それらの内部的な特約までを対外的に表示するものではない。したがって、後述の対第三者対抗要件および対債務者対抗要件の具備によって「金融機関と信用保証協会」という両債権者の権利の優先は確保しうるが、その内部関係はあくまでも両債権者の合意によって処理され、第三債務者もその内部関係の合意に拘束されることは原則的にはない（したがって、第三債務者は、支払方法等については、両債権者の指示を承認すればともかく、法的義務としては、通知に表示された債権者のいずれかに支払えば免責される）ということになろう。ただし、本制度ではこの点も配慮済みで、代位弁済後の第三債務者への通知では、支払先として金融機関と信用保証協会の指定口座を連記して、いずれに入金されてもよい形にしており、回収金の配分（本制度では「回金」と呼ぶ）についての両債権者の協力についても別途明瞭に合意される形を採っている。なお、民法の多数当事者の債権関係では、複数債権者の一人が債務者に対してした免除等の、他の債権者への影響関係も問題とされるが、本制度についてはその点は（理

論的には検討をしておくべきかもしれないが）現実の制度設計からしてまず問題になりえないのではないかと考えられる。

したがって、譲渡後の売掛債権については、債権者（譲受人）は「金融機関および信用保証協会」ということになるが、本制度では、譲渡人たる中小企業者に対して新債権者（譲受人）から債権取立委任を行うことになるので（この処理の有効性に問題がないことは次のⅣで述べる）、中小企業者の業務が正常に継続している限りは、商取引の決済についても変更はなく、中小企業者の側に不都合は生じない。

  6） 前掲注1）「「売掛債権担保融資保証制度」の概要(ト)」金融法務事情1633号7頁〔六信勝司〕参照。したがって、「たとえば貸付金額が1,000万円の場合、その90％相当額の900万円まで保証するということではなく、貸付金残額の90％相当額について保証するということである」（同7頁）。

Ⅳ　本制度における債権譲渡担保の対抗要件

1　対抗要件の種類とその比較

本制度では、当該売掛債権の譲渡担保について、担保とはいってもあくまでも「債権譲渡」の形態を採り、かつ、二重譲渡や相殺のリスクを消滅させる（ないしは最大限軽減させる）ために、第三者対抗要件の具備が必要とされる。

ちなみに本制度では、債権譲渡担保契約証書に、前掲のように、譲渡担保債権差入後も申込人（譲渡人）が第三債務者より売掛金の回収を行う旨の取立委任条項が含まれており、譲渡通知に際して、譲渡担保権設定後も引き続き譲渡人に売掛金を受領させる旨を記載することになっているが、このような形態の債権譲渡担保契約についても、第三者対抗要件については民法上の債権譲渡の対抗要件、およびその代替手段として規定された債権譲渡特例法上の対抗要件が有効に機能し、かつ右のような記載の通知も債権譲渡通知として有効であることは疑いがない。この点は、ごく最近の最高裁判決が、いわゆる集合債権譲渡担保契約で、「譲渡人に取立権限を付与し、取り立てた金銭の譲受人への引渡しを要しないとの合意が付加されているもの」につ

いてまで、「A（譲渡人）は、同社がB（第三債務者）に対して有する本件目的債権につき、C（譲受人）を権利者とする譲渡担保権を設定したので、民法467条に基づいて通知する」との記載のある通知を、「債権譲渡の第三者対抗要件としての通知の記載として欠けるところはない」と判示して明瞭に承認したところである（最一小判平成13・11・22民集55巻6号1056頁、金法1635号38頁）。

具体的な第三者対抗要件具備方法には、①債権譲渡特例法の債権譲渡登記制度に基づく登記、②民法467条2項に基づく第三債務者への確定日付ある通知、③民法467条2項に基づく第三債務者の確定日付ある承諾のうち、異議を留めてする承諾、④民法467条2項に基づく第三債務者の確定日付ある承諾のうち、468条1項による異議を留めない承諾、という4種類が考えられる。本制度は当初このうち①、②、④の3種を指定していたが、その後の事務取扱要領の補正で③も含めることとした（平成14年4月22日保証承諾分より）。③は法律的には②と等価であるので、これも対抗要件具備方法として承認されて当然である。

このうち債権の保全の度合いとしては、④が最も高いと考えられるので、いわゆる担保掛目も制度上④が最も高く設定されている（ただし注意すべきは、④の異議を留めない承諾は、確定日付を得ておかなければそもそも第三者対抗要件にはならないということである。異議を留めないことの効果は、条文にあるとおり、譲渡人に対して主張できた抗弁を譲受人に対しては主張できなくなるというだけであって、確定日付のない形での異議を留めない承諾は、他の確定日付ある通知をした譲受人や差押債権者に勝てる対抗要件ではない）。また、①は第三者対抗要件としては登記の日だけでなく時刻まで記録されて明瞭であるが、登記だけでは第三者対抗要件たるにとどまり、対債務者対抗要件（権利行使要件）としては、さらに登記事項証明書を交付しての通知が必要となる（債権譲渡特例法2条2項【補注、現行の動産債権譲渡特例法では4条2項】）。この点、②、③、④は、対債務者対抗要件も併せて備わることになる。しかし、④は、債務者の協力をしかも異議を留めないという形で得なければならないので、実際にはかなり具備しにくいものであろう（なお、民法468条1項の異議を留めない承諾は、学理的・沿革的には、留保付きでない単純な承諾を指すと考えら

れてきたのであるが、実際にこのような制度においては、担保掛目に反映させる回収確実性を担保し、後の紛争を回避するためにも、本制度の書式にあるように、「異議なく」という明示の表記を付した承諾を徴求するのが適切であろう）。ついで②または③であるが、これは債権の個数が多い場合には手間とコストがかかるし（それが特例法登記制度を制定した最大の理由である。ただし単一債権の譲渡担保という場合であればコスト的には債権譲渡登記よりも内容証明郵便や承諾書に確定日付を取るほうが費用が低廉となることはたしかである）、債権が少数の場合でも、第三債務者に譲渡人の信用についての不安を惹起する懸念はなお存在する。そうすると、本制度における一般的な第三者対抗要件具備方法としては、個別保証の場合は民法上の②、③、④に限定するとしても、根保証形態の場合は、やはり①の債権譲渡登記をする方法（第三債務者に対する通知は留保しておく形）を広く活用するのが最も適切であろう。これと、上述した中小企業者に債権取立委任を行うことを組み合わせることによって、金融機関と信用保証協会は完全な第三者対抗要件を具備する一方、中小企業者は従来と変わりない商取引決済を継続できるという状況が生まれるのである。

2　本制度に基づく債権譲渡登記とその法的論点

　上述のように、譲渡担保債権の譲受人は、準共有者としての金融機関および信用保証協会である。そこで債権譲渡登記を行う場合は、いわゆる連名の登記をすることになるが、債権譲渡登記申請時に作成する共通事項ファイルの譲受人欄の1人目には信用保証協会名、2人目に金融機関名を記載するとのことである。この結果、融資申込人たる中小企業者の商業登記簿に記載される情報では、「○○信用保証協会ほか1名」と表記されることになる。このような取扱いとしたのは、あえて信用保証協会名を商業登記簿に出すことにより、本制度を利用したことを明らかにし、もって申込人の信用不安を惹起させないようにするためであるという。なお、本制度では準共有持分割合は登記しない。この点は、前述のようにこの持分割合が状況によって変化することを考えると、そのほうが適切と考えられる。

　ここで考えられる法的論点は、この連名登記の意味である。前述のように、

金融機関と信用保証協会の間、さらには譲渡人たる被融資企業との間では、「準共有」の意味や機能について内部的に合意することは可能である。しかしながら、対外的な公示としては、おそらく連名登記はあくまでも連名登記であってそれ以上のものではない、ということになろう。つまり、連名登記自体が示す、両債権者の関係は、民法上の多数当事者の債権関係の原則、つまり民法427条の分割債権と判断されるのではなかろうか。したがって、内部的な（たとえば連帯債権的な意味をもつ）合意は、第三者や（特例法2条2項の通知をした場合の）第三債務者にはそのままでは対抗できないであろうことは、前述の通りである。けれどもこの点は、債権譲渡登記をしている以上、第三者との優先権の争いについては、第三者についての二重譲渡通知や差押通知よりも登記時のほうが早ければ、「信用保証協会と金融機関」という「両債権者」が完全に優先できるのであって、信用保証協会と金融機関とが協力して回収にあたれる状況にあるうちは、前述のようにいずれが回収したものであっても、それを双方で分配すればよいだけであって、何ら問題は生じないといえる（問題が生じるのは、万一、信用保証協会と金融機関との利益が相反する状況が発生した場合で、たとえば金融機関の倒産等のケースくらいであろう）。

　また、この債権譲渡登記を将来債権を含んだ集合債権の譲渡担保として行う場合には、「譲渡に係る債権の総額」の記載が問題となる。しかしこの債権総額については、もともと「見積額」でよいとの法務省側の見解が示されていただけで、これを、発生・消滅するすべての債権の累積額とした初期の実務の申請の仕方のほうに問題があった。現在では、増減する債権額の予想最高残高等でよいとする理解が一般になっており、それでさしつかえないと考える。また、発生時債権額および譲渡時債権額についても、「譲渡に係る債権の総額」と同額を記載することとし、信用保証協会連合会の「制度関係集」では、登記申請の備考欄に、「予想最高残高を基に、譲受人による担保実行時に、原債権者が債務者に対して有すると想定できる債権残高を見積もり、発生債権額及び譲渡時債権額とした」旨を記載せしめることとしている。[14][15]

　なお、本制度では、債権発生期間の始期は、債権譲渡担保契約締結日の6カ月前の応当日、同終期は同締結日の4年後の応当日としている。これは、

債権譲渡担保契約締結日の6カ月前以降に発生した既発生債権を担保とし、さらに1年の保証期間満了後、2回程度の期間延長に対応できるようにしたものである。登記の存続期間は、この4年6カ月の譲渡担保債権発生期間の終期直前に発生した売掛債権の消滅時効期間を考慮して10年としている[16]。その他、債権譲渡登記をめぐる問題としては、債権譲渡登記では、譲渡された債権を特定するために「債権の種類」を記載することになっているが、最近この点について、15種類の「債権種類コード」の選択が不適切であった登記について、効力を否定し、第三者対抗要件を具備していないとした判決が出され、実務界の論議を呼んでいる（東京高判平成13・11・13金法1634号66頁）。私見は、明らかに識別可能性を失わしめるような種類誤記載はともかく、債権の性質上コードのいずれに入るか見解の分かれうるような債権（たとえば一例として、レンタルおしぼりの供給契約に基づく債権は、本制度ではリース債権ではなく、中小企業信用保険法3条の4第1項に規定される「売掛金債権」の1つである「その他の報酬債権」に含まれると考えられている[17]）についてまで登記の効力を否定することになれば、債権譲渡登記制度の利用可能性を不当に狭め、国が設定した登記制度の信頼性を損ねる（ひいては本制度の利用の不当な障害ともなる）ものと考えている（詳細は本書第4章第3節の評釈を参照）。

7) 債権譲渡特例法の解説および1998年10月施行後今日までの実績、問題点、裁判例等については、池田真朗「債権譲渡特例法——施行後3年の総合検証」みんけん（民事研修）534号（2001）3頁以下参照（本書第3章）。
8) 確定日付のない、異議を留めない承諾は、対抗要件としてはあくまでも民法467条1項の対抗要件（対債務者対抗要件のみ）にすぎない。言葉を変えれば、異議を留めない承諾は、第三者との優劣決定関係（債権の帰属の争い）には影響しない（判例・通説）。大連判大正8・3・28（民録25輯441頁）、奥田昌道『債権総論〔増補版〕』（悠々社、1992）448頁、野村豊弘ほか『民法Ⅲ——債権総論〔第2版補訂〕』（有斐閣、2005）194頁〔池田真朗〕等。詳細は池田真朗『債権譲渡の研究〔増補2版〕』（弘文堂、2004）446頁以下。
9) 奥田・前掲注7）444頁等。沿革等の詳細は、池田・前掲注7）351頁以下、とくに373、437頁参照。
10) 前掲注1）「「売掛債権担保融資保証制度」の概要(下)」の「〔別添8〕債権譲渡承諾依頼書（根保証用）」金融法務事情1634号58頁参照。
11) 本制度では、個別保証の場合には、特定の債権のみを担保に貸付を行うことから、回収の確実性を確保するために、第三債務者対抗要件（対債務者権利行使要

件）を必ず具備するという趣旨で、対抗要件具備方法から債権譲渡登記を除外している。
12) 本制度では、対抗要件具備方法は原則として申込人が決定することにしている。
13) 前掲注1）「「売掛債権担保融資保証制度」の概要(下)」金融法務事情1634号51頁。
14) 池田真朗『債権譲渡法理の展開』（弘文堂、2001）174〜175頁参照。
15) 全国信用保証協会連合会『売掛債権担保融資保証制度関係集』（2001）81頁。
16) 前掲注1）「『売掛債権担保融資保証制度』の概要(下)」金融法務事情1634号52頁。
17) 坂井益造「『売掛債権担保融資保証制度』の留意事項」信用保証103号（2002）23頁参照。

V　本制度の運用上の法的論点

1　二重譲渡リスクの回避

　売掛債権担保融資一般について存在するリスクとして、二重譲渡の問題がある。私見では、融資申込企業の意図的な二重譲渡は論外であり、金融市場からのパージという制裁を受けても仕方のないものであるという認識を、各企業にもってほしいと考えている。ただ問題は、いわば過失による二重譲渡である。そのなかには、中小企業の債権管理上の単純ミスによるものもあろうが、1つ想定されるのが、いわゆる一括決済方式と売掛債権担保融資の衝突である。

　ここでは、一括決済方式自体の説明は省くが、下請中小企業が、取引先の大企業との間で一括決済方式（債権譲渡型）の合意をしていた場合、その債権は、発生するごとに、受託金融機関（ファクタリング会社や信託銀行等）に譲渡されるわけである。そこで、もしその中小企業が、資金調達のために売掛債権担保融資を依頼し、万一その大企業への債権をも担保の対象とした場合には、その時点で立派な二重譲渡が発生してしまうのである。[18] 中小企業の担当者が過失で二重譲渡しそうになったケースも実際にあったようであるが、この点は、企業の法務担当者に、問題を正しく認識してほしいところである。本制度では、債権譲渡登記を行なったときは、取扱金融機関は申込人の商業登記簿謄本および第三債務者ごとの登記事項証明書を徴求し、同一債権についての先行登記を発見した場合は、金融機関は保証の取下手続を取ることが

定められている。

2　譲渡禁止特約の問題
(1)　現状と解決策

　私見では、本制度が順調に運用を拡大させていくために最大のネックになるかと思われるのが、債権譲渡禁止特約の存在である。かつて学説や判例が問題にしたのは、もっぱら銀行預金に付された譲渡禁止特約であったが、わが国では広く実務界で多用されていて、資材調達額ベースでいうと、取引債権の約半分近くにこの譲渡禁止特約が付されているのが実情である。[19]

　実は、そもそも特約による債権譲渡禁止を定める明文規定をもつ民法は、世界でもごく少数である。[20] わが民法466条2項は、譲渡禁止特約の有効性を認めつつ、善意の第三者には対抗できないことを定める。しかし判例は、銀行預金に譲渡禁止特約が付されていることは取引経験者には周知の事実として、第三者には善意かつ無重過失を求めていることから（最一小判昭和48・7・19民集27巻7号823頁、金法693号24頁。重過失は悪意と同視しうるという理由。学説の多数も同調）、結局一般の売掛債権の場合も、譲渡禁止特約のある債権を譲り受けることは（重過失ありと認定される可能性が払拭できないので）リスクが大きい。そこで本制度も、譲渡禁止特約の付されている債権は基本的に対象から除外し、第三債務者より当該特約の解除承諾書が得られたときに限り対象とすることができるとしている。

　しかし、これでは前述のように多数の債権が除外対象となってしまう。そこで、譲渡禁止特約の解除を求めることが積極的に行われなければならない。

　すでに前掲の中小企業庁債権流動化研究会報告書はこの点に言及して、①当事者間での話し合いによる譲渡禁止の解除と、②公的機関向け債権にかかる譲渡禁止特約の解除とを提言している。[21] ①が行われるためには、譲渡を申し出られた債務者側が債権者の信用不安について過剰反応することがないよう、売掛債権引当金融についての認知度の向上が必要であり、本制度の導入は、この観点からも意味があると考えられる。②は、政府や自治体等の調達契約の場合も、従来、譲渡禁止特約が挿入されるのが一般的であった。しかし、公的機関に対する債権は、中小企業が有する債権のなかでも外部から最

も信頼を得やすい債権であり、中小企業の資金調達支援の観点からは、公的機関が率先して譲渡禁止特約を解除し、債権の流動化を認めていくことが求められる。すでに国土交通省や防衛庁の関係で、このような政策的配慮から特約を解除する例が現れてきているのは非常に好ましいことである。[22]

　そこで、現在経済産業省は、自省が債務者となる債権から率先して譲渡禁止特約を外すとともに、他省庁にも特約解除を呼びかけている。さらに本制度のためだけに限定的解除（本制度利用のために金融機関に譲渡することは承諾する）をする文言での禁止特約設定も呼びかけている。他省庁および地方公共団体にあっては、これに対する積極的な協力を強く期待したい。

(2) 譲渡禁止特約の影響範囲

　ここでの法的論点としては、譲渡禁止特約の影響範囲という、これまであまり論じられていなかった問題があげられる。つまり、たとえば禁止特約をいったん解除されて譲り受けた金融機関が、当該債権をファクタリング会社等に再譲渡する場合には、元の禁止特約は影響しないか、という問題である。この点、私見は、本来債権には譲渡性があることが大前提なのであり、譲渡禁止特約はそれを当事者の特約で奪うものであるから、そもそも当事者（債務者と債権者）とそこからの直接の譲受人以外の者には、そのような特約の効力は及ばないと理解している。[23]いわゆる「合意の相対効」による説明で貫徹してよいということである。したがって、いったん禁止特約が解かれれば、単純に譲渡可能な債権になるのであって、譲受人からの再譲渡の場合には、譲受人と債務者とで譲渡禁止特約を結び直さない限りは、再譲受人は禁止特約の影響は受けないと考える。

　なお、譲渡禁止特約の限定的な（特定の譲受人のみを指定しての）解除の場合には、残余の特約がどういう効果をもつのか、議論は残りうるが、私見は、これについても、譲渡を承認された特定の譲受人からの再譲受人には、当該譲受人と債務者とで譲渡禁止特約を結び直すか旧禁止特約を積極的に承認して譲り受けるのでない限り、再譲受人が原禁止特約の存在について悪意であっても、原禁止特約の効力は及ばない（そのような禁止特約の締結や承認がなければ、譲受人には、譲り受けた債権の十分な処分権限があるはずであり、再譲受人に原禁止特約の拘束力を及ぼす法的根拠はない）という立場で考えている。[24]

けだし、右に述べたように、法が与えている譲渡性の大原則を私人が奪う特約なのであるから、本来その効力範囲は限定的になるべきものと考えるからである。

【追補、売掛債権担保融資保証制度では、そもそも譲渡禁止特約が付いていてその特約が解かれない債権については、取扱いの対象外とされているので、ここで論じるのは適切ではないが、一般論として、譲渡禁止特約について悪意の譲受人が譲り受けた場合には、いわゆる物権的効力説を貫徹すれば、その譲渡は物権的に無効となるので、その悪意譲受人が別の善意譲受人に再譲渡してもその再譲渡が無効ということになろう。確かに、2回譲渡すれば譲渡禁止を無かったものとしうるというのは不当という考え方も説得的ではある。しかし再譲渡の善意譲受人の立場からするとこの結論には疑問もあり、債権的効力説に立てば反対の結論も導きうるように思われる（ここでは性急な結論は留保するが、債権的効力説については、本書第11章、第12章の記述も参照されたい）。】

18) なお一括決済方式には債務引受型もあるが、この場合も債務引受と売掛債権譲渡担保の優劣が問題になるのは同様である（債務引受には条文がないため法定的な対抗要件が存在しない分、かえって問題は面倒になる）。
19) 前掲注2）報告書59頁。
20) 池田・前掲注14)『展開』304頁以下参照。
21) 前掲注2）報告書58〜72頁。
22) 前掲注2）報告書67頁。
23) かつての学説のなかには、この、「債権には譲渡性があることが大前提で、譲渡禁止特約はその大前提を否定する特約である」という点を見誤っていたものがある。民法466条2項の「善意ノ第三者ニ対抗スルコトヲ得ス」の解釈論として、譲受人に善意・無過失を要求する我妻栄『新訂債権総論』524頁がそれである（ちなみに判例・多数説は、本文に述べたように善意・無重過失を要求している）。同説は、「表見的なものの信頼を保護して取引の安全をはかる制度だから」無過失を要求するというが、ここに表見法理を持ち込むことは誤りである。法が原則として与えた債権の譲渡性とその制限特約の対外効の評価の問題は、個別取引の外観を信頼した善意・無過失の第三者の保護の問題とは明らかに異なる（譲渡禁止特約がないと信頼したから保護されるのではなく、譲渡禁止特約の存在を知らなければ保護されるのである）。甲斐道太郎編『債権総論〔第2版〕』（法律文化社、2001）282頁〔池田真朗〕参照。
24) 池田真朗「債権連鎖譲渡論」法曹時報54巻1号（2002）23頁。

VI その他の法的論点

　その他、本制度が新しく設定したのは、根保証ケースで、担保徴求した売掛債権の弁済金を取立委任という形で被融資中小企業者が引き続き回収する際に、管理・履行を確実なものとするために、融資金融機関に返済専用口座を開設し、そこに第三債務者から入金させるという仕組みである（ただし第三債務者が被融資中小企業者の従来から有する別口座に弁済入金しそれを中小企業者が返済専用口座に振り替える方法も認められている）。この口座から貸付金の回収が期日に全額行われれば、口座の剰余金は中小企業者が事業資金として利用することは認められているが、逆に貸付金支払の延滞等一定の事由が生じた場合は、金融機関は出金停止の措置を講じることとなっている。この返済専用口座は、アメリカにおけるロック・ボックス・アカウントをわが国の実情に即して応用したものとみることもできる。[25] 私見としては、これは当事者の合意の範囲で有効に設定できる仕組みであると判断しているが、今後法理上の裏づけを精緻化する必要もあるかもしれない。

　　25)　中村廉平「売掛債権担保融資保証制度に関する金融実務上の留意点」信用保証103号（2002）19頁。

VII 小括と展望

　本制度は、最初にも述べたように、売掛債権担保融資に、信用保証協会という公的機関による信用補完を加えた初の制度である（実際にはさらに信用保証保険が加わっている）。本来、資産担保の資金調達といっても、被融資中小企業者の信用力に不安がある場合に、金融機関が二の足を踏むのは仕方のないところであって、本制度は直接金融ではない以上、なおのこと、そこに公的信用補完を加える意味がある。本制度は、売掛債権担保融資を根づかせるための始動補助エンジンとでもいうべき役割を果たすことが期待される。

　本制度は、本章で触れたいくつかの法的論点について、現状で可能な限り対応したものと評価してよいと考えるが、同時に、それらの論点について、

わが国の債権譲渡法理を今後さらに進展・深化させる素材となっているともいえる。とくに、部分保証、返済専用口座等、結果的に融資取引の国際的傾向に適合する内容を含んでいる（その意味で、諸外国の類似制度との法的比較も可能である）点にも注目したい。

　ただ、本制度を全体としてみた場合には、初の制度であるゆえに、法的に問題がないことに留意するのみならず、制度として破綻のないよう、慎重を期していささか利用のハードルを高く設定してしまったきらいがある（当初の数カ月間の実蹟は、所期の利用件数を下回ったと聞く）。この点、中小企業庁事業環境部金融課の監修のもとに、全国信用保証協会連合会が平成14（2002）年4月に何点かの事務手続改善を行なったことは、適切な処置であったと考えられる。この事務手続改善のなかには、本章でも触れた、対抗要件取得方法に異議を留める承諾を加えたことのほかに、①根保証の場合における第三債務者の数の要件緩和、②継続取引実績要件の緩和、③債権報告書の義務的徴求要件の緩和、④債権確認のエビデンスの範囲拡大、⑤債権譲渡通知書等の対抗要件具備関係書式の変更（通知書等のなかで、債権譲渡の原因が本制度の利用であることを明記する）、⑥異議を留めない承諾についての印鑑証明書徴求要件の緩和、がある。①から④はまさに参入のハードルを低くするためのものであり、⑤は、本文にも触れた、不当な信用不安の惹起を避けるためのものである。これらによって、本制度はより利用しやすくなったものと考えられ、関係各方面への周知を望むところである。

　以上、制度の立上げに関与した者の1人として、今後の本制度の発展を期待し、またそこから今後新たな法的問題が生起してきた場合のアフター・ケアの義務も尽くしたいと考えている次第である。

第6章
売掛債権担保融資保証制度の発展と現状

I　はじめに

　平成13 (2001) 年12月17日より施行された「売掛債権担保融資保証制度」は、その後数次の改良をほどこされてきたが、近年、大きな制度改良と拡張が行われるに至った。それが、平成19年10月から導入された「責任共有制度」と、同年８月の法改正で誕生した「流動資産担保融資保証制度」である。本章では、これらについて解説し、信用保証協会保証の発展をトレースした上で、その現状を分析するものである（執筆時の現状ということで、平成20年10月末に政府が導入した「緊急保証制度」の影響にも触れておくこととする）。

II　責任共有制度

　責任共有制度の最大の柱は、部分保証方式の変更である。それまで一般的には金融機関の貸付額について信用保証協会が100％の保証を行っていた（後述する売掛債権担保融資等特殊なものでは個別融資額の９割を信用保証協会が保証する割合保証だった）ものを、８割とするものである。すなわち、代位弁済後は金銭債権としては８割の保証部分と、２割の非保証部分に分かれ、保証部分を保証協会が求償権としてもち、非保証部分は金融機関がそのまま債権として持つことになる。

　これは、中小企業政策審議会基本政策部会において平成17年６月にまとめ

られた「信用補完制度のあり方に関する検討小委員会とりまとめ」にうたわれたところを実現する施策のひとつであり、同とりまとめに「信用保証協会と金融機関との責任分担に基づく効果的な中小企業支援体制の確立」として挙げられていたポイントである。もともとこの部分保証は、わが国では平成13年12月より施行された「売掛債権担保融資保証制度」において実質的にはじめて採用されたものであり（創設当時から9割保証[3]）、金融機関のモラルハザードを防止することからも意味があり、当時も欧米ではこの部分保証のほうが通常であるとされていたものである。今回の割合の改訂においても、おそらく欧米での昨今の比率傾向も十分に検討したうえで、この8割のほうがより適切に制度の趣旨を実現できると判断したものと思われる[4]。なお、今回の責任共有制度導入にあたっては、当面はこの「部分保証方式」のほかに、金融機関が部分保証方式と同等の責任分担を行う「負担金方式」を選択することもできるようになっている。

1) 以下の解説は、内田浩示「「責任共有制度」と実務対応」金融法務事情1791号（2007）63頁以下による。
2) 「代位弁済」は、信用保証協会の用語法では（業界用語として一般に用いられるのと同じく）、信用保証協会が事業者に代わって融資金の第三者弁済を行うことを言う。もちろんそれによって民法上の「弁済による代位」が生じ、求償権が確保されるが、直接には「弁済による代位」を意味してはいない。
3) わが国の中小企業に対する信用保証制度においては、中小企業が社債を発行する際に保証する特定社債保証制度（平成12年4月より開始）において、部分保証制度が最初に導入されているが、これはいわゆる優良中小企業に対する与信制度であり、本制度のように一般の中小企業に対する融資保証制度とは比較にならないほどリスクの小さいものである。井辺國夫「売掛債権担保融資保証制度の設立趣旨」信用保証103号（2002）10頁参照。
4) 中小企業庁の担当官である星島郁洋氏は、「この点、他国の信用保証制度と比較してみれば、わが国の信用保証制度がいかに特殊なものであったかということが浮き彫りとなる。例えばアメリカの中小企業庁（SBA）による保証の場合、融資額15万ドルまでは最大85％、15万ドル超であれば最大75％の保証割合とされている。そのほか、イギリスの場合は代位弁済額の75％、フランスは同40％〜70％、ドイツは80％となっている。また隣国の韓国の場合、中小企業のカテゴリーに応じて3種類の保証制度が併存する構造となっているが、保証割合は50％から最大90％までとされており、台湾においても、原則40〜80％の保証割合が適用されているところである。」と記述している。星島郁洋「責任共有制度の意義と期待される効果」信用

保証115号(2008)25頁。

III　流動資産担保融資保証制度

　平成19年8月、「中小企業信用保険法の一部を改正する法律（平成19年法律第70号）」および「産業活力再生特別措置法等の一部を改正する法律（平成19年法律第36号）」が施行され、信用保証協会の扱う保証として、新たに、①流動資産担保融資保証、②事業再生保証、③事業再生円滑化関連保証、④再挑戦支援保証、⑤特定信用状関連保証、の取り扱いが開始された。ここでは、①の流動資産担保融資保証について紹介する。

　これは、平成13年12月から取り扱われている、売掛債権担保融資保証制度を改正し、売掛債権に加えて棚卸資産（在庫動産）を担保として活用することを可能としたものである。この制度は、わが国でも平成17年から実際の取り扱いが始まった、流動資産を一体として担保に取り融資をする、ABL（アセット・ベースト・レンディング）に対する支援形態として意図されたものである（この点の詳細は本書第7部第16章・第17章参照）。

　保証限度額は2億円である。これは、信用保証協会と中小企業金融公庫（現在は統合されて日本政策金融公庫）の間の信用保険である流動資産担保保険の保険限度額と同額である。しかし、本制度は前述の責任共有制度に従い信用保証協会の保証は80％の部分保証になっているため、貸越限度額は2億5000万円となる（当初の売掛債権担保融資保証制度では保証限度額1億円、保証割合90％であった）。

　本制度が売掛債権担保融資保証制度から制度的改良を受けた重要な点が1つある。それは、売掛債権担保融資保証制度のもとでは、手形貸付の形式を採用し、売掛債権の入金期日と個々の手形貸付の返済期日を同日とすることにより、入金された売掛金をもとに返済を行わせる、いわゆる「引当方式」を採用していた。この方式によれば、返済確実性は確かに高くなるのだが、売掛債権を返済引き当てとするエビデンスが必要となり、また売掛債権が発生しなければ借り入れができない等、不便なところがあった。そこで、今回の流動資産担保融資保証制度では、引当方式を採用せず、原則として極度額

の範囲内で自由に貸越を行うことができるよう、当座貸越を採用することにしたのである（なお、引当方式を廃止したことに伴って、期中のモニタリングを強化することにしているが、これは本書第16章に後述するように、ABLの実際の業務にかなう）。

　本制度において担保として取得することができるのは、申込人たる中小企業者の取引の相手方である事業者に対する売掛金債権および棚卸資産に限られる。したがって、ABLの実例の中には、それらに加えて普通預金をも担保取得するスキームも見られるが、本制度のもとでは、法律上、預金を担保とすることはできない。

　本制度にいう売掛金債権とは、①売掛金債権、②割賦販売代金債権、③運送料債権、④診療報酬債権、⑤その他の報酬債権および⑥工事請負代金債権を指すものとされている。つまり、いわゆる売掛状態にある債権に加え、役務の提供の対価としての債権も含まれている。また、賃料債権等の物品使用料としての性格を有する債権は原則として対象外とされている。しかし、ファイナンスリースにかかる債権は、割賦販売代金債権として対象となっている。

　本制度にいう棚卸資産とは、中小企業者が行う事業により生じまたは生じる予定のものであり、かつその中小企業者の決算書に計上されまたは計上される予定のものをいう。具体的には、商品仕入れによる在庫商品や、製造業における製品在庫を指す。また、仕掛品、半製品、原材料、貯蔵品等も含まれる。なお、本制度のもとで担保として取得できるのは、あくまでも「棚卸資産」であって、「動産」ではない。したがって、決算書上、固定資産として計上される機械設備や車両運搬具等は、民法上の動産であっても、ここでの担保とすることはできない[6]。

　また、後で述べるように、本制度における対抗要件は、動産譲渡登記に限定していることから、登記することができないものは除かれる。登記できないものとは、①貨物引換証、預証券および質入証券、倉荷証券または船荷証券が作成されている動産、②自動車、船舶、小型船舶、航空機等のように特別法によって民法の対抗要件とは別に所有権の得喪に関する対抗要件が設けられている動産のうち、既に特別法による登録等がされたもの等である（な

お、不動産売買業における棚卸資産としての不動産は、法律上は対象になり得るが、制度創設の趣旨から制度上は除外することとしている）。

さて、この流動資産担保融資保証制度の本章執筆段階の最新の実績であるが（統計データは従来の売掛債権担保融資保証制度と合算となっている）、平成13年12月〜平成21年7月末日までの、売掛債権担保融資保証制度と合算した保証承諾件数・金額の累計は、以下の通りである。なお、金額は極度額又は貸付金額に保証割合（90％または80％）を乗じている（以下同じ）。[7]

- 保証承諾件数[8]　6万8,978件（内訳：根保証1万1,339件、個別保証5万7,639件）
- 保証承諾金額　6,171億4,500万円（内訳：根保証3,453億6,100万円、個別保証2,717億8,400万円）

また、平成21年7月末日現在の両制度の保証債務残高は以下の通りである。

- 件数　2,296件（内訳：根保証1,484件、個別保証812件）
- 金額　698億5,800万円（内訳：根保証619億4,200万円、個別保証79億1,600万円）。

この、7年半で約7万件、約6,200億円という数字は、いまだそれほど多いものとは言えないかもしれないが（かつそのうちの多くは、従来からの売掛債権担保融資保証制度のものかと思われるが）、年間約1万件の実績は、売掛債権担保融資保証制度およびその発展型としての流動資産担保融資保証制度が、中小企業に対する現代の公的融資形態の1つとして、確立してきていると言って間違いないであろう。

5）　以下の制度紹介はもっぱら全国信用保証協会連合会業務部「中小企業信用保険法および産業活力再生特別措置法の改正による新たな保証の創設(上)」金融法務事情1815号（2007）15頁により、若干筆者の解説を加えている。

6）　この点、わが国での判例に見られる初期の（集合）動産譲渡担保の事案は、これら機械設備を含む（あるいは分別の概念がない）ものも多かったようである。たとえば、これは目的物の特定性を欠くとして成立が否定された例であるが、最判昭和57・10・14裁判集民事137号321頁、判タ482号80頁の事案では、「運搬具、什器、備品、家財一切」としていた。ちなみにこの点は、後述のABLを考える場合に1つのポイントになる。動産譲渡担保といっても、商品生産のための機械設備や運搬具を担保に取る発想と、今後売掛債権に変わる在庫商品を担保に取る発想はまったく異なるからである。

7） 以下のデータは全国信用保証協会連合会提供。ご教示をいただいた同連合会六信勝司氏に感謝申し上げる。
8）「保証承諾」とは、信用保証協会の用語法では、信用保証協会が事業者からの保証申込みに応諾して金融機関に信用保証書を交付することをいう。

Ⅳ　緊急保証制度

　平成20年、信用保証協会は、中小企業の下支えのため、新たな制度の取り扱いを開始することになる。それが緊急保証制度である。急激な原材料価格の高騰に苦しむ中小企業者を支援するため、平成20年8月29日の政府・与党会議、経済対策閣僚会議合同会議において、「安心実現のための緊急総合経済対策」が決定、発表された。これを踏まえて、中小企業庁では、資金繰り対策の拡充として、信用保証協会が新たな枠を設け、借入金を保証する緊急保証制度を開始した。正確には、当初の正式名称は「原材料価格高騰対応等緊急保証制度」で、平成20年10月31日からその取り扱いが開始された。しかし、原材料の高騰にとどまらず、国際的な景気後退等によって中小企業者の資金繰りがさらに悪化したため、平成21年4月からは「緊急保証制度」に改正されたものである（以下では当初段階から「緊急保証制度」で説明する）。[9]

　この緊急保証制度の対象となったのは、国が指定した545業種（後述のようにその後さらに拡大される）で、従来の、無担保の保証枠を設けた「セーフティーネット保証」の185業種から大幅に拡充した。保証限度額は一般保証とは別枠で2億8,000万円まで、保証期間は10年以内、保証料率は年0.80％、保証人は原則、法人代表者のみで、取扱期間は平成22年3月末までの限定措置であるが、この特徴として、金融機関にとっても利用しやすくするため、前記の「責任共有制度」の対象外とし、信用保証協会の全額保証としたことが挙げられる。しかし、この措置は当然、金融機関のモラルハザードを引き起こし、制度の本旨とあいまって、信用保証協会の代位弁済額を増加させ、信用保証協会の資産状態の急速な悪化を招くことになった（後述の数字参照）。平成20年末にはこの制度によって経営の継続が図れ、新年を迎えることができた中小企業も多かったとされるが、[10] もちろん、このような収支バラ

ンスを崩した支援保証のあり方には問題がないわけではない。しかしながら、申込みに殺到した中小企業者らに対応した現場の職員からは、この緊急保証制度なくして百年に一度という不況下で中小企業の資金繰りを支えることができたのかということを考えれば答えは明瞭、という自負と使命感にあふれたコメントも見られる[11]。

ちなみに緊急保証制度全体の規模は、平成21年4月の「経済危機対策」により20兆円（開始当初は6兆円）から30兆円に拡大され、指定業種についても545業種から781業種（平成21年6月23日現在）まで拡大され[12]、その後さらに期間を平成23年3月31日まで1年延長し、6兆円を追加（36兆円となる）、指定業種については、例外業種を除く全業種（1,118業種）に拡大された（平成22年2月5日中小企業庁発表）。

9) 以下は経済産業省中小企業庁発表による（同庁のホームページにおいて段階的に内容の変更が公表され、名称も最終的に「景気対応緊急保証制度」となる）。
10) 森勉「「緊急保証制度」への取り組みと今後の課題」信用保証117号（2009）19頁。
11) 市川満「緊急保証制度への対応について」信用保証117号（2009）12頁。平成20年11月19日には千葉県信用保証協会だけで、532件、約142億円の申し込みを受け付けたという。同7頁参照。
12) 市川・前掲注11）7頁。

V　小括——信用保証制度の使命とその評価

平成20年度の信用保証協会全体での保証実績は、保証承諾の件数が133万件、金額19兆5,800億円であり、これは対前年度比50％増である。このうち「緊急保証制度」は取り扱い開始以降5カ月間で、件数44万件、金額9兆1,800億円に上っている。また、「緊急保証制度」を含めた年度末の保証債務残高は33兆9,200億円で、平成14年度以来6年ぶりに34兆円に迫る水準となった。一方、代位弁済は、対前年比30％増の1兆400億円と、平成15年度以来5年ぶりに1兆円を超える高い水準となっている[13]。さらに、信用保証協会は、その貸し倒れのバックアップを日本政策金融公庫（平成20年10月に4機関が統合）の信用保証保険に拠っているが、同公庫の保険収支の赤字額は、平成18年度から増加に転じ、20年度は19年度を大幅に上回る約4,600億円と

なっている。もちろん、黒字赤字のこのような変動は、公的な融資支援制度としては致し方のないところである。

　さて、問題はこれらの数字の意味をどう評価するか、である。私はやはりこれらの数字の意味は非常に重いと考える。実は、経済専門家の中には、邦銀の低収益体質からの脱却という視点から、信用保証協会の保証が貸出金利のバランスを崩すことを批判し、信用保証制度の見直しを提言する声まであるのだが、緊急措置の行き過ぎは自戒されなければならないものの、今この信用保証制度がなかったら、どれだけの人々が安寧な生活を奪われるかを思うべきである。バブル崩壊後に続いた、いわゆるゼロ金利時代には、いくら量的緩和政策をとっても、資金は「回らないところには回らない」ことが実証された。その、資金が回らない中小企業に資金を回す方策が制度的に採られなければならないことは自明である。そして、企業数で言えば日本の総企業の99％以上は中小企業なのである。本章にみたような法制度創設やそれを活用ないし補正しての緊急対応策が、経済政策を支えている現状を深く認識すべきである。

　さらに付言すれば、たとえば保証や債権譲渡等の民法プロパーの諸規定も、今後徐々に、このような経済構造や資金調達の実際を踏まえて、金融経済の中での関連性を意識しつつ研究され教育されるべきと思われる。筆者は法科大学院で「金融法」の名の下に中小企業の資金調達に関する法を、債権総論と担保物権法を基軸にして教授しているが、そこでの基本的発想は、まさにこの点にある。

13）　以上、全国信用保証協会提供資料による。
14）　本田桂子「低収益体質の脱却急げ」日本経済新聞2009年6月9日付（経済教室）。同氏は、中小企業には資金調達の助け舟となるこの制度が、実は一方で貸出金利の構造をいびつにする側面を持っているとして、預貸金利ざやと期待損失の差は、通常であれば、リスクが高くなるほど高くなるのだが、格付けの低いものほどリスクが低く、期待損失と資金調達コストを下回る金利で貸し出しが行われているという調査結果を示す。保証の有無で中小企業の調達環境が大きく変わり、貸し出し市場をゆがめる側面がある点は、留意が必要である、としている。
15）　本田・前掲注14）論考も言及するように、たとえば日本では金融機関の貸出債権を転売する市場（つまりローン債権譲渡市場）が発達しておらず、その結果、金融機関のバランスシートがふくれ、これが企業の資金調達にマイナスに作用する側

面もある。したがって、金融機関の低収益体質からの脱却のためには、信用保証協会保証融資に批判の目を向けるよりも、このような貸出債権売買市場の確立のほうに力を注いだほうがよいという考え方も成り立とう。こういう形で、保証と債権譲渡の論点が金融経済の中で有機的に関連するのである。ちなみに、このような貸出債権売買市場の形成の問題を取引法的に後押しするためには、貸出債権の譲渡と売掛債権の譲渡の実際上の相違が注目されなければならず、またそれを学理的に解決していかなければならない。つまり、売掛債権の譲渡の場合には、債権譲渡契約によって移転する債権の属性（当該債権のどこまでが移転するか）はそれほど問題となることがない（債権額、遅延利息、担保等、ひと通りのことが明記されればよい）のに対し、貸出債権の場合には、そもそもが期限の利益喪失約款など、付帯する取引条件を切り離しての譲渡が考えにくいという性格を持っている。したがって、どのような形態（契約文言）の債権譲渡契約をするべきか、等が問題になるのである（これらの論点については、本書の続巻に予定される電子記録債権に関する論考で論じたい）。

第4部

将来債権譲渡論
―― 判例法理の形成

第4部の概要

　本書第1章に概説したように、将来債権譲渡に関する判例法理は、①複数年以上の長期にわたる将来債権譲渡の有効性を初めて承認した最三判平成11・1・29民集53巻1号151頁（金判1062号4頁、金法1541号6頁）によって大きく動き出し、さらに、②将来の集合債権譲渡予約のケースで、譲渡の目的となる債権が他の債権と識別可能な程度に特定されていればよい（特定性は識別可能性で足りる）と判示した最二小判平成12・4・21（民集54巻4号1562頁）が続き、そして③集合債権の譲渡担保契約における債権譲渡の第三者対抗要件（譲渡担保設定の趣旨の通知を有効な債権譲渡通知と認めたもの）としての最一小判平成13・11・22民集55巻6号1056頁（判時1772号44頁、判タ1081号315頁、金判1130号3頁、金法1635号38頁）、④指名債権譲渡の予約についての確定日付のある証書による債務者に対する通知または債務者の承諾をもって予約の完結による債権譲渡の効力を第三者に対抗することの可否に関する最三小判平成13・11・27民集55巻6号1090頁、と毎年重要判例が出され、⑤停止条件付債権譲渡契約と否認権行使に関する最二小判平成16・7・16民集58巻5号1744頁も、④判決と整合性の高い形で出された。

　さらに⑥将来債権譲渡担保と国税債権の優劣に関する最一小判平成19年2月15日民集61巻1号243頁が、将来債権譲渡の場合の債権の移転時期をめぐる学説の議論にも大きな影響を与えるに至る（ただし最高裁が⑥判決で将来債権譲渡の場合の債権の権利移転時期を明示的に論じているわけではないことに注意したい。その問題に触れて結論を導いた高裁判決の論理を否定したにとどまる）。

　①②判決については、既に拙著『債権譲渡法理の展開』にその評釈を収録しているので、本書では第7章以下に、③判決以下の判決の評釈・研究を収録する。なお、⑥判決（第10章第2節）は③判決（第7章）の同一事案である。③判決で敗れた国税側は、さらに提起した訴訟でも⑥判決で再度敗れることになった。⑥判決については、国税側を勝訴させた高裁判決を、私は評釈で強く批判した。最高裁で逆転の結果となり、

結果的に私見の主張に沿う判決が出されたわけである。したがって本書では、⑥判決についてはその高裁判決評釈も収録することとする（第10章第1節）。

第7章
集合債権の譲渡担保契約における債権譲渡の第三者対抗要件
—— 最一小判平成13年11月22日民集55巻6号1056頁

I 判決のポイント

　本判決（最一小判平成13・11・22民集55巻6号1056頁、判時1772号44頁、判タ1081号315頁、金判1130号3頁、金法1635号38頁）の事案は、譲渡担保権者と差押債権者（国税）との争いであるが、具体的には、「譲渡担保設定通知」のごとき形態をとった債権譲渡通知の有効性が争われたものである。本判決は、金銭債務の担保として既発生債権及び将来債権を一括して譲渡するいわゆる集合債権譲渡担保契約において、第三債務者に対して、「譲渡担保権を設定したので、民法467条に基づいて通知する」と記載し、かつ譲渡担保権者からの実行通知を受領するまでは担保設定者へ弁済するよう指示する文言を入れた、確定日付ある通知をした場合でも、債権譲渡の第三者対抗要件を具備することができるとした。

II 事　案

　訴外Aの連帯保証人である訴外Bは、X（原告、控訴人、上告人）との間で、平成9年3月31日、AがXに対して有する一切の債務の担保として、BがCに対して有する、次の内容の債権をXに譲渡する旨の債権譲渡担保設定契約（以下、「本件契約」）を締結した。本件契約は、①B・C間の継続的取引契約に基づき、Bが現在有し、また、今後1年の間に発生する売掛代金債

権を一括してXに譲渡する、②所定の事由が生じてXが譲渡担保権の実行通知をする時までは、Bがその計算においてCから本件目的債権の弁済を受けることができる、という内容のものであった。

そしてBは、平成9年6月4日に、Cに対し、内容証明郵便をもって、債権譲渡担保設定通知（以下、「本件通知」）をし、同通知は翌日Cに到達した。同通知には、要旨、「Bは、同社がCに対して有する本件目的債権につき、Xを権利者とする譲渡担保権を設定したので、民法467条に基づいて通知する。XからCに対して譲渡担保権実行通知（書面または口頭による）がされた場合には、この債権に対する弁済をXにされたい」との旨の記載がなされていた。

翌平成10年3月25日、Bが手形不渡りを出したことにより、AはXに対する債務の期限の利益を喪失し、本件契約において定める担保権実行の事由が発生した。Xは、Cに対し、同月31日、書面をもって本件譲渡担保設定契約について譲渡担保権実行の通知をした（同書面には確定日付はない）。一方Y_1（国）は、平成10年4月3日付および同月6日付けの差押通知書をCに送達して、同年3月11日から30日までの商品売掛代金債権等（以下、「本件債権」）について、Bに対する国税滞納処分による差押えをした。Cは、同年5月26日、本件債権について、債権者を確知できないことを理由に、被供託者をBまたはXとする供託をした。なおBは同年6月25日、破産宣告を受け、Y_2がその破産管財人となった。

以上の事実関係のもとで、Xは、Y_1およびY_2に対し、本件債権の弁済供託金の還付請求権を有することの確認を求めて、本件訴訟を提起した。第一審は、本件債権は担保権実行通知まではBに帰属しているとし、かつ本件通知はその後の譲渡担保権実行による債権の移転についての第三者対抗要件にはあたらないとしてXの請求を棄却した。原審（東京高判平成11・11・4判時1706号18頁、金判1083号10頁）もまた、上記本件通知は債権の移転を通知したものとはいえず第三者対抗要件たりえないとし、かつ将来譲渡担保権の実行を通知した時点で債権が移転するという契約であったとしても、本件通知をその対抗要件と認めることもできないとして、再度Xを敗訴させた。X上告。

III　判　旨

「甲が乙に対する金銭債務の担保として、発生原因となる取引の種類、発生期間等で特定される甲の丙に対する既に生じ、又は将来生ずべき債権を一括して乙に譲渡することとし、乙が丙に対して担保権実行として取立ての通知をするまでは、譲渡債権の取立てを甲に許諾し、甲が取り立てた金銭について乙への引渡しを要しないこととした甲、乙間の債権譲渡契約は、いわゆる集合債権を対象とした譲渡担保契約といわれるものの1つと解される。この場合は、既に生じ、又は将来生ずべき債権は、甲から乙に確定的に譲渡されており、ただ、甲、乙間において、乙に帰属した債権の一部について、甲に取立権限を付与し、取り立てた金銭の乙への引渡しを要しないとの合意が付加されているものと解すべきである。したがって、上記債権譲渡について第三者対抗要件を具備するためには、指名債権譲渡の対抗要件（民法467条2項）の方法によることができるのであり、その際に、丙に対し、甲に付与された取立権限の行使への協力を依頼したとしても、第三者対抗要件の効果を妨げるものではない。」（後続の部分で、本件通知の記載は「担保として本件目的債権を上告人に譲渡したことをいうものであることが明らかであり、本件債権譲渡の第三者対抗要件の通知として欠けるところはない」とし、後半の譲渡担保権実行通知云々の記載についても、「この記載があることによって、債権が上告人に移転した旨の通知と認めることができないとすることは失当」とした）。

IV　先例・学説

本判決は新判例であり、直接判示事項にかかわる大審院・最高裁の先例はない。本判決の論理を検討する前提となる判例としては、①そもそも債権譲渡の対抗要件は、債務者の譲渡に関する認識を通じ、右債務者によってそれが第三者に表示されうることを根幹とするものであると、立法沿革に則って対抗要件の構造を明らかにした最判昭和49・3・7民集28巻2号174頁と、②複数年にわたる将来債権の譲渡契約の有効性を、当該債権の発生可能性の

多寡は契約の有効性を左右しないとして認めた、最判平成11・1・29民集53巻1号151頁がある。前者は、いわゆる到達時説を採用して、一連の二重譲渡優劣基準に関する判例の基本となったもので、学説の多数が承認しているものである[1]。後者も、実務界から大いに歓迎されたものであり、学説上とくに異論は見られない[3]。

　原審の論理は、①契約時に本件目的債権がXに移転したものであったとしても、本件通知によれば、Xから別途通知を受けるまではBに対して弁済するよう求めており、Bに対する相殺をも認めていると考えられるから、Xに債権が移転したことを通知したものとは認められず、かつ（前掲昭和49年判決が述べた立法趣旨を説きつつ）Cが本件通知により債権の帰属に変化が生じたと認識するとは期待できないから、本件通知をもって第三者に譲渡の効力を対抗することはできない、②かりに実行通知の時点で債権がXに移転するものであるとしても、本件通知を第三者に対する対抗要件と認めることはできない、というものであった。

　この原審判決に対して、実務界からは、ようやく定着してきた集合債権譲渡担保による資金調達手法の発展に対して、この判決が障害になるという強い懸念が表明された[4]。これを受けて、本事案の契約書を詳細に分析して本事案の通知の意味を考察する論考も現れた[5]。小野弁護士は、債権譲渡担保設定契約については、近似する停止条件付債権譲渡契約とみなされないよう、現在譲渡であることを鮮明にし、通知も疑義をはさまれないよう債権譲渡の通知という方式を用いるべきという提言をした上で、より望ましいのは、「債権譲渡担保設定の通知」の対抗要件としての有効性が正面から認められることであるとしていた[6]。

　また原審評釈には、「なぜ実務が、危険を冒して、譲渡担保の担保的構成に準拠した通知書式をとるのかは理解しがたい。譲渡担保の判例法理の現状を前提とするなら、あくまで、譲渡担保権の設定によって、目的債権は譲渡担保権者に譲渡されたのであり、仮に、一定の時期までは、譲渡担保設定者が目的債権の回収を続けることができるとしても、それは、債権譲受人である譲渡担保権者から取立権限の授与を受けたからである、という理解のもとで、実務を進めるべき」[7]という、本判決を見越したごときものも現れていた

が、一方で、流動債権譲渡担保の担保的構成にこだわる評釈もあった。[8]

1) 解説や評釈として、柴田保幸・曹時27巻8号（1975）118頁以下、池田真朗『債権譲渡の研究〔増補版〕』（弘文堂、1997）155頁以下等参照。
2) 荒木新五ほか「将来の診療報酬債権の譲渡に関する最三小判平11・1・29を読んで」金法1544号（1999）19頁以下等参照。
3) 評釈として、池田真朗・NBL665号（1999）6頁以下、同『債権譲渡法理の展開』（弘文堂、2001）234頁以下所収等がある。
4) 小野傑「集合債権譲渡担保設定通知の対抗要件としての効力を否定した東京高裁判決が呈した課題」金法1574号（2000）1頁。
5) 澤重信「債権譲渡担保の対抗要件としての通知について」銀行法務21・577号（2000）32頁以下。
6) 小野・前掲注4）同頁、また澤・前掲注5）38頁も同旨。
7) 道垣内弘人・私法判例リマークス22号（2001）31頁。
8) 角紀代恵・判評504号（2001）19頁以下。

V 評　論

（1）本判決は、集合債権譲渡担保契約を利用する実務関係者からは、安堵の念とともに歓迎された判決である。もっとも、本判決については、実は様々なニュアンスの異なる読み取り方ができる。ただ、最高裁が公式判例集で「判決要旨」として掲げたものは、要約の仕方が必ずしも適切とはいえない。本章では、その点を指摘した上で、前掲の［判旨］（判決文の要旨部分をそのまま転記したもの）を対象に評論を進める。

「判決要旨」（民集55巻6号1056頁）の全文は以下の通りである。

「甲が乙に対する金銭債務の担保として、甲の丙に対する既に生じ、又は将来生ずべき債権を一括して乙に譲渡することとし、乙が丙に対して担保権実行として取立ての通知をするまでは甲に譲渡債権の取立てを許諾し、甲が取り立てた金銭について乙への引渡しを要しないとの内容のいわゆる集合債権を対象とした譲渡担保契約において、同契約に係る債権の譲渡を第三者に対抗するには、指名債権譲渡の対抗要件の方法によることができる」。

この判決要旨の前半は、本判決が対象とする集合債権譲渡担保契約の類型を、前掲［判旨］の表現を要約しながら述べているだけである。問題は、そ

の後の、「同契約に係る債権の譲渡を第三者に対抗するには、指名債権譲渡の対抗要件の方法によることができる」という表現である。考えてみれば、「同契約に係る」を冠していようといまいと、それが「(指名)債権の譲渡」といえるものならば、第三者に対抗するのに指名債権譲渡の対抗要件によることができるのは当然のことであり、それだけでは何ら有意のものとはいえない。「判決要旨」が削除した、前掲［判旨］の、その前後の記述が重要なのである。

　つまり、原審で判示され、実務界や学説が問題にしていたのは、このような集合債権譲渡担保では債権は移転しているのか、「債権譲渡担保設定通知」が「指名債権譲渡の対抗要件としての通知」に当たるのか、取立権限付与文言を付すことが通知の性質に影響するのか、等の点である。そして、厳密にいうと、「判決要旨」ではそれらがすべて見えなくなっている。しかし［判旨］に掲げた判決原文では、それらにかなりの程度に答えているのである。これは単なる要約技術の巧拙の問題なのか、それともそこに何らかの意図があるのか、なお吟味の余地はあろう。

　(2)　そこで、［判旨］を検討する。［判旨］は3つの文からなる。第1文は、本判決が対象とする集合債権譲渡担保契約の類型を述べている。このうち①金銭債務の担保として既発生債権及び将来債権を一括して譲渡するという点は、今日のいわゆる集合債権譲渡担保契約のほとんどが内容とするところであり、②担保権実行として取立ての通知をするまでは譲渡人に譲渡債権の取立てをすることを許諾するという点も取立委任等、構成や表現に違いはあっても多くの場合に付されているものである。③譲渡人が取り立てた金銭について譲受人への引渡しを要しないという点は、明記されているものとそうでないものがある、というところであろうか。いずれにしても、一般にかなり行われている類型を対象にするものといってよかろう。第2文は、前半で、「この場合は、既に生じ、又は将来生ずべき債権は、甲から乙に確定的に譲渡されており」と、はっきり、このような集合債権譲渡担保契約において債権は確定的に譲渡されていると述べている。これをもって、「本判決は集合債権譲渡担保契約において所有権的構成を採った」とする評釈が現れるかもしれないが、最高裁は、これまでも今回も、集合債権譲渡担保契約について、

いわゆる譲渡担保法理からみた「所有権的構成」(債権ということでいえば「権利移転的構成」)か「担保権的構成」かという言及はしていない。債権譲渡法理からみて譲渡がされたかされていないかという判断をしているのみである(この点はまた後述する)。そして、取立権限付与については、「乙(譲受人)に帰属した債権の一部について」と明記して、「甲(譲渡人)に取立権限を付与し、取り立てた金銭の乙への引渡しを要しないとの合意が付加されているもの」と解すべきとしたのである。この、「乙に帰属した債権の一部について」という表現は、明らかに、このような集合債権譲渡担保契約では、譲渡人は取立てた債権を(全部ではないにしろ)譲受人(融資者)に回金して返済することが通常であるという認識に立っているものと思われる。

さらに第3文で、そのような債権譲渡の対抗要件について述べているが、前半で、「したがって、上記債権譲渡について第三者対抗要件を具備するためには、指名債権譲渡の対抗要件(民法467条2項)の方法によることができる」と述べているところは、先に触れたとおり、第2文が判断したように債権が確定的に譲渡されているのなら論理的に当然の帰結である。ただ肝心なのは、どのような文言の通知ならよいのかという問題であるが、それについては判決は特段の基準は示さず、ただ、前掲[判旨]後続部分で、本事案の文言で「債権譲渡の第三者対抗要件として欠けるところはない」とするのみである(ただしあくまでも債権譲渡通知であって、「譲渡担保設定通知」ではない)。後半は、取立権限付与と支払指示の文言を、「丙(第三債務者)に対し、甲に付与された取立権限の行使への協力を依頼した」ものととらえているのだから、通知の効果に影響を及ぼすごときものにならないのは当然である。

私見の判断は、本判決の言うところは、畢竟上掲の[判旨]に尽きており、それ以上でもそれ以下でもないというものである。

(3) 判決文を形式的に読めば、原審と最高裁との相違は、通知の文言の意思解釈の相違に尽きるようでもある。確かに、原審が昭和49年判決にならい、このような通知の文言では、立法沿革からしてこの債権譲渡の対抗要件システムの中で第三者からの問い合わせに対して債権の帰属状態を答える役割を与えられている第三債務者に、明確な情報が与えられていないという指摘をしたことは正当であり、貴重である(実際、本章末尾掲記の最判平成13・11・

27は、譲渡予約の通知につき同じ理由づけで効力を否定している。同判決については次の第8章で扱う)。この原審の説示によれば、債権譲渡の通知であることがより正確に疑義なく示されなければならないことになる。

　もちろん、譲渡のあった事実を正確に表現する通知をなすほうが望ましいのは明らかである。しかしながら、それでは集合債権譲渡担保の現在の実務に困惑を与えるのもまた事実である。そこで、問題をいささか矮小化すれば、どこまでの表現をしたものが債権譲渡の通知と認められるかということになる。

　そうすると、たしかに本件では通知の文言に表現上曖昧な点は大いにあったが、実務界の一般の実情と認識からすれば（この点は、紙幅の関係で引用をしないが、前掲澤論文の本件契約書の分析が詳細でありかつ信頼に値する）、本判決に示された最高裁の意思解釈（通知の読み方）のほうが適切であると思われる。けれども、これはいわばこの程度でも債権譲渡の通知として認めてよいという趣旨の判決であって、それ以上に、集合債権譲渡担保契約における担保権設定通知に（担保権設定についての）第三者対抗要件を認めた、などという評価を与えるのは行き過ぎであろう。

　(4)　私見はしたがって、本判決を、集合債権譲渡担保契約における通知の要件を提示した判決などと読むことには反対であるが、もし本判決を、何を記載すれば債権譲渡の通知として対抗要件の効力を認められるのか、という問題設定から吟味すれば、本判決から推測される基準は、目的が担保か否かにかかわらず、「債権譲渡の事実と読み取れるもの」が通知に示されていればよく、そこに誰に支払えという支払指示が書き込まれていても、第三者対抗要件としての効力には差異がない、ということになろう。

　実はこの点については、2001（平成13）年12月に国連総会で採択された国際債権譲渡条約の規定が参考になる。同条約は、債務者への「譲渡通知」と「支払指示」という2つの概念を明瞭に分けて規定している。対第三者の優先権確保と新権利者の表示は通知で行い、誰に（どこへ）弁済するのかは支払指示でするという機能分化が規定されたのである（同条約13条、16条参照。ただし通知は選択する優先ルールによっては第三者対抗要件にならない)。[9]

　さらにいえば、譲渡通知の主体と支払指示の主体についても検討しなけれ

ばならない。わが民法は、内容証明郵便のような（母法のフランス民法と比較すればこれでも簡易な）確定日付ある通知のシステムを採用したために、虚偽の通知がなされないよう、譲渡人から通知することと規定した（しかし、通知に利害関係を持つのは譲受人なので、本来は、フランス民法のように、虚偽通知を防ぐ厳格な手続きのもとに譲受人からもできるようにするのが筋である）[10]。しかし、通知によって譲受人（新債権者）が誰かと明らかにされた後は、支払先を指示できるのは、譲渡人ではなく譲受人であるはずである（他人に譲渡したことを通知しつつ譲渡人が自分に払えというのは矛盾であり、信頼を置けないのは当然であろう）。現に、前掲の国際債権譲渡条約13条はその旨を明記する（同条１項は、「譲渡人と譲受人との間で特段の合意のない限り、譲渡人、譲受人又はその双方は、債務者に譲渡通知及び支払指示を送付することができる。ただし、通知が送付された後は、譲受人のみがその支払指示を送付することができる」とする）[11]。この論理からいえば、譲渡人がする「譲渡担保権を設定した。実行通知後は譲受人に支払いをしてほしい」という表現の通知（および支払指示）は、いまだ債権が譲渡人の処分権限内にあることを表白しているものと取られても仕方のないものである。

　国際規模の債権譲渡が行われる時代に、１人わが国の実務界があいまいな文言の通知でよしとすることは望ましくない。実務界にあっては、今後は、このような通知で全く問題がないと考えるのではなく、担保としてでも譲受人（新権利者）に債権譲渡したことを明瞭にした通知を行い、かつ、支払指示文言の部分は譲受人名として取立委任等の根拠を明記して（あるいは譲渡人・譲受人連名として）第三債務者に報知するよう、努力すべきであろう。そのような形で第三債務者に報知したくないのであれば、債権譲渡特例法登記を使えばよいのである。

　(5)　集合債権譲渡担保契約について、不動産や動産の譲渡担保契約の議論と同一の土俵に乗せて論じることが適切か（あるいは可能か）については、ここでは詳述する余裕がなく、別稿に譲らざるをえない。しかし、かなりの問題があることを指摘しておく（その一部を挙げると、契約自体についても、真正譲渡か担保かという目的による区別を外部から判断することは困難な場合があるし、そのため国際的にも、債権譲渡について真正売買と担保を分けずに取り

扱うのが今日の潮流である。前掲国際債権譲渡条約2条b号は、譲渡の定義の中で、「負債又はその義務の担保としての権利の設定は、移転とみなす」と明定する[12]。私見はもともと、集合債権譲渡担保の対抗要件については、非典型担保の観点からの議論よりも、債権譲渡法理から考えるべきで、譲渡がなされたか否かを基準にして、（対象が既発生債権でも将来債権でも）譲渡がなされたのであれば民法または債権譲渡特例法（場合によっては特定債権法）の対抗要件を具備すればよく、なされていないのであればたとえ民法上の通知等をしても対抗力を持たない、という立場で考えてきた。さらに私見は、集合債権譲渡担保契約の中でも、最近の売掛債権担保融資保証制度（平成13年12月取扱開始）に端的に見られるように、本契約としての債権譲渡があり、新権利者たる譲受人から取立委任を受けた譲渡人（設定者）による債権回収と譲受人（担保権者）への回金返済というスキームを採るものを中心に据えて考えるので、本判決の論理自体には違和感はない。取引の実情からすると、本事案のレベルの通知まで譲渡通知として対抗力ありと判断されたことは有難いとは思うが、これに甘えることは勧められないということである（今後判例が、「通知に譲渡担保設定とあっても、権利が移転する譲渡とみなす」と積極的に判断するのであれば、それは前掲条約2条に合致する国際基準の採用といえる）。

ただし、なお担保型構成論者の側から考えれば、本件事案は右の売掛債権担保融資の場合などと異なり、Bは連帯保証人であって直接の被融資者（A）ではないので、まさに実態を非典型担保としてとらえるべきという意見があろう。私見も、かように債権譲渡担保にも類型的に担保性の程度に相違がある点は認めるが、なお非典型担保構成のメリットと、その法律構成上の不明瞭さとの利害得失が論じられるべきと思う。

(6) 残る問題は、法律上の権利移転と会計処理上の評価が一致するか否かという点であるが、これについては次章（第8章）末尾で言及する。

(7) 先述したように、これまでの判例の基本的な態度は、譲渡担保か否かを問わず、「債権譲渡がなされたか否か」を判断するというものである。その意味では、本判決と数日違いで出された最三小判平成13・11・27（民集55巻6号1090頁、判時1768号70頁、金判1138号3頁）が、予約と本契約を峻別して、

指名債権譲渡の予約について確定日付ある通知をしても、本契約についての第三者対抗要件の具備と認めえないとしたのは、最高裁の態度として一貫性があるといえよう（この判決の評釈については次の第8章参照）。

9) 条文邦訳は NBL722号（2001）46〜47頁。ちなみに NBL 所収は最終草案であるが、このままの形で条約正文となった。解説は、池田真朗「UNCITRAL 国際債権譲渡条約草案」NBL722号（2001）32頁、および同「国連国際債権譲渡条約の論点分析と今後の展望(下)」金法1641号（2002）14頁参照。【追補、後掲注12）論文と合わせて続巻の『債権譲渡の研究』第4巻に収録予定。】
10) 池田・前掲注1）210〜211頁参照。
11) 池田・前掲注9）NBL46頁。
12) 池田・前掲注9）NBL39頁。同「国連国際債権譲渡条約の論点分析と今後の展望(上)」金法1640号（2002）22頁も参照。

第8章
指名債権譲渡の予約についての確定日付ある通知または承諾と予約完結による債権譲渡の効力の第三者への対抗の可否
――最三小判平成13年11月27日民集55巻6号1090頁

I　事　実

　訴外A社は、昭和59年7月に、被告Yが経営するゴルフ場の預託金制会員権を預託金950万円を支払って取得した。その翌日、Aは、被告参加人Z相互銀行との間で、相互銀行取引から生ずる一切の債務を担保するため、右会員権をZに譲渡することを予約し、Yはこの譲渡予約を承諾した。承諾書には確定日付が付された。平成3年10月、ZはAの債務不履行があったとして、Aに対して予約完結の意思表示をしたが、これについて確定日付のある通知や承諾はされなかった。その4日後、原告X（国）は、Aに対する国税滞納処分（滞納額約487万円）として、本件会員権を差し押さえた。本件預託金の据置期間の経過後、A社が解散したことで、預託金の返還事由が生じた。Xが、本件預託金の取立権に基づき、その支払を請求したところ、Yは支払を拒絶し、Zは右譲渡予約の完結の効果をXに対抗できると主張した。

　第一審（大阪地判平成9・5・18判時1624号123頁、金判1130号42頁）・第二審（大阪高判平成9・10・22金判1138号18頁）とも、債権の譲渡予約についての債務者の確定日付ある証書による承諾は、債務者が認識した将来の譲渡の可能性についてのものであり、譲渡による債権の移転に対するものではないから、予約完結による債権譲渡についての対抗要件にはならないとして、Zの主張を排斥し、Xの請求を認容した。Y・Zより上告。

II 判　旨

　上告棄却。「民法467条の規定する指名債権譲渡についての債務者以外の第三者に対する対抗要件の制度は、債務者が債権譲渡により債権の帰属に変更が生じた事実を認識することを通じ、これが債務者によって第三者に表示されうるものであることを根幹として成立しているところ（最高裁昭和47年(オ)第596号同49年3月7日第一小法廷判決・民集28巻2号174頁参照）、指名債権譲渡の予約につき確定日付のある証書により債務者に対する通知又はその承諾がされても、債務者は、これによって予約完結権の行使により当該債権の帰属が将来変更される可能性を了知するに止まり、当該債権の帰属に変更が生じた事実を認識するものではないから、上記予約の完結による債権譲渡の効力は、当該予約についてされた上記の通知又は承諾をもって、第三者に対抗することはできないと解すべきである」。

III 評　釈

1 本判決の位置づけ

　本判決は、債権譲渡の予約の通知・承諾は、その後の予約完結による債権譲渡についての対抗要件となるものではないという、理論的には当然の事理を明らかにしたものであるが、この点についての最高裁の新判例である。本判決が、その理由づけとして、債権譲渡の対抗要件の基本構造に関する立法趣旨に言及した、昭和49年3月7日判決（周知のようにこれは、二重譲渡の優劣の基準について到達時説をとることを宣明した重要判決である[1]）を引いている点も、適切なものであるといえるが、ただし、それが理由づけとして最も決定的なものかどうかという点は後述する。

　なお、本件は単一債権の譲渡の事案であるが、本判決は、いわゆる予約型集合債権譲渡担保契約の法的評価に大きな影響を与えることになると考えられる。さらに、本判決との整合性という意味で、最近の集合債権譲渡担保における停止条件型契約について対抗要件否認を認めた一連の下級審裁判例の

評価が、今後問題となろう。

2 前提問題

　本件判決を理解する前提問題であるが、預託金会員制ゴルフクラブの会員権の譲渡については、指名債権譲渡の場合に準じて、確定日付ある通知又は承諾によるべきものとするのが判例である（最判平成8・7・12民集50巻7号1918頁、判時1608号95頁）。本来は、ゴルフ会員権の譲渡は、単なる債権譲渡ではなく、権利義務の総体としての契約上の地位の移転（契約譲渡）にあたると考えられる。その意味では、債務引受と同様に、有効要件として相手方の承認（法的性質は意思表示）を必要とするはずであり、一方的な債権譲渡の通知などをもって契約上の地位の移転の対抗要件とすることには問題も残る。ただし、一方で、ゴルフクラブ理事会の承認とその会報等での公表など、他の手続をもって対抗要件に相当するものと考えることにも[2]、対抗要件が画一的処理をする法定的なものと考えると難がある。対抗要件が本来法定的なものであるべきであることからすれば、将来的には、わが民法にも契約上の地位の移転（契約譲渡）についての規定を置き、対抗要件を法定することが望ましい[3]。ここでは、その問題については以上のように論点を示すに止めて、本判決の論点自体の検討に入る。

3 予約と本契約の対抗要件の関係

　本判決の上告理由は、将来発生する債権の譲渡や他人に属する債権の譲渡で具備した対抗要件が有効となること、さらに譲渡禁止特約付き債権の譲渡について後に承諾があれば譲渡が遡及的に有効となり対抗要件も遡及すること、を挙げているが、これは、債権譲渡の「予約」の問題と、掲げた諸例における「譲渡行為の存在」の問題を混同している。予約はあくまでも予約であり、その段階では譲渡の本契約は存在しないのである。これに対して、たとえば現在まだ発生していない債権の譲渡という場合には、譲渡契約ははっきりと存在するのであり、ただ目的としての債権が現存していないのである。したがって、後者の場合は、そのような債権が譲渡契約の目的たりうるかが議論されればよいのであって、将来発生する債権の譲渡については、近時、

最高裁が、発生可能性の多寡は契約の有効性には関係せず（最判平成11・1・29民集53巻１号151頁）、ただ当該債権の特定性（識別可能性）が認められればよい（最判平成12・4・21民集54巻４号1562頁）と判示したのは、記憶に新しいところであろう。[4]

同様に、他人の有する債権の譲渡契約とその通知の有効性について、「その譲渡人に右債権が帰属するとともに特別の意思表示を要せず当然に右債権は譲受人に移転し、その後譲受人は右譲渡通知をもって民法467条２項の対抗要件を具備したものというべく、以後これと両立しない法律上の地位を取得した第三者に対し右債権譲渡を対抗できるものと解すべき」とした最判昭和43・8・2民集22巻８号1558頁の判旨も、この「譲渡行為の存在」という観点からして正当であり、本判決が、上に掲げた判旨に続けて、上告理由引用の判例のうち、この最判昭和43・8・2は本件と事案を異にし適切でなく、その余の判例（将来債権譲渡や譲渡禁止特約付債権の譲渡に関するもの）は本判決と異なる解釈を採るものではない、と説示している点も問題のないところと理解される。

なお、譲渡禁止特約付債権の譲渡について後に承諾があった場合というのも、本来譲渡性のある指名債権について、私人間の合意で譲渡を禁じていたものが、その禁止特約が解かれることによって当初の譲渡が有効となりその譲渡の際に具備した対抗要件が有効となるというものであって、これも同様に譲渡行為の存在自体にはやはり疑念がない。[5]

このように、これらの債権の譲渡の場合は、当該債権が譲渡契約の目的たりうるのであれば、契約は有効になしえ、かつ、有効な譲渡契約がある以上、それについて対抗要件具備も当然になしうることになる。しかしながら、譲渡契約の「予約」の場合には、譲渡行為自体がいまだ存在しないのであって、したがって、その存在しない譲渡行為についての対抗要件を具備することも不可能といわざるをえない。このように理解すれば、予約の行為についての「対抗要件」なるものが、本契約についての対抗要件となりうるはずは、そもそもないのである。

さらにいえば、わが民法は、物権の移転にも債権の移転にも対抗要件主義を採る。いうまでもなく、対抗要件主義は、意思主義による当事者間での権

利移転（ないし権利設定）と組合わさって、その権利移転（権利設定）を当事者以外の第三者に対抗する手続を要求するという立法主義である。しかしながら、債権譲渡の予約では、未だ権利移転は（そして第三者に主張できる権利設定も）起こっていない。債権の譲渡予約には、したがって本来、なんら対抗要件を要求する要素はないのである。これが、不動産物権変動における仮登記のごときものであれば、後の本登記の前提としての順位保全の効果等が付与されるのは周知の通りである。しかしながら、契約法における予約には、特段の法規定がなければ、当事者間で将来本契約を結ぶ合意をすることが義務づけられる以外には、対第三者の関係で優先的な地位を獲得する要素はないのである（たとえば、いわゆる買戻しの機能を果たすために行われる不動産の再売買一方の予約についての仮登記も、当然のことながら、所有権移転についての仮登記によって順位保全効を得るのであり、予約の契約法上の効果が保全されるわけではない）[6]。

それゆえ、本判決が、理由付けとして、譲渡予約についての通知を受けまたは承諾をした債務者は、「予約完結権の行使により当該債権の帰属が将来変更される可能性を了知するに止まり、当該債権の帰属に変更が生じた事実を認識するものではないから」、予約の完結による債権譲渡の効力は、当該予約についてされた通知又は承諾をもって第三者に対抗することはできないと説示するのは、不完全ながら債務者をインフォメーション・センターとするこの債権譲渡の対抗要件の基本構造からして、もちろん正当ではあるが、そもそも債務者の認識の内容を云々する以前の問題として、予約についての通知・承諾では対抗要件として意味がないと論決すればよいことと考えられる。

なお、本件の事案の対抗要件具備が通知ではなく承諾であった点について念のために付け加えれば、債権譲渡の対抗要件として要求されている承諾は、通説によれば、譲渡の事実を認識したという観念の通知であり、債務承認のような意思表示ではない[7]。その意味では、本件においても、通知を受けただけの場合と承諾をした場合とを区別する必要はなく、かつ、繰り返せば、あくまでも債務者は権利移転の「予約」の事実を認識したに止まるのである。

4　予約型および停止条件型集合債権譲渡担保契約への影響

　本判決の論理自体は、おそらくそれほどの疑問を持たれずに受け入れられるものと思われる（しかも本事案のように単一債権を問題にするのであれば、当然の判決といってよかろう）。しかしこの判決によって、いわゆる予約型および停止条件型集合債権譲渡担保契約の法的評価が問題となり、整合性を問われる下級審裁判例も出てくるように思われる。かつて（ことに平成10年の債権譲渡特例法施行以前において）、いわゆる資金調達のための集合債権譲渡担保契約は、債務者の債権譲渡についての認識による信用不安の惹起を恐れる等の理由から、サイレントで（対抗要件具備なしに）行われ、譲渡人（被融資者）が危機的状況に立ち至った段階で初めて対抗要件を具備する手法がとられていた。しかしこのような債権譲渡の通知または承諾が債務者の支払停止または破産申立後にされた場合には、この対抗要件具備行為はほとんどの場合破産法上の否認権行使の対象となり、譲受人（融資債権者）の担保権は失われてしまう。そこで、管財人による否認権行使を免れるために、債務者の支払停止等の事由が生じたときに債権者が予約完結権を行使できる、一方の予約の形式をとる債権譲渡担保契約（いわゆる予約型）や、債務者の支払停止等の事由が生じたことを条件として債権譲渡の効力を発生させる停止条件付債権譲渡担保契約（いわゆる停止条件型）が出現するに至ったことは周知の通りである[8]。

　それらについての当初の一般的見解としては、予約型については、支払停止後の予約完結権行使は債務者（譲渡人）の行為ではないから否認することができず、債権譲渡通知も譲渡の効力が生じた日である予約完結権行使の日から15日以内に行われた場合には否認することができないとされ、同様に、停止条件型についても、債権譲渡通知が譲渡の効力が生じた停止条件成就の日から15日以内に行われた場合には否認することができないと考えられてきた。そして、これらの理解の根拠とされたのは、破産法74条１項【補注、現行破産法164条１項】本文所定の15日の期間につき、「当事者間における権利移転の効果を生じた日から起算すべきものであって、権利移転の原因たる行為がなされた日から15日を経過した後であっても、権利移転の日から15日以内に、対抗要件を具備する行為がなされた場合には、右規定に基づいてこれ

を否認することはできない」と説示した、最判昭和48・4・6民集27巻3号483頁であった。

　しかしながら、このような形を採ることで否認権行使を免れるという点については、実務家を中心に強い批判もなされ、とくに停止条件型のほうについては、「集合債権譲渡契約が締結された時点において担保権設定の効力が生じている以上、破産法74条1項の15日の起算点は債権譲渡契約が締結された日であると考えるべきである」との主張もなされるに至った。そして、高裁段階の裁判例に、これと基本的に同一の理論構成をして、否認権行使を認める判決がいくつか現れるに至ったのである（①大阪高判平成10・7・31金判1050号3頁、②大阪高判平成10・9・2金判1050号6頁）。これらの判決に対処するため、私見では、実務において債務者に知らせずに第三者対抗要件を具備する手段としての債権譲渡特例法登記の活用を勧めた。しかし実務界においては、このような下級審裁判例を勘案して、停止条件構成を避け、当初から本契約として債権譲渡登記をする方向に向かうべきとする見解もあった一方で、（債権譲渡特例法施行後1年の平成11年末段階の見解であるが）債権譲渡登記制度にも深刻な「使いにくさ」があり、そのために予約型や停止条件型を用いざるをえない状況が生じている以上、この「使いにくさ」が解消されるまでは、これらの契約方法も、次善策としての存在意義を認める必要のあることを指摘し、対抗要件否認についても、上記の最高裁昭和48年判決が適切に適用されるべきであると主張するものもあった。

　さらに、予約型の集合債権譲渡予約契約についても、本判決の出る直前の裁判例である③大阪地判平成13・10・11（金法1640号39頁）は、予約完結権を行使してした債権譲渡通知に対する民事再生法129条による否認を認めている。その論理は、「集合債権譲渡予約契約であっても、その実質が集合債権譲渡契約ないし通常の債権譲渡契約と同視することができ、あえて集合債権譲渡予約契約の形式を選択したのが否認制度の潜脱を目的とすると評価できる場合には、かかる契約に形式どおりの効力を認めることは相当ではないというべきであるから、法的整理段階における否認制度との関係では、その集合債権譲渡予約契約を、信義則上、集合債権譲渡契約又は通常の債権譲渡契約と同視し、その効力の発生時点を譲渡対象債権の特定された当初予約契約

が締結されたとき、またはその後に対象債権が特定されたときと解するのが相当である」というものである。

5　従来の裁判例との関係

ここでは、以下、本判決と上に掲げた裁判例との関係について、若干の考察を加えておきたい。

本判決の論理からすれば、予約型の債権譲渡契約については、それが集合債権についての担保目的のものであっても、予約完結時に権利移転が起こるのであって、したがってそこではじめて（15日以内に）する対抗要件具備行為は原則として否認の対象にならないということになろう。したがって、上記の③判決は、原則的には本判決に違背する可能性が高い。ただし、これは一種特定の価値判断を前提に立てた政策論であるが、集合債権の場合に予約型を採るのは、まさに対抗要件否認を避ける目的のものであることがあり、そのようなものについては別の論理で制限しようという発想はありうる。前掲③判決は、この論理を採用したものである。そしてさらに③判決は、単一債権の譲渡のケースと異なって集合債権の場合だけに問題になる、債権の特定の問題に焦点を当て、この特定の時期を１つの指標として論理を構築している（しかし、この該当債権の特定ということが予約を本契約と同等に扱うまでの決定的な指標となるかは当然ながら疑問である）。最高裁がこれら③判決の論理をどう評価するか（単純に否定するか、例外としての考慮の余地を認めるか）という点にも関心が向けられようが、残念ながら③判決は譲受人の請求棄却で確定している。

そうすると、停止条件型についても、同様に停止条件成就時に権利移転が起こると考えれば、そこから15日以内にする対抗要件具備行為は否認の対象にならないことになり、右の停止条件型に関する裁判例も本判決と矛盾する可能性が高くなる。ただこの点、①判決では明瞭な論理構成の言及がないが、②判決では、「（当該）契約は、単なる債権譲渡の予約もしくは停止条件付債権譲渡契約を内容とするものではなく、被告両名と破産会社における手形貸付などにより発生する一切の債務を担保することを目的とする担保権設定契約であり（以下略）」と論じて、そのような担保権設定契約として、停止条

件付債権譲渡契約締結の時点で、担保権が現実に発生したと解するのが相当とし、さらに、破産会社の自己破産申立の直後にされた債権譲渡の対抗要件具備は、「右担保権設定の対抗要件と、担保権の実行としての債権譲渡の対抗要件を併せて具備したことになり、担保権設定の対抗要件は、権利設定の効力が生じた日から既に15日を経過した後に具備されたというべきである」と論理構成して、対抗要件否認を認める結論を導いている。そうすると、少なくともこの②判決は、同判決のいう「担保権設定契約」なるものの存在が認められ、かつその担保権設定契約の対抗要件なるものは債権譲渡の対抗要件が兼ね、それは契約から15日以上遅れて具備された、という構成が認められれば、本判決の判断と両立しうるとの理解も不可能ではない。ただ、問題は当然、このような論理（つまり「停止条件付債権譲渡担保契約」なるものを「債権譲渡契約」とは異なる非典型担保と認め、さらにその対抗要件は債権譲渡の対抗要件が兼ねる）がいずれも認められるものか、という点にある。それよりは、債権譲渡担保契約は債権譲渡契約なのであり、対抗要件はあくまでも債権譲渡の対抗要件なのであって、あとは停止条件付きの場合の権利移転時期を吟味するのみというほうが明快であろう。

　実際、対抗要件というものが、両立しえない権利取得の主張者間の優劣決定機能を持ち、また画一的な確定処理のできることを利点とするものであることからすれば、前述したとおり、対抗要件は法定的なものであるべきである。そうであれば、民法467条の債権譲渡の対抗要件を、譲渡による権利移転とは別異の「担保権設定」の対抗要件とすることは、私人間の合意によって可能となることではないのはもちろんのこと、仮に判決がそれを行うということであっても、それは、判例に与えられた法創造という一種の「権限」を超えているものと考えざるをえないのではなかろうか。[12]

　なおこの点で、先に論じたゴルフ会員権の譲渡につき、本来は契約上の地位の移転について対抗要件が法定されているべきところ、それを債権譲渡の対抗要件でいわば代替すると判例が説示していることについて問題があると指摘したが、それとこれとは状況が異なる。ゴルフ会員権のケースでは、契約上の地位の移転（契約譲渡）には、債権譲渡の要素も含まれるが、一方で債務引受の要素もあるので、その対抗要件を単純に債権譲渡の対抗要件で代

替させることに問題があるということであって、権利移転の存在と、債権譲渡の要素の内在自体は疑いがない。これに対して、担保権設定の対抗要件というのであれば、その段階で債権の移転は未だないということになる。これは法律構成上全く別異の権利（しかも法定されていない担保権）について、この債権譲渡の対抗要件を流用するということに他ならないのである。

　さらにこの点については、本判決の数日前に出た、集合債権の譲渡担保契約における債権譲渡の第三者対抗要件に関する、最判平成13・11・22民集55巻6号1056頁がいかなる意味を持つかを検証する必要がある。筆者は別稿でこの判決を評釈したが[13]、この判決も、いわゆる集合債権譲渡担保契約において、第三債務者に対して、「譲渡担保権を設定したので、民法467条に基づいて通知する」と記載し、かつ、譲渡担保権者からの実行通知を受領するまでは担保設定者へ弁済するよう指示する文言を入れた、確定日付ある通知をした事案について、「この場合は、既に生じ、又は将来生ずべき債権は、甲（譲渡人）から乙（譲受人）に確定的に譲渡されており」とし、この通知を、「債権譲渡の通知として欠けるところはない」として、後半の支払指示文言についても、「この記載があることによって、債権が上告人に移転した旨の通知と認めることができないとすることは失当である」として、債権譲渡による権利移転を明瞭に判定した上で、債権譲渡の第三者対抗要件の効果を認めているのであって、「譲渡担保設定通知」なるものを認めたものではないのである[14]。

　さらに、もし予約型と停止条件型で区別をするとすれば、その結果両者で取扱いが180度違ってしまってもよいものか、という価値判断も問題とされよう（ただしこの点については、私見のいう「譲渡行為」という意味では、予約には未だそれがなく、停止条件付契約においてはそれが既に存在してただ効果発生が止まっていただけであるという説明を付して区別することが、一応、理論的には可能である）。いずれにせよ、①②判決ともに上告中であり、本判決を受けて、最高裁の判断が待たれるところである。

6　実務への影響

　以上、本判決は理論的にはまったく妥当な判決である。今後実務では、譲

渡予約をした譲受人（融資者）は、予約を完結させて本譲渡に移行させる場合には、相手方（譲渡人・被融資者）に対して予約完結の意思表示をするだけでなく、必ず、あらかじめ徴求しておいた譲渡人名の譲渡通知書に確定日付を付して債務者に送付するか、債務者の承諾を得て承諾書に確定日付を得る（あるいは、その段階で債権譲渡登記をする——ただし単一債権の場合は債権譲渡登記は費用的にメリットはないが）というところまで行わなければならないということである。

　また、本判決の論理からすると、先述のように、集合債権の予約型債権譲渡担保契約についても、予約段階では第三者に対する優先権は得られず、その代わりに本契約から15日以内に確定日付のある通知・承諾を具備すれば否認は受けない、ということになると予測される。この点、予約型の債権譲渡について担保としての実質を確保したいと企図してきた実務界の一部にも、逆に否認権行使を広く認めようとする論者の側にも、それぞれ異論もあろうが、本判決の取扱いは法理論的に明瞭なものであり、かつ、債権譲渡特例法による登記制度も整った今日では、予約型で第三者に優先できる担保の実質を確保しなくとも、他の適法な優先権確保手段が存在するわけであるから、この方法に固執する理由はないと思われる（ただし、債権譲渡特例法上の登記をするには、当初から本契約としなければならないが、前述のように特例法登記は第三債務者に知らせずにできる）。予約型債権譲渡担保契約とは、このような効果を持つもの（予約段階では第三者に対する優先権確保手段は譲渡としても担保としてもないが、その代わり、本契約に移行して15日以内に法定の対抗要件を具備した場合には対抗要件否認は受けない）と割り切って用いればよいのではなかろうか（ただ、そうすると、今度はその本契約たる債権譲渡が危機否認や故意否認の対象にはなりうると考えられる。この、否認の法理との全体的な調整・整理が今後問題になろうが、それは本評釈の範囲を超える。別の機会に論じたい）。

　また、停止条件型についても、基本的には、今回の予約型と同一の扱いをすべきもののように思われるが、前述のように、なお理論的にも別異の構成がなしえないものでもないと思われるので、前掲高裁判決の上告審判断を慎重に待つべきであろう。

7 予約と債権譲渡登記

　最後に、今日の実務界や担保法学者の一部に見られる、債権譲渡登記を予約段階でできるようにすべきである（債権譲渡登記をそのような意味で予約型債権譲渡契約の合法的担保手段として用いられるようにすべきである）という意見について、一言しておきたい。同法の立法段階に関与した者の1人として言うならば、そもそも現在の債権譲渡登記は、民法467条2項の確定日付ある証書による通知の等価代替手段とみなされるものとして措定されたものである（同法2条1項【追補、現行動産債権譲渡特例法では4条1項】参照）。したがって、不動産の登記とは異なり、権利関係（債権の存在）を公示するものではなく、債権の譲渡の事実を公示するものである。そこで、この債権譲渡登記を、予約段階でできるようにするということは、とりもなおさず、民法467条2項の確定日付ある通知を予約段階でできるようにするということに等しいのであって、その意味では、この議論は、本判決によって全否定されたことになる。したがって、本判決に対する反応として、残る課題は債権譲渡登記を予約段階でできるようにすることだというのは、論理的には不当である。[15] もしこの論理を成立せしめるためには、債権譲渡登記の本質それ自体を、まさに担保権設定登記のごときものに根本的に変容させて、仮登記に相当するものも創設しうる可能性を産み出さなければならないのである。

　しかし、その志向については、まず第1に、債権譲渡登記は、登記と名がついていても、上に述べた通り、権利関係を公示するものではないことを繰り返さなければならない（この点の誤解を避けるために、筆者は立法試案で、「登記」ではなく「登録」という名称を主張したが、法務省管轄のものはすべて「登記」として統一しているという技術的な理由で登記となった経緯がある）。[16] 民法467条2項に定める通知とみなされる等価代替手段なのであるから、そこでなされるのは、「譲渡の事実の公示」なのである。これを不動産の移転登記の仮登記のごとき「将来の債権譲渡の順位保全の公示」という担保的機能に拡張するのは、理論的にかなりの距離がある。さらに、事の性質として、不動産と異なって、債権は容易に消滅するという相違点も挙げておかなければならない（つまり、仮登記のような将来の順位保全効の付与にどれだけなじむかということである）。

そして第2には、この志向が、以下に述べる、債権譲渡担保の法的評価に関する国際的基準と逆行することを指摘しなければならない。

別稿にも紹介した通り、2001（平成13）年12月に成立した国連国際債権譲渡条約[17]では、真正売買か担保かという目的による区別は外部から判断することは困難な場合がある等の理由から、真正売買と担保を分けずに、いずれも権利移転として取り扱うこととし、同条約2条b号は、譲渡の定義の中で、「負債又はその義務の担保としての権利の設定は、移転とみなす」と明定した[18]。このような世界的傾向の中では、債権譲渡担保を担保的に構成すること自体が疑問といわざるをえないのである。

8 その他の問題

ただ、このように債権譲渡担保でも譲渡行為があれば権利は移転しているという構成を採り、逆に予約型等による担保的構成を否定した場合に、最後に残る問題は、法律上の権利移転と会計処理上の評価が一致するかという点かと思われる。いわゆる債権流動化において、売掛債権やリース・クレジット債権等を集合的にSPVに譲渡する場合は、当該債権譲渡は、売却の結果として譲渡人のバランスシートから外される。またそのオフバランス化しうるところが、流動化スキームの利点である。この場合は、債権の法的移転と会計処理が一致するので問題はない。しかし、一般の集合債権譲渡担保の実務においては、「担保のために債権が移転したからといって、設定者のほうでバランスシートから担保対象債権を落とし、担保権者のほうでそれをバランスシートに計上するという取扱いは、まず行われていない[19]」との理解が正しいと思われる。この、法的評価と会計処理の不整合も、今後説明を要する問題となろう。

1) 解説、評釈として、柴田保幸・曹時27巻8号118頁以下、石田喜久夫・判評191号19頁以下、池田真朗『債権譲渡の研究〔増補版〕』（弘文堂、1997）155頁以下等参照。
2) 池田真朗「判批」民商116巻6号（1997）132頁以下参照。
3) 池田真朗「契約当事者論」別冊NBL51号（1998）『債権法改正の課題と方向』169頁。
4) 前者の11年判決については、荒木新五ほか・金法1544号（1999）19頁以下、池

田真朗・NBL665号（1999）6頁以下（同『債権譲渡法理の展開』〔弘文堂、2001〕234頁以下所収）等参照、後者の12年判決については、浅生重機・金法1604号（2001）13頁以下、池田真朗・判評507号（2001）11頁以下（同・前掲『展開』264頁以下所収）、千葉恵美子・みんりん（民事研修）528号18頁以下等参照。なお、この12年判決の事案も債権譲渡予約であるが、この判決では、債権譲渡予約の方式自体の問題点には一切言及していない。池田・前掲判評507号16頁参照。

5) 譲渡禁止特約付債権の譲渡について後に承諾があれば譲渡が遡及的に有効となり対抗要件も遡及する（譲渡に際して具備した対抗要件がそのまま有効となる）ことを判示した最判昭和52・3・17民集31巻2号308頁と、さらに、遡及はするが承諾前に法律関係を持つに至った第三者の権利を害することはできないとした最判平成9・6・5民集51巻5号2053頁については、池田真朗・金法1499号（1997）11頁以下（同・前掲注4）『展開』341頁）参照。

6) この問題については、川井健「買戻と再売買の予約」『契約法体系II』（有斐閣、1962）70頁以下参照。

7) 私見では、実際の債権譲渡の承諾には観念の通知の場合も意思表示の場合もありうると考えているが（池田・前掲注1）418頁参照）、私見においても、対抗要件として観念の通知で足りることは同様である。

8) 予約型につき、宮廻美明「将来債権の包括的譲渡予約と否認権の行使」法時55巻8号（1983）117頁、停止条件型につき、梅本弘「集合債権担保に関する問題点」判タ510号（1984）71頁。

9) 長井秀典「停止条件付集合債権譲渡の対抗要件否認」判タ960号（1998）39頁。

10) 池田・前掲注4）『展開』151～154頁、166～167頁参照。

11) 巻之内茂「債権譲渡特別法施行後の集合債権譲渡総担保取引と倒産手続における取扱い」金法1567号（2000）72頁。なお、巻之内弁護士は、前掲①②判決もいまだ高裁段階の判断であって、さらにその後昭和48年判決を踏襲する地裁判決（東京地判平成10・12・24金法1559号44頁）も出ていることを挙げて、判例理論はまだ固まったわけではないと指摘している。巻之内〔座談会発言〕池田真朗・堀龍児ほか「座談会債権譲渡特例法施行一年を振り返って」金法1567号52頁。もちろん、この、判例の態度がいまだ決まったわけではないという指摘は当然のことながら正当である（池田〔同座談会発言〕金法同号53頁参照）。

12) 西村信雄編『注釈民法(11)』（有斐閣、1965）308頁〔明石三郎〕参照。

13) 池田真朗・私法判例リマークス25号（2002）30頁以下（本書第7章）。

14) 池田・前掲13）33頁。

15) 小野秀誠「最判平13・11・22判批」金判1142号（2002）67頁はこれに近いか。

16) 池田真朗「債権譲渡特例法の評価と今後の展望」NBL656号（1999）35頁（同・前掲注4）『展開』141頁）参照。

17) 池田・前掲注13）33頁。

18) 条文は、池田真朗「UNCITRAL国際債権譲渡条約草案」NBL722号（2001）

27頁以下に付された同草案対訳（慶應義塾大学大学院国際債権流動化法研究会訳）同号39頁参照。ちなみにこれは最終草案であるが、最終草案全体がそのまま条約正文となっている。この点は池田真朗「国連国際債権譲渡条約の論点分析と今後の展望(上)」金法1640号（2002）23頁参照。

19) 澤重信「債権譲渡担保の対抗要件としての通知について」銀行法務21・577号（2000）37頁。

第9章
停止条件付債権譲渡契約と否認権行使
―― 最二小判平成16年7月16日民集58巻5号1744頁

　最高裁判所第二小法廷は、平成16年7月16日、「債権譲渡人について支払停止または破産の申立てがあったことを停止条件とする債権譲渡契約にかかる債権譲渡は、破産法72条2号に基づく否認権行使の対象となる」との判断を示した（民集58巻5号1744頁。なお、その後の9月14日、第三小法廷からも同旨の判決が出されている）。本章ではこれを、これまでの最高裁判決が形成してきた債権譲渡法理との整合性という観点から概観する。【補注、本判決は旧破産法当時のものであり、該当条文も旧法のものである。特に本書では修正を加えていないが旧法72条2号の危機否認は、現行破産法の160条（ことに1項2号）に、旧法74条の対抗要件否認は現行164条に対応する。】

I　事案の概要

　(1)　A株式会社（以下「破産会社」という）は、鋼材の販売、加工等を業とする会社であるが、平成11年2月、上告人Yとの間で、破産会社がYに対して負担する一切の債務の担保として、破産会社の特定の第三債務者らに対する現在及び将来の売掛債権等を上告人に包括的に譲渡することとし、その債権の譲渡の効力発生の時期は、破産会社において、破産手続開始の申立てがされたとき、支払停止の状態に陥ったとき、手形又は小切手の不渡処分を受けたとき等の一定の事由が生じた時とする旨の契約（以下「本件債権譲渡契約」という）を締結した。

(2) 破産会社は、平成12年3月31日、手形の不渡りを出し、支払を停止した。
(3) 破産会社は、同年4月3日以降、上記第三債務者らに対し、確定日付のある証書による債権譲渡の通知をした。
(4) 破産会社は、同年6月16日、名古屋地方裁判所において破産宣告を受け、被上告人が破産管財人に選任された。

以上の事実関係に基づき、被上告人Xは、本訴において、上告人Yに対し、本件債権譲渡契約に係る債権譲渡については破産法72条1号または2号に基づき、債権譲渡の通知については同法74条1項に基づき、それぞれ否認権を行使し、債権譲渡に係る債権につき、①Yが第三債務者から弁済を受けたものについては、その受領した金員が不当利得であるとして、その返還を求め、②第三債務者が支払を留保しているものについては、当該債権がXに帰属することの確認を求め、③第三債務者が弁済供託をしたものについては、その還付請求権がXに帰属することの確認を求めるなどの請求をした。

II 判　旨

上告棄却。「破産法72条2号は、破産者が支払停止又は破産の申立て（以下「支払停止等」という。）があった後にした担保の供与、債務の消滅に関する行為その他破産債権者を害する行為を否認の対象として規定している。その趣旨は、債務者に支払停止等があった時以降の時期を債務者の財産的な危機時期とし、危機時期の到来後に行われた債務者による上記担保の供与等の行為をすべて否認の対象とすることにより、債権者間の平等及び破産財団の充実を図ろうとするものである。

債務者の支払停止等を停止条件とする債権譲渡契約は、その契約締結行為自体は危機時期前に行われるものであるが、契約当事者は、その契約に基づく債権譲渡の効力の発生を債務者の支払停止等の危機時期の到来にかからしめ、これを停止条件とすることにより、危機時期に至るまで債務者の責任財産に属していた債権を債務者の危機時期が到来するや直ちに当該債権者に帰属させることによって、これを責任財産から逸出させることをあらかじめ意

図し、これを目的として、当該契約を締結しているものである。

　上記契約の内容、その目的等にかんがみると、上記契約は、破産法72条2号の規定の趣旨に反し、その実効性を失わせるものであって、その契約内容を実質的にみれば、上記契約に係る債権譲渡は、債務者に支払停止等の危機時期が到来した後に行われた債権譲渡と同視すべきものであり、上記規定に基づく否認権行使の対象となると解するのが相当である。

　そうすると、本件債権譲渡契約に係る債権譲渡につき、上記規定に基づく否認権の行使を認め、被上告人の上記各請求を認容すべきものとした原審の判断は、以上の趣旨をいうものとして是認することができる。したがって、その余の点について判断するまでもなく、論旨は採用することができない。」

III　評　釈

　本判決が金融機関・商社等の債権担保融資の実務や企業の資金調達に与える影響は大きいものと思われるが、本判決は、私見によれば、既に予想されていた当然の論理構成を示したものである。将来債権を含む集合債権の譲渡担保契約について、最高裁は、これまで一貫して、債権譲渡があれば権利が移転する、なければ移転しない、という明快な処理をしてきた。[1]例えば、最一小判平成13・11・22（民集55巻6号1056頁、判時1772号44頁、金法1635号38頁）は、第三債務者に通知するまでは譲渡人の債権回収を許諾するような集合債権譲渡担保契約でも、（譲渡契約があったならば）債権は確定的に譲受人に譲渡されているとし、このような債権譲渡についての対抗要件も指名債権譲渡の対抗要件具備方法によってよいとした。さらに最一小判平成13・11・27（民集55巻6号1090頁、金法1634号63頁）は、債権譲渡の予約に確定日付ある通知・承諾を具備しても、その後の予約完結による本契約としての債権譲渡の対抗要件にはならないという、理論的には当然の事理を明らかにした。この判決の事案は、単一債権（ゴルフ会員権）の譲渡であったが、いわゆる予約型集合債権譲渡担保契約の法的評価に大きな影響を与える。つまり、この判決の論理からすると、予約型債権譲渡担保契約については、予約完結時に権利移転が起こるのであって、そこで初めて（15日以内に）する対抗要件具備は否認

の対象にならないということになろう。したがって、予約段階では第三者に対する優先権は得られず、その代わりに本契約から15日以内に確定日付のある通知・承諾を具備すれば破産法74条の対抗要件否認は受けない、ということになると予測される。

　この点で、最高裁の判断が示されずに残っていたのが、停止条件型債権譲渡担保契約についてであった。停止条件型についても、同様に停止条件成就時に権利移転が起こると考えれば、そこから15日以内にする対抗要件具備行為は対抗要件否認の対象にならないことになりそうである。しかしこの停止条件型については、大阪高判平成10・7・31（金法1528号36頁）、大阪高判平成10・9・2（金法1528号39頁）が、いずれも担保設定契約としての実質は停止条件付債権譲渡担保契約の契約時から存在するとして、対抗要件具備行為についての否認権行使を認める判断をした。しかしながら、これらの大阪高判の「担保設定契約」としての実質を問題にする判断は、一連の最高裁判決が、債権譲渡担保について、前述のように債権譲渡があれば権利は移転し、そうでなければ移転しないという形で、言わば明快に「権利移転的構成（物権法でいう所有権的構成）」（判決は債権譲渡ではこういう表現は一切していないが）を採ってきたことと矛盾する。そうすると、停止条件付債権譲渡契約については、停止条件成就の時に初めて債権譲渡があるのであって、破産法との関連でいえば、その時点の債権譲渡が、72条１号（故意否認）や２号（危機否認）の対象となるか否かが問題となる（逆に条件成就から15日以内に対抗要件を具備すれば74条１項の対抗要件否認の問題にはならない）というのが、これまでの判例法理と整合的な論理構成なのである。

　それゆえ、今回の判決の論理は、従来の債権譲渡法理全体と整合性の高い判決で、既に予想されていたものである。そして私見ではこれは問題のない論理である（言葉を変えれば、否認を認めるのならこの論理になるはずである）。私見が従来から述べているように、実務界では、予約型や停止条件型はやめて、本契約としての債権譲渡契約を行い、その時点で特例法登記等による第三者対抗要件までを備えて、フェアーで確実な資金調達を行うべきであろう。

1) 池田真朗「債権譲渡に関する判例法理の展開と債権譲渡取引の変容」川井健＝田尾桃二編『転換期の取引法──取引法判例10年の軌跡』（商事法務、2004）310〜313頁参照（本書第1章）。
2) 池田・前掲注1）312頁。
3) つまり、本判決では「その余の点について判断するまでもなく」として言及していないところであるが、第一審（名古屋地判平成13・4・20公刊物未登載）と原審（名古屋高判平成13・8・10公刊物未登載）が破産法72条2項以外に同法74条1項（対抗要件否認）の適用も肯定した部分は、私見では論理的に不適当ということになる。したがって私見の立場では、（これも本判決では触れられていないが）本判決は、破産法74条1項の対抗要件否認の15日間は、当事者間で権利移転の原因行為がなされた日からではなく、権利移転の効果が生じた日から起算すべきとする最判昭和48・4・6民集27巻3号483頁とは（停止条件付債権譲渡契約について原因行為と効果の発生日をこのように把握することに議論があるか否かは別として）矛盾しないことになる。本書第8章166頁以下も参照。なお、他の評釈でも、本判決が対抗要件否認による処理を避けたのは最判平成13・11・27との整合性のためであろうと評するものがある（角紀代恵「本件判批」判タ1173号〔2005〕107頁等）。ただ、評釈の中には、本判決の論理を、危機時期到来後に債権譲渡行為があったとする一種の擬制としてとらえ、債権譲渡担保契約自体が否認の対象となると解するものもあるが（吉田光寿「支払停止等を停止条件とする集合債権譲渡と否認権行使」銀行法務21・641号〔2005〕22頁。山本克己「本件判批」金法1721号〔2004〕17頁も同様に「契約締結行為自体」とする）、やはり債権譲渡担保契約自体ではなく、危機時期到来後に生じた債権譲渡の効力を否定したものと理解すべきである（山本和彦「停止条件付債権譲渡と否認権──最判平成16・7・16の検討を中心に」NBL794号〔2004〕45頁、角・前掲107頁も同旨）。【追補、平成17（2005）年1月から施行された現行破産法では、旧法72条は、詐害行為否認（160条）と偏頗行為否認（162条）に分けて規定された。本件での問題は偏頗行為否認となるが、これについては現行法では基準時が支払停止時から支払不能時に改められている。しかし、現行破産法162条3項は、支払停止があった後は支払不能であったものと推定しているので、本件判旨は現行破産法の下でも妥当すると考えられている（山本和彦・前掲46頁、角・前掲108頁等）。】

第10章
将来債権譲渡担保と国税債権の優劣

第1節 将来債権譲渡担保における債権移転時期と、譲渡担保権者の国税徴収法24条による物的納税責任
―― 東京高判平成16年7月21日の検討

　本節が扱う東京高判平成16・7・21金法1723号43頁は、将来債権譲渡担保における債権移転時期は対象債権の発生時であると構成して、譲渡担保権者に国税徴収法24条の物的納税責任を認めた事例である。これまで判例においても明瞭な判断がなく、学説上も十分に議論が尽くされていなかった、将来債権譲渡ないし将来債権譲渡担保における権利移転時期に言及した（しかも最近の一連の最高裁判例と方向を異にすると思われる）、実務および学理の双方に重要な問題を提起する裁判例である。同時に本判決は、同一事案の前訴でいったん最高裁判決によって供託金還付請求権の帰属の争いに敗れた国税側に、譲渡担保権者の納税責任についての主張を認めるという内容になっており、国税債権と私債権の関係という論点にも大きく関わるものである。関連する最高裁判例に言及しつつ、本判決に対する批判と、若干の私見を提示したい。

I　事実の概要と判旨

1　事実の概要

　本件は、供託金還付請求権の存在をめぐって一度最高裁まで争われた事件（X勝訴）についての、第2段階の訴訟である。X（後掲大規模小売業者Cのグループに属するクレジット会社）は、訴外A（Cへの商品納入業者）に融資をし、この融資に際して、Aの連帯保証人であるB（これもCへの商品納入業者）との間で、BとCとの間の継続的取引契約に基づきBがCに対して現在有し、また今後1年の間に発生する売掛代金債権を一括してXに譲渡する旨の集合債権譲渡担保契約を締結した。この契約においては、所定の事由が生じてXが譲渡担保権の実行通知をする時までは、Bがその計算においてCから本件目的債権の弁済を受けることができるとされていた。そして、平成9年6月5日、Bは、Cに対して、「Xを権利者とする譲渡担保権を設定したので、民法467条に基づいて通知する。XからCに対して譲渡担保権実行通知がされた場合には、この債権に対する弁済をXにされたい」という文言の確定日付ある通知をした（ちなみに債権譲渡特例法〔平成16年改正により動産債権譲渡特例法〕は、平成10年施行であり、この時点では民法467条の対抗要件を得るしか対抗要件具備の方法はない。Xはいわゆる対抗要件留保はせずに、確定日付のある通知をしている）。

　その後Bが不渡りを出したことによりXはCに対して譲渡担保権の実行通知をしたが（この通知には確定日付はない）、国YがBのCに対する売掛代金債権を国税滞納処分により差し押さえたことから、Cは債権者不確知を理由に供託をした。そこで、XはBの破産管財人と差押債権者である国Yとを相手取って供託金還付請求権がXにあることの確認を求めた。これが本件訴訟の前訴である。最高裁に至ったこの訴訟で、最一小判平成13・11・22（民集55巻6号1056頁、金法1635号38頁。以下、「平成13年判決」という）は、平成9年6月になされた前掲通知の第三者対抗要件としての効力を否定した原判決（東京高判平成11・11・4金法1567号99頁）を取り消し、「この場合は、既に生じ、又は将来生ずべき債権は、甲から乙に確定的に譲渡されており、ただ、甲、乙間

において、乙に帰属した債権の一部について、甲に取立権限を付与し、取り立てた金銭の乙への引渡しを要しないとの合意が付加されているものと解すべきである。したがって、上記債権譲渡について第三者対抗要件を具備するためには、指名債権譲渡の対抗要件（民法467条2項）の方法によることができるのであり、その際に、丙に対も、甲に付与された取立権限の行使への協力を依頼したとしても、第三者対抗要件の効果を妨げるものではない」と判示し、かつ「（本件通知の記載は）担保として本件目的債権を上告人（X）に譲渡したことをいうものであることが明らかであり、本件目的債権譲渡の第三者対抗要件としての通知の記載として欠けるところはない。……（通知後半の譲渡担保権実行通知云々についても）この記載があることによって、債権が上告人に移転した旨の通知と認めることができないとすることは失当」として、供託金還付請求権が譲渡担保権者Xにあることを認めたのである。

しかしこの平成13年判決が出された直後に、国Y（国税局長）はXのBに対する供託金還付請求権を差し押さえた。平成13年判決において争われた差押えの対象は、BのCに対する売掛代金債権であったのに対し、今度は、国税徴収法24条に基づく譲渡担保権者の物的納税責任を問うて、Xに帰属が認められた供託金還付請求権を差押えの対象としたものである。

国税徴収法は、つとに譲渡担保を条文に取り込んだ法律であり、一定の要件のもとに譲渡担保財産からの徴収を認めているが（同法24条に定める譲渡担保権者の物的納税責任）、譲渡担保権者の権利との調整に関しては、同法24条6項において、「（納税者の国税滞納の場合における譲渡担保財産からの徴収を規定する）第1項の規定は、国税の法定納期限等以前に、担保の目的でされた譲渡に係る権利の移転の登記がある場合又は譲渡担保権者が国税の法定納期限等以前に譲渡担保財産となつている事実を、その財産の売却決定の前日までに、証明した場合には、適用しない」としている。

本件で係争の対象となっているBの滞納国税の法定納期限は平成9年9月から平成10年1月にかけてのものであり、Xの対抗要件具備は平成9年6月5日であるから、Xの対抗要件具備をもって、上記の国税徴収法24条6項の規定における「譲渡担保権者が国税の法定納期限等以前に譲渡担保財産となつている事実を、その財産の売却決定の前日までに、証明した場合」に当た

るとするならば、Xが優先し、Yによる差押えは認められないことになる。しかし本件では、問題の供託金は平成10年3月に発生した売掛代金債権にかかるものであり、国税の法定納期限等より後に発生したものであった。したがって、国税徴収法24条6項の「国税の法定納期限等以前に譲渡担保財産となつている事実」について、譲渡担保財産となるのは対抗要件具備時（平成9年6月）ではなく債権が現実に発生した時（平成10年3月）であると解すると、譲渡担保権者はなお国税に劣後し、物的納税責任を負うことになる。

　Xは、対抗要件具備時に譲渡担保財産となったとの解釈を前提にこの差押処分の取消しを求めて本件訴訟を提起した。第一審さいたま地判平成15・4・16（金法1723号53頁）は、Xの主張を容れて差押処分の取消しを認めた。Yから控訴。

2　判　旨

　原判決を取り消し、Xの請求を棄却。「将来発生すべき債権を目的として集合債権譲渡担保契約が締結され、確定日付ある通知による対抗要件が具備された後、譲渡人について滞納国税の法定納期限等が到来し、その後に譲渡担保契約にかかる債権が発生した場合、国税徴収法24条6項の「譲渡担保財産になったとき」とは、当該債権が発生したときと解すべきであるから、譲渡担保権者は同条の物的納税責任を免れることができない」（要約）。

II　本評釈の立場

　本判決の論理構成および結論に反対する。本判決は、端的に言って、対抗要件の争いで劣後する債権者たる国を、将来債権譲渡担保における権利移転時期を債権発生時とすることによって国税徴収法の特別規定の論理に乗せて救済し、国税徴収権の優位を導こうとするものであるが、まず民法上の債権譲渡法理から見れば、最高裁が形成してきた一連の債権譲渡の判例法理とは整合しないと思われる（そして後述のように、大審院の見解とも必ずしも言い難い）ものである。さらに、対等な債権者同士の争いと見た場合に劣後して帰属の争いに敗れた者（国）が、この論理で勝てるとするのは、すなわち国税

の特別優越性を認めるという論理にほかならないが、その特別優越性が認められるのは、あくまでも民事法ルールを前提としての国税徴収法の特別規定の範囲内のことと考えられ、国税徴収の目的のために民事法ルールに影響を与えるというのであれば、その論理自体にも疑問を禁じ得ない。

III　本判決の論理と大審院昭和9年判決の評価

　本判決の論理と正面から対決するには、やはり最初に将来債権の移転時期の問題を論じないわけにいかないであろう。

　本判決は、判決文中の「当裁判所の判断」と題された部分の冒頭で、右に判決要旨として掲記した部分を述べ（判決文中では「譲渡人」ではなく「滞納者」と表記している）、その理由を、これまでの判例の理解に基づくものとして論述する。その最初に引かれるのが、大判昭和9・12・28（民集13巻2261頁。以下、「昭和9年判決」という）である。

　本判決は、昭和9年判決を引き合いに出しながら、「昭和9年判決は、将来発生する債権を譲渡した場合、その債権が譲受人に移転するのは、その債権が発生した時点であり、将来債権が発生した場合、何らの行為を要せず譲受人に移転する旨判示している。すなわち、将来生ずる債権は、その譲渡契約締結時において現実に存在しないことが明らかであるから、同契約が結ばれたとしても、将来債権は、譲渡契約と同時に移転することは不可能であり、同契約は、将来、その債権が発生したときに、その権利を直ちに取得できる、という一種の期待権を譲受人に取得せしめることを目的とするものにすぎないと解すべきである。そうすると、譲渡の目的たる将来債権は、それが発生したときに初めて債権者から譲受人に移転する（この場合何らの行為も必要としない。）性質を有するものである」という。これが本判決の論理の最重要ポイントである。

　しかし、この説示中の「すなわち」以下は、昭和9年判決が述べていることではなく、旧来の学説に範を取ったと思われる、本判決自身の見解であることを強く指摘しなければならない。昭和9年判決の判決要旨は、「将来ノ債権ヲ譲渡シ債権成立前確定日付アル証書ヲ以テ之カ通知ヲ為シタルトキハ

爾後譲受人ハ将来債権成立セハ之カ取得ヲ債務者其他ノ第三者ニ対抗シ得ルニ至ルヘキ法律上ノ地位ヲ有スルモノトス」というもので、この判決は、単に、将来債権譲渡の契約を有効になし得、その段階で対抗要件も具備しておいたならば、後日当該債権が実際に発生した場合に再度対抗要件具備行為をする必要はない、と述べるにとどまる。すなわち（私見によればここまでが「すなわち」である）、なぜ再度対抗要件具備をする必要がないかといえば、最初の（未発生の将来債権の譲渡契約を結んで対抗要件を具備した時の）対抗要件具備行為が有効だからである。

つまり、昭和9年判決は、そこまでを明示的に述べたにとどまるのであって、将来債権譲渡が「期待権を取得せしめるに過ぎず」、「発生するまで移転し得ない」などとはどこにも述べていない。それでも、確かに、判決文中の「然レトモ将来ノ債権ニ付テモ譲渡契約ハ有効ニ之ヲ為シ得ヘク此ノ場合ニハ後日債権カ譲渡人ニ付成立シタルトキ何等ノ行為ヲ要セスシテ譲受人ニ移転スルモノトス」という説示の字面からは、「発生と同時に移転する」という論理が読み取れるかも知れないし、続く「而シテ債権譲渡ノ通知ハ譲渡行為アリタル事実ノ通知ニシテ債権譲渡ノ法律上ノ効果ヲ通知スルモノニ非ス」との説示は、債権発生前に通知はできないはずという上告理由に答えたものではあるが、対抗要件具備と権利移転の効果とを区別していることは明らかである。

しかし、この昭和9年判決の実際の事案内容を確認してほしい。この判決で問題になっている将来債権とは、「将来会社カ解散シ清算ヲナス場合ニ残余財産ノ分配ヲ受クヘキ債権」と「会社カ煙草許売捌廃止ニ基ツキ国庫ヨリ転業資金ヲ受クルコトアラハ之カ分配ヲ受クヘキ債権」である。そして、譲受人と譲渡人の破産管財人がこれらの債権の帰属を争った事案で、将来債権譲渡があったのが昭和5年6月28日、確定日付ある通知が債務者に到達したのが同年7月2日で（この将来債権譲渡契約の有効性については原判決が当然に有効とし上告審でもその点は争われていない）、会社の解散が昭和6年7月1日、譲渡人が破産宣告を受けたのが同年7月22日である。そして、国庫より転業資金の交付を受けたのはそれより4カ月後の同年11月25日、さらに清算が終了するのは昭和7年12月中である。つまり昭和9年判決の事案で問題となっ

ている将来債権の実際の発生時は、破産管財人の登場する後である。それであるのに昭和9年判決の原審判決は、被控訴人たる譲受人が当該残余財産および転業資金の分配請求権を「完全ニ取得シ之ヲ控訴人等ニ対抗シ得ヘキモノナル」ことを認め、大審院はこの判断を前提に、対抗要件の再具備の必要性を否定したのである。この結論は、将来債権が本判決のいうような「発生するまで移転し得ない」、「期待権に過ぎない」ものであれば、（後述のような順位保全的対抗要件を認めるという論理操作でも行わない限りは）導き難いはずであろう。逆に、「有効な譲渡契約によって（その時に既に）権利が移転し、その際に具備した対抗要件が有効である」ということからこそ素直に導ける結論であるはずである。

そして、この素直な結論が、後述するように、最三小判平成11・1・29（民集53巻1号151頁、金法1541号6頁。以下、「平成11年判決」という）に整合的であり、またIに掲げた前訴最一小判平成13・11・22にも、さらに続く最三小判平成13・11・27（民集55巻6号1090頁、金法1634号63頁。以下、「平成13年「予約」判決」という）にも整合的なのである。

確かに、昭和9年判決を公平に分析すれば、「昭和9年判決は、将来債権譲渡における債権発生前の対抗要件具備を認めたのみであって、同判決は将来債権の権利としての移転時期の問題は明らかにしていない」という議論は成り立ち得る（同判決では移転時期は争点になっていない。この点についてもこの後に詳論する）。けれども、本判決が「すなわち」以下でいう、「将来債権は譲渡契約と同時に移転することは不可能」という考え方を昭和9年判決が述べているかのように表現するのは、昭和9年判決の明らかな読込み過ぎ（ないしは国税優先の結論を導き出すための意図的なミスリード）である。本判決の論理は、この段階で既に不相当と言うべきであろう（加えて言えば、本判決は、将来債権譲渡ないし将来債権譲渡担保がいまだ一般的な取引となっていなかった昭和初期のこの大審院判決にいささか過大に依拠している観がある。より重要なのは後掲の平成10年代の一連の最高裁判決との整合性の方ではなかろうか）。したがって、「譲渡の目的たる将来債権は、それが発生した時に初めて債権者から譲受人に移転する」というのは、いまだ確定的な判例法理ではなく、本判決が一裁判例として打ち出した見解に過ぎないことを確認しておき

たい。

1）　初期の学説では、（いずれも移転時期というよりは将来債権譲渡の有効性を論じる文脈においてであるが）川名兼四郎『債権法要論』（金刺芳流堂、1915）452頁は、「此ノ場合ニ於テハ譲渡人カ之レヲ取得スルトキニ債権移転ノ効力ヲ生スルモノナリ」とし、鳩山秀夫『日本債権法総論』（岩波書店、1916）338頁では、「固ヨリ無ヲ移転スルコトヲ得スト雖トモ其ノ有トナリタル場合ヲ予想シテ今日ニ於テ移転契約ヲ為スハ何等ノ妨ケナシ其ノ債権ノ成立シタルトキ何等ノ行為ヲ要セスシテ移転ノ効力ヲ生スルナリ」とする。そしてさらに、西村信雄編『注釈民法(11)』〔植林弘〕（有斐閣、1965）370頁には、「一種の期待権」という表現も含んだ、本判決とほぼ同様の記述がある。

IV　平成10年代の最高裁判例法理

では、議論を次の段階に移そう。いったん本判決の批判を離れ、改めて、将来債権譲渡における債権移転時期について最近の判例を検討してみたい。

平成11年判決は、契約締結後6年8カ月目から1年間に発生した将来債権の譲渡契約の有効性を認めた判決であるが、結論からして明らかに、契約締結の直後にされた確定日付ある通知の第三者対抗要件としての有効性を、その具備段階から認めている（譲受人が昭和57年に平成3年までの将来債権の譲渡を受けた直後にその譲渡が確定日付のある通知をされ、差押債権者が、平成元年5月に、平成元年7月から発生する債権の差押えをした事案で、譲受人が差押債権者に優先すると判示していることから、将来債権譲渡の第三者対抗要件の効力発生時期は、各将来債権の発生時ではなく対抗要件具備時期であることを前提にしていると解される）。筆者は既に、このことは将来債権の譲渡を実効性あらしめるためには当然のことであると記しておいたし、ここまでは昭和9年判決からも矛盾なく導かれる。そうすると、これも既に私見が述べておいたように、この論理が成り立つためには、対抗要件というものが「権利移転の公示」をする手段である以上は、将来債権譲渡の場合の債権の移転時は、各債権の発生時でなく譲渡契約時でなければならないことになる。取得していない権利について対抗要件具備だけが先行するのは論理矛盾であるからである。

もしこのような「取得していない権利についての対抗要件」を認めるということになると、それは、「権利移転の公示」ではなく、不動産物権変動における仮登記のごとき、順位保全効だけを持つ対抗要件を認める、という議論になるのであろうか。しかし、我が国においては、債権譲渡の対抗要件の法理において、仮登記と本登記の相違に当たるものは、債権譲渡通知でも、動産債権譲渡特例法でも概念として存在しない。こういう概念を新たに将来債権譲渡に関する説明のために導入しようとして、いたずらに解釈論また立法論を複雑にするのは、本末転倒ではなかろうか（単に確定日付のある証書で「通知する」とのみ書かれたものを、2通りの対抗要件に解釈する、ということになるのか、また債権譲渡登記については、同一の登記の中に2つの概念を認定しようとするのか）。また、既発生債権と未発生の将来債権をまとめて譲渡する場合に、そこに本登記的対抗要件と仮登記的対抗要件が併存混在する（しかも、債権が実際に発生すると──その段階で新たな対抗要件具備は不要というのであるから──仮登記的対抗要件が自動的に本登記的対抗要件に変容する）という説明をするのは適切であろうか。

　この論点について平成13年判決を再度見るならば、最高裁は、正にこの本件の事案について、X・B間では、担保契約締結時点で確定的に債権を譲渡したものとして、Xを勝訴させているのである。この点の理解は、評者に共通である[3]。また確かに最高裁は、それまでもまた本件でも、債権譲渡担保についていわゆる物権の世界の譲渡担保法理から見た「所有権的構成」か「担保権的構成」かについて明示的に言及せず、債権譲渡があったかなかったかを判断しているのみなのであるが、ここでは債権譲渡担保によって実体的に権利はXに移っていることを前提にしていると思われるのは[4]、譲渡担保権実行通知云々という表現について、「この記載があることによって、債権が上告人に移転した旨の通知と認めることができないとすることは失当」と明言している点からもまず疑いないところであろう。ただその具体的な権利移転時期については、理解は分かれ得る。道垣内教授は、すでに平成11年判決の評釈において、処分行為は債権未発生の時点（譲渡担保設定契約時）に既になされており、処分の効果は真正の売買であっても譲渡担保目的であってもすでに発生している、つまり、債権譲渡の効力は契約時に生じ、対抗要件

の効力は通知・承諾時に生じるとの見解を述べ、平成13年判決の評釈の中でも小山助教授（当時）は、「平成11年判決および本件判決が権利移転基準時を契約時としたと解する余地もある」と述べつつ、譲渡通知時を基準としても同一の結果が導けるとして、権利移転基準時の問題は平成13年判決ではいまだ明らかにされていないと結論を留保される。しかしこれに対して、例えば千葉論文は、「この結果、最高裁の見解に従えば、将来債権についても、具体的に債権が発生した時点で、自動的に、当該債権は担保のために譲渡担保設定者Bから譲渡担保権者Xに移転することになり、担保権実行以前であっても担保目的債権は譲渡担保者に帰属することになる。つまり、最高裁は、債権回収が現実に行われる以前においても、債権者＝譲渡担保権者が担保目的債権に対して物権的効力を取得することを認めているものといえる」とする。私見は、後述するように、この千葉教授の見解の中の「具体的に債権が発生した時点で、自動的に、当該債権は担保のために譲渡担保設定者Bから譲渡担保権者Xに移転することになり」の部分は、むしろ「当該債権は譲渡契約時に譲渡担保権者Xに移転し、具体的に債権が発生した時点でそれが顕在化することになり」と読むべきと考えるものであるが、いずれの読み方をしても、平成13年判決では、対抗要件（繰り返すが同判決は「担保設定通知」とでも言うべきものを譲渡通知と認めた）は権利の移転・帰属を示す対抗要件となるのであって、「順位保全的対抗要件」の考え方は、たとえ昭和9年判決からは導かれ得るとしても、ここで最高裁によってほぼ否定されていると言うべきなのではなかろうか（そして、本評釈の結論を先取りすれば、私見のように将来債権譲渡の移転時期を譲渡契約時とするならば明らかに国税の優位は否定されようし（おそらく前掲の道垣内説等でも同様になろう）、千葉教授のような読み方をするとしても、本判決は、当該将来債権について「担保目的債権に対して物権的効力を有する」はずの譲渡担保権者（千葉評釈では、譲渡担保権者がいつから「物権的効力を取得する」のか、必ずしも分明ではないが）の財産ではないとしたわけで、いずれにしても本判決は平成13年判決（つまり本件の同一事案について判断した最高裁判決）との矛盾ないし不整合が問われることになるのではなかろうか）。

　さらに、平成13年「予約」判決との関係も問題になる。同判決は、指名債

権譲渡の予約について確定日付のある通知または承諾をしても、債権譲渡の対抗要件とはならない（「予約の完結による債権譲渡の効力を第三者に対抗することはできない」）としたものであるが、その判旨は、「民法467条の規定する指名債権譲渡についての債務者以外の第三者に対する対抗要件の制度は、債務者が債権譲渡により債権の帰属に変更が生じた事実を認識することを通じ、これが債務者によって第三者に表示され得るものであることを根幹として成立しているところ（最高裁昭和47年(オ)第596号同49年3月7日第一小法廷判決・民集28巻2号174頁参照）、指名債権譲渡の予約につき確定日付のある証書により債務者に対する通知又はその承諾がされても、債務者は、これによって予約完結権の行使により当該債権の帰属が将来変更される可能性を了知するに止まり、当該債権の帰属に変更が生じた事実を認識するものではないから、上記予約の完結による債権譲渡の効力は、当該予約についてされた上記の通知又は承諾をもって、第三者に対抗することはできないと解すべきである」としている。つまり、ここで明瞭に宣明されているように、債権譲渡の対抗要件は、正に「権利帰属の変更が生じた事実を認識」せしめることができるものなのであり、予約を通知しても権利帰属に変更が生じた事実を認識するものではないから、というのがその理由なのである。そうすると、もはや言を重ねるまでもなく、最高裁において理解されている対抗要件とは、権利帰属を公示する対抗要件なのであり、ここには、権利帰属に変更のない、「権利保全的対抗要件」の発想を持ち込むことは困難なのではなかろうか。

　以上のように見てくると、もし昭和9年判決が、権利保全的対抗要件の考え方を示唆するものであると言えたとしても、その考え方は、平成11年判決とも平成13年「予約」判決とも整合しないものなのである。そうすると、平成13年判決をそのまま素直に読み取るならば、将来債権譲渡がなされた場合、債権はその時点で確定的に譲受人に移転する、との理解が成り立ちそうである。

　　2）　池田真朗『債権譲渡法理の展開』（弘文堂、2001）379頁。
　　3）　平成13年判決の評釈等としては、後掲注6）7）の小山・千葉評釈のほかに、池田真朗・私法判例リマークス25号（2002）30頁（本書第7章）、池田雅則・法学教室263号（2002）190頁、小野秀誠・金融・商事判例1142号（2002）61頁、大西武

士・判例タイムズ1086号（2002）86頁、角紀代恵・ジュリスト1224号（2002）76頁、古積健三郎・法学セミナー572号（2002）107頁等がある。なお平成13年判決の原審判決については、集合債権譲渡担保による資金調達手法の発展に対して障害となるという実務界からの強い懸念が表明され（小野傑・金融法務事情1574号〔2000〕1頁）、それを覆した平成13年判決は、「待ちに待った最高裁判例」（江口直明・銀行法務21・599号〔2002〕4頁）と歓迎された。
4) 池田真朗・前掲注3）32頁。
5) 道垣内弘人「債権譲渡特例法5条1項にいう『譲渡に係る債権の総額』」金融法務事情1567号（2000）58～59頁、同・ジュリスト1165号（1999）78頁。
6) 小山泰史「平成13年判決評釈」銀行法務21・608号（2002）86頁。
7) 千葉恵美子「いわゆる流動集合債権譲渡担保と対抗要件」ジュリスト1223号（2002）75頁。

V 本判決に対する批判

　以上の理解に対して、本判決は、平成13年判決が、「この場合は、既に生じ、又は将来生ずべき債権は、甲から乙に確定的に譲渡されており」とするところを評して、「「確定的に譲渡されて」いる旨の文言を用いているが、これは、控訴人が主張するとおり、譲渡当事者間においては債権譲渡の意思が不確定ではなく、これが確定している趣旨のものと解するのが相当であって、将来債権の移転の効果が譲渡担保契約時に発生する旨判示したものではないと解される」（要約）としている。しかし、平成13年判決は、当事者の譲渡意思が確定しているかどうかを（または、それのみを）論じているのではなく、外形的客観的に見て債権譲渡が行われ債権が確定的に譲渡されて、権利が移転していることを認定し、その上で（それだからこそ）対抗要件具備の有効性を認めているものと言うべきであろう。一歩譲って、「将来債権の譲渡時期に関しては平成13年判決では争点化されていなかった」（したがって平成13年判決は将来債権の権利移転時期そのものを明示的に決定したわけではない）という理解までは是とするとしても、その場合も、では本判決のいう、「将来債権の譲渡契約は、期待権を取得せしめるに過ぎないもので、発生したときに初めて権利が移転する」という考え方が、平成13年判決と整合的かといえば、整合的でないと答えるのが常識的な判断であろう。本判決のこの部分

の論述は、何とか平成13年判決との食い違いの露呈を避けようとする論理操作であるとの思いを拭えないのである。

　さらに、本判決が判決文中に示すその他の論理にも疑問がある。例えば本判決は、「とりわけ、譲渡担保設定者である滞納者は、滞納額がいかに多額であっても、担保権の実行がされる前は、担保権者から付与された取立権に基づいて現実に発生した債権を自由に回収し続けることができ、譲渡担保権者が担保権の実行をしない限り継続することができる事態が発生することがあり得るが、これは極めて不当な結果である」とするが、これは債権譲渡担保契約の実体を把握していない論理である。一般に債権譲渡担保契約は、譲渡人に対する融資の見返りになされるのであって、またその中の多くの場合は、被融資者たる譲渡人は、その融資がないと倒産の危機に瀕するのであって、したがって、担保権者から付与された取立権に基づいて回収した債権は、そのまま融資者たる譲受人に回金するか、譲受人が譲渡人の経営継続に必要な運転資金として回金を猶予するかという状況になるのである（典型例として、平成13年12月から信用保証協会が関与して行われている売掛債権担保融資保証制度を参照）[8]。たまたま本判決の事案では、（融資の債務者本人でなく連帯保証人に対する譲渡担保徴求であったためもあってか、あるいは単純に古いひな型の契約書を使ったためか）担保権実行時まで譲受人が回金を要求しない契約書になっていたようであるが、一方で債務者Ａの毎月の返済条件が明定されており、その延滞はもちろん譲渡担保権実行事由になっていたと聞く。一般論として金融法務的に捉えた現実は、「譲渡担保権者が担保権の実行をしない限り自由に回収を継続することができる」という表現から受け取れるような悠長な状況ではないのである。

　さらに本判決は上記の引用部分に続けて、「譲渡担保権者にしても、常に国税に優先して被担保債権の満足を図ることができるのであって、滞納国税の犠牲の程度は余りに大きいというべきである」というが、上に述べたように、譲渡担保権者は、既にその譲渡担保に見合う融資をして、その融資金を順次回収しようとする立場なのであるから、当該融資によって被融資者（多くの場合、譲渡人）が事業を継続でき、その結果売掛金等が回収されそれが回金されて当然という融資スキームを採っているのである。したがって、そ

れが国税に劣後して被担保債権の満足を得られないということになれば、そもそも融資の見通しが立たなくなる。その結果売掛金等を担保とする金融が逼迫して運転資金が欠如し、経営が成り立たなくなる中小企業等も当然存在しよう。このようによりマクロ的に国民経済社会の把握をするならば、本判決の論理が、目前の国税回収にのみ力点を置く狭隘な発想によるものであることは容易に理解されるであろう。

そして、それらの現実は、正に、将来債権譲渡担保に供された将来債権が、譲渡時から譲受人に帰属している（国税徴収法の規定との関係では、譲渡後の対抗要件具備時から「譲渡担保財産」になっている）と見るのが適切であることを示していると言えよう。

8) 池田真朗「売掛債権担保融資保証制度の法的論点」金融法務事情1643号（2002）6頁等参照（本書第5章）。

VI 特例法登記との関係

もう1つ指摘しておくべきは、本件類似の紛争が現時点で起こった場合にはどうなるかという問題である。現在では、このような融資に対応した債権譲渡担保契約においては、融資者は債権譲渡特例法（平成16年改正後は動産債権譲渡特例法）上の登記をなすのが一般である。そうすると、前掲国税徴収法24条6項前段のおそらく当然の解釈として、債権譲渡担保が登記された場合には譲渡担保権者がその時点で国税に対して優越することになるはずであろう（これをも国税に劣後すると言うためには、債権譲渡登記は登記であっても譲渡の事実のみを公示するものであって、権利の移転を公示するものではない、という解釈を採らなければ不可能であろう）。そうすると、民法467条2項の対抗要件の代替手段（みなし対抗要件）としての特例法登記によってこのような保護が与えられるのに対し、民法467条2項の確定日付ある通知・承諾では保護が与えられないことになるのは不可解である。国税徴収法24条6項はここでは前段が動産債権譲渡特例法の場合を指し、後段が民法467条2項の確定日付ある通知・承諾の場合に当たるとする理解が最も矛盾のない素直な解釈であろう（これをもし、意図的に民法通知の場合と特例法登記の場合を結論

を違えるというのであれば、それは、このような問題を起こしたくなければ民法通知ではなく特例法登記をせよ、というメッセージにはなろうが、特例法登記を「民法第467条の規定による確定日付のある証書による通知があったものとみなす」（旧2条1項、新法4条1項）とした立法の趣旨とは乖離してこよう）。

　以上のように見てくると、本判決の論理は、少なくとも民法およびその特例法上の考え方からは容認し難いのである。

　なお付言すれば、平成16年12月1日公布の、債権譲渡特例法を改正する法律については、国会に上程された提案理由説明では、「近時、企業金融の在り方について、不動産担保や個人保証に過度に依存した資金調達手法を見直す必要があると指摘されており、企業資産のうちこれまで十分に活用されてこなかった不動産以外の資産、具体的には動産や債権を担保目的又は流動化目的で譲渡することによって資金を調達する方法が注目を集めて」おり、そのために、「法人がする動産及び債務者の特定していない将来債権の譲渡についても、登記によってその譲渡を公示することができることとして、動産や債権を活用した企業の資金調達の円滑化を図ろうとするもの」と記述されていた。このような改正法の趣旨にそぐう判決が望まれるところでもある。

VII　私見の概要

　評釈の域を超えるが、私見の概要のみを示しておく（詳細は稿を改めて論じたい。学説としてこの問題を正面から論じた論文は、前掲の一部評釈を除けばいまだ見当たらず、最近では平成16年度の金融法学会でも議論がなされたところである[9]）。まず、問題を明瞭にするために、「将来債権譲渡担保」ではなく、「将来債権譲渡」（真正譲渡）で考える。私見は、将来債権譲渡の場合、その対象となった将来債権の権利移転時期は、譲渡時と考える。もちろん、譲受人にとって当該債権についての権利行使が可能になるのは、債権発生時からであるが、当該債権の債権者たる地位や処分権能は、譲渡時に譲受人に移転する。請求権たる債権の取得、移転は、その現実の発生前から観念してよいからである。したがって、譲渡後にあるいは譲渡と同時に具備した対抗要件は当然に（その権利移転を公示する対抗要件として）その時点から有効である。

順位保全的対抗要件という考え方は前述のように採用し難い。また、発生前の再譲渡およびその対抗要件具備も可能である。移転した権利は、発生時には譲受人のものとして発生するが、これについては、取立委任がなされている場合は、譲渡人が弁済を受領し、譲受人に回金することになる。

次に、将来債権譲渡担保についてである。これについては、譲渡担保をどう構成するかで理論上見解は分かれ得るが、私見は、債権譲渡担保についていわゆる権利移転的構成を取る。担保のための債権譲渡と真正譲渡の区別が契約解釈上困難な場合があるという現実的な理由が第1である（これはUNCITRALの国際債権譲渡条約についても同様に処理されている）。したがって、譲渡担保設定時から譲受人に債権は移転し、第三者対抗要件を具備した時点から第三者に対抗できる。すなわち、私法上は、譲渡担保設定契約時に譲受人の財産となり、第三者対抗要件を具備した段階で国税徴収法24条6項の要件も満たすと考える。

9) 平成16年10月9日開催の金融法学会のシンポジウム「動産・債権譲渡公示制度の整備に向けて」は、金融法学会の学会誌「金融法研究」21号（2005）55頁以下（質疑部分は108頁以下）に掲載された。

VIII 国税債権と私債権の関係

最後に、国税債権と私債権との関係について若干言及する。この問題については、昭和34年の現行国税徴収法施行前後から様々な議論があり、趨勢の変化があったところであることはよく知られている。租税法の議論に深入りすることはできないが、今日では、国税債権の一方的な優越を説く見解はまずほとんどないと思われる。結局のところ、「租税債権を一旦、普通の債権と同じものと考えた上で、それが租税債権に認められるなんらかの制度的または理論的な特徴によって変更される余地があるかを考える」[10]というあたりが今日の最大公約数的な表現ではなかろうか。そうすると、ここでのテーゼを、「一般民事の債権譲渡法理において劣後する国税が、国税徴収法の規定によって制度的に優越し得る場合があり得る」という形と理解した場合、この場合の「制度的優越」なるものは、やはり、一般民事ルールそのものを曲

げたり、一般民事の解釈論を変容させたりするものではなく、国税徴収法が定めた特別ルールの範囲でこそ認められる、ということになるはずだと思うがいかがであろうか。そしてその特別ルールこそ、ここでは、国税徴収法24条6項の定める、民事法上の対抗要件と法定納期限等との先後で優先見解を定める、というものであるのではなかろうか。

　この観点から、もう1つ、関係してくる最近の最高裁判決を挙げよう。それが、最二小判平成15・12・19（民集57巻11号2292頁、金法1702号68頁。以下、「平成15年判決」という）である。これは、一括支払システム契約（いわゆる一括決済方式の中の譲渡担保方式）における、国税徴収法24条2項による告知書発出時点で自動的に弁済期到来として譲渡担保権を実行するという合意の効力を、同条5項の趣旨に反して無効としたものであるが、私は評釈でこの判決の結論をもっともであると肯定し、「ただし、この結論が債権譲渡担保契約一般に関する国税債権の優位性に拡張されることには強い懸念を表しておきたい」と記述しておいた。つまり、この一括支払システムは、大企業の手形レス決済のために案出された手法なのであるから、譲渡担保にして当座貸越をする、というスキームを採用する必然性は全くない。直接に、現在行われているファクタリング（真正債権譲渡）方式を取ればよい話である。それをわざわざ譲渡担保にしておいて（受託金融機関側が売掛金の回収不能のリスクを取りたくないということであろう）、かつ国税徴収法24条の規定の適用を免れることを目的にしたような特約を付すことは認められない、という最高裁の結論は、もっともであるとしたのである。

　しかしながら、この平成15年判決は、筆者の先述の表現で言うならば、譲渡担保に関する国税徴収法の特別ルールの、本来の設定範囲内での適用を逃れようとする特約はその効力を認められない、というものであって、これに対して本判決は、私見によれば、譲渡担保に関する国税徴収法の特別ルールの適用範囲を、民法一般の将来債権の発生時の解釈によって広げようとするものなのである。この、彼我の相違は截然と区別されなければならない。それを、平成15年判決の趣旨が漫然と本事案に援用されるような考え方が採られるとしたら、それには強く反対しなければならない。これが、正に上に掲げた筆者の「懸念」の内容なのである。国税債権と私債権の利益調整は、こ

のように、国税徴収法の本来の適用範囲においてフェアーになされるべきと考える次第である。

    10) 佐藤英明「租税法と私債権（その一）」法学教室241号（2002）95頁の表現。
    11) 池田真朗「平成15年判決評釈」金融判例研究14号（金融法務事情1716号）（2004）43頁。

IX　小　括

　以上の諸点から、本判決の結論は最高裁において（少なくとも債権譲渡法理の角度からは）覆されるべきものであろうと考える。あとは（もし本判決の結論を維持しようとするのであれば）専ら国税独特の論理がどこまで力を持つのか、ということになるのではなかろうか。ただ、個人的な印象として、昨今の民事判例の中には、バブル崩壊後の経済の低調さを受けて、過度に国税の確保に比重をかけるごとくに見える判決が散見されるのが気がかりである。

X　若干の感想

　ひるがえって、再度本件事案を見ると、本件事案でここまでの訴訟になったのは、前訴においても、本訴においても、事案におけるＸ・Ｂ間の将来債権譲渡担保契約書が、非常に「担保」にこだわった書き振りになっていたことが一因ではないかと思われる。（融資の直接の債務者Ａ自身の売掛金を譲渡担保にしたのではなく、その連帯保証人Ｂの売掛金を譲渡担保にしたということもこのような契約書とした理由になっていたのかも知れないが）わざわざ譲渡通知も担保設定通知とし、いかにも譲渡人に権利を残すがごとき構成であったために、前訴の第一審・第二審の敗訴があり、本訴の第二審（本判決）においても、このような国税優位の論法を生み出させた一因となっているのではなかろうか。この契約書の書き振りは、最高裁判決が続けて出される前の平成９年段階の契約書として考えても古典的であり、おそらくは平成期に入る前後くらいに作られたひな型を用いたものではないかと想像される。今日では、一連の最高裁判決が、債権譲渡担保について権利移転的構成で一貫してきて

いるのであるから、実務においても、権利移転的構成を前提とした債権譲渡担保契約書の表現を工夫すべきであるし、また既に実際にそのように工夫された契約書が用いられているのではないかと思われる。

　そうすると、この事案自体が、ある意味ではわが国の集合債権譲渡担保の発展の歴史の中で、過渡的な一事例ということになるのかも知れない。しかし、そうではなくて、前訴は確かに契約書の古さに起因しているが、本訴は「譲渡プラス取立委任」という契約書でも譲渡担保の趣旨が読み取れる限りはやはり同様に起こり得る、ということになると、これは、現在行われている各種の集合債権譲渡担保のほとんど全部に関わる、さらにはいわゆる債権流動化取引にも影響し得る、非常に重大な問題になる。先に述べた「懸念」が大きく顕在化するのである。とくに中小企業に対する金融に閉塞状況を招くことがないかが、憂慮される。

　蛇足ながら、最高裁判所には、是非最近の一連の最高裁判例法理と整合性の高い判断を示してほしいものと考えるし、もしどうしても（おそらくは政策的に）この場合の国税債権の優越性を認めたいというのであれば、将来債権譲渡における権利移転時期という民法上重要な（しかも学説上もまだ十分に議論されたと言えない）問題について、この国税の絡んだ（その意味で特殊性を持つ）事案で、民事実体法上の重要問題について先例性のある判断をすることの意味を考えていただきたい。国税の利益のためにそうするのか、客観的な理論の問題としてそう言えるのか、という点の説得的な説明をつけていただきたいのである（論理的に可能であるか疑問もないではないが、将来債権譲渡担保の権利移転時期については明示せずに、「あくまでも国税徴収法にいう「譲渡担保財産になったとき」とは各債権の実際の発生時を指す」というような、民法問題とは切り離した形の判断がなされる可能性も残るであろうか）。

第2節　将来債権譲渡担保と国税債権の優劣
　　──最一小判平成19年2月15日民集61巻1号243頁、
　　　金法1803号85頁

I　はじめに

1　問題の所在と最高裁の判断

　将来債権譲渡担保と国税徴収法24条に基づく譲渡担保権者の物的納税責任との関係については、将来債権譲渡の対抗要件具備と国税の法定納期限等との先後で優劣が決まるのか、あるいは、対抗要件具備が先でも、法定納期限到来の後に将来債権が発生した場合には納税責任が生ずるのかという論点について、東京高判平成16・7・21（金法1723号43頁）が後者の見解を採り、学界・実務界に大きな議論と困惑を生じさせていた。この問題は、将来債権譲渡における債権移転時期という問題を含み、また資金調達実務に大きな影響を与えるものであるため、上告審の判断が非常に注目されていたのである。そうした中で、本判決は、債権譲渡の効果発生を留保するような特段の付款のない債権譲渡担保契約であれば、その目的債権が国税の法定納期限到来の後に発生した場合でも、当該債権は法定納期限等以前に譲渡担保財産となっているとして、上記東京高判を破棄し、国税側を逆転敗訴させた。結果的に、対抗要件と法定納期限の先後で決すればよいことになる。

2　本件の事案

　以下には、本章第1節に記したところを要約する。
　①A社は、X（原告、被控訴人、上告人）との間で、平成9年3月31日、B社がXに対して負担する一切の債務の担保として、A社がC社に対して現在取得し、また同日から1年間の間に取得する、商品売掛債権等（以下、「本件

目的債権」という）を、Ｘ社に譲渡する旨の債権譲渡担保契約を締結した。②Ａ社はＣ社に対し、６月５日到達の内容証明郵便で本件契約に基づく債権譲渡担保の設定を通知した。③同年９月から平成10年１月まで、Ａ社は法定納期限の到来した国税を滞納した。④平成10年４月３日に国Ｙ（被告、控訴人、被上告人）はＡ社に対する国税滞納処分として、本件目的債権のうち同年３月に発生した債権（以下、「本件債権」という）を差し押さえ、⑤同年４月10日、国Ｙは、上記滞納国税について国税徴収法24条１項の規定により譲渡担保財産である本件債権から徴収するため、Ｘ社に対して同条２項所定の告知をした。⑥Ｃ社は、債権者不確知を理由に供託した。⑦Ｘ社はＹに、上記内容証明郵便を呈示して、本件債権を譲渡担保としたのは本件国税の法定納期限前である旨を述べた書面を提出した。

　以上の事案で、まず②の譲渡担保通知と④の差押えの優先関係が争われ、最高裁は、②を債権譲渡の対抗要件たる通知と認め、Ｘ社の優先が認められて国が敗訴した（最一小判平成13・11・22民集55巻６号1056頁、金法1635号38頁）。⑧そこで国Ｙは上記最高裁判決の同日に、国税徴収法24条３項の規定に基づき、譲渡担保権者であるＸ社を第二次納税義務者とみなして、上記⑥の供託金還付請求権を差し押さえた。これに対してＸが、同法24条６項は、「譲渡担保権者が国税の法定納期限等以前に譲渡担保財産となっている事実を、その財産の売却決定の前日までに証明した場合」等には、譲渡担保権者の物的納税責任を定めた同条１項の規定は適用しない旨規定していることを理由に、差押えは違法としてその取消しを求めたのが本件訴訟である。

　第一審（さいたま地判平成15・４・16金法1723号53頁）はＸを勝訴させたが、原審（本章第１節）は、「滞納者の滞納国税の法定納期限等が到来した後に発生した債権については、当該債権の発生時に滞納者から譲渡担保者に移転するものであるから、当該債権はその発生時に譲渡担保財産となったものと解すべきである」（要旨）として、「本件債権は、本件国税の法定納期限等が到来した後に発生したものであって、本件国税の法定納期限等以前に譲渡担保財産となっていたものではないから、本件において、上告人が国税徴収法24条６項所定の証明をしたとはいえず、本件差押えに違法はない」（同）として、国Ｙを勝訴させた。Ｘより上告。

3 本判決の内容

破棄自判（原判決破棄、Yの控訴棄却）

まず従来の最高裁判例を掲げて、①「将来発生すべき債権を目的とする債権譲渡契約は、譲渡の目的とされる債権が特定されている限り、原則として有効なものである」（最三小判平成11・1・29民集53巻1号151頁、金法1541号6頁を引用）。②「将来発生すべき債権を目的とする譲渡担保契約が締結された場合には、債権譲渡の効果の発生を留保する特段の付款のない限り、譲渡担保の目的とされた債権は譲渡担保契約によって譲渡担保設定者から譲渡担保権者に確定的に譲渡されているのであり、この場合において、譲渡担保の目的とされた債権が将来発生したときには、譲渡担保権者は、譲渡担保設定者の特段の行為を要することなく当然に、当該債権を担保の目的で取得することができるものである」。③「前記の場合において、譲渡担保契約に係る債権の譲渡については、指名債権譲渡の対抗要件（民法467条2項）の方法により第三者に対する対抗要件を具備することができるのである」（前掲最一小判平成13・11・22を引用）と説示した上で、「以上のような将来発生すべき債権に係る譲渡担保権者の法的地位にかんがみれば、国税徴収法24条6項の解釈においては、国税の法定納期限等以前に、将来発生すべき債権を目的として、債権譲渡の効果の発生を留保する特段の付款のない譲渡担保契約が締結され、その債権譲渡につき第三者に対する対抗要件が具備されていた場合には、譲渡担保の目的とされた債権が国税の法定納期限等の到来後に発生したとしても、当該債権は「国税の法定納期限等以前に譲渡担保財産となっている」ものに該当すると解するのが相当である」。

II 本判決の評価

本判決については、一口に言って、最高裁の当然かつ適切な判断が示されたものと言ってよい。また、これまでの最高裁判例との整合性の高い判決と言える。

原審判決（前掲東京高判平成16・7・21）は、この事案をあえて将来債権譲渡担保における債権移転時期の問題として、しかもそれを対象債権の発生時で

あると構成して、譲渡担保権者に国税徴収法24条の物的納税責任を認めた。これは、そう構成すること以外には、このケースで国税の勝利はあり得ないという、私見の評価では一種の奇策である。原審判決に接して筆者は大変驚き、よほど国税を優先させようとする政策的な判断があったのかと疑い、評釈でも最高裁では逆転されるべきものと強く主張した。この原審判決批判は、キャッシュフローファイナンスの安定という観点から強い懸念を表した江口直明評釈や、租税回避の論点からの疑問を呈した菅原胞治評釈等でも同様であり、おそらく実務界の大勢であったと思われるが、一方で裁判官から高裁判決を擁護する債権発生時説に立つ評釈も出され、実務に不安を生じていた。

今回、最高裁は、言わば粛々とこれまでの最高裁判例に沿った判断を示したに過ぎないのであるが、いずれにしても、本判決は、債権譲渡法理の展開を正しい軌道に戻し、資金調達に関する実務を適切に発展させるものと言える。

この訴訟は、そもそも国税が当該将来債権に関する譲渡担保通知と差押えの競合の紛争において、最高裁で敗訴した、前掲最一小判平成13・11・22の第2ラウンドである。実体関係で、国税の差押えに対して対抗要件上優先し、債権の正当な取得者であると判断された譲受人(譲渡担保権者)が、しかし国税徴収法の規定によって納税義務を負わされるという原審判決の結論は、それ自体客観的に見て矛盾を含んだものであるし、後述するこれまでの債権譲渡法理にも適合しない。

12) 池田真朗「原審判批」金法1736号（2007）8頁（本章第1節）。
13) 江口・金法1739号（2005）9頁。
14) 菅原・NBL825号（2006）4頁。
15) 井上繁規「原審判批」金法1766号（2006）52頁。
16) 特集「決着！将来債権譲渡担保と国税債権の優劣」NBL854号（2007）10頁以下の各論考でも大方の歓迎を受けている。

III　本判決の論理構成と最高裁判例との整合性

本判決は、将来債権の権利移転時期については明示的に表現してはいない。

つまり、本事案は、これまでの最高裁判決の積み重ねに素直に従えば、それだけで論理的に問題なく譲受人側が勝訴できるものであったのであり、高裁判決は、先述のように、あえて権利移転時期の問題を強調して、かつ、対象債権発生時という基準を採ることによって国税勝訴を導いていたわけである。これに対して本判決は、前記引用①から③（ことに②）のように、従来からの判断の筋を述べて、本件のような場合債権が確定的に譲渡されているとして、高裁判決の債権発生時移転という構成による論理を否定した。

本判決の文章自体は、多くを表現せずに簡潔にまとめられた印象があるが、ただその中でも、本判決は、「債権譲渡の効果の発生を留保する特段の付款のない」ことに２度にわたって言及している。これは、これまでの最高裁判例との整合性という観点から言えば、最高裁は、停止条件付きの債権譲渡や債権譲渡の予約のケースでなければ、債権譲渡契約がなされたのであれば、それが真正譲渡であろうと、譲渡担保であろうと、そこで債権は譲渡されたという考え方（逆に言えば予約型や停止条件では契約時に権利移転は生じない）、つまり、債権譲渡担保について言えば、いわゆる権利移転的構成を採ってきたことにはっきりと符合する[17]（予約型について予約に通知承諾を具備してもその後の予約完結による本契約の対抗要件にならないとした最三小判平成13・11・27民集55巻６号1090頁、金法1634号63頁、停止条件型について条件成就時になされた債権譲渡と同視して危機否認を認めた最二小判平成16・７・16民集58巻５号1744頁、金法1721号41頁も参照）。本件では、X社がC社に対して担保権の実行通知をするまでは、A社がその計算においてC社から本件目的債権につき弁済を受けることができるとされていたが、この点についても本判決は、前掲最一小判平成13・11・22を引用して（同判決は、本判決判旨②の「確定的に譲渡」の表現を用い、「ただ、A, X間において、Xに帰属した債権の一部について、Aに取立権限を付与し、取り立てた金銭のXへの引渡しを要しないとの合意が付加されているものと解すべき」と判示している）、「これをもって債権譲渡の効果の発生を留保する付款であると解することはできない」と明示している。ここでも本判決は従来の最高裁判例に正確に則った判断をしていると言える。

さらに言えば、そもそも複数年にわたる将来債権譲渡契約の有効性を認め

た前掲最三小判平成11・1・29は、将来債権譲渡の第三者対抗要件の効力発生時期が各将来債権の発生時ではなく、対抗要件具備時期であることを前提にして通知を差押えに優先させており、対抗要件を権利移転の公示対抗手段と考えるならば、具備時点では既に権利は移転していると考えるのが素直であるということになる。[18]

17) 池田真朗「債権譲渡に関する判例法理の展開と債権譲渡取引の変容」川井健・田尾桃二編『転換期の取引法――取引法判例10年の軌跡』(2004) 310頁以下（本書第1章）。
18) 池田真朗『債権譲渡法理の展開』(弘文堂、2001) 379頁。

IV　国税徴収法の論理

　一方、国税徴収法24条6項のプロパーの解釈を考えると、本件の上告受理申立て理由書が的確に論じているように、抵当権、質権、先取特権、留置権、仮登記担保権と順次検討した場合に、「私法上の権利設定契約及びその対抗要件具備の後に生じた事由によって租税に対する劣後的地位に至るとする規定はどこにも存在しないのであり、そうでなければ予測可能性が保障されたことにはならない」（上告受理申立て理由書の表現）との指摘は、決定的であると思われる。あくまでも同条は、「譲渡担保権の対抗要件具備と国税の法定納期限等との先後で優劣を決定する」というルールを立てた条文と理解すべきであろう。[19]

　国税徴収法のこのような特別ルールの設定範囲での適用は、何ら否定すべきものではない。しかしながら、原審判決は、その規定の適用範囲を、民法一般の将来債権譲渡契約の効果を不当に解釈することによって拡大しようとするものであって、これははっきり区別して否定されなければならない。[20]私見が同判決を「奇策」とまで評した所以であり、この点でも、本判決は適切な帰結を示すこととなった。

　なお、24条6項所定の「証明」については、債権譲渡登記制度が創設された現時点では、24条6項前段の解釈として、権利移転の登記がある場合には登記によるのであるから、債権譲渡登記があれば、当然1項の適用除外とな

ろうと思われる。したがって、同条は前段で債権譲渡登記があればよいとし、後段では確定日付のある通知書の存在が証明できればよいと考えるのが最も素直な解釈であろう。

19) 菅原・前掲注14) 5頁も参照。
20) 池田・前掲注12) 原審判批17頁。
21) 池田・前掲注12) 原審判批15頁。

V 将来債権譲渡の権利移転時期

今回は、言わば国税側が問題提起した形で、将来債権譲渡における権利移転時期を論じる必要性があることが明らかになった。本判決の判示としては、上記で必要十分ということになろうが、あえて本判決に整合的な権利移転時期はいつかと言えば、契約時ということになるのが最も自然であり、契約時移転と限定しなくても、少なくとも本判決からすれば、当該将来債権は発生時には譲受人つまり譲渡担保権者のものとして取得されているということに疑いがなかろう。

私見は、この問題については、契約時移転説に立ち、将来債権譲渡担保であっても、設定契約時に移転と考えており、平成16 (2004) 年の金融法学会でも、その旨の発言をしている。なお、対抗要件がいつから効力を発生するかという角度から言えば、当然、契約時に権利は移転してそれを対抗要件具備によって具備時から第三者に主張対抗できるということになる。

ちなみに、契約時移転説は、現代の国際的趨勢でもあると言ってよかろう。UNCITRALの国際債権譲渡条約では、最終的に移転時期の明文規定は削除となったのだが、審議の最終段階までは、契約時移転の規定が置かれていた。また、その後のユニドロワ国際商事契約原則2004では、第9.1.5条に契約時移転が明記されている（もっとも、ユニドロワの解説書では、将来債権は発生によって契約時に遡及して譲受人のものとなる旨の記載があるが、結果的に契約時移転となることは変わりがないと言えよう）。

将来債権譲渡における権利移転時期を1点に限定して決定することには、疑問を呈する見解もある。ただ、実務的には、将来債権の譲受人は、譲渡契

約後には他者に再譲渡できることまでが保障されるべきであって、この点で契約時移転を明確にする意義があろう。

　なお、対抗要件を権利移転の公示対抗手段と考えず、債権譲渡でも順位保全的な対抗要件を認めるごとき見解も一部にあるが、そのような対抗要件は、わが国では、債権の世界では設定されていない。かつ、私見では、対抗要件の規定は画一的な処理を旨とする強行規定であり、不動産における仮登記のような制度を創設して初めて認められるという認識である。この点は、債権譲渡の予約についての前掲最三小判平成13・11・27とも整合的であると考えられる。[28]

22)　池田・前掲原審判批16頁、同・前掲注18)『展開』379頁。
23)　池田真朗〈シンポジウム発言〉金融法研究21号（2005）123頁、森田宏樹「譲渡の客体としての将来債権とは何か」金判1269号（2007）1頁参照。
24)　池田・前掲注18)『展開』379頁。
25)　池田・前掲注18)『展開』379頁。
26)　内田貴「ユニドロワ国際商事契約原則2004——改訂版の解説(1)」NBL811号（2005）46頁参照。
27)　この、発生によって契約時に遡及して移転する構成は、ヨーロッパで一定の支持を集めているようである。今後より詳細に分析したい。【追補、私見の契約時移転説の見解でも、結局不発生となった分については債務者に請求できないのはもちろんであるから（ただしその分譲渡人に損害賠償請求をなしうる場合はある）、契約時に譲受人に権利が移転して、債権が実際に発生して請求可能になることと、発生すれば契約時に遡及して譲受人のものとなるということには、それほどの径庭があるわけではない。ただし、譲受人の（発生前の）再譲渡に関しての法的保障という観点からは、遡及構成というのは明瞭さに欠けるのではなかろうか。ちなみに、フランスでも私見とほぼ同様の学説もあるが（Malaurie, Aynés et Stoffel-Munck, (note 16), Les Obligations, 3e éd. n° 1310. p. 774）、フランスでは、賃料債権などの継続的履行契約から生ずる債権は、将来債権とは考えない（したがって、わが国とは議論の前提が一部異なる）ということを紹介する最近の業績として、白石大「フランスにおける将来債権譲渡と譲渡人の倒産手続きとの関係」比較法学（早稲田大学比較法研究所）43巻2号（2009）69頁以下がある。この将来債権譲渡と倒産手続の問題は、わが国でも、民法（債権法）改正の検討の中で、非常に議論を呼んでいるところであるので、筆者としては第4巻で改めて論じたい。】
28)　本書第8章参照。

第5部

債権譲渡禁止特約論
――判例法理の展開

第 5 部の概要

　第 5 部では、債権譲渡禁止特約における判例法理の展開を扱う。第 1 の論点は、債権譲渡禁止特約の存在と譲受人の重過失の有無の問題である。これは、周知のように、民法466条 2 項本文が当事者の「反対の意思表示」すなわち譲渡禁止特約については、善意無過失の第三者には対抗できないと規定している点につき、先例となっている最高裁判例（銀行預金債権のケース）が、重過失は悪意と同視しうるとして、譲受人には「善意」ではなく「善意無重過失」が必要としたため（最判昭和48・7・19民集27巻 7 号823頁）、実際に譲受人となろうとする者は、譲渡禁止特約の存否を確認しないと安心して譲り受けられない（善意の主張が重過失ありとして否定される可能性が否めない）という状況になっているところである。この譲受人の重過失の認定について論じたのが、第11章である。同一の事案について私見は地裁判決から批判を展開したが（第11章第 1 節の判批・大阪地判平成15・5・15金法1700号103頁）、最高裁に至るまで、結論は覆らなかった（最高裁は決定であり、実質的な審理はされていない。第11章第 2 節の扱う最決平成16・6・24金法1723号41頁）。しかしその後に出た大阪地裁の判決は、私見の主張に理解を示した内容になっている（第11章第 3 節の大阪地判平成17・11・30金法1795号62頁）。

　第 2 の論点は、債権譲渡禁止特約と譲渡人からの援用という、新しい論点である。これはまさに筆者が上記判例批評の中で、本来債務者の利益になるべき譲渡禁止特約が譲渡人の管財人の利益のために用いられていると指摘して批判した点に近似する部分が争われたものである（第12章の最二小判平成21・3・27民集63巻 3 号449頁）。

第11章
債権譲渡禁止特約の存在と譲受人の重過失

第1節　債権譲渡禁止特約の存在と譲受人の重過失の有無
　　　　――大阪地判平成15年5月15日金法1700号103頁、大阪高判平成16年2月6日金法1711号35頁

I　はじめに

　民法466条は、その1項で債権の譲渡性を承認し、しかしその2項本文において、当事者（債権者と債務者）が「反対の意思表示」すなわちいわゆる譲渡禁止特約によってその譲渡性を奪うことができると規定している。この譲渡禁止特約が、現在、わが国の指名債権譲渡による資金調達（間接金融としての債権譲渡担保融資や、直接金融としての債権流動化など）を阻害する要因として、非常に深刻な問題となっている。もっとも、わが民法もこの譲渡禁止特約については、同条2項但書によって、その意思表示は、善意の第三者に対抗することができないと規定しているのであるが、先例となっている最高裁判例（銀行預金債権のケース）が、譲受人には「善意」ではなく「善意無重過失」が必要としたため（最判昭和48・7・19民集27巻7号823頁）、実際に譲受人となろうとする者は、譲渡禁止特約の存否を確認しないと安心して譲り受けられない（善意の主張が重過失ありとして否定される可能性が否めない）という状況になっている（なお、この譲渡禁止特約のある債権を譲渡した場合の効果は、現在の判例からは、「物権的に無効」と考えられている。最判昭和52・

3・17民集31巻2号308頁等参照)。したがって、実務では、譲渡禁止特約の有無を調べて、あらかじめそのような債権を融資のスキームから外すか(例として売掛債権担保融資保証制度)、個別に債務者に禁止特約の解除を申し入れるか、さらには、政府調達債権など、国や公的機関が債権者である債権については、経済産業省や日本銀行等が、譲渡禁止特約をつけないよう働きかけをするという事態にまで立ち至っている。

　もっとも、このように譲渡禁止特約による譲渡制限の緩和に対する取引上の強い要請があるとしても、民法466条2項の規定が基本法としての普遍的なルールを示すものであるならば、それはそれで維持される合理的な根拠があるといえようが、この民法466条2項のように民法が譲渡禁止特約を明文で規定するのは、世界でも非常に少数なのである(先進国ではドイツ、スイスくらいであるが、ドイツも商法典の規定でこの民法の譲渡禁止特約の効果を大きく制限している)。逆にアメリカUCC(統一商事法典)のように譲渡禁止特約の効力を一切認めない立法もある。つまりこの規定は、世界の民事法の中で、少しも「普遍性のある基本ルール」ではないのである。

　私は、民法466条2項の譲渡禁止特約の規定は、立法論的に見直す必要があり、さらに前掲の物権的効力説等、現時点のわが国の「判例・通説」とされている解釈論も検証しなおす必要があると考えるものであるが、この譲渡禁止特約をめぐって、さらに私見の疑問を深める下級審判決が出た。この判決は、今後の裁判例の流れを想定すると、看過できない問題をはらむものであり、評釈をしておかなければならないと考えた次第である。

II　事案の概要と判旨

1　事　実

　洗剤等の卸小売業者であるA会社は、平成8年、日用品の小売業者であるB商事との間で、取引約定書を交わし取引を開始した。この取引約定書の中には売掛債権の譲渡を禁ずる特約があった。X銀行は、A社に対し、平成12年9月に5,000万円の無担保融資を行ったが、無担保ではこれ以上の融資はできず、またA社には不動産などの担保余力はなかった。そこで債権譲渡特

例法登記を活用した債権譲渡担保融資を企図し、平成12年12月、A社への貸付債権を担保するため、A社がB商事に対して現在有し、将来取得する売掛債権について、債権譲渡担保契約を締結してその旨の債権譲渡登記を経由し、その後A社に対して8回にわたり合計23億円の融資を行った。その融資を開始する際、X銀行の担当者xは、A・B間の取引についての取引約定書（基本契約書）の有無をA社の代表者にたずねたが、A社の代表者は「ない」旨の回答をしている（なお、判決の認定では、xは債権譲渡担保融資の企図段階では債権譲渡登記をすれば譲渡禁止特約の問題はないと誤解していたが、その点は、担保融資契約締結前に司法書士から注意を受けて、取引約定書の有無を問い合わせている）。

しかしA社は平成13年10月に破産宣告を受けたので、X銀行はB商事に対して債権譲渡特例法2条2項に基づき、債権譲渡登記事項証明書を付した通知を行った。また、A社の取引先Y_2社は、動産売買先取特権に基づき、A社の破産管財人Y_1がB商事に対して有する売掛債権を差し押さえた。そこで、B商事は、代金額相当額を供託した。

Xは、Y_1およびY_2に対し、自己が上記供託金の還付請求権を有していることの確認を求めて本訴を提起し、Y_1およびY_2はこれに対しY_1が上記還付請求権を有していることの確認を求めて各反訴を提起した（他に独立当事者参加を申し立てた供託金還付請求権の差押債権者Zがいるが、これについては省略する）。

2　判　旨

以下のような論旨で、X銀行の本訴請求をいずれも棄却し、Y_1が供託金還付請求権を有することを認めた。

①X銀行は、A社に対し高額な融資を行っており、A社のB商事に対する売掛債権がその唯一の担保であったのであるから、X銀行としては、この売掛債権を譲り受けるに際し、高度の実務上及び法律上の専門的知識・経験ならびに高度の調査能力を駆使し、X銀行が売掛債権を担保として確実に確保しうるよう万全の措置を取るべきものと解される。

②本件において、X銀行は、債権譲渡担保契約を締結するに先立ち、譲受

債権に関する取引契約書の有無を破産会社の代表取締役に確認したが、その確認は譲渡禁止特約の有無の確認を目的とし、破産会社の代表取締役にその旨を明示した上での確認とは認められず、譲り受ける売掛債権を特定するためやB商事との取引条件等を確認することを目的としたものに過ぎなかったというべきである。譲渡禁止特約の有無を調査するにあたっては、A社に対し譲渡禁止特約の意味を説明し、それが存在する場合には債権譲渡担保の方法による融資の実行ができないことを理解させた上、破産会社自身にその有無を調査させることが効果的である。（中略）しかし、X銀行はそのような措置を何らとらないまま、A社の代表取締役の、取引基本契約書はない旨の回答を得たのみで、軽率にも債権譲渡および融資を実行したものである。

③さらに、X銀行としては、取引基本契約書から譲渡禁止特約の有無を確認できなかったとしても、A社をして、B商事に対し取引基本契約書の有無を確認するよう依頼したり、A社とともにB商事と交渉して、本件債権譲渡について同社の承諾を得るよう努力することも可能であったというべきであるが、X銀行は、そのような調査を行っていない。

以上の点に鑑みれば、X銀行に重大な過失があるものというべきである。

III 評 釈

X銀行の重過失を認めた結論に反対する。また、本判決の、譲渡禁止特約に対する譲受人の「調査義務」の考え方には、重大な問題点があると考えるものである。

1 判例のいう重過失と「公知性」の論理

民法466条2項は、当事者（債権者と債務者）が表示した反対の意思表示（いわゆる譲渡禁止特約）について、これをもって善意の第三者に対抗することを得ずとのみ規定しているのであって、「重大な過失」という基準（それをもって悪意と同視する）は、あくまでも判例法理（およびそれに賛成する学説）の言うものにすぎない。そこで、この「重大な過失（以下、重過失とする）」概念を取り入れた判例とその論理を確認し、その上でこの重過失の解

釈を検討することとする。

その判例が、前掲の最判昭和48・7・19民集27巻7号823頁である[1]。なお本判決以前には、悪意の立証責任を論じた後述の明治38年判決があるのみで、他に特に先例とすべき判決はない。

昭和48年判決の判旨は、「民法466条2項は債権の譲渡を禁止する特約は善意の第三者に対抗することができない旨規定し、その文言上は第三者の過失を問わないかのようであるが、重大な過失は悪意と同様に取り扱うべきものであるから、譲渡禁止の特約の存在を知らずに債権を譲り受けた場合であっても、これにつき譲受人に重大な過失があるときは、悪意の譲受人と同様、譲渡によってその債権を取得しえないものと解するのを相当とする。そして、銀行を債務者とする各種の預金債権については一般に譲渡禁止の特約が付されて預金証書等にその旨が記載されており、また預金の種類によっては、明示の特約がなくとも、その性質上黙示の特約があるものと解されていることは、ひろく知られているところであって、このことは少なくとも銀行取引につき経験のある者にとっては周知の事柄に属するというべきである」というものであった（判決文はさらに、本件では、被上告人が特約について善意であった旨の原審の認定は首肯しえないものではないが、原審はさらに釈明権を行使して、被上告人に重大な過失があったかどうかについての主張立証を尽くさせるべきであったとして、破棄差戻している）。

この判決の第1の論理は、「重大な過失は悪意と同様に取り扱うべきものである」という点にあり、そして第2にその重過失の認定にあたっては、銀行預金債権に譲渡禁止特約が付されていることはひろく知られていて、銀行取引につき経験のある者にとっては周知の事実であるから、という「公知性」を根幹の理由としているのである。

つまり、本来、この重大な過失を裁判所が認定するにあたっては、その立証責任が譲受人と債務者のいずれにあるかが問題となるはずであるところ、ここでは、公知性を理由に裁判所が重過失を認定し、それをもって悪意と同視しているのである（この論理に従った下級審裁判例も、賃貸借契約における保証金返還請求権の事例などで若干存在する[2]）。では、公知性がない場合はどうなるのか。

2　公知性のない場合の重過失の立証

　たとえば、一般の売掛債権の場合は、最近の経済産業省（中小企業庁）の報告書で公表されている調査では、社数にして約18％の企業が、また調達額に換算して約45％の取引について、譲渡禁止特約を用いたことがあると答えている[3]。本件のＡ社と同じ卸売業に限定した場合は、譲渡禁止特約を用いている会社は社数にして12％、金額ベースで14％にすぎない。これでは、本判決の扱う売掛債権については、昭和48年判決が銀行預金債権について言うような譲渡禁止特約の存在についての公知性はもちろんなく、上記の推定プロセスは働かないはずである。

　そうすると、単純な推定ができない以上、問題は重過失の立証責任の問題になるはずである。この点、判例は、（重過失に触れるもの自体、昭和48年判決以前には見当たらないものの）悪意の立証については、明瞭に、立証責任は譲渡の効力を争う債務者側にあるとしている（大判明治38・2・28民録11輯278頁）。同判決の判旨は、「民法第466条第2項但書ノ規定ハ其明文ノ示スカ如ク性質上譲渡シ得ヘキ債権ハ縦令当事者ニ於テ譲渡ヲ禁スル特約ヲ為スモ之ヲ以テ善意ノ第三者ニ対抗シ得サル旨ヲ規定シタルモノナレハ第三者自ラ進ンテ其特約ヲ認メサル限ハ債務者カ之ヲ以テ第三者ニ対抗スルニハタダニ其特約ノ存在ヲ証明スルコトヲ要スルノミナラス第三者ノ悪意ナリシコトヲモ証明スヘキハ当然ナリ」という。したがって、その悪意と同視しうる重過失の立証責任も債務者側にあることになろう。これはまた、司法研修所や有力学説の正しく理解・採用するとおりである[4][5]。

3　重過失と「調査義務」

　次にその重過失たる立証の内容である。この点、本判決は明示的に「原告の譲渡禁止特約の有無に関する調査義務」という表現を用いて、譲受人の「調査義務」を措定し、その「調査義務」が尽くされなかったことを重過失としている。しかしながら、このような本判決の態度には、重大な疑義がある。まず第1に、上記の昭和48年判決は、銀行預金債権に譲渡禁止特約があることについての公知性から重過失を認定しているのであって、譲受人の「調査義務」を問題にしてはいないのである。第2に、上で立証責任につい

て述べたところと同様に、466条の規定の構造からしても、1項で債権の譲渡性を一般的に承認し、2項でそれを奪う当事者の特約を定め、かつその特約は善意の第三者に対抗できないというのであるから、本来、当事者はその内部的特約を第三者に知らしめて（悪意にして）対抗するという筋合いのものであって、譲受人たる第三者のほうから、（安全に債権を譲り受けたければ「調査すべき」ではあろうが）禁止特約の有無を「調べなければならない」ものではないはずである。

したがって、少なくとも、（公知性を理由とする悪意推定プロセスが働かないのであれば）譲受人の悪意の証明責任は上記のように特約を定めた当事者側（譲渡人か債務者）にあるはずであるし、その場合に「悪意と同視しうる重過失」を認定する場合の判定基準として、譲受人側の「調査義務」が当然の前提として措定されるのは不当であるというべきである。

繰り返せば、昭和48年判決は「もし調べればすぐわかったものを調べなかった」ことをもって重過失と言っているのではない。あくまでも、「調べなくても周知のことであったのだから」善意たることに重過失があると言っているのである。したがって、一歩譲って、確かにまったく容易に知りえたものを知ろうとしなかったという意味で重過失が認定される場合があるとしても、この場合の重過失判断の基礎に、一般論として譲受人の積極的な「調査義務」が措定されるのは不当といわざるをえないのである。それなのに本判決は、「Ａ社のＢ商事に対する売掛債権について、その性質から当然に譲渡禁止特約が付されないことが通常であるとまでは言えず、原告の譲渡禁止特約の有無に関する調査義務の程度を軽減させるものとはいえない」という、全く公知性の要件を逆転させた論法（譲渡禁止特約が付されているのが通常、というのが公知性の論理であるのに、「付されないことが通常とは言えない」としている）で、「調査義務が軽減されない」という帰結を導いているのである。これは、まさに昭和48年判決のはなはだしい曲解である。

さらにいえば、もし譲受人が取引の専門家である等の理由から「調査義務」が課されると前提するとしても、民法解釈上の一般論として、通常の調査義務違反の評価は「過失あり」であって「重過失あり」ではないはずである。この点は、民法あるいは民事取引法一般において論じられる、説明義務、

報告義務、等の諸々の義務違反の評価に共通のものであり、それを重過失に高めるには、何らか別の評価要素が加わらなければならないであろう。実際、データベースのみの収録裁判例であるが、大阪地判平成10・6・29（TKC法律情報データベース LEX／DB インターネット28050553）は、譲渡禁止特約の不知が争われた事案で、公知性を否定した上でまさに上の通りの論理構成で、過失はあるが重過失はないとの判断をしている。同判決は、「原告には、本件契約当時、本件譲渡禁止特約が存在することを知らなかったことにつき、過失があったことは否めない。しかしながら、請負契約において、請負代金債権についての譲渡禁止特約が付されているのが通常であることを認めるに足りる証拠はない（当事者の地位や関係、請け負う業務内容が多様であり、一概に通常は譲渡禁止特約が付されているということはできない。）し、前記認定の本件第三債務者らが被告乙1に請け負わせたような業務の請負契約においては、それに基づく請負代金債権について譲渡禁止特約が付されているのが通常であると認めるに足りる証拠もなく、（略）まして、右のような契約には、一般的に代金債権につき譲渡禁止特約が付されていることが広く知られており、商取引を行う者にとって周知の事柄に属すると認めるに足りる証拠はない。（略）そうすると、原告が、法務部門を有する日本の代表的総合商社の一であって商取引について一般人に比較すると数段高い知識と経験を有していることを前提としても、前記の原告の過失はいまだ重大なものとまで認めるには足りないというべきである」としているのである。なお、これに対比する形で掲げれば、建設請負代金債権のケースでファクタリング会社に重過失を認めた東京高判昭和63・6・27（判時1283号103頁）は、当時建設請負契約が四会連合協定による工事請負契約約款を添付して行われており、その場合に同約款に譲渡禁止特約が付されているという認識は「相当広範囲に浸透しているものと考えてよい」とした上で、債権買取を業とするファクタリング会社は、常時取引先の信用調査を行っているものであるとして、あらかじめの調査を怠って漫然と譲り受けた場合には、右特約の存在を知らなくてもそのことにつき重大な過失があるとしたものである。これもいわば公知性を掲げた上で、ファクタリング会社にその業務からして高度な調査義務を認めた上で重過失の認定をしたものと整理できよう（少なくとも高度な調査義務だけで

重過失を認めているわけではない）。

4　考えられる判断基準と判旨の事実認定

　したがって、結論は、①公知性がない以上、この重過失の立証責任は、譲渡の効力を争う債務者側にあり、②かつ、その重過失の認定は、各取引の事実関係を総合的に検討してなされるはずのものであって、③その場合の基準は、「悪意と同視しうる」程度の重大な過失というものであり、かつ、④その判断にあたっては譲受人の「調査義務」の存在が当然に前提とされるものではなく、⑤仮に調査義務を前提とするとしても、一般にはその義務違反の効果は「過失あり」にとどまるものである、ということである。

　この結論を本件事案にあてはめるならば、本件債権は一般の売掛債権なので譲渡禁止特約が付されていることの公知性は認められず、譲渡人および第三債務者側に立証責任がある。そして、基本契約書の存否を被融資者たる譲渡人の代表者に問い合わせて、しかもその結果「契約書はない」と答えられている融資銀行Xの担当者xには、実際に被融資者に対して「譲渡禁止特約はないか」と明示的に聞いたか「契約書はないか」と聞いただけだったかのいずれであるかにかかわらず、まず善意が認定されるのであり、また、いかに融資銀行に専門家としての高度の注意義務が課されるという論理を採用したとしても、過失が認定されることはあっても、それが重過失ありという評価になることは、相当格別の論理を用意しない限りは不当であると考えられる。

　この最後の部分をなお詳論する。譲渡禁止特約が存在するとすれば、一般に口頭の特約では証明に耐えないと思われるので、書面で存在するはずであり、その書面は取引の基本契約書であるのが一般であることから、仮に「契約書はないか」と聞いたという証拠があるだけであったとしても、その段階で既に司法書士からの指示を受け譲渡禁止特約の有無を探査しようという意思を持っていたはずの発言者の意思が、譲渡禁止特約の存否を調査しようとしていたものであることは、当事者の合理的意思として当然認定されるべきである。本判決は、この点で、担当者xが当初債権譲渡特例法登記をすれば譲渡禁止特約の有無を確認せずとも対抗力が確保されると誤解していたとい

う事実認定をしているが、その後に司法書士からの注意を受けて契約書について問い合わせをしたｘの意思解釈として、その誤解をそのまま重過失の判定の切り札（最終結果を全く逆転させることになる強力な切り札）に用いるような事実認定が適切であるかどうかには強い疑問を禁じえない。

したがって、①仮に「調査義務」をいうとしてもこの契約書の存否を問い合わせた段階でその義務は尽くされていた（過失なし）とみるべきであり、②なお専門家の高度な注意義務なのであるからこの義務は尽くされていないとみても、それは重過失ではない通常の過失にとどまる、ということは異論の余地がないのではなかろうか。

しつこいようだがなお言を加える。この点、本判決は、Ｘ銀行の担当者ｘがＡ社の代表取締役に契約書の有無についてたずね、代表取締役が「昔Ｂ商事が小さい企業であった頃から自然発生的に始まった取引であるため取引契約書などあるはずがない。ないものは確認のしようがない。この業界は、商慣習で取引が行われており、そんな細かいことをいちいち気にしない。だいたい取引商品がたとえば一個100円の石鹸などだ。そんな取引に契約書などあるはずがない」と述べて、基本契約書の存在を「強い口調で」否定したという事実を「信用できるもの」として認定しておきながら、そのｘが契約書の有無を尋ねたのは譲渡禁止特約の有無を尋ねたことにならない（「譲渡禁止特約の存否の確認を意図し、これを目的として明示した上で同人に取引基本契約書の有無を確認したとは到底考えられない」）、という論理構成をしている。ということは（禁止特約の有無について調査義務を前提として課すこと自体が不当であることは先に述べたが）、本判決の裁判官は、契約書がなくて譲渡禁止特約だけがある、という事態も存在すると想定しているということなのであろうか。

さらに言えば、今日でも、実際に取引基本契約書なしに反復取引を行っている会社は、中小企業ではかなり存在すると聞くが、このようなケースで本判決のように判断されるとすると、融資を受けたい中小企業が、譲渡禁止特約の入っている取引基本契約書があっても、融資を受けたいがために、その存在について、意図的に「ない」と答えることが当然に考えられる。それでもそれを信用して譲渡担保にとって融資した金融機関は、後からこの取引基

本契約書が出てくると、調査義務違反の重過失ということになり、いっぺんに譲渡が無効になり、対抗要件も意味を持たなくなるという結果になる。これが常識的な結果といえるであろうか。また、それをも、銀行は高度な調査義務を課されているのだからという理由で容認せよというのであれば、あらためて、466条2項はそのような理不尽な結果を招来するような「義務」を課す条文として規定されたのか、と問いたい。

　実際、本判決は、本件の取引基本契約書は先代の代表取締役時代に作られたので現在の代表取締役は失念していたとしても不自然ではないと認定しているのだが、逆に知っていて告げなかった可能性もあるし、そもそも本当に知らなかったのだとしたら、当事者たる会社の現代表取締役が知らなかったものまで部外者たる融資銀行が調べる義務があるのかが問われよう。そして、仮に欺罔の意図はなかったとしても、譲渡禁止特約の一方当事者である被融資者が契約書が存在しないと答えて結果的に融資をさせておいて、融資後倒産した段階でこの禁止特約のある契約書を、被融資者の側の者（ここでは破産管財人）が持ち出して逆転することに何らか信義則違反の要素はないのか、と問いたい（ちなみに本件契約書は、判決文によれば、破産管財人の調査指示によって捜索され、まずB商事にあることがわかり、その後A社からも発見されたが、「本来保管されるべき場所に保管されていなかったため容易に発見されなかった」とのことである）。

5　参考裁判例

　この点、東京地判平成13・3・13（金法1626号142頁）では、類似の事案（債権譲渡と差押えが競合して供託金還付請求権確認の争いとなったもので当該債権に譲渡禁止特約が付されていたという事案）について、「本件各契約時ないしその後の債権譲渡通知時まで、訴外S（譲渡人）の代表者ほかの者が原告（譲受人）らの担当者に訴外P（第三債務者）への売掛金債権につき基本契約に基づく譲渡禁止特約がなされていることを告げた経緯は窺われず、原告らが訴外P（第三債務者）に右特約の存在につき悪意であったものとは認められない」「原告らは本件契約（略）の対象として合意する債権につき、問題のある債権かどうかという形で訴外Sに確認しており、相手先のPに確認を取

らなかったことが重過失であるとまではいえない」として、譲渡禁止特約の存在は原告らが訴外Ｓから譲り受けた訴外Ｐへの本件債権の取得にとって障害とはならない、と判示している。この判断（つまり譲渡禁止特約の存在は、特約の当事者たる譲渡人が譲受人に告げて譲受人を悪意にするものであり、譲受人は第三債務者に確認を取らなくても重過失にならない）は、私見が上述してきたところよりすれば、まさに正当といえる。[6][7]

6　債権譲渡特例法登記により対抗要件を具備した場合の、第三債務者への調査と重大な過失の関係

加えて本判決は、「Ｘ銀行としては、取引基本契約書から譲渡禁止特約の有無を確認できなかったとしても、Ａ社をして、Ｂ商事に対し取引基本契約書の有無を確認するよう依頼したり、Ａ社とともにＢ商事と交渉して、本件債権譲渡について同社の承諾を得るよう努力することも可能であったというべきであるが、Ｘ銀行は、そのような調査を行っていない」と述べ、これを重過失認定の一要素としているが、この点も私見は強く反対する。かりに本判決のいうような「調査義務」が課されるものとしても、それはこの譲渡禁止特約の一方当事者である譲渡人に問い合わせれば足りるのであって、他方当事者である第三債務者にまで確認しなければならない理由はなく、それをしなければ重過失判断に影響するというのは行きすぎである（上記参考裁判例の判断の通りである）。

さらにそのことは、重大な問題を派生させる。本件では、債権譲渡特例法登記で第三者対抗要件を得ている。債権譲渡特例法の登記制度は、本来、個別通知の煩瑣を避ける等の理由から、第三者対抗要件と債務者対抗要件とを切り離し、第三債務者に譲渡の事実を知らせずに第三者対抗要件を具備できるようにするところに立法のひとつの狙いがあったものである。[8]したがって、この制度では本来、債権譲渡登記をしようとする譲受人は、譲渡禁止特約の存在の有無を譲渡人に確認することはあっても、第三債務者に確認することは想定されていないのである。そのことからも明瞭なように、債権譲渡登記自体の有効性は、譲渡禁止特約の調査の有無とは関係がない。結果的に、債権がその性質上移転できないものであったり、譲渡禁止特約の対抗を受ける

場合であって、譲渡が無効とされれば（この点は後述Ⅳでさらに正確に述べるが）、その結果債権譲渡登記も実質のない権利移転を登記したものであって無効となるだけのことである（なお、念のために付言すれば、債権譲渡登記そのもので得られる対抗要件は、あくまでも対第三者対抗要件のみであり、いわゆる対債務者対抗要件（私見の採用する用語でいえば対債務者権利行使要件）を得るためには、さらに同法2条2項【追補、現行動産債権譲渡特例法では4条2項】の定める、登記事項証明書を付した通知を必要とするのであって、この通知がなされた時点ではじめて債務者は譲渡の事実を公的に知り、譲受人は債務者に権利行使（弁済請求）が可能になるという構成である）。

その点からも明らかに理解されるように、債権譲渡について従来の民法467条の対抗要件を具備する場合には、債務者に対する通知ないし債務者による承諾を得るということで、譲受人としては債務者との接触を早期に取るのが通常であったが、債権譲渡特例法施行以降は、譲渡人として、債務者の接触するのは2条2項通知の必要性が生じて初めてということが逆に通常である（それまでは譲渡人に引き続きの債権回収を委託する形態が一般であるのは周知のとおりである）。したがって、譲受人の重過失判断にあたって、債務者との接触の程度の問題を、1つの判断要素として、特例法施行の以前と以後で同様に評価することはそもそも適切ではない（もともと、第三債務者に接触・確認しなかったことによって譲受人の重過失が認定されるという性質のものではないというべきであったものが、特例法制定以後は、それがより明瞭になったといえよう）。

それなのに、もし本判決の論理が通ることになれば、譲受人は譲渡人に確認しただけでは足りず、第三債務者にも確認しなければならないことになる。こうなると、本来債権譲渡登記は第三債務者に知らせずにできるという利点があるものであるのに（この方策には信用不安を惹起させない等の実利もある）、譲渡人に確認して債権譲渡登記をしても、なお第三債務者からの禁止特約の主張で、重過失が認定されて譲渡は容易に無効とされ、その結果債権譲渡登記も無効となる。これは、特例法登記の信頼性を大きく損ねることにつながろう。

1）　本判決についての解説・評釈等として、友納治夫・曹時25巻12号（1974）170頁、野村豊弘・昭48重判解54頁、寺田正春・判評184号（1974）18頁、奥田昌道＝安永正昭＝池田真朗編『判例講義民法Ⅱ債権』（悠々社、2002）78頁〔池田真朗〕等。
2）　東京高判平成8・11・27金判1045号13頁は、譲受人が譲渡禁止特約の記載のある賃貸借契約書の写しを渡されていたとした上で、仮に渡されていなかったとしても、近時の貸室の賃貸借契約においては、保証金返還請求権につき譲渡禁止の特約がなされるのが通常として、重過失ありとしたものである（第一審の東京地判平成8・3・19金法1467号35頁も同旨）。
3）　経済産業省中小企業債権流動化研究会最終報告書（2001）59頁。なお、この研究会の座長は筆者が務めた。
4）　司法研修所民事裁判教官室『類型別要件事実』124～125頁。
5）　たとえば、大江忠『要件事実民法㈣〔第2版〕』（第一法規、2002）115頁は、「判例は、債権譲渡の効力を争う者にこの特約についての債権譲受人の悪意または善意の場合の重過失の主張・立証責任を負わせている」とし、さらに、その特約についての善意の立証を譲受人側に負わせるという異説（岩松三郎＝兼子一『法律実務講座民事訴訟編』4巻〔有斐閣、1961〕118頁。この場合は再抗弁という構成になるか）に対しても、「しかし、本条1項の定めるとおり、債権譲渡は自由であることが原則なのであるから、判例の見解を取るべきであろう」と述べている（大江・同書116頁）。
6）　浅井弘章「平成15年判決紹介」銀法632号（2004）66頁も、「この東京地裁判決と対照しても、本判決の上記判断は疑問である」と述べている。
7）　なお、もう1つ、本件と非常に類似する「金融機関が債権譲渡を受けたが、譲り受けた売掛金債権につき譲渡禁止特約が付されていた場合において、金融機関の従業員が債権譲渡人に契約書の提示を求めながら、これを果たせず、債務者に問い合わせなかった」という事例があり、その同一事例で2事件があって、高裁の判断が重過失なし（東京高判平成11・6・15）と重過失あり（東京高判平成12・12・26、原審東京地判平成12・5・25（判例マスター収録）は重過失なし）とに分かれているとの情報を得た。本判決と対比し分析するべきものであろうが、両控訴審判決（未公刊）を未見のため、詳細の言及は避ける。
8）　法務省民事局参事官室第4課『Q＆A債権譲渡特例法〔改訂版〕』（1998）1頁、209頁等参照。

Ⅳ　いわゆる物権的効力説への疑問

　なお、実際の紛争解決にあたっては、さらに、譲渡禁止特約が付された債権を譲り受けた譲受人に仮に重大な過失があったとして、その場合に債権譲

渡契約が無効となるか否かの問題までを検討する必要がある。譲渡禁止特約の効力がいわゆる物権的効力か債権的効力かの問題である。つまり、仮に譲受人に重過失があったとしても、債権的効力説であれば、当該債権は譲受人に帰属するものと考えられるのに対し、物権的効力説であれば、当該債権が本件で言えば破産管財人及び差押債権者のものとなるからである。

　近時の学説は債権的効力説が増えてきており、筆者もこれに賛同するが、判例は現段階では物権的効力説に立っていると理解される（大判大正14・4・30民集4巻209頁、大判昭和6・8・7民集10巻783頁）。ただし、実は過去に債権的効力説に立っているとみられる判例もある（東京控判大正2・12・14新聞919号25頁、大判昭和9・3・29民集13巻328頁）。

　物権的効力説によると、特約により当該債権は当然に譲渡性を失い、その譲渡は無効となるが、特約を知らない第三者に対しては譲渡禁止による譲渡性の欠如を対抗することができないものとなる。したがって、上記の判例法理を物権的効力説であるとして、それに従えば、譲受人に466条2項の悪意と同視しうる重大な過失があった場合には、債権譲渡は無効となると考えられる。そして、債権譲渡特例法は、譲渡禁止特約について格別の手当てはしておらず、現行の民法規定およびその解釈がそのまま適用されるということになる[9]。したがってこの場合は、譲渡が無効なので、その無効な権利移転を公示した当該債権譲渡登記も無効、という結論になろう。

　ただしこの物権的効力説の結論には問題が多い。一例を挙げれば、譲渡禁止特約付きの債権が悪意者Cに譲渡され、さらにCから善意者Dに譲渡されたという場合、物権的効力説では、Cへの譲渡が物権的に無効なのであるから、Dには債権は移転しないはずである。けれどもこの結論は、民法466条2項の文言通りの解釈としては不当であろう（なお、先にも述べたとおり、国際的には民法466条2項のような明文規定を持つ国はごく少数であり、したがって、この物権的効力説のような結論に至る可能性のある国もそもそもごく少数しかありえないことも指摘しておく必要がある）。さらに、譲渡禁止特約のある債権が譲渡され、後に債務者が譲渡を承認すると、判例は、譲渡は譲渡時に遡って有効となるとしているが（最判昭和52・3・17民集31巻2号308頁）、承認時と譲渡時の間に差押債権者などがいた場合には、その者を無権代理の追認の規

定である116条を用いて保護するとしている（最判平成 9・6・5民集51巻 5 号2053頁）。しかし、（結論の妥当性はともかくとして）本来、譲渡禁止特約のある譲渡が「物権的に」無効であるのなら、それが追認された場合は、民法119条の規定によって、追認されたときから新たに有効となるべきものという見方もでき、この点も物権的効力説は説得力のある説明を用意する必要がある（民法116条は、もともと契約自体としては有効であるものを追認して効果を遡及させるという規定であるから、次の債権的効力説のほうにより親和的であろう）。一方債権的効力説に従えば、（学説のそれぞれに若干の違いがあるものの）禁止特約は特約の当事者間で相対的に譲渡しえない債権を創出するにとどまり、特約違反の譲渡も対外的には有効ということになる。ただ、債務者は、悪意の譲受人に対し、譲渡無効または悪意の抗弁を主張することができるにすぎない[10]。したがって、前例の善意者Dは全く問題なく債権を取得するし、本事案に則していえば、重過失がある譲受人であるとしても、譲渡そのものは有効なのであるから適法に具備した債権譲渡登記等の第三者対抗要件も有効であり、特約違反の効果は、上記のように債務者に悪意の譲受人に対する抗弁権を発生せしめ、後は特約に基づく当事者（債務者と譲渡人）間の損害賠償の問題に帰するということになる[11]。

　ここでは、物権的効力説か債権的効力説かの本格的な議論をする余裕はないが、なお付言すれば、実際に本件での譲渡禁止特約は、そもそも物権的な効力を与えることが適切かどうか、疑問もあるものであることを指摘しておきたい。筆者が関係者から入手しえた本事案の乙第23号証のA社とB商事との間の取引約定書（平成 8 年 1 月30日締結）第 9 条（禁止事項）は、「下記の取引約定に違反があった時は、互いに損害賠償の請求、契約の解約が出来るものとする」として、その②に「乙は甲に対する商品代金その他の債権を第三者に譲渡し、又は担保に供することはしない」とある。その他本取引約定書に類似の規定は見当たらないところから、これが、本件における「譲渡禁止特約」であると認められる。つまり、本件取引約定書においては、乙すなわちA社が甲すなわちB商事に、他への譲渡や担保差し入れをしないと約し、その違反があったときの効果は損害賠償か契約の解除であると定めているのである。これは、まず契約の文言解釈からすれば、本件譲渡禁止特約違反の

効果が当事者間の債権的効力であることを明示しているものと読むべきものであり、「乙は商品代金その他の債権を第三者に譲渡し、又は担保に供してはならない」という約定（これならば明らかに譲渡禁止特約である）とは明らかに異なるというべきである。そうすると、この約定から、乙すなわちＡ社が違反したＸ銀行への債権譲渡の効果を物権的に無効とする結論を導くのは、適切ではないのではなかろうか（さらに、当事者の行動の合理的解釈からしても、同様の結論が導ける。本件譲渡禁止特約の一方当事者であるＢ商事は、２条２項通知の到達後も直ちにＸ銀行に譲渡禁止特約の存在を伝えておらず、後に供託をした。確かに供託書（甲第11号証）中では譲渡禁止特約の存在をうたっているようで、Ｂ商事が供託に際して譲渡を承諾したとの評価をすることはできないようであるが（ちなみに前掲最判平成９・６・５では供託によって譲渡を承諾したと認定されている）、供託で処理したということは、譲渡されることに特段の不利益がなかったということであろう。本件の譲渡禁止特約に利害関係を持っているのは、債務者ではなく、譲渡人の破産管財人や譲渡人の差押債権者であることを再度注意しておきたい）。

9) 法務省民事局参事官室・第４課・前掲注８）29頁参照。
10) たとえば、榎本恭博「譲渡禁止特約のある指名債権の譲渡と右債権の差押――最判昭和52・３・17をめぐって」NBL143号（1977）13頁。
11) なお、これまで債権的効力説と評価される学説には、古くは杉之原舜一「判批」判例民事法大正14年度155頁、近藤英吉＝柚木馨『注釈日本民法債権編総則中巻』（厳松堂書店、1937）364頁、近年は前田達明『口述債権総論〔第３版〕』（成文堂、1993）400頁、秦光昭「判批」金法1368号（1993）28頁、清原泰司「判批」判評472号（1998）184頁などがあり、筆者も池田真朗「判批」金法1499号（1997）21頁で債権的効力説に賛同している。

Ⅴ　おわりに

最後に、本件は、既に控訴審判決（大阪高判平成16・２・６金法1711号35頁）が出され、その控訴審においても、第一審以上にＸの特例法についての誤認を強調し、Ｘの契約書確認は譲渡禁止特約の確認とは認められないとしてＸ銀行の重過失を認めていることを付言しておく（Ｘより上告受理申立中とのこと

で、最高裁の適切な判断が望まれる）。

第2節　債権譲渡禁止特約の存在を知らなかった譲受人に重過失があるとした原判決につき上告棄却・不受理決定がされた事例
――最一小決平成16年6月24日金法1723号41頁

I　問題の所在と原審の事案の概要

　本節は、前節の評釈で扱った事案の第二審および最高裁決定についての評釈である。したがって、問題の所在と事案の概要については、前章と重複する部分を省略して、最高裁決定に至るまでの部分のみを抄録する。
　ちなみに本件事案については、第二審以降とくに付加された争点もない。
　原審（大阪高判平成16・2・6金法1711号35頁）は、第一審（大阪地判平成15・5・15金法1700号103頁）とほぼ同様の論旨で、X銀行が本件譲渡禁止特約の存在を知らなかったことに重大な過失があるとして、X銀行の本訴請求を棄却し、Y₁が供託金還付請求権を有することを認めた。その要旨は以下の通りである。
　①　控訴人は、破産会社（A社）に対し高額の融資を行ったものであり、A社のB商事に対する売掛債権がその唯一の担保であったのであるから、銀行である控訴人としては、上記売掛債権の譲渡を受けるに際し、高度な実務上および法律上の専門的知識・経験ならびに高い調査能力を駆使し、X銀行が売掛債権を担保として確実に確保し得るよう万全の措置を取るべきである。
　②　控訴人が上記融資の担保としたA社のB商事に対する売掛債権には本件譲渡禁止特約が付されていたところ、控訴人は、結果的に、同特約の存在を看過したまま本件債権譲渡を受けた（この点、第一審では、「X銀行は、債権譲渡担保契約を締結するに先立ち、譲受債権に関する取引契約書の有無をA社

の代表取締役に確認したが、その確認は譲渡禁止特約の有無の確認を目的とし、A社の代表取締役にその旨を明示した上での確認とは認められず、譲り受ける売掛債権を特定するためやB商事との取引条件等を確認することを目的としたものに過ぎなかったというべき」としていた)。

③　X銀行としては、A社に対して、譲渡禁止特約の有無につきB商事に対し照会してもよいかとの打診をしたり、B商事の承諾書を入手するようにとの指示を与えたりもしていない。

④　仮にXがA社代表者に対し取引基本契約書の有無を口頭で確認し、これを同人から強い口調で否定されたというような事実が認められるとしても、取引基本契約書が存在しないとの回答のみをもって直ちに譲渡禁止特約の特約も存在しないと即断することははなはだ軽率である。

⑤　結局、控訴人は、銀行としての高度な専門的知識経験および調査能力に照らして要求される最低限度の注意を払い、譲渡禁止特約の有無という債権譲渡担保を行う際の基本的かつ初歩的な事項について正しく理解をすれば、これを確認調査することが容易であるのに、上記事項について正しい理解を欠いたため、必要な確認調査を怠り、本件債権譲渡を受けたものである。

以上を受けてXより上告。

II　本決定の内容

Xの上告に対して最高裁は、①本件上告理由は、実質は事実誤認または単なる法令違反を主張するものであって、明らかに民事訴訟法312条1項または2項に規定する事由に該当しない。②本件申立ての理由によれば、本件は、民事訴訟法318条1項により受理すべきものとは認められない、として上告棄却、上告申立て不受理とした。

III　私見による検討

1　本決定の評価

本決定は、結局、債権譲渡特例法登記をすれば譲渡禁止特約の問題は起こ

らないと誤解していたX銀行のミスをあまりにも初歩的と見て、重過失判断をした原判決を維持したものとして納得せざるを得ないのかも知れない。しかし、重過失を認めた原判決の、譲受人に「調査義務」を課すごとき論理には、実務への影響の問題を措いて学理的に見た場合にも重大な疑問があり、上告棄却・不受理という本決定が、その原判決の論理を肯定した形となったことはきわめて遺憾である。第一審判決についての詳細な評釈は前節に掲げたところであるので（初出判タ1150号87頁以下）、ここでは上の点を中心に再論する。

2　判例のいう重過失と「公知性」の論理

　譲渡禁止特約について、法文にない「重大な過失」（それを悪意と同視する）という基準を取り込んだのは、前掲の最一小判昭和48・7・19である。同判決以前には、悪意の立証責任は譲渡の効力を争う債務者側にあるとした大判明治38・2・28民録11輯278頁があるのみである。

　昭和48年判決の第1のポイントは、「重大な過失は悪意と同様に取り扱うべきものである」という点にあるが、第2にその重過失の認定にあたっては、銀行預金債権に譲渡禁止特約が付されていることについての「公知性」を根幹の理由としている。

　この点、昭和48年判決は「譲受人に重過失がある場合の債権譲渡の効力につき一般的な法理を示したものであり、銀行預金に限定した判例ではない」として、売掛債権か預金債権かは重要な相違とはならないと言うものがあるが（金法1723号43頁コメント）、昭和48年判決は、銀行預金だから譲渡禁止特約のあることに公知性がある、として、そこから重過失の可能性を導いているのである。その論理操作を無視するのは、いささかミスリーディングであろう。つまり昭和48年判決は、たとえ銀行預金ケース限定ではなくても、禁止特約の存在につき公知性のある債権を対象とした論理で書かれていると読めるのである（もしそう読まない場合は、後述のように個別に重過失の総合判断をする基準が改めて問題となる）。

3　売掛債権の場合の公知性の有無

　公知性を重視した場合、原審判決には大きな問題が生じる。一般の売掛債権の場合については、昭和48年判決が銀行預金債権について言うような譲渡禁止特約の存在についての公知性は存在しない。前節でも述べたように、最近の中小企業庁の調査では、社数にして約18％の企業が、調達額に換算して約45％の取引について、譲渡禁止特約を用いたことがあるという。A社と同じ卸売業に限定した場合は、譲渡禁止特約を用いている会社は社数にして12％、金額ベースで14％に過ぎない。[12] 原審判決は、「小売業における売掛債権につき譲渡禁止特約が付されることも決して少なくない」と言うが、それでは公知性の認定には決してならないのはもちろんである。

4　重過失と「調査義務」

　公知性も１つの判断要素に過ぎず、種々の要素を総合して個別に重過失を判断すべきとした場合には、立証の内容と基準が問題となる。この点、原審判決は「控訴人の譲渡禁止特約の有無に関する調査義務」という表現を用いて、その「調査義務」が尽くされなかったことを重過失としている。しかし、第１に昭和48年判決は、公知性から重過失を示唆しており、譲受人の「調査義務」を問題にしてはいない。第２に、前掲明治38年判決も述べる通り、466条の構造からして、法文が性質上譲渡性を一般的に承認する債権について当事者がそれと異なる譲渡禁止の特約を定めてもその特約は善意の第三者に対抗できないのであるから、いわゆる「合意の相対効」の法理から考えても、本来、当事者はその法の原則と異なる内部的特約を、第三者に了知可能にして対抗し得る筋合いのものであって、譲受人たる第三者の方から、（安全に譲り受けたければ「調査すべき」ではあろうが）禁止特約の有無を「調べなければならない」ものではないはずである。

　それゆえ、容易に知り得たものを知ろうとしなかったという意味で重過失が認定される場合があるとしても、この譲渡禁止特約の場合の重過失判断の基礎に、一般論として譲受人の積極的な「調査義務」が措定されるのは不当と言わざるを得ない。それであるのに本判決は、「A社のB商事に対する売掛債権について、その性質から当然に譲渡禁止特約が付されないことが通常

であるとまでは言えず、控訴人の譲渡禁止特約の有無に関する調査義務の程度を軽減させるものとはいえない」という、全く公知性の要件を逆転させた論法で、調査義務が軽減されないという帰結を導いている。これは、私見では前掲昭和48年判決の曲解ないし論理のすり替えと思えるのであるが、そうでない（昭和48年判決は調査義務も重過失判断の要素としている）というのであれば、改めて民法466条2項の解釈問題が生起しよう（重過失をもって条文にいう悪意と同視するというよりも、実質的に善意無過失という要件に接近してしまうからである）。

5　原審判決の義務構成の批判

　つまり、もし譲受人が取引の専門家である等の理由から「調査義務」が課されると前提しても、民法解釈上の一般論として、通常の調査義務違反の評価は「過失あり」であって「重過失あり」ではないはずである。それを重過失に高めるには、何らか別の評価要素が加わらなければならない。この点、原判決は、前掲引用のように、銀行に高度な注意義務水準を課して、単純ミスを重過失に取り込む論理を取っているように見える。

　しかし、大阪地判平成10・6・29（TKC法律情報データベースLEX／DBインターネット28050553収録）は、譲渡禁止特約の不知が争われた事案（請負代金債権が対象で、譲受人は商社）で、公知性を否定した上で、筆者が上に示した通りの論理構成で過失はあるが重過失はないとの判断をしている（「原告は日本の代表的商社で、一般人に比較すると数段高い知識と経験を有しているが、なお重過失とはいえない」という）。さらに、大手商社が売掛金債権の集合債権譲渡担保を取得した際に、譲渡人に問題のある債権かどうかを確認しただけで譲り受けたケースで重過失を否定したものもある[13]。一方、ファクタリング会社に重過失を認めた東京高判昭和63・6・27（判時1283号103頁）は、4会連合約款による建設請負代金債権における譲渡禁止特約の存在の公知性を理由にしている[14]。そのような先行裁判例からすると、公知性のないケースでの本件原審判決の判断には異論もあろう。

　また、上記大阪地判・東京地判などと原審判決を比べれば、商社と銀行とでは注意義務の要求水準が異なるということにもなるかも知れないが、おそ

らく原審判決は、自覚的にそのような差別判断をしたわけではなく、本件はあまりにも初歩的なミスと言いたかっただけではなかろうか（最高裁も、受理したところで最終的な結論は変わらないと判断したのではなかろうか。しかし、これが判例と相反する判断や法令の解釈に関する重要な事項を含む事件に当たらないのか、大いに疑問である）。

そうであれば、目くじらを立てて論じても仕方がないのであるが、ただ結局取引実務の現場では、最高裁に是認された形になった原審の論理構成を今後の取扱い上意識せざるを得ない[15]。これが、都市銀行等の売掛債権担保融資の進展を妨げる可能性はもちろんある。

原審判決には実務感覚からして違和感があるのも当然であろう[16]。

6　総合判断による重過失認定

重過失を特約の公知性の有無のほかに債権の性質、譲受人の職業、譲渡禁止の理由・目的等々を総合して判断するのであれば、譲受人の調査確認態様からの分析も傾聴に値する[17]。さらに、譲渡禁止特約の締結目的も問題にされるべきである。本来、これは債務者の利益のために結ばれるものであろう。しかし本件では、債務者は債務額を早々に供託しており、譲渡禁止特約を主張したのは、融資を受けた（第一審認定では取引約定書の存在を否定した）譲渡人の、破産管財人である。譲渡禁止特約のこのような主張のされ方にも強い疑問があることを付言する。

12)　経済産業省中小企業債権流動化研究会最終報告書（2001）59頁。
13)　東京地判平成13・3・13金法1626号142頁。池田秀雄・本件原審評釈銀法636号（2004）42頁は、この判決と原審判決はやはり基本的な部分で整合しないと指摘する。
14)　判例分析の詳細は、池田真朗、池田秀雄の各評釈、および浅井・後掲・注17) 11頁参照。
15)　「最新金融判例に学ぶ営業店OJT」金法1712号（2004）86頁参照。
16)　たとえば池田（秀）・前掲注13）評釈参照。
17)　浅井弘章「売掛債権譲渡に関する譲受金融機関の注意義務」金法1712号（2004）8頁以下。この基準によると、本件は第一審と原審とで類型が異なることになる。

第3節　債権譲渡禁止特約に関する譲受人の悪意・重過失の否定例
───売掛債権譲渡担保契約の譲受人金融機関に譲渡禁止特約の存在についての悪意・重過失が否定された事例（大阪地判平成17年11月30日金法1795号62頁）

I　はじめに

　筆者は、かつて本件とまったく同一の主題を扱った判例について評釈を書いた。第一審大阪地判平成15・5・15金法1700号103頁、第二審大阪高判平成16・2・6金法1711号35頁、上告審最一小決平成16・6・24金法1723号41頁がそれである。この裁判では、債権譲渡担保契約に基づいて売掛債権の譲渡を受けた金融機関に、譲渡禁止特約が付されていたことについて重過失があったとされた。この事案では、金融機関の担当者が、融資契約交渉の当初、債権譲渡特例法登記をすれば譲渡禁止特約の問題は起こらないと誤解していたようであり、筆者は、最高裁の結論は結局、その銀行側のミスをあまりにも初歩的と見て、重過失判断をした原判決を維持したものとして納得せざるを得ないのかもしれないが、しかし、重過失を認めた原判決の、譲受人に「調査義務」を課すごとき論理には、実務への影響の問題はもちろん、それを措いて学理的に見た場合にも重大な疑問があり、上告棄却・不受理という決定が、その原判決の論理を肯定した形となったことはきわめて遺憾、と記述した。

　今回、地裁の裁判例であるが、上記判決と同じ大阪地裁で、私見によれば当然の結論なのではあるが、正しい方向性を示したと考えられる判決が出た。以下に紹介し検討する。ただし、後述するように、本節では、譲渡禁止特約の効力論には触れる余裕がない。本件の問題についていわばピンポイントで論じることには、いろいろ限界もあると考えられることをあらかじめ留保し

ておきたい。

18) 第一審判決評釈、池田・判タ1150号（2004）87頁以下（本章第1節）、最高裁決定評釈、池田・金法1748号（2005）34頁（本章第2節）。
19) 池田・前掲注18)金法1748号35〜36頁（本書228頁）。
20) 悪意・重過失の有無の認定については、裁判例はこれまでもケースによって分かれている。類型別に詳細な整理を試みた論考として、浅井弘章・前掲注17)8頁以下があり、参考になる。

II　事案の概要と判旨

1　事　実

　A社は、文房具などの小売販売を業とする株式会社であったが、平成14年6月に、売掛債権担保融資保証制度（中小企業が売掛先に対して保有し、ないし将来保有する売掛債権を担保として金融機関が融資を行う場合に、信用保証協会が90％の部分保証を行うという制度。平成13年12月に創設）によって、Z信用保証協会より保証を受けた上でA社のB社らに対する将来にわたる売掛債権を譲渡担保としてY銀行から融資を受けた。この債権譲渡担保契約においては、Y銀行とZ信用保証協会とが（以下、本評釈では、判決文にならい、この両者を「Y銀行ら」と呼ぶ）上記制度の規程に基づき債権を準共有し、Y銀行らは、その旨を含めて、当該債権譲渡担保について、平成14年7月9日に、債権譲渡特例法（現在では動産債権譲渡特例法）による債権譲渡登記をして第三者対抗要件を具備している。しかるにA社は平成16年10月に手形の不渡りを出し、同月29日に破産宣告を受け、Xが唯一の破産管財人に選任された。B社ら債務者は該当する売掛債権について供託したため、Xは、Y銀行らおよび他の債権者C・Dらを被告として、供託金還付請求権を有することの確認を求めて訴を提起した（甲事件）。これに対して、Y銀行が、Xおよび他の債権者C・Dらを被告として、同様に、供託金還付請求権確認の反訴を提起した（乙事件）のが本件である（Z信用保証協会は、甲事件の被告の1人であるが乙事件の原告には加わっていない）。

　しかし債務者のうちB社に対する売掛債権については、譲渡禁止特約が付

されており、Xは、Y銀行らは上記特約の存在につき悪意・重過失があるので、Y銀行らへの債権譲渡は無効である旨主張した。ちなみに、譲渡禁止特約が付された売掛債権は、本来、売掛債権担保融資保証制度の規程によって同制度の対象から除外されている。したがって本件では、この譲渡禁止特約の存在とそれをY銀行らが知らなかったことについての悪意・重過失の有無が争点になった。

2　判　旨

　請求一部認容（確定）。XのC・Dらに対する還付請求権は確認し（C・Dらに関しては、彼らに対する債権譲渡が旧破産法72条2号によってXの否認権行使の対象となり債権譲渡が効力を失うとされた。この点については特段の問題点はないので以下の評釈では省略する）、XのYらに対する請求は棄却。YのXに対する還付請求権を確認した（以下、判決の中心部分を評釈の便宜のため①から④の記号を付して引用する）。

　①　「本件債権譲渡に当たって、a（A社の代表者）は、被告Y銀行らに対し、Bとの間に譲渡禁止特約や取引基本契約書は存在しない旨の説明を口頭及び書面でしている。そして、当時、A社には、過去10年以上にわたって支払の遅滞がなく、経営状況が決算書上特に悪化していたわけでもなかったのであるから、被告Y銀行らにおいて、aがあえて事実と異なる説明をするとは考え難い状況にあり、aの説明を信用したからといって、Y銀行らに落ち度があるとはいい難いし、そもそも、a自身、当時はこれらは存在しないものと思っていたのであるから、Y銀行らにおいて、aの言動から不審な点を見出すことは不可能であったといってよい。」

　②　「aは、B社らに対してA社の信用不安が広がらないようにするために、あえて、債権譲渡担保の連絡が行かない方法を選択したのであるから、Y銀行にとってB社が融資取引先であることは、両社が同じ○○グループであることや、Y銀行が大企業であることなどを考慮しても、Y銀行らにおいて、aの意向に反して、B社に対し、譲渡禁止特約や取引基本契約書の有無を照会することは、事実上不可能であったといえるし、中小企業の経営支援という本件制度（売掛債権担保融資保証制度）の趣旨などに反することにもな

りかねず、これをすべきであったということはできない。」

③　「そして、その他、本件債権譲渡に当たって、Y銀行らにおいて、本件特約の存在を特に強く疑うべき事情が存したとは認められない。」

④　「これらの事情を総合的に考えると、Y銀行らに、本件特約の存在につき、悪意はもとより、重過失を認めることもできないというべきであり、本件の全証拠によっても、これを認めるに足りない。」

III　評　釈

1　民法466条の基本的解釈と譲受人の「調査義務」の否定

　評釈としてはいささか異例であるが、最初に私見における民法466条の基本的な解釈論を提示しておく。民法466条は、その1項本文で「債権は、譲り渡すことができる」と、債権の譲渡性を原則としてうたっている（同項但書で、「ただしその性質がこれを許さないときは、この限りでない」としているが、本章が扱う一般の売掛債権等では、この限定は考慮する必要がないことはいうまでもない）。そして2項で、「前項の規定は、当事者が反対の意思を表示した場合には、適用しない。ただし、その意思表示は、善意の第三者に対抗することができない」と規定しているのである。したがって、本来債権に備わっている譲渡性を、当事者の譲渡禁止特約で排除できることにし、その排除は、特約を知らない「善意」の第三者には対抗できない、というのであるから、一般的に理解すれば、2項本文は、1項で示された債権の譲渡性という原則の例外を規定したものとなる。ただ、若干慎重に議論すれば、解釈論の最初のポイントは、この1項と2項の比重をどうみるかにかかる。つまり、1項の譲渡性の承認を文字通り大原則と評価するか、譲渡性はあるがそれは当事者が排除できる程度のものであると1項と2項を同等に近く評価するか、である。私見は、過去の論考で分析したように、立法段階で起草者が1項を原則として立ててただ各国の近代民法の趨勢を理解しつつわが国の国情に合わせて2項の譲渡禁止特約を規定するとしていたところを積極的に評価して、前者の観点を採ってきた（もっともこの点は、昭和前期くらいまでであるならば、逆に、わが国の国情からして譲渡禁止ができることが重要とされたのだとい

う後者の形の解釈論を採るという主張も理由があったかもしれない。しかしながら、仮にその立場を採る論者であっても、債権譲渡が多く譲渡人の危急時になされる取引であった時代から、正常業務の中の資金調達手法として広く行われるように質的変容を遂げた[23]今日では、解釈論の前提となる社会的基礎が変化しているのであって、私見のように譲渡性を大原則と認めざるを得ないのではないかと考える）。

そうすると、2項の譲渡禁止特約は、法の定める原則に反するルールを当事者が定めるものであって、譲渡禁止特約の存在は、債権譲渡の効果の発生障害事由と位置づけられ、その特約の主張・立証責任は債権譲渡の効力を争う側にあることになる。この点には異論がなかろう[24]。

さらに、2項但書の、譲渡禁止特約は善意の第三者に対抗できないという部分についても、私見では、そもそも法の定める原則に反するルールを当事者が定めたのであるから、本来その譲渡性の排除は、（一般的な自由合意の領域での特約の第三者対抗の問題となるというよりも）認識のない第三者には対抗し得ず、それゆえ、保護される第三者の要件として条文が定めるのは「善意」のみであって「無過失」は要求されていないことも私見では当然なのであり、さらに第三者の悪意の主張・立証責任は当然特約の当事者側（正確には債権譲渡の効力を争う者）にあることになる。そしてこの主張・立証責任の点は、判例（大判明治38・2・28民録11輯278頁）[25]でも司法研修所の教本でも、同じく債権譲渡の効力を争う者にあるとされているのである[26]。[27]

ちなみに、私見は、この段階では、譲渡禁止特約という特約それ自体の効力制限を論じるものではなく（それについては後掲の最近の学説等も検討した上で改めて論じたい）、現行法においてその特約が第三者（譲受人）に対して効力を持つための要件論を考えている。私見では、それにはまさに第三者の認識が必要なのであり、つまり、（この点は異論もあろうが）禁止特約をした当事者のほうが他者に知らしめるべきものとまでいってもよいはずのものと考えている（したがって私見では、この、契約当事者側のいわば「知らしめるべき義務」を問わなくてもいい論理が、後述の判例法理における特約の「公知性」「周知性」の存在ということになる）。

さて、2項但書の、保護される第三者の要件として条文が定めるのは、

「善意」のみであって「無過失」は要求されていない点について、かつて一部の学説には、この条文を、表見的なものの信頼を保護して取引の安全を図る制度として説明したもの（我妻説）もあった。つまり、譲渡禁止特約がないという外観を「善意無過失」で信頼した譲受人は、譲り受けることができる、というのである。しかしこれは、債権の原則としての譲渡性をはなはだしく軽視し、上記の原則と例外を逆転させた誤った解釈である。近代民法における債権は、本来、譲渡可能と個別の外観を無過失で信頼して初めて譲り受けができるというものではないのである。

もっとも、判例は、昭和48年の判決において、銀行預金に譲渡禁止特約が付されていることは周知の事実であるとして「重過失は悪意と同視すべきもの」という基準を定立し（最一小判昭和48・7・19民集27巻7号823頁・判タ301号170頁）、これが今日の確立した判例法理となり、また学説の多数説の支持するところとなっている。私見は、この判決がその後の問題を複雑にさせたという感は禁じえないものの、確立した判例法理としてこの「善意・無重過失」という要件を受容する。ただし、強調しておきたいのは、昭和48年判決は、あくまでも、「悪意と同視しうる重過失」に着目しているのであって、同判決では、譲渡しうる外観への信頼などということを問題にしてはいないのはもちろんのこと、譲受人の調査義務などを論じてはいないということである。

ちなみに今日の通説ないし多数説は、同判決を支持する善意・無重過失説といえそうではあるのだが、この問題については、近時、債権譲渡禁止特約全体について注目すべき業績が現れており、学説動向については、それら近時の業績についての十分な吟味をしてから改めて別稿で紹介と対応を行いたい【補注、ただし最新の状況は、解釈論から立法論による解決に視点が動きつつある。本書第12章参照】。ことに新しい米倉論文は、譲渡禁止特約の効力論（物権的効力説か債権的効力説か）と関連させて一部自説を改めつつ詳細な再検討を行うものであるが、本章では効力論をとりあえず措いて論じざるを得ず、その点の限界をお許しいただきたい。

したがって、本件のポイントにしぼっていえば、私見では、「本来、当事者はその法の原則と異なる内部的特約を、第三者に了知可能にして対抗し得

る筋合いのものであって、譲受人たる第三者の方から、（安全に譲り受けたければ『調査すべき』ではあろうが）禁止特約の有無を『調べなければならない』ものではないはずである。それゆえ、容易に知り得たものを知ろうとしなかったという意味で重過失が認定される場合があるとしても、この譲渡禁止特約の場合の重過失判断の基礎に、一般論として譲受人の積極的な「調査義務」が措定されるのは不当といわざるを得ない」という帰結に至るのである[34]。

2　譲受人側の確認と被融資者側の対応

前掲の本判決要旨①では、本件債権譲渡に当たって、A社の代表者aが、被告Y銀行らに対し、Bとの間に譲渡禁止特約や取引基本契約書は存在しない旨の説明を口頭及び書面でしていることが認定されている。本件は、平成13年12月に創設された売掛債権担保融資保証制度の初期の実施事例であるが、同制度ではそもそも譲渡禁止特約の付された債権は譲渡担保の対象外とするのであるから、Y銀行の行員yがA社の代表者aに譲渡禁止特約の有無を確認した（これも判決が、yは譲渡禁止特約があればこの制度の対象外とaに説明して確認を求めていることを認定済み）のは当然のことである。

ちなみに、譲渡禁止特約や取引基本約定書の確認については、冒頭に掲記した大阪高裁平成16年判決では、「仮に代表者に対し取引基本契約書の有無を口頭で確認し、これを同人から強い口調で否定されたというような事実が認められるとしても、取引基本契約書が存在しないとの回答のみをもって直ちに譲渡禁止特約の特約も存在しないと即断することは甚だ軽率である」という説示があり、第一審の大阪地裁平成15年判決でも、一契約書の有無を尋ねただけでは譲渡禁止特約の有無を尋ねたことにならない（「譲渡禁止特約の存否の確認を意図し、これを目的として明示した上で同人に取引基本契約書の有無を確認したとは到底考えられない」）としている。これらの事実評価に対して私見は大いに違和感を覚えて、「本判決の裁判官は、契約書がなくて譲渡禁止特約だけがある、という事態も存在すると想定しているということなのであろうか」と批判した[36]。

この点本判決では、原告の、上場会社であるB社との力関係や、一般に製

造業では資材調達額ベースで53％の割合で譲渡制限が設けられていることや、A社とB社との間の取引が継続的に行われ、相当額の月商があったことなどを根拠に、Y銀行らは、譲渡禁止特約の存在を予想すべきであったという主張に対して、「取引基本契約書が作成されずに譲渡禁止特約が合意されることは稀であるといえるところ、『文房具などで、取引基本契約まで締結するのかなと思っていた。』というｙの判断が不合理とはいい難い上、契約当事者であるａにおいてすら、取引基本契約書は作成されていないと考えていたのであるから、（中略）譲渡禁止特約の存在を当然予想すべき取引関係にあったということはできず」と、私見にとって非常に納得できる判断をしている。さらに同判決が続けて「なお、ａがその存在を一切告げていない以上、Y銀行らが、ａに対し、インターネット取引に関する契約書〔筆者注、『受発注システムに関する契約書』と称するもので、この条項をみれば取引基本契約書の存在がわかるという〕の提示を求めなかったことに、大きな落ち度があったともいえない」としている部分についても、私見の前述の基本解釈に照らせばまことに適切な判断と評価できる。譲渡禁止特約に関係する資料については、（現在の判例法理に一歩譲っても）融資者側は、自己防衛のために一般に想定される契約書等の確認を求めれば十分なのであって、それ以上の部分は、逆に当事者側から積極的に提示しなければならないはずのものなのである（ちなみに、本判決登載誌のコメントは、「本件判決も、銀行が、売掛債権の譲渡を受けるにあたって、譲渡禁止特約の存否につき一定の調査義務を負うことは、前提にしているものと思われる」としている[37]。その評価自体は誤りではないかもしれないが、本判決は「調査義務」という用語は一切使用していない）。

3　債権譲渡登記の採用と譲受人側の調査範囲

　前掲大阪地裁平成15年判決は、「甲銀行としては、取引基本契約書から譲渡禁止特約の有無を確認できなかったとしても、乙社をして、丙商事に対し取引基本契約書、譲渡禁止特約の有無を確認するよう依頼したり、乙社とともに丙商事と交渉して、本件債権譲渡について同社の承諾を得るよう努力することも可能であったというべきであるが、そのような調査を全く行っていない」と述べ、これを重過失認定の一要素としており、私見はこの点につい

ても前掲評釈で強く反対した（本章第1節220頁以下参照）。その要旨は、

「① かりに本判決のいうような「調査義務」が課されるものとしても、それはこの譲渡禁止特約の一方当事者である譲渡人に問い合わせれば足りるのであって、他方当事者である第三債務者にまで確認しなければならない理由はなく、それをしなければ重過失判断に影響するというのは行きすぎである。

② 本件では、債権譲渡特例法登記で第三者対抗要件を得ている。この制度では本来、債権譲渡登記をしようとする譲受人は、譲渡禁止特約の存在の有無を譲渡人に確認することはあっても、第三債務者に確認することは想定されていない。またそのことからも明瞭なように、債権譲渡登記自体の有効性は、譲渡禁止特約の調査の有無とは関係がない。

③ 債権譲渡特例法施行以降は、譲受人として、債務者に接触するのは2条2項通知（現在では4条2項通知）の必要性が生じて初めてということが逆に通常である（それまでは譲渡人に引き続きの債権回収を委託する形態が一般である）。したがって、譲受人の重過失判断にあたって、債務者との接触の程度の問題を、特例法施行の以前と以後で同様に評価することはそもそも適切ではない（もともと、第三債務者に接触・確認しなかったことによって譲受人の重過失が認定されるという性質のものではないというべきであったものが、特例法制定以後は、それがより明瞭になったといえる）。

④ もし本判決の論理が通ることになれば、譲受人は譲渡人に確認しただけでは足りず、第三債務者にも確認しなければならないことになる。こうなると、本来債権譲渡登記は第三債務者に知らせずにできるという利点があるものであるのに、譲渡人に確認して債権譲渡登記をしても、なお第三債務者からの禁止特約の主張で、重過失が認定されて譲渡は容易に無効とされ、その結果債権譲渡登記も無効となる。これは、特例法登記の信頼性を大きく損ねることにつながろう[38]。」

この点についても本判決は、前掲判決要旨②の部分で、「aは、B社らに対してA社の信用不安が広がらないようにするために、あえて、債権譲渡担保の連絡が行かない方法を選択したのであるから、」と、債権譲渡登記を対抗要件として選択したことを正しく評価し、「Y銀行にとってB社が融資取

引先であることは、両社が同じ○○グループであることや、Y銀行が大企業であることなどを考慮しても、Y銀行らにおいて、aの意向に反して、B社に対し、譲渡禁止特約や取引基本契約書の有無を照会することは、事実上不可能であったといえる」とした。この判断もまことに適切と評価できる。

　繰り返しになるが、今日では、そもそも一般論として、融資者は第三債務者にまで譲渡禁止特約の有無を確認・詮索しなければならない義務はないというべきである。もちろん、沿革的には、債務者に債権の存在を問い合わせて債務者からの回答を得るということで、債務者をいわば生ける公示機関とするのがこの債権譲渡の対抗要件（民法467条）の基本構造と考えられていたのであるから[39]、債務者への問い合わせの際には、債権の存在の確認だけでなく譲渡可能性の確認もなされるべきということがいえたであろう。しかし、前述のように、債権譲渡が正常業務型の資金調達手法として広く行われるようになり、しかも譲渡人の信用不安の惹起をさけるためにことさら債務者に接触しない第三者対抗要件具備方法としての債権譲渡登記が（民法上の確定日付ある通知の代替手段として）制定された以降は、やはり対抗要件の基本構造に一定の変質があったと見るべきであろう。

　こういう解釈を採っても、勝手に譲渡された債務者が不利になるというわけではない。ことに、現在の判例多数説では、譲渡禁止特約のある債権を譲渡した場合、その譲渡は物権的に無効とされるのであるから（物権的効力説。この是非はまた本書第12章で論ずる）、悪意・重過失の譲受人に対しては、譲渡禁止特約は非常に強い効力を保障されているのである。したがって、債務者は、どうしても譲渡されたくないのであれば、譲渡禁止を譲渡人から譲受人に知らしめよ、あるいは、債務者自身において、譲渡禁止特約が存在することを広く公知せしめよ、そして善意の譲受人に譲渡されてしまった場合の損失は、債務者と譲渡人の間で債務不履行責任の追及や爾後の取引関係からの排除等で処理せよ、というのが私見の主張である。もちろん、たとえばネッティングやデリバティブ等の金融取引においては、そのスキームの性質から、譲渡を禁じたり譲渡先を制限したりする必然的な理由があろうが、そもそも一般の大企業が売掛債権等に特段の理由もなく付している譲渡禁止特約においては、知らない譲受人に支払うのが事務的に負担である等の、もっぱ

ら債務者都合によるものが多いことは、中小企業庁のアンケート調査等でも明らかになっている。[40]

4 売掛債権担保融資保証制度との関係

さらに本判決は、前掲判決要旨②の最後の部分で、「中小企業の経営支援という本件制度（売掛債権担保融資保証制度）の趣旨などに反することにもなりかねず、これ（B社への照会）をすべきであったということはできない。」と説示している。これも、まったくその通りではあり、その意味で本判決は売掛債権担保融資保証制度の実務に携わる関係者にとっては、処理基準を示してくれたという意味で有難いものといえよう（担当者は、譲渡禁止特約の付されている債権を担保対象外とする同制度の規程に従い、被融資者たる譲渡人に適切な確認を行えばよい）。もっとも、あえて言を加えれば、中小企業の経営支援のための制度の趣旨に反することになるから、というのは、第三債務者への問い合わせ照会をすべきであったとはいえないということの主たる理由づけになるものなのではなく、それが政策的にも相当という意味での、補強的な論理に過ぎないというべきである。ただ、このような配慮が、中小企業の資金調達を支援する、融資の法的促進手段としての売掛債権担保融資保証制度にとっては、いたずらな信用不安を惹起することなく円滑に運用していくために現実には非常に重要なものであることは、十分に認識されなければならない。

5 隠れた「譲渡禁止特約」の問題点

大阪地裁平成15年判決の例では、後から債権譲渡禁止特約が発見されて譲渡が遡及的に無効となっている。私見によれば、この隠れた譲渡禁止特約の後日の発見というのが、最も深刻な問題を生むケースである（特にこの平成15年判決の事案では、結局譲渡人の管財人が債務者のところから譲渡禁止特約の書かれた基本契約書を見つけ出してきたというもので、債務者自身は早々に当該債務を供託している。何のための、また誰のための譲渡禁止特約かという基本的なところで、大きな疑問を禁じえない使われ方をしたものである）。[41]

平成19年6月20日に成立した電子記録債権法（平成20年12月1日施行）にお

いても、筆者は法制審議会の審議の中で、新しい類型の債権を創出するこの機会に、電子記録債権は、流動性を完全に確保されたものとして、無条件の譲渡禁止特約はつけられない（無条件の、ということであって限定条件付の譲渡禁止特約や譲渡制限特約は認める）こととすべきという強い提案をしたのであるが、多数の容れるところにならず、電子記録債権でも譲渡禁止特約を付すことができるという規定になっている。その意味では、現在の指名債権での問題点は今回も残されたことになるが、ただし、電子記録債権については、さまざまな属性のものを発生させうることが想定されており、規定上は譲渡禁止の記録は可能であるが、記録機関が業務規程でその種の記録を拒否する（譲渡禁止の記録のある電子記録債権の発生記録は受け付けない）こともできることが合わせて規定された（電子記録債権法16条5項）。これは、経済産業省の研究会報告書で、中小企業の資金調達に資するように、いわゆる手形代替の用途に使われるものについては、譲渡禁止特約をつけさせない（譲渡禁止特約の付されている電子記録債権を電子債権記録機関が扱わない）という提言もなされていたところであり、今後そのような形態の業務規程を置く記録機関が出現するよう、実務の運用上の工夫も期待されている。

　さらに、今回成立した法律では、譲渡禁止特約は債権の発生記録に記載事項として記載されなければ有効ではないということにされたので、電子記録債権については、たとえ別異のところで譲渡禁止特約があったとしても（たとえば原因債権の発生根拠となる契約書に書かれていた等のことがあっても）記録機関の原簿に記載された記録事項に禁止特約が含まれていなければ効力がない。その意味では、最低限の改善として、譲受人が譲渡契約の際に知り得なかったような「隠れた譲渡禁止特約」による逆転という弊害は、電子記録債権の譲渡の場合には完全に排除されることになる。

21) これは今日一般にされる説明である。たとえば、鈴木禄弥『債権法講義』〔3訂版〕（創文社、1995）487頁、大江忠『要件事実民法』〔第3版〕（第一法規、2005）237頁等。
22) 池田真朗「債権譲渡禁止特約再考」法学研究〔慶應義塾大学〕72巻12号（1999）209頁以下、同『債権譲渡法理の展開』（弘文堂、2001）328頁以下所収。
23) 池田真朗「債権譲渡に関する判例法理の展開と債権譲渡取引の変容——危機対応型取引から正常業務型資金調達取引へ」川井健・田尾桃二編『転換期の取引法

——取引法判例10年の軌跡』(商事法務、2004) 295頁以下参照 (本書第 1 章)。
24) 大江・前掲注 3) 237頁等参照。
25) これを引用・解説するものとして、大江・前掲注 3) 240頁。
26) 司法研修所民事裁判教官室『類型別要件事実』124〜125頁。
27) この点、法律要件分類説に依拠して、第三者 (譲受人) は善意について証明責任を負い、これに対して、債務者はその第三者の重過失について証明責任を負うと説く学説もあるが (倉田卓次監『要件事実の証明責任 (債権総論)』〔西神田編集室、1986〕373頁〔山田卓生〕)、今日では非常に少数のようである (過去には我妻榮『新訂債権総論』〔岩波書店、1964〕515頁が譲受人は善意についての挙証責任を免れないとしていた)。
28) 我妻・前掲注27) 524頁 (ドイツ民法405条を引用する。後掲注31) に掲記する石田論文の76頁によれば、ドイツでは今日でも譲渡禁止特約のある債権を有効に譲り受けるためには譲受人に善意無過失を要求するようであり、私見は表見法理で説明することに強く反村するが、我妻博士の論理には当時からドイツの影響が色濃い)。
29) 甲斐道太郎編『債権総論』〔第 2 版〕(法律文化社、2001)〔池田真朗〕282頁。
30) 高木多喜男・民商70巻 6 号 (1974) 116頁、奥田昌道『債権総論』〔増補版〕(悠々社、1992) 430頁等。
31) 米倉明「債権譲渡禁止特約に関する再検討」愛知学院大学論叢法学研究47巻 2 号 (2005) 1 頁以下、石田剛「債権譲渡禁止特約の効力制限に関する基礎的考察——ドイツにおける特約の生成・発展を中心に」立教法学70号 (2006) 55頁以下等。
32) 米倉教授は、かつて、善意・無重過失説に立ちつつ、さらに禁止特約がもっぱら金融機関等の事務的な利益だけを狙って付されているような、目的が不合理といえるような場合であれば、悪意者に対しても対抗できないとすべきという説 (「特約の効力制限論」) を提示されていたが (米倉明「債権譲渡禁止特約の効力に関する一疑問」北大法学論集23巻 1 号〔1972〕9 頁以下)、今回の新稿では、(まず中心の議論として物権的効力説の採用を詳細に論じたうえで)「特約の効力制限論」に代わる類型化を提案されている。なお前掲注13) の石田論文は、ドイツ民法について、比較法的・法史的にわが国の解釈論や立法論へむけて有用な視角を得るための基礎作業として研究する労作であるが、米倉教授の問題提起した特約の効力制限論にも正面から検討を加えている。
33) 池田・前掲注18) 金法1748号36頁 (本書229頁)。
34) なお、本件について私見が「本来、当事者はその法の原則と異なる内部的特約を、第三者に了知可能にして対抗し得る筋合いのもの」とする部分は、最近のフランスの債権法改正案の議論などで論じられている「合意の第三者への対抗可能性」(従来の「合意の相対効」の考え方の例外となる) の議論とはまったく局面の異なるものである。ただ、「特約の対抗」という観点で想起されるさまざまな位相の議論を整理する作業も今後必要となろう。

35) 大阪高判平成16・2・6金法1711号35頁（本書227頁に紹介）。
36) 池田・前掲注18) 第一審評釈判タ1150号91頁（本書218頁）。
37) 金法1795号64頁。
38) 以上、池田・前掲注18) 判タ1150号92〜93頁（本書220〜221頁）。
39) 池田真朗『債権譲渡の研究〔増補版〕』（弘文堂、1997）107頁参照。
40) 中小企業債権流動化研究会「債権の流動化等による中小企業の資金調達の円滑化について」最終報告書（2001）64頁以下参照。
41) 池田・前掲注18) 判タ1150号94頁（本書231頁）参照。
42) 池田真朗「一括決済方式の展開と電子記録債権法制への対応——最高裁平成15年『一括支払システム契約』判決の影響をふまえつつ」法学研究（慶應義塾大学）80巻5号（2007）16頁注(4)参照。
43) 経済産業省電子債権制度に関する研究会「電子債権制度に関する研究会第二次報告書——中小企業の資金調達円滑化に向けて」（2007）23頁。

IV　おわりに

以上、本判決は、債権譲渡の実務に対して一見したところよりも大きな意義を持つものであり、また学理的には債権譲渡禁止特約の効力論や特約一般の対抗論まで含めた大々的な検討の契機ともなるものである。ピンポイントの「重過失」「調査義務」の議論に戻って見た場合も、たかが地方裁判所の一裁判例という評価もあるかもしれないが、私見は本判決を積極的に評価し、今後このような判決が積み重なることを期待するものである。

第12章
債権譲渡禁止特約と譲渡人からの援用の否定
―― 最二小判平成21年3月27日(民集63巻3号449頁)をめぐって

　民法466条の定める譲渡禁止特約については、近年、債権譲渡による資金調達を阻害する要因として、さまざまに議論されてきたが、最近問題とされていた(ことに筆者自身が問題視してきた)のは、禁止特約付きの債権を譲渡した譲渡人の管財人が、禁止特約を利用して譲渡無効を主張するケースである(本書第11章参照)。これに類似するケースについて、今回最高裁が譲渡人債権者からの無効主張を否定する初めての判断を示した。この問題は、民法(債権法)改正でも問題にされているところであり、今後の実務に大きな影響を与えると思われる。本章では、実務・学理の両面から総合的な検討を加える。

I　はじめに

　民法466条2項本文の定める譲渡禁止特約については、債権譲渡による資金調達(間接金融としての債権譲渡担保融資や、直接金融としての債権流動化など)を阻害する要因とされ、平成19年の電子記録債権法制定(平成20年12月1日施行)にあたっても、大いに議論されたところである。[1]
　わが民法もこの譲渡禁止特約については、466条2項但書によって、これをもって善意の第三者に対抗することができないと規定しているのであるが、周知のように、判例法理としては、①リーディングケース(銀行預金債権の事案)が、譲受人には「善意」ではなく「善意無重過失」が必要としたため(最判昭和48・7・19民集27巻7号823頁)、実際に譲受人となろうとする者は、譲

渡禁止特約の存否を確認しないと安心して譲り受けられない（善意の主張が重過失ありとして否定される可能性が否めない）という状況になっている。また、②この譲渡禁止特約の効力は、現在の判例からは、「物権的効力」を持つ、つまり譲渡禁止特約付債権を譲渡した場合、その譲渡は第三者に対する関係でも無効と考えられている（最判昭和52・3・17民集31巻2号308頁等参照。ただし後述するように判例が「物権的効力」という表現を明示的に用いているわけではない）。

したがって、これらの判例法理を受けて、実務では、譲渡禁止特約の有無を調べて、あらかじめそのような債権を融資のスキームから外すか（例として信用保証協会の売掛債権担保融資保証制度）、個別に債務者に禁止特約の解除を申し入れるか、さらには、政府調達債権など、国や公的機関が債権者である債権については、経済産業省や日本銀行等が、譲渡禁止特約をつけないよう働きかけをするという動きにまで立ち至っていることはすでに論じたところである。[2]

そしてさらに近時の判例では、③金融機関に重過失（債権譲渡特例法の誤解）があったとされた事例で、あたかも譲受人に調査義務があるかのように論じ、かつ契約書の確認では譲渡禁止特約の有無の確認とは認められないとした判決が出された（第一審大阪地判平成15・5・15金法1700号103頁、第二審大阪高判平成16・2・6、最高裁でも実質審理はせず上告棄却決定。最決平成16・6・24金法1723号41頁）。筆者はこれに対して最高裁の決定を誠に残念な結果と論評し、ことに、その事案の中で、債務者が早々に供託をしているのに、譲渡禁止の債権を譲渡した譲渡人の破産管財人が譲渡禁止特約を見つけ出して譲渡の無効を主張しているところに、何らかの信義則違反の要素があるのではないかと批判を加えておいた。[3]今回、まさにその点に関係する最高裁判決が出された。本章が主題として扱う最判平成21・3・27民集63巻3号449頁がそれである。

1) 電子記録債権法の法制審議会部会における審議過程では、筆者は、新類型としての電子記録債権は、本質的に流動性を確保された、つまり譲渡禁止が付けられない性質の債権として創設すべきであり、取引上の必然的な理由のない無条件の譲渡禁止特約は、電子記録債権には制度的に付すことができないものとすべきと主張し

たが、結局、電子記録債権法上は譲渡禁止の記録も任意でできることとし（同法16条2項12号）、しかしながら取扱記録機関の業務規程で、そのような記録を排除する（譲渡禁止の記録をさせない）ことができる（同法16条5項）という仕組みに落ち着いた。詳細は池田真朗「電子記録債権法の展望と課題」池田真朗=小野傑=中村廉平『電子記録債権法の理論と実務』（経済法令研究会、2008）12頁参照。
2) 池田真朗「判批・大阪地判平成15年5月15日」判タ1150号（2004）87頁（本書第11章第1節）。
3) 池田・前掲注2) 92頁は、「仮に欺罔の意図はなかったとしても、譲渡禁止特約の一方当事者である被融資者が契約書が存在しないと答えて結果的に融資をさせておいて、融資後倒産した段階でこの禁止特約のある契約書を、被融資者の側の者（ここでは破産管財人）が持ち出して逆転することに何らか信義則違反の要素はないのか、と問いたい（ちなみに本件契約書は、判決文によれば、破産管財人の調査指示によって捜索され、まずB商事（第三債務者）にあることがわかり、その後A社（譲渡人、被融資者）からも発見されたが、「本来保管されるべき場所に保管されていなかったため容易に発見されなかった」とのことである）」と記述した（本書219頁）。

II 事案の概要と判旨

1 事　実

　建設業者X社は、訴外A社に対し、請負工事代金のうち出来形部分の未清算債権および遅延損害金債権（以下、本件債権という）を有していた。Xと被告Y_1（信用金庫）Y_2（信用保証協会）（以下、Yらという）は、平成14年12月2日、債権譲渡担保契約（以下、本件債権譲渡担保契約という）を締結し、XはYらに以下の債権を譲渡した（YらはXに売掛債権担保融資保証制度による融資を実行している）。

　対象債権は、XがAに対して平成14年6月2日から平成18年12月2日までの間に取得する工事請負代金債権で、譲渡債権額は1億5,968万円。Yらは、これらの譲渡担保債権を準共有する。なお、上記工事請負代金債権には、工事発注基本契約書および工事発注基本契約約款によって、譲渡禁止特約が付されていた。一方で、Aが本件債権譲渡担保契約による債権譲渡につき承諾した旨の平成14年12月17日付けの書面があり、同書面にはA社名義の記名押印がある。

Yらは、譲渡禁止特約の存在を知っていたが、上記A社名の承諾書が存在したため、与信行為に及んだものである。

Xはその後、平成16年12月27日に解散し、平成17年3月25日に特別清算開始決定を受け、同手続きを遂行中である。一方Aは、平成16年12月6日、平成17年2月8日、平成17年12月27日と、上記対象債権に含まれる第一審判決別紙債権目録記載1ないし3の工事代金債権（以下、本件債権という）について、それぞれ債権者不確知を供託原因として供託した。

上記の事実関係のもとで、Xおよびその代表清算人X_2はYらに対し、Xが第一審判決別紙供託金目録1～3記載の供託金の還付請求権を有することの確認を求め（本訴）、Yらは、Xに対して、Yらが同還付請求権を有することの確認を求めた（反訴）。

第一審は、Aが本件債権譲渡担保契約による譲渡について承諾していたと認めることはできないとし、またYらは譲渡禁止特約について悪意であると認定し、Yらの、債権譲渡担保契約による譲渡の無効を主張できるのは債務者たるAだけであるとの主張も排斥して、さらに、Yらの、Xおよび代表清算人が本件債権譲渡担保契約による債権譲渡が無効であると主張することが禁反言の法理に反し信義則違反であるという主張も退けて、Xを勝訴させた。

第二審は、第一審の判断に加えて、①譲受人が第三債務者の有効な承諾があったと信ずることについて善意無重過失であったとしても、譲渡禁止特約について悪意である以上民法466条2項但書の類推適用を認めるべき余地はない、②Aは「債権者不確知」として供託した後も、本件債権の譲渡を承諾していないことが認められるから、上記供託によりAが黙示の承諾を与えたとのYらの主張は採用できない、③Yらが主張する、譲渡禁止特約の利益は第三債務者のみに帰属するという「譲渡禁止特約保護権」なる権利は認めることができないとして、控訴を棄却した。

Y_1は上告し（Y_2は加わっていない）、上告受理申立理由としては、原審の採る物権的効力説について判例違反があること、信義則違反（禁反言）、譲渡禁止特約違反の主張権者が第三債務者に限られること、等を主張した。

2 判　旨

　原判決破棄、第一審判決取消。自判して、Y_1が供託金還付請求権を有することを確認した。「民法は、原則として債権の譲渡性を認め（466条1項）、当事者が反対の意思を表示した場合にはこれを認めない旨定めている（同条2項本文）ところ、債権の譲渡性を否定する意思を表示した譲渡禁止の特約は、債務者の利益を保護するために付されるものと解される。そうすると、譲渡禁止の特約に反して債権を譲渡した債権者は、同特約の存在を理由に譲渡の無効を主張する独自の利益を有しないのであって、債務者に譲渡の無効を主張する意思があることが明らかであるなどの特段の事情がない限り、その無効を主張することは許されないと解するのが相当である」「これを本件についてみると、前記事実関係によれば、被上告人は、自ら譲渡禁止の特約に反して本件債権を譲渡した債権者であり、債務者であるAは、本件債権譲渡の無効を主張することなく債権者不確知を理由として本件債権の債権額に相当する金員を供託しているというのである。そうすると、被上告人には譲渡禁止の特約の存在を理由とする本件債権譲渡の無効を主張する独自の利益はなく、前記特段の事情の存在もうかがわれないから、被上告人が上記無効を主張することは許されないものというべきである」。

III　評　釈

1　はじめに

　本判決は、民法466条の譲渡禁止特約について、自ら譲渡禁止債権を譲渡した譲渡人には無効主張が許されないとした（表現を変えれば、民法466条2項にいう無効の主張権者の範囲を限定的に解釈すべきということになる）、大審院・最高裁を通じての初めての判例である。筆者としては、本判決の結論はこれまでの筆者の主張に合致するものであり、積極的に賛成する。

　本判決が指摘する通り、債権の譲渡性を否定する意思を表示した譲渡禁止の特約は、債務者の利益を保護するために付されるものと解される。それは、反対債権との相殺の利益を確保する、あるいは特殊な金融商品のため当事者の変更があっては困る、というような実質的な理由から、事務手続きの煩瑣

を避けるとか、思いがけない譲受人から弁済請求を受けることを避けるといった、債務者のエゴともいうべき理由まで、さまざまであるが、指名債権に本来備わっている属性である譲渡性を奪う特約は本来債務者のために結ばれることは間違いない。それが、最近では、譲渡禁止の債権をあえて譲渡した譲渡人側の利益に用いられるようになってきていたのである。これが民法466条の趣旨に反するものであることは明瞭であろう。私見は、前掲最高裁決定（最一小決平成16・6・24金法1723号41頁）に対して、「譲渡禁止特約の締結目的も問題にされるべきである。本来、これは債務者の利益のために結ばれるものであろう。しかし本件では、債務者は債務額を早々に供託しており、譲渡禁止特約を主張したのは、融資を受けた（第一審認定では取引約定書の存在を否定した）譲渡人の、破産管財人である。譲渡禁止特約のこのような主張のされ方にも強い疑問がある」と評釈していたところである。[4]

　同一の法人格が行う矛盾行為については、法は、信義則（禁反言）や権利濫用という一般法理の適用によって、あるいはそれら矛盾行為のために趣旨を没却される当該条文の解釈によって、適切なサンクションを与え、当該法文の適切な運用に努めるべきものである。本判決もその一例として評価されよう。

2　本判決の論理
(1)　信義則等の活用可能性

　本判決については、その根拠として信義則をストレートに持ち出しても、禁反言の原則という表現を用いてもよかったのではないかという印象もあろう。その観点から過去の金融取引等の分野で信義則を理由として紛争解決を図った例を見ると、たとえば無権代理人から代理行為の相手方に対し代理権の不存在を主張することが信義則上許されないとされた事例である最判昭和41・11・18民集20巻9号1845頁（他人の代理人と称して、金銭消費貸借契約を締結するとともに、みずからその他人のため連帯保証契約を締結した者が、債権者の提起した右連帯保証債務の履行を求める訴訟において、代理権の不存在を主張して連帯保証債務の成立を否定することは、特別の事情のないかぎり信義則上許されないとしたもの）、第三者異議の訴の異議事由として所有権を主張する

ことが信義則に照らして許されないとされた事例である最判昭和41・2・1民集20巻2号179頁（執行債務者の住所における動産仮差押の執行に際し、第三者が執行債権者に対して、自己の占有し、かつ、執行債権者もその所在を知っていなかった動産を執行債務者の所有に属するものと主張し、執行債権者をその所在場所に案内のうえ任意に提供して仮差押手続をなすことを積極的に容認し、これによって、執行債権者をして右物件が執行債務者の所有に属するものと誤信してこれに対する執行をするにいたらせるとともに、執行債務者の他の物件に対する執行が取り止めになった等原判示の事情〔原判決理由参照〕があるときは、右第三者が執行債権者に対し執行排除の異議事由として仮差押物件の所有権を主張することは、信義則に照らし、許されないものと解するのが相当である」としたもの）など、かなりの例を挙げることができる。

したがって、譲渡禁止債権を債務者の譲渡承諾を得たかのようにして譲渡担保に供しておきながら自ら禁止特約を援用して譲渡の無効を主張する本件については、裁判所は本判決でも信義則違反（禁反言）を理由として一般条項で処理する道もあったと思われる。この場合は、行為の信義則違反性を論じ、さらに本件の清算人の地位を論じる必要があろう。ちなみにX社の代表者が代表清算人として訴訟に加わっているが、清算人（本件では特別清算人）は、上告受理申立書に述べられている通り、清算会社とは委任関係に立ち（会社法478条6項・330条）、清算会社の業務執行機関（同法482条）兼代表者（同法483条1項）としての職務を負うので、清算人はあくまでも清算会社の機関であり、破産管財人のような第三者機関ではない（この点は再度3で後述する）。したがって、清算人（特別清算人）についても、債権者（清算会社）自身と同様に信義則違反を論じてよいと思われる。しかしながら、本判決はその道は採用せず、いわば形式的には民法466条における無効主張者の範囲を制限するごとき論理を用いて譲渡人債権者からの譲渡禁止特約援用を阻止したのである。

(2) 物権的効力説再考

本判決の論理を形式的に判断すると、民法466条の条文にない、無効主張権者の制限を加えたものということになる。したがって、この判例の論理の検討にあたっては、民法466条の禁止特約があるのにあえてした譲渡の「無

効」の意味から論じる必要がある。

　実はこれについて学説は、非常に古くから、今日いわゆる物権的効力説を唱えてきた。岡松参太郎博士が、「譲渡ノ禁止ハ債権者ニ譲渡ス可ラサルノ債務ヲ生スルニ止マラス之ニ反スル譲渡ヲ無効トス」として、「即チ絶対的効力ヲ生ス」としていたのを始めとして、横田説は「不可譲渡ノ契約ハ有効ニシテ対世的効力ヲ生スル」とし、川名説は「此契約ハ所謂物ノ効力ヲ有スルモノニシテ」と述べ、石坂音四郎博士に至り、「譲渡禁止特約ハ物権的効力ヲ有ス故ニ単ニ債権者ニ債権ヲ譲渡スヘカラサル義務ヲ負ハシムルニ止マラス其契約ニ違反シテ為シタル譲渡ハ当然無効ニシテ第三者ニ対シテモ無効ナリトス」として、ここですでに「物権的効力」という表現が定まったようである（これがその後我妻説など現代の多数説につながる。勿論いずれの説も、第三者に不測の損害を与えることを防止する等の理由で、条文通り善意の第三者に対しては譲渡禁止特約による譲渡性の欠缺をもって対抗することができないとする）。ただし岡松説をはじめとするこれらの学説が物権的効力とする理由は必ずしも明らかではない。これに対して債権的効力説（特約に反する譲渡でも、譲渡当事者（譲渡人・譲受人）間および債務者との関係で有効であるが、債務者は、譲受人に悪意または重過失がある場合に限って、譲受人に対して悪意の抗弁権を主張することができるとする）も存在したが、杉之原説等、ごく少数にとどまっていた。

　この学説の明瞭な物権的効力説に集中する傾向に対して、一方判例は別の様相を見せる。初期の裁判例には、債権的効力に立つものがあった（東京控判大正2・12・14新聞919号25頁）。大審院判例でも、公式判例集登載事例ではないが、慎重な言いまわしで明示的判断を避けているものもあり（大判大正10・5・28法律評論10巻民法478頁）、基本的に債権的効力説に立っていると理解される判例もある（大判大正15・11・1法律評論16巻8号751頁）。さらに昭和に入ってからも、公式判例集登載事例で、傍論であるが、判決文中で明示的に債権的効力説を述べているものさえある（大判昭和9・3・29民集13巻328頁は、連帯保証と債権譲渡の通知が判示事項であるが、466条2項の条文を掲げて、「其ノ趣旨ハ債権ハ元来同条第一項本文ニ規定スル如ク原則トシテ譲渡可能ナルモ此ニ反スル特約ヲ認メ而シテ当事者カ譲渡禁止ノ特約ヲナシタル場合ニ於テハ右特約ヲ

知ラサル第三者ニ対シテハ右特約ヲ以テ対抗シ得サルモノナリトノ規定ニシテ悪意ノ譲受人ト譲渡人間ノ譲渡行為マテモ絶対ニ無効ナリト為スノ趣旨トハ解シ難シ」という）。さらに、逆に大審院の公式判例集登載事例で、物権的効力説を前提とすると考えられるものはあるが、それを直接的に明示するものは、管見の及ぶ限り1件もないようである（最高裁判所の調査官解説で「物権効果説」として引用されている2件の大審院判例があるが、それらも譲渡と転付命令の場合の差異を論じるもので、正面から物権的効力を説示するものではない）。[11]

そしてその後最高裁でも、一般に学説の紹介では、「判例も物権的効力説に立っている」と紹介されるのだが、物権的効力という明示的な説示をしたものは1件もなく、ただ、最一小判昭和52・3・17民集31巻2号308頁、最一小判平成9・6・5民集51巻5号2053頁など、紹介される判例は、その論理（債務者が承諾を与えると債権譲渡は譲渡時に遡って有効となる）から、（承諾前は第三者との関係でも無効ということになっているはずだから）「物権的効力説に立っているものと理解されている」というのが正しい紹介と思われる。

(3) 物権的効力を前提とした場合の無効主張

さて、それではいずれにしても物権的効力説を採ったとして、その場合、本来は、その無効は絶対的無効であり、無効の効果は誰もが主張し得る（無効主張権者に制限がない）という論理の流れが自然なように思われる。

しかしこの点、判例はすでに、譲渡禁止特約に反する譲渡無効を有効とする承諾については、民法119条による無効行為に対して新たな行為をする（効果は遡及しない）構成ではなく、116条の法意に照らして、承諾があれば当初の譲渡時に遡って有効とする構成を採ることを明らかにしており（前掲最判昭和52・3・17民集31巻2号308頁）、この意味でいわゆる絶対的無効とは異質のものと理解しているように評価できる（絶対的無効の行為は、民法119条本文にあるとおり、追認によってもその効力を生じないと理解されている）。

周知のように、近時の学説は、無効について絶対的無効に対比するものとして相対的無効ないし取消的無効という概念を認めるものがほとんどであり、[12] その概念の特徴として、①遡及的追認が認められる、②無効主張権者が保護対象者に限定される、③主張期間が制限される、等が挙げられている。[13] この観点からは、それぞれの制度の趣旨に沿った無効主張権者の制限の論理は、

それほど違和感なく容れられる可能性がある（なお、筆者は、無効論としては、絶対的か相対的かという抽象的な用語で議論するよりも、本件で問題となるようなものは「非権利者処分無効」として、それに具体的にどのような効果を与えるのが適当か、という角度で議論すべきではないかと考えている）。

　実際、判例も、周知のように錯誤無効については、第三者による無効主張を制限する立場を採っている（最二小判昭和40・9・10民集19巻6号1512頁参照）。表意者保護という制度の趣旨からして、原則は錯誤者本人による無効主張に限定されるとするのである。その論理を敷衍すれば、譲渡禁止特約に反する債権譲渡についても、誰を保護するために無効とされているのかという法の趣旨が、専ら債務者の保護ということで説明できるのであれば、無効の主張権者は債務者に限定される、という論理で、無効主張権者の範囲を限定する解釈も提案可能かもしれない。

　しかし、それはやはり本判決の理由づけとしては形式的な論理であり、本筋とすべきものではないであろう。つまり、譲渡禁止特約が債務者の利益のためということ自体は間違いではないが、だから「無効主張権者を債務者に制限する」というまでの論理がただちに立つというわけではなく、また本判決もそう言っているわけではない。それ以上に本件では、禁止特約を破って譲渡した譲渡人債権者が、自ら譲渡禁止特約を理由に譲渡の無効を主張するというところが決定的に問題なのである。そのような行為をした債権者が自ら譲渡禁止特約を利用して譲渡無効を主張することはできない、というところがあくまでも判決要旨の中でもポイントであると理解すべきではなかろうか。

　したがって、筆者の理解としては、本来本判決の結論を導く決定的な要素は、信義則違反（禁反言の原則）なのであって、本判決を形式的に錯誤などと同様の「無効主張権者の範囲」という基準を立てて理解するのはあまり適切ではないと考えるものである。もっとも、無定見に一般条項を根拠とすることに対しては批判もあるであろうから、最高裁側は、466条の条文解釈の範囲内で紛争解決を図った、と解説するかもしれないし、そう読むことも間違いではなかろう。

3 本判決の射程——債権者本人の主張と倒産の場合の管財人からの主張

　本判決が表現として信義則だけを全面に押し出さずに解決を図ったもう１つの理由としては、本判決の射程の問題が考えられる。つまり、債権者自身及びそれと同視できる存在（本件の特別清算人はおそらくそうであろう）が譲渡無効をいうことは信義則に明らかに反するとして、それでは倒産の場合の管財人はどうなるのか、という問題である。そしてこの問題はもう１つ、本件判示の読み方として、管財人は、第三者性が認められ、倒産した当事者の各債権者に対してより多くの返済を公平に行うという「独自の利益」を持つのであるから、本判決の射程から外れる、という議論が成り立つかどうか、という重要な問題に結びつく。

　破産管財人の法的地位をどのようにみるかは、破産理論の中心問題として従来からさまざまな議論があるが、今日では、財団財産について管理処分権を行使する、管理機構たる破産管財人自身に法主体性を認める、管理機構人格説が多数説のようである[15]。この説を前提にすると、破産管財人は破産者や破産債権者とは独立の主体とみなされる。しかしながら、「それを前提としても、物権変動や債権譲渡などの場合について、破産管財人が第三者とみなされるか、それとも権利義務の帰属主体としての破産者と同視されるかが当然に決定されるものではない。この点は、対抗要件などの実体法規定の解釈として、破産管財人がいかなる者の利益のためにその管理処分権を行使するとみられるかにかかる[16]」とされていて、ただちにここでの検討に解決があたえられるものではなさそうである。

　たとえば、錯誤における無効主張者の制限の論理（前掲最二小判昭和40・9・10民集19巻6号1512頁参照）とパラレルに考え、債務者に無効を主張する意思がないにもかかわらず、第三者において無効を主張することは、原則として許されないと解すべきであるという論理を貫けば、管財人も主張権者から外れやすくなるが、「独自の利益」にこだわって、本件はあくまでも債権者本人またはそれと同視しうる存在だけに限定される除外であるとすれば、管財人には、なお無効主張の自由が残される可能性がある。しかし、本人からは無効主張できない行為によって、本人の責任財産から逸出した財産について、管財人であれば取り戻せるというのは、法の運用として基本的に疑問がある

（上記の管理機構人格説に立った場合でも、破産財団所属財産は破産者に帰属するのであるから、破産者が回収できない債権について破産管財人が回収して破産者に帰属せしめる、ということになる。このような解釈はいかがなものか）。ここは射程範囲を広く取るべきと考えるがどうであろうか。

　本判決の評釈としては、譲渡人債権者は譲渡禁止特約による無効の主張を制限されることとなったが、破産管財人もそれと同一に扱われるか否かは、なお今後の判例に待つべき問題点である、とまとめるべきかもしれないが、もし破産管財人にも射程が及ぶと考えた場合には、本判決は倒産処理実務にかなり大きな影響がある判決ということになろう（またそう考えてこそ、譲渡人の倒産時に、債権譲渡による倒産隔離が確実なものとなるといえる。この点は後述4(2)の債権法改正提案を紹介する際に再度言及する）。

4　譲渡禁止特約のある債権の譲渡の効力再考——立法への展開
(1)　再燃する解釈論

　ここではさらに、以上の立脚点をふまえた上で、譲渡禁止特約のある債権を譲渡した場合の効果を理論的に再考してみよう。

　上記の分析からすると、譲渡禁止特約のある債権を譲渡した場合の「無効」は、判例法理上、確かに、いわゆる相対的無効や相対的取消しの効果とされるものの特徴をかなりの程度に備えたものとなっていると理解される。ただ、そうするとそこで次に議論が再燃するのは、では、それは本当に物権的効力説で説明するのが適切なものなのか、債権的効力説のほうにより親和的なのではないか、という疑問である。

　この疑問の提示は説得的なのではあるが、そこでの反論としては、結局、現行規定の文理解釈としては物権的効力説で解釈するほうが素直かもしれない、というものが考えられる。しかしそれらの議論に対して、実務では実際のところ、そこから先は説明がいずれになるのでもあまり問題はなく、具体的な処理基準が可視性の高い形で確立していればそれでよい、ということになるのかもしれない。そうすると後は、もっぱら学者の関心事として、学理的に整合性の高い立法をする立法論の可能性が残るということになろう。それでは立法論としてはどうあるべきか。

(2) 民法（債権法）検討委員会の立法論

　ここから先は、良し悪しの評価はさておき、まず客観的な紹介に努める。私も全体会議のメンバーの1人である、民法（債権法）改正検討委員会（鎌田薫委員長、内田貴事務局長）が平成21年4月29日に公表した改正試案「債権法改正の基本方針」では、譲渡禁止特約について下記のような提案をしている。

【3.1.4.03】（債権譲渡禁止特約の効力）

　〈1〉　債権者および債務者が特約により債権の譲渡を許さない旨を定めていた場合であっても、当該特約に反してなされた譲渡の効力は妨げられない。ただし、債務者はこの特約をもって譲受人に対抗することができる。

　〈2〉〈1〉ただし書にかかわらず、債務者は、次に掲げる場合には、〈1〉の特約を持って譲受人に対抗することができない。

　〈ア〉債務者が、譲渡人または譲受人に対し、当該譲渡を承認したとき

　〈イ〉譲受人が、〈1〉の特約につき善意であり、かつ、重大な過失がないとき

　〈ウ〉第三者対抗要件が備えられている場合で、譲渡人について倒産手続の開始決定があったとき

　〈3〉〈1〉の特約のある債権が差し押さえられたときは、債務者は、差押債権者に対して〈1〉の特約を持って対抗することができない。[17]

　以上の【3.1.4.03】の考え方は、まず基本的に、譲渡禁止特約の効力に関して現在の債権的効力説を採用し、特約に反する譲渡も、譲渡当事者（譲渡人・譲受人）間および債務者との関係で有効であり、ただ債務者は、悪意または重過失のある譲受人に対して譲渡禁止特約の抗弁を主張することができるものとする考え方に立つものであるが（〈1〉本文）、現在の債権的効力説とは若干の違いがある。つまり、現行法における債権的効果説は、特約に反する譲渡が、譲渡当事者（譲渡人・譲受人）間および債務者との関係で有効であるとしつつ、債務者は、譲受人に悪意または重過失がある場合に限って、譲受人に対して悪意の抗弁権を主張することができるとするものであるが、本提案の考え方は、特約に反する譲渡も有効であるが、譲渡当事者・第三者関係と、対債務者との関係を切り離して別に考え、債務者は、原則として、

譲受人に対して特約の抗弁を主張することができるが（〈1〉但書）、譲受人が善意かつ無重過失であるときなどは譲受人に特約の抗弁を主張できない、とするのである（〈2〉〈イ〉ほか）。債権的効力説を採用して「債権譲渡の安定性に配慮しつつ」、一方で「特約によって保護すべき債務者の利益を守ろうという趣旨」で、「〈2〉〈ア〉〜〈ウ〉および〈3〉に掲げる事由――特約によって保護すべき債務者の利益が失われたと考えるべき場合――のない限り、債務者は、そのような譲渡をなかったものとして行動してよい[18]」というものである。ただしこの折衷的配慮は、結局債務者には譲渡をなかったものとして譲渡人のほうに弁済することができるケース（譲受人は譲渡人に不当利得返還請求をすることになる）を生むので、その限りでは譲渡の安定性は図れず、文字通り折衷的な結果を惹起することになろう。

　そしてさらに、本章の主題にまさにかかわるのが、〈2〉〈ウ〉の規定である。この規定を設けないと、譲渡人倒産後も、この提案では債務者はなお譲渡人側を債権者として扱って弁済することが可能であるので、破産管財人・再生債務者などによる債権の回収が積極的に可能となる。これでは、債権譲渡による倒産隔離ははなはだ不完全なものとなってしまう。そこで、譲渡人について倒産手続の開始決定があったときには（提案の〈イ〉と〈ウ〉の構造からして譲受人が特約について悪意であっても）、破産財団との関係でも債務者との関係でも、譲受人に債権者としての地位を認めることにしたわけである。この意味で、この改正提案は、本平成21年判決よりもはっきりした範囲での帰結を、より截然と規定することになる。

　以上、本提案は、学者（および法務省官吏）だけで構成された研究会の産物であるから、理論的な整合性は取れていても、実務でうまく機能するかについては検証されているわけではない（なお、筆者はこの提案の審議には加わっているが、【3.1.4.03】の具体的な立案作業にはかかわっていない）。上記〈2〉〈ウ〉についても、債権流動化の実務からは歓迎されるであろうが、逆に倒産処理実務からは異論を十分に予想できるところである。こういう提案が多数の支持を得られるのかどうかは、今後の各界からの評価の集積によって明らかになろう。ただ、この提案が、債権的効力説を取りこみ、また譲渡人倒産の場合を具体的に取り上げて譲渡禁止特約の効力を否定する規定を置いてい

ることは、記憶されるべきである。

4) 池田真朗「判批・最決平成16年6月24日」金融判例研究15号（金法1748号）（2005）37頁。
5) 岡松参太郎・法学新報1巻12号（1892）23頁
6) 横田秀雄『債権総論』（清水書店、1908）757頁
7) 川名兼四郎『債権法要論』（金刺芳流堂、1915）449頁
8) 石坂音四郎『日本民法債権法総論中巻』（有斐閣、1919）1207頁
9) 我妻榮『新訂債権総論』524頁（岩波書店、1964）、柚木馨＝高木多喜男『判例債権法総論〔補訂版〕』352頁（有斐閣、1971）など。
10) これまで債権的効力説と評価される学説には、古くは杉之原舜一「判批」判例民事法大正14年度34事件155頁、近藤英吉＝柚木馨『注釈日本民法債権編総則中巻』364頁があり、近年は前田達明『後述債権総論〔第3版〕』（成文堂、1993）400頁、秦光昭「判批」金法1368号（1993）28頁、清原泰司「判批」判評472号（1998）184頁などがあり、筆者もすでに昭和52年判決の判批で債権的効力説に賛同している（池田真朗「判批」金法1499号〔1997〕21頁）。
11) 榎本恭博・最高裁判所判例解説民事篇昭和52年度【12】（昭和52年3月17日判決の解説）には、「判例（大判大正14・4・30民集4巻209頁、大判昭和6・8・7民集10巻783頁）、通説は、譲渡禁止により当該の債権は、当然に譲渡性を失い、その譲渡は無効となるのであるが、ただ譲渡禁止の事実を知らない第三者に対しては、譲渡禁止特約による譲渡性の欠缺をもって対抗することができないのにすぎないとする（物権効果説）」とある（同書117頁）。しかしそれら2判決の判決文には実際にはそのような説示はない。ちなみに前者の判決要旨は、「譲渡禁止ノ契約アル債権カ転付セラレタル場合ニ於テハ第三債務者ハ過失ナクシテ債権者ヲ確知スルコト能ハサルモノト推定スヘキモノトス」とするもので、後者は「譲渡禁止ノ特約アル債権ハ転付命令ニ依ルモ悪意ノ第三者ニ於テ之ヲ取得スルコトヲ得サルモノ」とするものである。いずれも転付命令との関係に関する判例であり、しかも後者の結論は、（そもそも起草者の見解とも全く逆であって）その後判例でも完全に否定されている（譲渡禁止特約のある債権でも差押えは自由にできる。最判昭和45・4・10民集24巻4号240頁）。調査官解説ではおそらく、昭和6年判決の判文中に「従テ苟モ第三者ニシテ悪意ナル以上譲渡禁止ノ特約アル債権ニ付譲渡行為ニ依リテ之ヲ取得シ得サルト同時ニ転付命令ニ依リテモ亦之ヲ取得スルコトヲ得サルモノ謂ハサルヘカラス」という一文があるところから引用したものと思われるが、この説示も「（第三者が）悪意ナル以上」というところを強調するのであれば必ずしも物権的効力説に直結するかどうかは不明になるのであって、これらの判決を学説の物権的効力説と同列に並べて紹介するのはやはりあまり適切とはいえない。
12) 椿寿夫「法律行為の無効再検討・序説」椿編『法律行為無効の研究』（日本評論社、2001）5頁、今日の基本書としては近江幸治『民法講義Ⅰ〔第6版〕』（成文堂、

2008）218頁以下参照。なお、学説はほとんどが錯誤無効の文脈でこれを論じている。
13) これらの類型的特徴を早期に説いたものとして、松坂佐一「判批」民商54巻4号（1996）106頁以下が挙げられる。
14) この概念を唱えるものとして、椿・前掲注12）論文11頁。これを受けての論考として、平野裕之「非権利者処分無効——無権代理無効との関係」椿編・前掲注12）415頁以下がある。
15) 伊藤眞『破産法〔第4版補訂版〕』（有斐閣、2006）140頁、徳田和幸『プレップ破産法〔第4版〕』（弘文堂、2008）111頁等参照。
16) 伊藤・前掲注15) 140頁。
17) 「債権法改正の基本方針」NBL904号（2009）220～221頁（別冊NBL126号『債権法改正の基本方針』〔2009〕でも同頁）。
18) 前掲注17）221頁の「提案要旨」参照。

IV　おわりに

　筆者は、最近の民法改正の議論の中で、債権譲渡規定の改正のあり方について、「この四半世紀で刮目すべき発展を遂げた債権譲渡分野は、民法典の性格付けや債権譲渡取引の実務での用いられ方等をどう評価のうちに取り込むかによって、改正案が大きく変わってくる[19]」と書いた。本判決を論じるにあたっても、まず必要なのは現代の資金調達取引形態の把握である。一昔前の、債権譲渡が危機対応型の多重譲渡（および多重差押）紛争として判例に登場していた時代から、今日では企業の正常な業務遂行の中での資金調達取引に大きく転化したことを認識し（本件も信用保証協会の売掛債権担保融資保証制度による融資を受けた事例である）、しかしその後の譲渡人債権者に清算や倒産が起こった場合のトラブルとして、このような紛争が生起した場合、破産財団（ないし清算会社）対融資者（ないし投資家）、という対立図式の中で、譲渡禁止特約をどう機能させるべきか、という問題意識を持つことが最も大切であろう。物権的効力とか相対的無効という学理的キーワードは、そのような問題意識が確認された後で初めて必要になるものと述べておきたい。
　今後債権譲渡禁止特約論は、本判決も1つの契機として、解釈論と立法論の狭間で揺れながら展開していくであろう。本章が少しでもその検討の視座

を提供できたならば幸いである。

  19) 池田真朗「民法（債権法）改正論議と債権譲渡規定のあり方」慶應義塾大学法学部編・慶應義塾創立150年記念論文集『慶應の法律学・民事法』（慶應義塾大学法学部、2008）45頁（なお同稿は加筆して「債権譲渡論」として民法改正研究会〔代表加藤雅信〕『民法改正と世界の民法典』〔2009〕307頁以下に収録）。

第6部

動産債権譲渡特例法の誕生

第13章
動産債権譲渡特例法の誕生
―― 新設された動産譲渡登記を中心に

Ⅰ　はじめに

1　動産債権譲渡特例法の誕生

　平成16年の第161回臨時国会に提出された「債権譲渡の対抗要件に関する民法の特例等に関する法律の一部を改正する法律案」は、同年11月25日に成立して、同年12月1日に法律第148号として公布された。これは、平成10年に制定された、債権譲渡特例法（周知のように、民法467条の規定する債権譲渡の対抗要件〔確定日付のある証書による通知または承諾〕を代替する債権譲渡登記を創設した法律）を改正・増補したものである。

　内容の要点を掲げれば、①従来の債権譲渡特例法登記と同様の形で動産譲渡登記制度が創設され、これまで占有改定という不安定な公示手段しか持たなかった動産譲渡担保に明確な公示方法が与えられた。②また債権譲渡登記については、これまで登記ができなかった第三者債務者不特定の将来債権についても登記が可能となり、また譲渡される債権が将来債権を含む場合には債権譲渡特例法上の債権額の記載をしなくてもよいことにされた。③さらに債権・動産共通に、風評被害への配慮もあって、商業登記簿に譲渡の概略を転載する制度は廃止し、新たに動産譲渡登記事項概要ファイル・債権譲渡登記事項概要ファイルというものを作成して閲覧に供することとした。

　なおこれらの改正にともない、法律の題名も、「動産及び債権の譲渡の対抗要件に関する民法の特例等に関する法律」と改められた。施行は、政省令

の制定等の手続きを考慮して、公布の日から起算して1年を超えない範囲内とされ、平成17年10月3日に施行となった次第である。

以下本章では、同法の制定の趣旨と背景を明らかにした上で、それによって創設された動産譲渡登記制度に焦点をあてる。集合動産の譲渡担保取引等の進展を支援するこの制度について、内容を概説するとともに、とくに対抗要件法理の基本からの解説や分析を加え、「引渡し（および占有改定）と同等の強さの登記」となったことの正当性を論証する。さらに動産・債権担保取引全般にわたる将来課題までを展望し、資金調達の国際的な傾向に触れ、売掛債権や動産（在庫）の、直接金融も含めた、より大きな活用に向かう必然性を検討する。

2　動産債権譲渡特例法の制定の趣旨と背景

近年、わが国では、企業金融のあり方について、その多様化の必要性が強調され、ことに不動産担保や個人保証に過度に依存した資金調達手法から脱却するべきことが指摘されてきた。そこで、企業資産のうちこれまで十分に活用されてこなかった不動産以外の資産、具体的には動産や債権を担保目的または流動化目的で譲渡することによって資金を調達する方法が注目を集めてきていたのである。

具体的なデータとしては、平成14年度でわが国全企業の保有資産は土地166兆円に対し、売掛債権169兆円、棚卸資産100兆円（中小企業でいうとそれぞれ81兆円、62兆円、44兆円）であった。つまり、売掛債権は土地に匹敵する額、棚卸資産も土地の半額を超える額があるのである。しかしながら、わが国における売掛債権の流動化比率をアメリカ合衆国と比較すると、アメリカ合衆国は約13％なのに対して日本は1％という大きな開きがあったのである。[2] 動産担保のほうは同種のデータがないが、これまでの両国の公示制度の有無からしてその差はさらに大きいのではないかと想像される。また、別のデータでは、わが国の主要銀行の担保付貸付における担保別割合（平成14年）は、不動産が73.5％を占め、債権が12.2％、有価証券が5.7％に対して、商品は0.2％に過ぎない。[3] これに対して、若干古いが1998（平成10）年の米国における対中小企業向け融資に関する担保の設定状況では、担保別活用比率は（構

成比は件数ベースであるが）法人不動産担保が22.1％、個人不動産担保が15.2％なのに対し、在庫・売掛債権担保は合わせて17.0％、設備・車両担保は54.7％と、いわゆる動産債権担保の範疇に入るものがかなり多用されていることが示されている[4]。

　動産については、日本では、動産を活用して資金調達をしようとしても、これまでの法制の下では、動産の譲渡を第三者に公示する制度が不十分であるため、担保として不安定で、担保価値が十分に評価できないという問題があった。売掛債権のほうは、平成10年に債権譲渡特例法の登記制度が創設されて、大変進展を見たところではあるが、まだ、第三債務者不特定の将来債権の譲渡は登記できない等の制約があった[5]。それらの点を改善して、動産や債権を活用した企業の資金調達の円滑化を図ろうとしたのが、今回の改正法制定の趣旨であった。

　以下本章では、債権譲渡登記関係の改正の検討については別稿（本書第14章）に譲り、新設された動産譲渡登記について論じることとする。

1) この債権譲渡特例法登記は、わが国初の電子化された登記となり、当初は申請時には持ち込みか郵送であったものは、現在では各法人の端末からオンライン申請もできるようになっている。債権譲渡特例法の制定の経緯等については、池田真朗『債権譲渡法理の展開』（弘文堂、2001）74頁以下、その後の検証については、「債権譲渡特例法——施行後3年の総合検証」みんけん（民事研修）534号（2001）3頁以下参照（本書第3章）。
2) アメリカは2000（平成2）年、日本は1999（平成11）年の数字である。中小企業庁中小企業債権流動化研究会最終報告書（2001年3月）10頁参照。
3) 経済産業省産業組織課「資金調達手法の多様化のための環境整備に関するアンケート結果の概要」中の資料（『NBL Plus 新しい担保法の動き』別冊NBL86号（2004年3月）279頁所収）。
4) 経済産業省産業組織課・前掲注3）中の資料。出典は1998 Survey of Small Business Finances. 複数種類の取得があるので合計100％を超える（前掲注3）280頁所収）。
5) 平成15年の1年間で、債権譲渡の登記件数が約1万9,000件、債権個数にして約7,693万9,000個という実績があったが、平成17年では（債権譲渡登記と質権登記の総計で）登記件数が約4万5,000件、債権個数が約6,878万個で、施行後平成17年までの累計は登記件数が約20万個、債権個数が約4億8,000万個で、債権総額では500兆円を超えたということである（法務省民事局商事課の統計資料による）。

II　動産譲渡登記制度の創設について

1　動産譲渡と公示機能の要請——条文の再検討

　今回の動産債権譲渡特例法制定は、債権譲渡特例法の改正の形態をとっているが、内容的には動産譲渡に登記制度を創設することが最大の眼目であったといえる。たとえばアメリカ合衆国では、周知のようにUCC（統一商事法典）によって、広く動産や債権についてファイリングシステムという貸付証書の登録制度をもって動産譲渡担保にも対応しているが、わが国では、占有改定という不十分な（外部から認識しがたい）公示制度しか存在しないという状況があった。これが動産譲渡担保取引の発展を阻害する要因と指摘されてきたのである。

　権利取得を示す法律上の公示手段という観点からいえば、民法上、動産物権の権利移転の対抗要件として規定されているのは、178条の「引渡し」のみである。そして、現実の引渡し（182条1項）、簡易の引渡し（182条2項）、指図による占有移転（184条）、占有改定（183条）という4類型は、条文としては、物権編第2章第1節に「占有権の取得」の方法として定められているのであって、「引渡し」以外は「（所有権等の物権の取得の）対抗要件」として規定されているわけではない。しかしながら、占有改定という、外見からは何の変化もない占有取得形態をも動産譲渡の対抗要件として認めることは、個別動産の売買に関して大判明治43・2・25民録16輯153頁が「民法第一七八条ニ所謂引渡ハ必スシモ現実ニ物ノ授受アル場合ニノミ限ルモノニ非スシテ占有ノ改定ニ因リ物ノ現実ノ授受アリタルト同視スヘキ場合ヲモ包含スルモノトス」としたのを先例とし、譲渡担保の事例でも、最判昭和30・6・2民集9巻7号855頁が、「債務者が動産を売渡担保に供し引きつづきこれを占有する場合においては、債権者は、契約の成立と同時に、占有改定によりその物の占有権を取得し、その所有権取得をもって第三者に対抗することができるものと解すべきである」（判例集の掲げる判決要旨の原文通り）として、今日では異論のない判例・通説となっている。

　上記の昭和30年判決の、「占有改定によって占有権を取得することによっ

て所有権取得を第三者に対抗できる」という論理は、(判決文は、占有改定が引渡しと認められるからという理由を挟んでいるつもりのようであるが、それにしても) 一読して矛盾を感じるべきものと思われるのであるが、この判例の展開について学説もほとんど疑問を抱いてこなかった[8]。もちろんそのことが、今日、多数の動産を譲渡担保に取るという取引を行おうとする上で、動産の権利移転の明瞭な公示手段がないことが改めて欠陥として強調されることにつながっている。私見は、占有改定を178条の引渡しと認める判例・学説の結論の妥当性はともかく、その理論形成については、動産物権変動についての「公示」と「対抗要件」の概念をめぐって、これまでにもう少し検討が加えられてきてもよかったと考える。

たとえば、代表的な学説である我妻説は、「このような外形に現れない観念的な方法で占有権を移転することが認められたのは、動産物権の公示方法としての占有を適当に拡張する必要からである。そこで結局、178条の引渡しは占有権の移転を意味し、現実の占有移転ばかりでなく、占有改定、簡易の引渡しまたは指図による移転のどれでもよいということになる[9]」と説明してきた。そしてこの説は、「(引渡しでは登記と異なって何のために引き渡されたのかが不明なので) 動産物権では、引渡しをどんなにやかましい要件にしても、公示の理想はそれほど十分に達することはできない。しかも動産の取引は不動産の取引よりもはるかに煩雑である。これが動産については占有に公信力を与えて一般取引の安全を図っているゆえんなのである[10]」と説明する。長く疑問をもたれないできた説明であるが、そもそもこの論理では、出発点の、「動産物権の公示方法としての占有を適当に拡張する必要から」というところですでに、公示方法 (対抗要件) として書かれるべき「引渡し」が「占有」にすり替わって、「引渡し」と「占有」が完全に同義になってしまっている。さらにいえば、占有に公信力を与えて一般取引の安全をはかる即時取得の制度は、あくまでも、占有に対する外観信頼に与えられた効力なのであって、所有権者の権利取得の対抗の問題とは別のものであることは自明である。上記の我妻説の説明には、本権の権利者たることの公示の手段の問題と、公示の不完全さを (占有に与えられた) 公信の原則でカバーすることとの混淆があるのである。

もっとも、この段階で、そもそも動産においては占有状態に対して保護を与えることが第一義的に考えられるべきことなのであるから、（動産に限っては）対抗要件構成を別途持ち出すことには大した意味はなく、「引渡し」と「占有」を区別すること自体が不当である、という批判もあろう。フランス民法2279条のように、動産占有に広く公信力を認める立法の発想からも、同様の帰結が導けるかもしれない（ただしフランス民法2279条については、既に注で触れたように、解釈論上、占有改定での即時取得は認められていない）。

しかしここでは、日本民法典が177条と178条とを置いて、不動産物権変動と動産物権変動に共通する発想で整合性の高い対抗要件主義を規定した姿勢（なお起草段階で178条の対抗要件規定の主たる参照条文とされていたのは、旧民法財産編346条であり、それはフランス民法1141条とほぼ同一である）を評価して、もう少し論を進めてみよう。くりかえすが、占有権の取得と、所有権を取得したことの対抗要件具備とはまったく別の問題である（そして、後述するように、対抗要件というものは、対抗要件主義における画一的処理の要請や取引上の予測可能性の確保という観点からすれば、法定的なものに限定されるべきである）。けれども、動産における物権取得の公示方法探求の限界からして、占有取得方法の代表である「引渡し」がそのまま本権取得の対抗要件として用いられることはやむをえないことかもしれない。しかしながら、厳密に言うと、条文の文言上、「引渡し」の類型として読めるのは、民法現代語化によって182条に見出しとして付された（現代語化新民法典では、それまでの民法典と異なり、見出しも法文の一部である）、「現実の引渡し」と「簡易の引渡し」のみなのであり、占有改定は、本来は、（明治43年判決の上告理由も述べていた通り）「代理によって占有を取得する一方法」として規定されているにすぎないのである（この点は法典調査会の議論も参照。なお、起草者が178条の参考条文とした旧民法346条１項の「現ニ占有スル」について、少なくともボアソナードは旧民法の理由書で「現実の引渡し」「物質的な占有」であることを明言している）。つまり今日の通説は、「引渡し」を「占有の移転」であると定義し、「占有の移転」には民法典に規定される「占有の取得」の方法がすべて含まれる、という論理操作をすることによって成り立っているのである。

いささか本題から外れるような記述に深入りしたかもしれない。ここでは、

これ以上この論点を詮索するつもりはないが、占有改定を動産物権変動の対抗要件とするのは、あくまでも判例・通説の「確立した解釈」なのであって、条文の規定そのものではないということだけを確認しておきたい。そしてこの私見のこだわりは、実は後述する本動産債権譲渡特例法上の登記について、「公示」と「対抗要件主義」をどうとらえるか、アメリカのUCCにおけるPerfectionに見られるような、いわば緩やかな対抗要件（必ずしも画一的確定的な権利帰属処理をするものではなく、権利帰属がどこにあるかをいわば推測させるものにすぎない）の考え方に近寄るのか、日本民法典における、形態の整った明瞭な対抗要件主義の考え方を貫くのか、という議論の伏線になっていることを述べておきたい。

2　動産譲渡登記の規定

本改正法では、具体的には、「法人が動産（当該動産について貨物引換証、預証券及び質入証券、倉荷証券または船荷証券が作成されているものを除く。以下同じ。）を譲渡した場合において、当該動産の譲渡につき動産譲渡登記ファイルに譲渡の登記がされたときは、当該動産について、民法178条の引渡しがあったものとみなす」とした（3条1項）。

今回の規定は、動産という以上の限定をしておらず、集合動産に限らず単一の動産の場合にも適用できる。また、担保目的とか流動化目的とかの制限は付されていない。そして、この登記は、民法178条の引渡しとみなすということで、引渡しと同等の対抗要件にしてある。なお、引渡しと同等ということしか規定されていないのであるから、登記済みの動産（ことに登記された集合動産中の個体）について後に第三者の即時取得があった場合も、それを否定する力はこの登記にはない。

なお、譲渡にかかる動産を特定するために必要な事項は、細目的・技術的事項であることから、法務省令で定められることとされたが（7条2項5号）、新しい動産・債権譲渡登記令および動産・債権譲渡登記規則（それぞれ旧債権譲渡登記令と旧債権譲渡登記規則を改正したものである。以下、後者を「規則」と略称する）は、本改正法施行と同時に施行されたので、この点について若干の紹介を行っておこう（以下は、法務省担当官の解説[14]に従う）。

動産を特定するために必要な事項は、規則8条が定める。基本的な考え方は、①動産の特質によって特定する方法、②動産の所在によって特定する方法、の2種類が設けられている。動産の特質によって特定する場合は、①動産の種類および②動産の記号、番号その他の同種類の他の物と識別するために必要な特質、が必要な記載事項となる（規則8条1項1号）。この、動産の特質によって特定する場合は、当該動産の唯一性が担保される客観的な指標に着目して特定が行われるので、個別の動産ごとに分けて特定する必要がある。したがって必然的に譲渡にかかる債権の個数は1個となるので、数量は、必要な記載事項とはされていない。[15] 一方動産の所在によって特定する方法による場合には、①動産の種類および②動産の保管場所の所在地、が譲渡にかかる動産を特定するために必要な事項となる（規則8条1項2号）。ここで、動産の所在によって特定する方法の場合に「すべての動産」としたのでは、不当な包括担保を抑止することができないことから、動産の種類を明示することによって、これを抑止する機能も有するとされている。[16] なお、動産の所在によって特定する方法による場合には、原則として、当該保管場所にある同種類の動産のすべてが譲渡にかかる動産となることが制度上予定されており、必然的に譲渡にかかる動産の数量はその特定範囲にあるもの全部となるので、数量は特定に必要な事項としていない。したがって、この場合には「○個」「○トン」等の数的な制限を有益事項として記載しても、記録事項としては無益的なものになると考えられるとされる。[17]

3　立法過程での最大の論点

　実は、今回の改正法案作成時に最も議論されたポイントは、新設しようとする動産譲渡登記の「強さ」の問題であった。法制審議会動産・債権担保法制部会では、担保目的の動産譲渡に限定して、先行する隠れた占有改定に勝てる（つまり、占有改定よりも強い）登記を創設するという案（審議会ではA_1案と呼ばれた）と、目的による限定はせず、引渡しや占有改定と同等の（つまり先行する占有改定に優越するような強い効力を持つことのない）登記を創設する、という案（審議会ではB_2案と呼ばれた）が争われたのである（案の名称は、A案は担保目的の譲渡に限定するもの、B案は目的限定をしないもの、1案

は占有改定より強い登記とするもの、2案は他と同等の強さの登記とするものである）。これは、目的志向性と法的整合性との対立といってもよい。

　つまり、もし動産譲渡担保による資金調達を活発化するためであれば、先行の占有改定にも優先できる、強い登記を創設することが望ましい。そしてその場合は、影響力が大きいこともあって登記は担保目的の譲渡に限定する、というのがA_1案の発想である。法制審議会でも、当初はこの案に対する賛成意見も強かった。しかしながら、この案には、まず実際の契約では担保目的か真正譲渡かの区別が困難である場合も多いという欠点があり、さらに、対抗要件法理からすると、仮に登記を占有改定よりも登記を強いものとした場合に、登記と引渡しを同等とし、さらに引渡しと占有改定がこれまで通り同等の対抗要件であるとすると、三者間の優劣関係が錯綜し、場合によっては「三すくみ」の状態が現出するという致命的な欠陥があった。[18] そこで、最終的には、上記B_2案の形が採用されたのである。以下本稿では、この点について若干詳細な記述を加えておきたい。

4　対抗要件法理からのアプローチ

　筆者は、この法制審議会動産・債権担保法制部会に委員として参加したが、私見は、このB_2案に強く賛成した。それは、不動産、動産、債権の権利移転に共通な対抗要件理論からの主張であった。

　私見の根本の前提は、①制度目的論、機能論も重要だが、学理的な説明がつく立法をしなければならない。②対抗要件の基本は、「完全な対抗要件（第三者対抗要件）を具備したところで画一的な帰属関係（優先劣後関係）の決定が図れるもの」である、ということであった（実はこの段階で、担保目的譲渡に限定するA_1案は、画一的な処理を図る事が困難になるので適切でなくなる。その点はまた後の5(1)に述べる）。したがって、帰結の第1点として、いわゆる「三すくみ」状態はあってはならないものである。つまり、前提に掲げたように、完全な第三者対抗要件を得た者が登場した段階で、権利帰属の争いは決着がつくものでなければならないからである。では、何をもって完全な（100％の）対抗要件とするか（ここで、この動産譲渡登記を他の対抗要件よりも強い、つまりいわば120％の対抗要件とする考え方は否定される。つまり、その考

え方はすなわち、「登記が100％の完全な対抗要件であって、他の対抗要件はすべて不完全な対抗要件とする」という意味にならなければならないからである。この点についても後述参照)。

　同様に、帰結の第２点として、審議会の一部にあった、「時的先後ルール」と「登記優先ルール」が別々に存在するような議論は適切ではない。完全な対抗要件を、時間的に最も先に具備したものが優先するのが第三者対抗要件であるからである。これは、債権譲渡の対抗要件を考えれば明瞭である（債権譲渡の場合は、不動産の登記と異なり、対抗要件自体が二重三重に具備できるので、民法上の確定日付ある通知・承諾が複数あっても、また民法上の確定日付ある通知・承諾と債権譲渡登記との２つの対抗要件具備があっても、それらを具備の時的先後で一律に処理するのである。今後は動産でも同様の処理をすべきことになる）。

　また、どの対抗要件手段をとるかによって「二重譲渡できる地位やできない地位」がある等の制度設計は適切でない。二重譲渡はわが国の現在の法制では、不動産でも債権でも「起こってしまう」のであって（ただし、今後の電子債権の議論などでは別の仕組みも考えうるが）、それを「対抗要件」で決着をつけるものである。これが意思主義・対抗要件主義の法制の基本である。動産だけに別途新規の議論を持ち込むべきではない。

　さらに、三すくみのケースなどでなされた、「譲渡担保としての移転の間に真正譲渡が介在すればどうなるか」という議論の立て方もおかしい。真正譲渡が介在したら結論が変わるという話なのではなく、とにかく「権利移転があって、それについての完全な対抗要件具備があればそこで帰属の問題は決まる」というべきなのであって、譲渡についての完全な対抗要件は何かが決まれば答えは決まる。

　以上の諸点から、私見は、以下のように論理を構成した。

　議論が錯綜してしまう原因は、登記と占有改定だけを比べようとするからではないか。新しく登記の制度を置くなら、それが引渡し等既存の対抗要件とどのような関係に立つのかの位置づけを再確認すべきであろう。その場合の論理の流れは、次のようになろう。

　①　まず、登記と、占有改定以外の引渡し等（以下、「引渡し等」と表現し

て、簡易の引渡しと指図による占有移転についてはとりあえず正確な位置づけは留保したまま論を進めるが、これについても勿論別途の議論がありうる）との関係を確認して、それから占有改定との優劣関係を考える。

　②　占有改定以外の既存の引渡し等の対抗要件を完全な（100％の）対抗要件と見るか見ないか（見ない、というのはすなわち先述のように登記をより強い120％のスーパー対抗要件と見ることに他ならない）を決める。ちなみに、ここで引渡し等を100％の対抗要件と見ないということになれば、どうしても民法178条の改正の問題になってしまう。

　③　登記を、「動産権利移転の完全な第三者対抗要件のひとつ」と位置づけるか位置づけないかを決める（登記を単に「現在の動産権利移転の第三者対抗要件の１つとされている占有改定を補完する「公示手段」にすぎない」とする考えもありうるが、それでは占有改定をした者がさらに登記をした場合はよいが、登記単独でした場合の位置づけができない）。

　ここまでが対抗要件法理からの問題の前提的論理整理となる。後は、

　ⓐ　登記制度を定めて、「新たな完全な第三者対抗要件のひとつが加わった」とした場合には、それだけならばＢ案になる（引渡し等も占有改定も登記もすべて同等の完全な第三者対抗要件とする）。

　ⓑ　もし、登記が先行する対抗要件のどれかに勝てるとしたら、その対抗要件を「不完全な対抗要件」と位置づけなければならない。先行する占有改定に勝てるとしたら、占有改定は「不完全な対抗要件」と位置づけられることになる。その場合は、占有改定は他の引渡し等の対抗要件にも劣後しないのか、劣後しないとしたらなぜか、という説明をつけなければならない（ここで、先に述べたように、民法上、動産物権の権利移転の対抗要件は「引渡し」（178条）だけであって、他の占有改定（183条）等は条文上「対抗要件」として明記されているわけではないことを想起したい）。

　以上の諸点からまとめた私見の「Ｂ$_2$案を可とする理由」は、以下のようなものであった。

5　私見の骨子

(1)　A_1案の難点

①　A案のいう、担保目的譲渡に限定するとか、それに流動化目的譲渡を加える等の目的による限定は、実際の運用にあたって個別事例においての判断が難しい。そもそも担保目的譲渡と真正譲渡は区別が困難であり、その区別の困難性は国際的な認識になっている。[19]

②　理論面からも、対抗要件制度は、画一的に明確な処理をできるのが最大の利点であるが、1案では、占有改定と登記の関係において、対抗要件の中に優劣を置くことになり、さらに、引渡しという本来の対抗要件との関係から、三すくみというような本来対抗要件制度で起こってはならない現象を生じ、当事者の、自己が確保した権利についての予測可能性が非常に低い状況を招来する。このような状況を整理するための条文化の案も出されたが、規定として理解の難しい長文となること、またそれ以上に、その案でもなお登記と占有改定と引渡しの三者関係が明瞭にならないことから、採用しがたい（つまり、登記と占有改定で登記を優位に置き、登記と引渡しは同等とするなら、引渡しと占有改定にも優劣の差を設けなければならないはずであることは自明である）。

(2)　B_2案の優れた点

①　B案は目的による制限をしないので、画一的な処理ができ、運用上の判断の疑義もなく、当事者の予測可能性が高い。

②　2案は、対抗要件として、引渡しや占有改定と同等のものを1つ増やすだけであるから、運用上も優先関係は明確であり、三すくみのような紛争は起こりえない。

③　したがってB_2案とすれば、法文の書きぶりも簡明であり、おそらく現在ある債権譲渡特例法登記と同様の、あるいはそれに条文を加えるような処理で行うことができ、法律として国民に理解しやすい形でまとめられる。

④　実際の機能として、先行する占有改定に勝てなくても、登記制度創設の意味は十分にある。先に当事者の予測可能性が高いと述べたが、そのことからB_2案の登記制度にはA_1案の場合以上の信頼性が与えられると思われる。また現実の取引において、登記をすれば、現在の引渡しや占有改定と同等の

保護が得られるということの意味は十分にあると考えられる（この点、実務に携わる委員・幹事から、先行する占有改定を覆す必要のある事案、また覆そうとする事案は実際には多くないとの発言もあった）。

以上の諸点から、制度目的や機能を重視してA_1案を採用しようとすることと、制度の信頼性、理論的整合性から、B_2案を採用することを比較した場合に、いずれに利点があり合理性があるかという判断は明瞭であり、B_2案の採用が適当である。

以上が私見の内容であった。

6　立法後の解説

法制審議会動産・債権担保法制部会では、他のメンバーから私見と同様の意見が出されたこともあり、結論として、このB_2案が優勢となり、最終的な法文に結実した。[20]

改正法の公布後、私は雑誌論文で、概略下記のように論評した。[21]

① まず目的による制限をしないということは、この動産譲渡登記が広く使われるためには適切であった。

② この登記を、178条の引渡し（および占有改定）と同等の対抗要件にした（これは債権譲渡登記が民法467条２項の確定日付ある通知と同等のものとして規定されたのと同様）ことによって、結果的には、理解しやすく予測可能性の高い法制度となると思われる。したがって、新たに動産を担保にしてあるいは売却して資金を得る場合には、融資者たる譲受人はこの登記によって明確に権利を確保して、適正でフェアーな取引秩序が出来ていくのではないかと期待される。ただしこの点は、実務界においては、動産譲渡担保取引の促進という目的実現のためにはやはり強い登記が欲しかったとの異論もあろうと予想される。

③ 対抗要件というものは、法定の一定の手続きを経れば他者に対して自己の取得した権利を対抗できるという、画一的で予測可能な処理ができるところに最大の利点がある。複数の対抗要件に優劣関係をつけるということになれば、優劣決定基準が錯綜して混乱を招く。したがって、複数の対抗要件を置くときには、効果を同等にして、具備時の先後で優劣を決めるというの

が画一的な処理にかなう。もし占有改定を登記よりも弱い対抗要件とし、登記と引渡しを同等とするのであれば、占有改定は引渡しにも劣後するものとしなければならないのは理の当然であって、占有改定を引渡しに劣後させる（あるいは占有改定をもはや対抗要件とは認めないものとする）というところまで踏み切れないのであれば、A₁案は採用の余地がなかったと思われる。

④　そういう意味で、この登記の強さは、法理論的にはまさに適正である。さらに、A₁案のような効果の強い登記であれば、濫用の心配も出てくるが、この、効果が強すぎないということは、濫用のおそれが少ないということにもなろう。

7　その他の規定

なお本改正法は、代理人によって占有されている動産の譲渡につき動産譲渡登記がされ、その譲受人として登記されている者が当該代理人に対して当該動産の引渡しを請求した場合において、当該代理人が本人に対して当該請求につき異議があれば相当の期間内にこれを述べるべき旨を遅滞なく催告し、本人がその期間内に異議を述べなかったときは、当該代理人は、その譲受人として登記されている者に当該動産を引き渡し、それによって本人に損害が生じたときであっても、その賠償の責めに任じないものとする規定を併設した（第3条2項）。これは、たとえば、動産を代理占有する預かり業者に対して、動産譲渡登記をした者が所有者として動産の引渡しを請求する場面等を想定すればよい。この点については、これまでも占有改定で対抗要件を得た者が同様の行動をすることが考えられたのであって、特に対応の規定を置かなくてもよいとの考え方もあったところであるが、やはり占有改定という不明瞭な対抗要件を得た者と登記を得た者とでは想定される行動が異なり、またその際に対処を迫られる代理人に何らかの保護指針を与えるべきとの考え方に基づいて置かれた規定である。

もっとも、立法担当官は、この規定が任意規定であると述べ、本人と代理人との間に特約がある場合には、特約が優先することになるとしており、[22] かつ倉庫業者の場合の実務慣行では、寄託物の譲渡がされても指図による占有移転の通知（民法184条）はされず、寄託物の出庫作業は、引渡請求をしてき

た者が寄託物の所有者であるかを問うことなく、寄託者が発行した荷渡指図書を持参した者に寄託物を引き渡すことによって行われていることを紹介し、動産譲渡登記制度が創設されても、譲受人が円滑に出庫を受けるためにはこのような荷渡指図書の持参が必要であることに変わりはないと説明している。[23]

6) そもそも今回の債権譲渡特例法改正に至るまでの動きとして、平成15年1月に出された経済産業省企業法制研究会（担保制度研究会）報告書（高木新二郎委員長）が、法制度面からの問題点の検討と制度提案の冒頭に、動産に関連する制度提案として、公示制度の創設を提示していたことが挙げられる。ちなみに同報告書は、債権に関連する制度提案として、債務者不特定の将来債権譲渡の容認と対応する公示制度の整備、および譲渡禁止特約に関する提案を提示していた（同報告書は、前掲注3）NBL Plus 185頁以下に所収。また、これらの問題提起に関する論点整理として、山野目章夫「動産担保・債権担保法制の課題」前掲注5）40頁以下がある）。このような動きを受けて、法制審議会動産・担保法制部会が平成15年10月から開始されたのである（なお同審議会開始後の中間試案およびその解説についても、同じく前掲注3）1頁以下に収録されている）。

7) 以下に要旨部分の判決文自体を掲記する。「売渡担保契約がなされ債務者が引き続き担保物件を占有している場合には、債務者は占有の改定により爾後債権者のために占有するものであり、従って債権者はこれによって占有権を取得するものであると解すべきことは、従来大審院の判例とするところであることも所論のとおりであって、当裁判所もこの見解を正当であると考える。果して然らば、原判決の認定したところによれば、上告人（被控訴人）は昭和26年3月18日の売渡担保契約により本件物件につき所有権と共に間接占有権を取得しその引渡を受けたことによりその所有権の取得を以て第三者である被上告人に対抗することができるようになったものといわなければならない。しかるに、原判決は、被控訴人（上告人）において占有改定による引渡を了したことを認むべき証拠がなく、被控訴人は右所有権の取得を以て控訴人に対抗し得ないものとし、被控訴人の本訴請求を排斥したのは違法であって、論旨はその理由あるものというべく、原判決は破棄を免れない」。引用部分の前半、「果して然らば」の前までは、占有権取得のことだけを述べているので全く問題がないが、問題はその後である。

8) たとえば、於保不二雄「昭和30年判決評釈」民商法雑誌33巻5号（1956）48頁以下参照。なおここで於保博士が「物権の変動に意思主義・対抗要件主義をとる仏法においても、動産物権の変動については、動産占有に公信力を認めることとの関連において、動産の引渡を対抗要件として要求していない」（50頁）と述べられているのは、フランス民法1141条（日本民法の起草者は、類似する旧民法財産編346条とともに、この規定を178条の参照条文として掲記。ただしこれらの規定では引渡しではなく現実の占有を要件とし、取得者に善意を要求する）の存在を考えると

いささか疑問もある（なお後掲注14）参照）。もっとも、於保博士の「動産占有の公信力に基く善意取得を認めるならば、動産物権の変動の公示のために引渡をもって対抗要件とすることの存在意義は殆んど失われてしまうことになる。あたかも、月と太陽とのごとく、対抗要件は動産占有の公信力によって殆んど蔽われてしまう」（同頁）という所説は説得的ではあるが、フランス民法の即時取得の規定（2279条）でも、条文は単純に占有 possession と規定するのみであるが、学説上は今日でも現実の占有 possesion réelle が要求されると理解し、占有改定は含まれないとしている。ex. Larroumet, Droit civil, t. 2, 1es biens, 4e éd., 2004 p. 578. なお、この点に関しては後掲注13）参照。

9）　通説とされる見解であるから、ここではあえて伝統的入門書である我妻栄＝有泉亨＝川井健『民法〔第 2 版〕(1)総則物権法』（勁草書房、2005。かつての一粒社版ダットサン民法〔初版1954〕の後継版）307頁を引用する。なお、現時点でこの通説に対して異説を唱えるものとして、178条の引渡は譲受人が現実に占有する場合と指図による占有移転の場合に限定し、かつ第三者に善意を必要とするという平野裕之『物権法〔第 2 版〕』（弘文堂、2001）163〜164頁がある。

10）　我妻＝有泉＝川井・前掲注 9 ）306頁。

11）　フランス民法の理解を引き合いに出して「動産物権の変動においては、対抗要件よりも善意取得を第一義的としなければならない」と説く於保説は、この考え方といえようか。前掲注10）51頁。他にもこの趣旨を説く教科書類は多い。

12）　法典調査会に提出された甲号議案において、現行178条（審議時179条）の参照条文として掲記されたものの先頭は、前掲注 8 ）に触れたように旧民法財産編346条であり、それに続く外国の参照法典記載の先頭は、フランス民法1141条である（商事法務版法典調査会民法議事速記録1巻588頁（ちなみに起草趣旨説明者は穂積陳重委員である）。旧民法財産編条346条は、「①所有者カ一箇ノ有体動産ヲ二箇ノ合意ヲ以テ各別ニ二人ニ与ヘタルトキハ其二人中碩ニ占有スル者ハ証書ノ日附ハ後ナリトモ其所有者タリ但其者カ自己ノ合意ヲ為ス当時ニ於テ前ノ合意ヲ知ラス且前ノ合意ヲ為シタル者ノ財産ヲ管理スル責任ナキコトヲ要ス②此規則ハ無記名証券ニ之ヲ適用ス」というもので、1項は基本的にはフランス民法1141条と類似する（旧民法とフランス民法典ではこれらの規定は「合意の効力」の款に置かれている）。穂積委員はこの旧民法財産編346条の評価を含め、以下のように起草趣旨説明をする。「本条モ前条〔現行177条〕ト同ジク第一七七条〔現行176条〕ノ例外即チ公益上カラ出マシタ所ノ例外デアリマス其意ハ前条ト異ナルコトハナイ積リデアリマス即チ当事者ノ間ニハ其権利ガ移リ併ナガラ其引渡即チ此動産ニ関スル所ノ公示法昔カラ引渡ハ証明法ト私ハ見テ居リマスガ登記ト同ジヤウニ第三者ニ示シ得ルトカ明カナ行為ガナケレバ第三者ニ之ヲ対抗スルコトヲ得ズト云フノデ既成法典〔旧民法を指す〕モ同ジ主義ヲ採ツタト云ブコトハ三四六条カラ分ル其主義ヲ失張リ本案ニ於テモ採用シテ居ル丈ケノ違ヒデアリマス（後略）」（前掲速記録588〜589頁、〔　〕内筆者注）。以上のことから、わが民法の起草委員らが旧民法とフランス民法典の

上記規定を参考に、その機能と位置づけを純化させ、不動産の対抗要件と列記される動産対抗要件規定たる178条を創設したことは、（その是非の評価は別として）間違いのないところであろう。
　　　ただこの点に関するわが国の研究は、管見の及ぶ限りほとんどみられない。フランス民法の対抗要件主義を考究する横山美夏「競合する契約相互の優先関係（1〜5）」大阪市立大学法学雑誌42巻4号（1996）以下も、（論文全体の関心がもっぱら不動産物権変動に向けられていることもあり）フランス民法1141条が今日では即時取得のひとつの場合と理解されていることを示すのみで（4号926頁）、日本民法178条の立法沿革には言及がない。

13)　占有改定について規定する現行183条について、法典調査会での議論は、専ら占有取得方法としてのみなされている。一方、前掲注12)に掲げた旧民法財産編条346条の「現ニ占有スル」は、ボアソナードの仏語版では、フランス民法1141条と同じく possession réelle（現実の占有）が使われており、ボアソナードは346条の理由書での解説において、この部分を、「不動産のようにいわゆる公示ができないので、現実の引渡し tradition réelle つまり取得者の物質的な占有 possession matérielle で置き換えた」と説明している。Boissonade, Code civil de l'Empire du Japon, accompagné d'un exposé des motifs. t. 2,1891, p. 440.（旧民法理由書についての解説は、池田真朗『債権譲渡の研究〔増補2版〕』（弘文堂、2004）45頁以下）。この説明では、占有改定は対抗要件から明らかに排除されるのである。この点について、178条の審議で穂積起草委員が何ら言及していなかったことが、後の判例学説による引渡し概念の安易な拡大につながった可能性はある。今後さらに考究したい。

14)　高山崇彦「『債権譲渡の対抗要件に関する民法の特例等に関する法律の一部を改正する法律』の施行に伴う関係政省令の改正の概要（上・下）」NBL817号（2005）16頁以下、818号28頁以下。

15)　高山・前掲注14) 31頁。

16)　高山・前掲注14) 31頁。

17)　高山・前掲注14) 32頁。

18)　審議会で指摘された三すくみの問題とは、担保目的の移転に関して先行する占有改定に勝てる強い登記を想定した場合、ある動産について、次の①から③までの順番で取引がされた場合において、甲は乙に優先し、乙は丙に優先し、丙は甲に優先するというものである。①担保目的の譲渡を受けた甲が「占有改定」により対抗要件を具備、②真正譲渡を受けた乙が「占有改定」により対抗要件を具備、③担保目的の譲渡を受けた丙が「動産譲渡登記」を具備。植垣勝裕=小川秀樹『一問一答動産・債権譲渡特例法〔改訂版〕』（商事法務、2005）34頁参照。

19)　たとえば国連国際債権譲渡条約（2001年12月採択、未発効）がこの考え方を採用している。さらに同条約第2条（債権の譲渡）は、担保権の設定も権利の移転とみなす規定を置いている。池田真朗=北澤安紀=国際債権流動化研究会「注解・国連

国際債権譲渡条約(1)」法学研究（慶應義塾大学）75巻 7 号〔2002〕148頁。
20) 私は、この新法が審議された参議院法務委員会にも参考人として意見陳述をし、その際にもこの引渡し等と同等の強さの登記であるべき理由を説明した次第である（第161回国会参議院法務委員会会議録 5 号〔2004〕 3 頁参照）。
21) 池田真朗「動産債権譲渡特例法の制定の経緯と概要」銀法642号〔2005〕 6 頁。
22) 植垣＝小川・前掲注18) 44頁。
23) 植垣＝小川・前掲注18) 44頁。

III　法施行後の動産譲渡登記利用状況

　筆者は前掲のように論じたものの、実際にこの登記（人によっては「弱い登記」と表現されるが、弱いわけではなく、対等なのである）でいかほどの活用実績がえられるのかについては、一抹の不安もあった。衆知を集めた新法も、使い勝手や効用の多寡ということから実務に敬遠されれば、努力は水泡に帰するのである（実際、近年の金融関係立法の中には、そのようなものも散見される）。

　しかし、幸いなことに、出だしは着実に数字を挙げているようである。施行後の動産譲渡登記事件数実績は、平成17年10月が登記件数14件、動産個数72個、同11月が35件、310個、12月が181件、 1 万4,386個であるという（法務省民事局商事課提供）[24]。この動産個数には、前記のように集合動産を含み、集合動産の場合は 1 つの集合で 1 個となる（ただし内訳としてどのくらいが集合動産かの統計はないという）。この数字を多いと見るか少ないと見るかは議論があろうが、いずれにしても、順調に数字は伸びており、実務にそっぽを向かれなかったことは確かなようである。今後一定期間の推移を見守った上でなければ、判断が正しかったかどうかの評価はできないが、とりあえずは、法制審議会動産・債権担保法制部会の鎌田薫部会長以下、立法に携わった方々とともに、この順調なスタートを喜びたいと思う。

24) 統計の数字は公開されるものであるが（法務省司法法制部司法法制課発行の「法務統計月報」に掲載）、初出論文公表時に速報値をご提供いただいた法務省民事局商事課にはここに厚く御礼を申し上げたい。

IV 動産・債権担保取引の将来課題

　動産債権譲渡特例法施行後の実務取引については、いくつかの座談会や論考が発表されているところであり[25]、そこでは、ことに動産譲渡担保取引について今後の取引実績を挙げるためのいくつかの課題も示されているが、ここでは、より広く国際的な目で動産・債権担保取引の将来課題について触れておきたい。それは、国連国際商取引法委員会（UNCITRAL）において検討中の、「担保付取引に関する立法指針」作成についてである。この作業については、紹介や事務局原案邦訳等が１冊にまとめて公刊されているところであるが[26]、この作業で対象になっているのは、基本的には、不動産を除く財産全般である。なかでも中心的に考えられているのは、日本でいう動産、在庫であり、さらに金銭債権その他の債権も広く含むもの（ただし、流通証券に化体された権利は除外される余地あり）なのである[27]。つまり、現代の世界が注目するこれからの「担保付取引」は、不動産を担保とする取引ではなく、動産・債権担保取引なのである[28]。UNCITRAL のこの作業は、非常に豊富・広汎な内容を含み、世界の先端の取引実務を反映するものと評価されるので、これからも注目していく必要があろう。

　したがって、わが国の動産・債権担保取引については、今後も（ミクロ的には中小企業の資金調達のパイプの多様化というレベルで考えつつも、マクロ的には、）国際基準での取引ルール形成に注意しつつ、国内市場の整備拡大を考えなければならない。その意味では、今回の動産債権譲渡特例法は、平成10年の債権譲渡特例法制定が UNCITRAL の各国代表から評価された[29]のと同様に、わが国の動産（在庫）担保取引をいささかなりとも先進諸国間の国際スタンダードに近づける働きをするものと期待されるのである。

　なお、本章で深く触れられなかった理論的課題として、債権譲渡担保と動産譲渡担保における客体論の理論構成の問題がある。つまり、動産譲渡担保で問題にされる集合物構成・分析的構成というものが債権譲渡担保で同様に論じられるべきものか否か等であるが、それについての考究は、他日を期したい。

25) 鎌田薫ほか〈座談会〉「動産・債権譲渡担保における公示制度の整備」ジュリ1283号7頁以下、松本大「集合動産担保融資の実務——ピーター商事の事例を通じて」銀法648号4頁以下、赤羽貴「集合動産担保融資と新法に関する論点」銀法648号（2005）11頁等参照。
26) 前掲注3）の『NBL Plus 新しい担保法の動き』別冊 NBL86号（2004）がまとめて掲載・収録している。最初の紹介論考として池田真朗＝石坂真吾「UNCITRAL『担保付取引に関する立法指針』作成作業について」NBL748号（2002）19頁以下があり（前掲注3）80頁以下所収）、UNCITRAL作業部会日本政府代表である沖野教授の解説として、沖野眞已「UNCITRAL『担保付取引に関する立法ガイド』（案）の検討状況——担保作業部会の動向」前掲注3）48頁以下があり、事務局原案の全訳（仮訳）として、石坂真吾「UNCITRAL『担保付取引に関する立法指針』草案（原案）」前掲注3）87頁以下がある。なお「担保的取引 Secured Transaction」の用語については、池田＝石坂・前掲注3）NBL Plus 80頁注2）を参照。
27) より正確には、沖野・前掲注26) 48〜49頁。
28) ちなみに、前掲注16）に掲げた企業法制研究会（担保制度研究会）報告書の副題は、「『不動産担保』から『事業の収益性に着目した資金調達』へ」であった。
29) 池田真朗『債権譲渡法理の展開』（弘文堂、2001）161頁参照。

V　結びに代えて
——「担保」形式を超えた資金調達へ

　担保というのは、結局、金融機関等からの借り入れという間接金融を達成する手段である。しかしこれは、企業会計の見地から見ると、貸借対照表の右側（相手方からみる呼称を使うので「貸方」）の負債部分を単純に増やすことになり、企業の自己資本比率を下げる。したがって、左側にくる資産を用いて直接金融をする手法（金融機関に頼らない、という意味だけでなく、貸借対照表自体をダウンサイジングし、自己資本比率を下げない）が企業の健全経営のためにも今後益々開発されていくことが想定されるのである。一時ブームとなった不動産の証券化は、比較的長年月で設定するため、景気に左右され、また不動産自体の値下がりがあれば機能不全を起こすことはバブル崩壊後広く知れ渡ったところであるが、もちろんこれからもリスク指標を改善しつつ行われていくであろうし、売掛債権やローン債権の流動化はすでに金融手法と

して確立して広く用いられるようになっており、動産（在庫）についての流動化も、現時点で国内の実績はまだ乏しくても、今回の動産債権譲渡特例法制定に際して、わが国の実務界からかなりの関心が示されたところである。動産の流動化は、在庫の価値評価技術の開発とその市場の形成が進めば、近い将来、米国の例に見られるように、それなりの規模で行われるようになっていこう。つまり、債権や動産の流動化取引は、債権や動産を用いた資金調達が、めぼしい不動産がないから債権や動産「まで」担保に取るという、いわゆる最終手段とか添え担保という世界から脱却して、企業の自立した能動的資金調達手法として発達していくことを示唆するものに他ならない。

　そのような観点からすれば、実体法学者の対応としても、今後は「担保」という法形式のみに拘泥するのではなく、金融手法の多様化に即応する多様な契約法理の研究開発が望まれるのではなかろうか。実務と学理のコラボレーションという意味では、とくに法科大学院の金融法関連科目での成果が期待されるところであろう。債権や動産という資産は、「担保法学」の新しい地平への発展・拡大をいざなう素材となるのではないかと筆者は考えている。

第14章
債権譲渡特例法から動産債権譲渡特例法へ
——債権譲渡登記の改正後の反応と改正点に関する議論

Ⅰ　改正後の反応

　本章では、債権譲渡特例法が動産債権譲渡特例法に増補修正された後の状況を債権譲渡登記の改正点を中心に検討する。現代は、資金調達の多様化の必要が叫ばれ、また実際に、伝統的な金利操作等による経済政策が十分な効果を上げ得ず、法律や制度を作って経済の活性化をする時代になっている。ここにおいて、新改正法は、資金調達の多様化に、ひいては企業活動の円滑化に資するよう、期待をもって立法された。施行後執筆段階（平成18〔2006〕年3月）までにはまだ日が浅いため、実務等からの正確な反応を把握することは十分にはできないが、債権譲渡登記のほうは、これまでの実績からして、利用場面の拡大による効果をある程度予測しうる。しかしながら、次節に若干考察するように、第三債務者不特定の債権を他の要素から特定しうる状況というものをどう実務的に固めていくか等、いくつかの課題があろう。それによっては、債権譲渡登記に対する信頼を不安定にする要素が拡大する懸念がないわけではない。一方動産譲渡登記のほうは、まずは実務界の反応を待ちたいが、施行後3カ月の実績速報では、かなり堅調のようである。[1)] また、取引形態として、流動化目的の動産譲渡が今後どのくらい出現するのかも（市場形成技術あるいは担保評価手法の進展も含め）実務の動向を見守りたいところである。

1) 池田真朗「動産・債権担保の展開と課題」判例タイムズ1202号（2006）35頁（本書第13章281頁）、および土手敏行「現在の動産譲渡登記および債権譲渡登記の利用状況ならびに今後の動向について」NBL831号（2006）25頁参照。

II　債権譲渡登記制度の修正について

　債権譲渡登記プロパーに関しては、今回の改正法で修正された点は大きく2点ある。

　(1)　第1は、債務者不特定の将来債権の譲渡も登記をなしうる（将来債権の譲渡については、譲渡に係る債権の債務者を当該債権を特定するための必要的記載事項としない）としたことが大きな改良点である（新法8条2項4号。旧法5条1項6号から債務者名の要求を外した）。この修正点は、平成10年の債権譲渡特例法制定時から国際的には疑問を提示されていたところであり[2]、従来は、たとえばまだ借り手の決まっていないビルの賃料債権を流動化するとか、クレジット会社が将来の（これから新たに顧客となる者に対する）クレジット料債権を担保に融資を受ける等の場合に、この制度が使えないという不便があった。したがって今回の改正によってこれらの場合も債権譲渡登記ができるようにしたことで、活用場面が国際水準に広がったといってもよい。

　(2)　第2には、将来債権の譲渡（既発生の債権と併せて譲渡する場合を含む）の場合、この債権総額を登記事項としないことになった（新法8条2項3号。全部が既発生債権の場合は書かなければいけない）。将来債権についての譲渡登記の場合には、これまでは譲渡総額を必要的記載事項とし、見積額で書かせていたのであるが、毎月発生し回収されていくような債権を一定期間担保に取ったような場合、残高は毎月それほどの額ではなくても、もし発生ごとの累積額を登記すると莫大な額になり、信用不安を惹起するということが実際に存在した。そこで学説には、融資極度額でよいとか、最高残高でよいとか、移転限度額にすべき等の議論もあったが[3]、もっとも正確な登記方法はやはり発生する都度のすべての債権の譲渡を登記することではないかという慎重論もあったのである。この点の不安が今回の改正法では払拭されることになった。

(3)　もちろん、登記される債権の特定は必要である。将来債権で債務者の名前も額も決まらなくて特定できるのか、という懸念もあろうが、これについては、改正法制定以前から、債権発生の始期と終期とか、債権の種類等、他の要素から特定が可能と考えられてきた。ちなみに、この将来債権の実体法上の特定は、他の債権から識別可能な程度に特定されればよいというのが、周知のように、既に示されている最高裁判例の態度である（最判平成12・4・21民集54巻4号1562頁）。

　改正法は、具体的な登記事項については、法務省令に定めることとし、それを受けて制定された新しい動産債権譲渡規則では、譲渡にかかる債権の債務者が特定していない場合の必要な記載事項として、債権の発生原因および債権の発生のときにおける債権者の数、氏名および住所（法人にあっては、氏名および住所に代え、商号または名称および本店等）が挙げられている（規則9条1項3号[4]）。

　この場合には、債務者の氏名・商号等の代わりに「債権の発生原因」を特定に必要な事項としていると説かれる[5]。「債権の発生原因」とは、債務者の氏名・商号等（同項2号）および債権の種別（同項4号）等以外の要素で特定に資する情報をいうとされ、立法担当官の解説によると、たとえば、不動産賃料債権を譲渡する場合には、発生原因となる契約の客体としての当該不動産の所在地・名称・部屋番号等がこれに当たり、売掛債権を譲渡する場合には、発生原因となる契約の客体としての商品等や契約の主体の属性（「〇〇区内に在住している者」等の債務者の地域属性等）が、同じく請負代金債権を譲渡する場合には発生原因となる契約の目的たる仕事の内容等がこれに当たると考えられる、とされる[6]。

　このほかにも、債務者が特定していない将来債権を譲渡し、または質権の目的とするときは、債務者が特定している債権と同様に、その特定に必要な事項として、①債権通番、②債権の発生の時における債権者の氏名・商号等、③貸付債権、売掛債権その他の債権の種別、④債権の発生年月日（発生期間の始期および終期）を記録しなければならないこととしている。なお、債権通番においては、債務者が特定していない将来債権は、1つとして取り扱われる[7]。

したがって今後は、債務者不特定の債権譲渡登記も、以上のように他の記載事項から特定されれば、従来の債務者特定の譲渡の登記と同様に、当該債権の債務者以外の第三者については、民法467条の規定による確定日付のある証書による通知があったものとみなすことになる（新法4条1項）。[8]

2) 筆者が1998（平成10）年の債権譲渡特例法制定の際に国連のUNCITRAL（国際商取引法委員会）の議場で同法制定を紹介して英文の法文を配布したときに、直ちにアメリカ代表から、なぜ第三債務者名を書かなければいけないのかと質問されたところである。

3) 森井英雄「債権譲渡特例法と集合債権譲渡担保」判例タイムズ1011号（1999）51頁以下、池辺吉博「集合債権譲渡担保契約における限度額の定め」森井英雄＝升田純＝辰野久夫＝池辺吉博『債権譲渡特例法の実務〔新訂版〕』（商事法務研究会、2000）129頁以下、ことに135頁等参照。

4) 法務省立法担当官の解説として、高山崇彦「『債権譲渡の対抗要件に関する民法の特例等に関する法律の一部を改正する法律』の施行に伴う関係政省令の改正の解説」金融法務事情1750号（2005）15頁以下（なお同様の解説がNBL817号、818号にも掲載されている）があり、以下本章ではこの解説を引用する。

5) 高山・前掲注4）26頁。

6) 高山・前掲注4）27頁。

7) 高山・同上。

8) なお、細かいことをいえば、これまでは、このみなし対抗要件については、債権譲渡登記は、民法467条2項の確定日付ある通知の等価代替手段である、と説明してきたが、これからは、（その趣旨に変わりはないものの）実際には、（通知は債務者が決まっていなければできないのであるから）債権譲渡登記のほうが民法通知よりも広い活用範囲を持つ対抗要件ということになったわけである（この点については、今回の第三債務者不特定の将来債権譲渡についての登記を予測して論じた、池田真朗「債権譲渡特例法──施行後3年の総合検証」みんけん（民事研修）534号3頁以下、ことに22頁以下参照【本書第3章所収】）。

III　動産譲渡登記と債権譲渡登記に共通の処理について

(1)　さらに、前述のように、債権譲渡特例法が制定された際に当初弊害とされたのが、登記の概要がそのまま商業登記簿にスライドして記載される点であった。つまり、誰でも見られるその情報を見て、これほど債権譲渡をしているのではこの会社は危ないのではないかということで、譲渡人企業の信

用不安、風評被害を惹起したのである。たしかに、かつて昭和50年代くらいまでは、経営状態の危うくなった企業が債権者からの弁済請求に苦しまぎれに同一債権を譲渡するというケースが多かったのだが、今日では債権譲渡は資金調達のために企業の正常業務の中で行う金融取引に変貌していることは冒頭に述べたとおりである。この点は取引社会において十分な認識がなされるべきところと思われるが、それでも実際に債権譲渡特例法施行時には風評被害の事例が若干生起したのである。そこで、今回は、債権譲渡登記のほうも動産登記のほうも、商業登記簿に概要情報をスライドさせることをやめて、別に登記事項概要ファイルというものを作り、誰でもそこに含まれる一番簡単な概要情報については、(概要記録事項証明書の発行を申請することによって) 知ることができるようにした (新法12条・13条)。

(2) ただ、このように動産登記制度を創設したり、将来債権の登記可能な範囲を拡張したりした結果、新たな資金調達ルートが開拓されるのはよいが、反面、たとえばある会社の資産が、製品も売掛債権も長期間にわたる分がすべて他人の手に渡ってしまうのではないか、という疑問も起こりうる。ことに、従業員の労働債権の確保の問題が喚起されるのである。

この点も、本改正法はいろいろと対応を考慮した。まず、動産・債権ともに全部の詳細情報を開示される者 (いわゆる登記事項証明書の交付を請求できる者) については、従来から第三債務者の情報保護の観点から限定がされているわけであるが、今回はここに譲渡人の使用人を含め (11条2項4号)、労働者が自己の就業する企業の譲渡登記の状態を確認できるようにした。また、動産譲渡登記と債務者不特定の将来債権譲渡登記の存続期間を原則最高10年に限定したのも、長期間にわたる一括担保等を防ぐ副次的な効果があろう (動産譲渡登記につき7条3項、債権譲渡登記につき8条3項2号。いずれも特別の事由があればこの限りでない)。ちなみに一般の債務者がすべて特定している場合の債権譲渡登記は、従来から、住宅ローンを考えて最長50年としている (旧法5条2項、新法8条3項1号)。

(3) なお、具体的な登記事項を定める、新しい動産・債権譲渡登記令および動産・債権譲渡登記規則は、本改正法施行と同時に施行された。動産譲渡登記についても対比のために若干言及すれば[9]、具体的に譲渡に係る動産を特

定するための必要的記載事項については、①動産の特質によって特定する方法、②動産の所在によって特定する方法、の2種類の規定が設けられた。動産の特質によって特定する場合は、①動産の種類および②動産の記号、番号その他の同種類の他の物と識別するために必要な特質、が必要な記載事項となる（同規則8条1項1号）。一方、動産の所在によって特定する方法による場合には、①動産の種類および②動産の保管場所の所在地、が必要な記載事項となる（同規則8条1項2号）。ここで、所在によって特定する方法の場合には、「すべての動産」としたのでは、不当な包括担保を抑止することができないので、動産の種類を明示させることによって、これを抑止する機能も有するとされている[10]。

(4) それでも、倒産時に被用者等が不利になるという意見も当然存在すると思われるが、ここで重視すべきは、特に中小企業にとって大事なのは、いかに運転資金が回るかということなのである。倒産時の問題を論じる前に、いかにしたら倒産を回避して営業を継続できるかを考えるべきではなかろうか[11]。たとえば、売掛債権担保融資というのは、銀行から調達する間接金融ではあるが、中小企業が自己の信用力で受ける融資ではなく、売掛債権の債務者、つまり売掛先の信用力によって受けられる融資である。所有不動産は既に何重にも担保設定がされ、人的保証ももはや困難であるという状況で、金融機関の新規融資が得られず運転資金がなくて倒産してしまうケースは、中小企業を中心に数多い。しかしながら、優良な製品を作り、信頼の高い納入先を持っている中小企業は、売掛債権を担保に融資が受けられるなら、まさに資金が回るのである。倒産時の不安ももっともであるが、それ以前の、倒産を回避できる資金調達を是非重視するべきであろう。動産担保のほうも、まず今回の登記制度で取引慣行ができれば、実務の担保評価技術も進んでいくのではないかと期待したい。

ただ、労働者の生活を守ることにはもちろん十分に注意を払うべきであり、私見では、企業が合理的な行動をとる限りは濫用事例は起こらないとは思うものの、今後の運用の状況を観察して、必要があれば別途何らかの対応手段を講じるという姿勢を作っておくことは必要であろう[12]。

9) 詳細は、池田真朗「動産・債権担保の展開と課題——新設された動産譲渡登記を中心に」判例タイムズ1202号（2006）27頁以下参照（本書前章270頁）。
10) 高山・前掲注4）24頁。
11) 筆者は、平成16年11月9日の参議院法務委員会における本法案審議の際に、参考人として意見陳述を行い、この点を強調した。第161回国会参議院法務委員会会議録第5号（2004）3頁。
12) この点は法制審議会でも付帯要望事項とされ、参議院法務委員会においても各派共同提案として付帯決議された。前掲注11）会議録24頁参照。

IV　修正点に関係する論点

1　登記実務上の論点

　実務上の問題として、具体的な登記事項をどう書くか、という論点はもちろんあろう。

　ことに、債権の種別については、すでに判例も出ているところであって、債権の分類に誤りのないよう、はっきりと書いておく必要がある。私見は、債務者特定のケースで債権の種別についての債権コードに誤りがあったことによって登記の対抗力を否定した判決について、不相当に詳密な要求がされるのは不当であると批判したが[13]、債務者不特定の場合には、債務者という特定のもっとも重要な要素が欠けるのであるから、他の記載事項に、より正確さが求められることになろう。

　債務者不特定の将来債権譲渡の登記があって、後日債務者に譲渡の当事者（債権の譲渡人または譲受人）から登記事項証明書を付した通知があった場合（新法4条2項）、債務者が自己に対する債権が譲渡登記の対象となっている債権と同一かをどのようにして判断するのか、という疑問もある。これについて、立法担当官の解説は、その場合、登記事項証明書に債務者の氏名・商号等は記載されないが、登記事項証明書には、譲渡にかかる債権を特定するために債務者の氏名等以外の要素として、譲渡人の表示、債権の種別、債権の発生原因、債権の発生年月日（発生期間の始期・終期）等が記載されるので、債務者としてはそれらの記載から自分に対する債権と譲渡された債権とが同一であるか否かを判断することが可能になる、としている[14]。

また、債務者が特定していない将来債権譲渡の譲渡については、後日の債権回収をより円滑に行うために、債権譲渡登記がされた後に債務者が特定した時点で債務者の氏名・商号等を追加的に登記事項として記録することができないかという議論が法制審議会部会でもなされた。しかし、これについては、以下の理由から、改正法では採用されなかった。その理由は、同じく立法担当官の説明を借りれば、「債務者が特定した時点で債務者の氏名・商号等を追加的に記録できる制度とすると、登記官の形式的審査のもとでは、当初の債権譲渡登記における債権の範囲が、債務者の追加的記録によって実質的に変更されてしまう可能性があります。たとえば、債務者甲に対する債権は、当初の登記上の表示によれば、「譲渡に係る債権」に該当していなかったにもかかわらず、追加的に債務者として甲の氏名・商号等が記録されることにより、あたかも当初から債務者甲に対する債権が「譲渡に係る債権」に該当していたかのような外観を呈する可能性や、当初の登記上は「譲渡に係る債権」が十分に特定されていなかったにもかかわらず、債務者の氏名・商号等が追加的に記録されることにより、あたかも当初から「譲渡に係る債権」が特定されていたかのような外観を呈する可能性があります」[15]ということで、利用者に誤解を生じさせたり、ひいては同制度に対する信頼を害するおそれがあることから、追加記録の制度は採用されなかったのである。

これらの点については、とりあえず以上の立法時の手当てにしたがうこととし、それで十分かどうかは、今後の判例等に現れる紛争形態を分析して検討していく必要があろう。

2　債務者不特定の将来債権譲渡と譲渡禁止特約

ここで特に触れておきたいのは、債務者不特定の将来債権譲渡と譲渡禁止特約という論点である。ここには、債務者不特定の将来債権譲渡固有の問題がある。それは、将来債権譲渡の権利移転時期の問題とも関係する、かなり大きな問題である。

立法担当官による解説書[16]には、以下のように書かれている。

Q36として、「債務者が特定していない将来債権が譲渡され、その旨の登記がされた場合において、当該債権の発生原因である契約で譲渡禁止特約が

なされたときの法律関係はどうなるのですか（4条1項）」という質問が掲げられ、その解答として、以下のような記述がなされている。

「（前略）債務者が特定している将来債権の譲渡がされ、債権譲渡登記（または民法第467条第2項の通知・承諾）がされた場合における譲受人と債務者との関係と同様であると考えられます。すなわち、当該債権は、債権の発生原因たる契約時に債権譲渡禁止特約がされたことによって、そもそも譲渡性のないものとして発生するため（民法第466条第2項本文）、これに先立って当該債権について譲渡がされ、対抗要件が具備されていたとしても、当該債権の譲渡は効力を生じないと考えられます。なお、民法第466条第2項ただし書は、債権譲渡禁止特約について、「善意」の第三者に対抗できない旨を規定していますが、「善意」とは現に債権譲渡禁止特約があるという事実を知らないことを意味する概念であることから、設例のように、譲渡禁止特約よりも前に譲渡がされた場合には、譲渡時における債権譲渡禁止特約の有無についての「善意」の概念を容れる余地はなく、民法第466条第2項ただし書の適用はないものと考えられます。」

この解答は、たしかに法理論的にもまた現時の判例法理に照らしても誤りとはいい難い【補注、ただしこの解答を示した書籍は、将来債権譲渡の権利移転時期に関係する最高裁平成19年2月15日判決（本書第10章第2節参照）以前に公刊されたものである点に留意する必要があろう】。しかし、実務上では「債務者が特定している将来債権の譲渡がされ、債権譲渡登記（または民法第467条第2項の通知・承諾）がされた場合における譲受人と債務者との関係と同様」のはずはないのである。なぜかといえば、債務者特定の場合の将来債権譲渡における譲渡禁止特約の問題と債務者不特定の場合の将来債権譲渡におけるそれとでは、譲受人のリスクが決定的に異なると考えられるからである。

つまり、債務者が特定している場合というのは、すなわち通常はその債務者と譲渡人との間に既になんらかの取引関係があり、そこにおいて基本取引約定書が取り交わされている場合が（全部とはいわないが）多数であろう。その場合、譲渡禁止特約があればその基本取引約定書に書かれるのがこれまた通例と考えられるのである。したがって、譲受人にしてみれば、譲渡人と当該債務者との間の基本取引約定書を見れば、譲渡禁止特約の付されている

取引かどうかはわかるのである。

　これに対して、債務者不特定の場合には、将来、譲渡人がその債務者と取引を初めてして当該譲渡対象債権を発生させる段階で、譲渡禁止特約が付されるかどうかが決まる。また、たとえ当該債務者が以前から取引関係にあった者だとしても、債務者不特定として登記されたケースでは、譲受人が譲渡契約時にあらかじめその債務者と譲渡人との間の基本取引約定書を調査することは困難であろう。

　ことに、「譲渡人がその債務者と取引を初めてして、当該譲渡対象債権を発生させる段階で、譲渡禁止特約が付されるかどうかが決まる」というケースが一番問題である。つまり、そこで譲渡禁止特約が付されたならば、発生した売掛債権等についての譲渡契約は、現在の判例多数説の立場でいうと、物権的に無効となるのである。[17] 物権的に無効ということは、当該債権は依然として譲渡人の元に残るのである。ということは、たとえば譲渡人たるAが、融資者（譲受人）たるBから1,000万円を借り受けるにあたって、「今後3年間に発生する債務者不特定の商品販売債権を担保としてBに譲渡する（つまり期間も商品も特定しており契約の有効性に疑義はない）」という契約をしてこの将来債権譲渡を登記した場合でも、Aがその後に新規取引先との間で発生させる商品販売債権に、すべて譲渡禁止特約が付されたとすれば、これらの売掛債権はいずれも譲渡担保の対象債権を構成せず、極端にいえば譲受人Bは無担保で貸し込んだことになってしまうのである。

　譲渡禁止特約については、当事者が反対の意思を表示した場合というのが民法466条の条文であり、実際にも債務者にイニシアティブがあると思われるが、債務者が積極的にその旨の意思表示をすればもちろん、譲渡人が最初の基本取引約定書作成時に譲渡禁止特約を入れることに異を唱えなければ、合法的に譲渡人は担保対象債権を作らずに済むのである。もし基本取引約定書作成段階でそれとなく債権者たる譲渡人のほうから譲渡禁止特約を入れる形で提案をするとすれば、これは実際には隠れた担保毀滅行為に他ならないのではなかろうか。

　このような観点からすれば、前掲解説書の解説は、誤りとは言い難いものの、実際には大きな問題をはらんでいることになる。[18]

この問題は、やはり現状の譲渡禁止特約の扱いを（おそらくは立法的に）変えなければ解決しない問題と思われる（解釈論としていわゆる債権的効力説を採れば可能であろうが、現在の条文からすれば物権的に無効となるべきという見解もあり、やはり立法的な手当てが必要であろう）。またこの問題は、将来債権譲渡の権利移転時期の問題とも関連するが、仮に私見の主張するように将来債権譲渡の権利移転時期を譲渡契約時としても、個々の債権の発生段階で債務者から譲渡禁止特約の設定がされてしまえば（そしてそれに物権的効力があるということになれば）、譲渡自体が遡って無効とされることになると考えられるのである。

3　将来債権譲渡登記と相殺

　これは別に債務者不特定か債務者特定かで変わる論点ではない。法制審議会の部会では、前記の債権譲渡禁止特約の問題よりもこちらの論点のほうが議論されたが、これはやはり従来通り、債権譲渡登記においては登記事項証明書を交付して通知をしなければ（あるいは債務者からの承諾を得なければ）対債務者対抗要件（権利行使要件）は得られないのであるから（そして、登記型を採用して債務者の知りえない対抗要件制度を創設した時点で、この対第三者対抗要件と対債務者対抗要件を分離して債務者の保護を図るのは必然のことであったのだから）、通知をした時点で債務者が譲渡人に対して反対債権を持っていれば、改正法4条3項（旧2条3項）後段の文言通り（そして同条前段に引かれる民法468条2項の趣旨の通り）、債務者は「通知を受けるまでに譲渡人に対して生じた事由を譲受人に対抗することができる」のであるから、相殺は可能である。相殺の機能が実質的に担保であるから、という理由で、債権譲渡担保の対抗基準時を登記時として、（相殺側の基準時は相殺期待の生じた時なのか、相殺適状の生じた時なのか、相殺権の行使の時なのか、考え方は分かれるが）、債権譲渡登記側の優位性をさらに認めたいという立場も一部にあるようであるが、それはやはり債務者に対する対抗要件の意義を根本的に再考することになるのであって、私見では全く容れられない解釈である。つまり、債権譲渡登記をしたことによって譲受人が対抗できるのは、あくまでも他の第三者に対してであって、債務者に対してではない。相殺の担保的性格をい

かほどに強く考慮しても、この、条文の基本構造に反する解釈は可能になるわけではないのである。この点、立法担当官の解説は、上記私見と同一の結論を述べた後で反対説も紹介しているが[22]、私見ではその必要はないと考える。

4　賃借人が存在しない賃貸不動産の抵当権の設定と将来の賃料債権の譲渡登記

　賃借人が存在しない賃貸不動産に抵当権の設定を受けてその旨の登記を経由した者と、当該不動産の将来の賃料債権の譲渡を受けてその旨の債権譲渡登記をした者との優劣関係というのは、法理論的には、従来の議論と同一の整理をすればよいと考えられる。つまり、立法担当官も解説するように[23]、この問題は、賃借人が存在する賃貸不動産に抵当権の設定を受けてその旨の登記を経由した者と、当該不動産の将来の賃料債権の譲渡を受けてその旨の債権譲渡登記をした者との優劣関係と同様と考えられるのである。

　いずれの場合も、賃料債権の譲受人は、譲渡登記がされた段階で、債務者以外の第三者に対抗しうる。一方、賃貸不動産の抵当権者は、当該不動産から発生する賃料債権について物上代位権を行使することができる。現在ではほぼ確立したとみられる判例法理によれば、抵当権の効力が物上代位の目的となる債権に及ぶことは、抵当権設定登記によって公示されているとみることになり（最判平成10・1・30民集52巻1号1頁）、基準時は（抵当権者の差押時ではなく）抵当権設定登記時ということになる。

　したがって、債務者が特定しているか否かを問わず、賃料債権の譲受人と抵当権に基づく物上代位権の行使として賃料債権を差押えた者との優劣関係は、債権譲渡登記と抵当権設定登記の時間的先後ということになる。

　そうすると、この問題は、法理論的には今回の改正によって変更される点はないということになるが、実際の取引においては、若干の状況の変化をもたらすことになろう。つまり、これまでは、債務者不特定では債権譲渡登記ができなかったのであるから、不動産所有者の資金調達手法としては、不動産への抵当権設定による金融が優先することがほとんどだったと考えられるのに対し、今後は、たとえば賃貸予定ビルの建築にあたり、抵当権設定よりも早く将来賃料債権の譲渡登記をして、賃料債権による資金調達をする状況

が増えてくると予想される。近年の抵当権と物上代位に対する一連の判例法理に対しては、(抵当権設定登記が優先するケースがほとんどであったことから)、将来賃料債権を用いた資金調達の阻害要因となるという批判もあったところで (私見も、抵当権が非常に強い結果となることにバランス的に疑問を感じていた)、その観点からすれば、融資手法の多様化という意味でバランスが取れたのではないかと肯定的に考えている[24]。

なお、この問題に隣接するものとして、将来の売掛代金債権等の譲渡と動産売買先取特権に基づく物上代位との優劣関係の議論があるが、これについては他日別稿で論じたい。

5　今後の検討課題——将来の賃料債権の譲渡と当事者の変更

これはそもそも今回の改正に関係して出てきた問題ではなく、従来から議論されている論点である。事例としては、Aが所有するビルの賃料債権を向こう5年間、譲渡担保としてBから融資を受ける。その段階でテナント賃借人債務者はPだとする。その後賃借人がPからQに変わった場合、さらにビル所有者がAからCに変わった場合にどうなるか。あるいは、譲渡登記の際にはまだ賃借人が未定で、そのあとPになりQに変わるという場合はどうか、という問題である。

基本的には、A所有のままで債務者（賃借人）が変わっても影響はないはずであって、ことに第三債務者不特定の場合を考えれば当然であろう。賃料債権譲渡は、基本的に当該物件の収益としての賃料を対象にしているのであって、賃借人の人的特定性は問題になっていない。また賃借人としては、賃貸人とされる者に対して賃料を支払い続ければよいだけのことであるからである。問題は債権者（譲渡人）つまり不動産所有者の変更である。この点所有者（賃貸人）と賃借人の両方が変われば将来債権譲渡の効力は及ばなくなるという見解もあるが[25]、これは、そう簡単な議論ができるところではなさそうである。確かに、賃貸人の地位は当該不動産の所有者の地位に連動する。したがって、旧所有者は賃料を収受する立場になく、当該不動産の売却後は賃料を収受する権利の基礎を失う。しかしながら、賃料債権を担保にした融資者からみれば、たとえば被融資者たる企業が融資を受けた直後に身売りを

したら無担保の状態になるという結論は不当であることは論をまたないであろう。それでは競売等の場合には仕方がないという考え方が出てくるとすれば、競売と任意売却で分けて考えるという議論が必要になり、またその分額の合理性が問題になろう（単純な任意売却とM&Aのさまざまな手法とのどこで線引きが出来るのかも問題になる）。この論点は、倒産手続の中での譲受人と管財人との対立という大きな問題につながるのであって、理論的な問題としても、差押えと譲渡とを同一視できるか（具体的には、建物の賃料債権の差押えの効力が発生した後に建物が譲渡された場合についての最判平成10・3・24民集52巻2号399頁の判例の射程をどう評価するか[26]）というところから議論をしなければならず、実体法だけでの検討で解決できるものではなさそうである。[27]したがって本章ではこの問題についてはこれ以上の検討を留保し、今後の研究を期したい。[28]

13) 池田真朗「債権譲渡特例法登記の記載と対抗力に関する東京高判平13・11・13の考察」金融法務事情1650号（2002）43頁以下参照（本書97～100頁）。
14) 植垣勝裕『一問一答 動産・債権譲渡特例法』（商事法務、2005）。その改訂版（後述の新しい政省令を反映したもの）として、植垣勝裕＝小川秀樹『一問一答 動産・債権譲渡特例法〔改訂版〕』（商事法務、2006）94頁。
15) 植垣＝小川・前掲注14）95頁。
16) 植垣＝小川・前掲注14）50頁（ちなみに旧版の植垣・前掲注14）50頁から記述に変更はない）。
17) そうであるから、たとえば筆者が創設に関与した信用保証協会の売掛債権担保融資保証制度でも、譲渡禁止特約のついている債権は最初から融資対象から外すことになっている。
18) すでにこの問題を提起しているものに、沖野眞已〈座談会発言〉「動産・債権譲渡担保における公示制度の整備」ジュリスト1283号座談会38頁がある。なお、同座談会の出席者の反応として、鎌田薫教授は、そういう人は保護に値しないような気がするとし、三上徹氏は、この法律ができたから皆が譲渡禁止特約をつけて回るというのは、世の中の動きに反すると述べている。同号39頁、40頁。
19) 参考として、池田真朗「債権譲渡禁止特約の存在と譲受人の重過失の有無」（大阪地判平成15・5・15金法1700号103頁の評釈）判例タイムズ1150号87頁を挙げておく。この事案は、融資者たる金融機関の債権譲渡特例法登記に関する誤解について重過失が問われたものであるが、事実関係としては、融資時に被融資者たる譲渡人が基本取引約定書の存在を否定していたと思われる事案で、後日破産管財人が債務者の元から譲渡禁止特約の書かれた基本取引約定書を発見して譲渡無効を主張し

たものである。譲渡禁止特約が、本来の、債務者の利益のためではなく管財人側の利益のために用いられていることに注意したい（同事案では債務者は弁済額を早々に供託している）。
20) 前掲座談会で鎌田教授が紹介する審議会での議論である。沖野前掲注18) 38頁。
21) 前掲座談会で沖野教授が指摘する通りである。前掲注18) 38頁。
22) 植垣＝小川・前掲注14) 59頁。
23) 植垣＝小川・前掲注14) 51頁。
24) この点で、たしかに、抵当権者となろうとする融資者にとっては、ビルが完成して抵当権設定登記が可能になる前に債権譲渡登記がされる可能性があり（坂井・三村法律事務所編『Q＆A動産・債権譲渡特例法解説』（三省堂、2006）117頁が指摘する通りである）、融資時に債権譲渡登記を見たり、場合によっては自衛策として自ら賃料債権譲渡を受けて登記する等の対策が必要になるかもしれないが、それは決して「不当な」ことではない。本章で先に述べた、資金調達手段の多様化の必要性から考えても、不動産を担保に融資する者の論理と、将来債権を担保に融資する者の論理とは公平同等に扱われるべきである。
25) 前掲ジュリスト座談会における鎌田教授の発言。前掲注18) 35頁。
26) 植垣＝小川・前掲注14) 52頁は、最判平成10・3・24民集52巻2号399頁を挙げて、差押と任意譲渡を同視しうるという考え方を紹介する（その場合は登記を具備した将来賃料債権譲受人が不動産の譲受人に優先する）。そして、しかしこのような考え方に立ったとしても、新所有者が新たな賃貸借契約を結んだ場合は見解が分かれるとされる。ただしこのように整理できるかどうかは疑問もあろう。
27) 後藤出＝井上聡＝山本克己他〈パネルディスカッション〉「証券化取引と倒産手続きに関する諸論点」NBL828号（2006）6頁以下。ことに17頁から27頁にかけての井上弁護士らの発言を参照。
28) 私見は、たとえばM＆Aの場合には、新たな所有者に当該債権譲渡契約の効力が引き継がれるような契約上の手立てを講じておくべきであろうし、そのような明示の合意がなくても、何らかの契約の接続という法律構成が立たないものかと考えている（同旨の考え方を示したものとして、池田真朗「M＆Aの中でも貫徹されるべき契約の論理」金融商事判例1238号（2006）3頁）。【補注、民法（債権法）改正検討委員会の提案【3.1.4.02】〈2〉は、この趣旨つまり将来債権譲渡の譲受人が、譲渡人の地位を承継した者にも対抗できるという立法提案となっている。『債権法改正の基本方針』NBL904号（2009）220頁参照。】

V　おわりに

債権譲渡登記制度にとって何が最も重要かと考えれば、それは、効率と効力、および信頼性であろう。迅速に、またローコストで、有効性の高い対抗

要件具備がなされること、そして、登記した側にその確実な法的保障が与えられるだけでなく、債務者には不測の事態を招かない十分な保護が与えられ、利害関係人には十分な状況把握ができる公示性が確保されていること。これらの要請が、今回の改正法によって問題なく実現されていくのか、今後の実務の反応等を見守りたい。

　さらにいえば、債権譲渡関係法に関する状況は、現在も活発に動いている。平成18年２月８日に開催された法制審議会総会において、法務大臣から「金銭債権について、その取引の安全を確保して流動性を高めるとともに、電子的な手段を利用した譲渡の法的安定性を確保する観点から、別紙『電子債権制度（仮称）の骨子』に記載するところを基本として整備することにつき検討の上、その要綱を示されたい」との諮問がなされた。これによって、電子債権法制の立法作業が実質的に開始されることになった[29]（なお、電子債権という表現を最終的に採用するかどうかは未定である）。法制審議会電子債権法部会は、平成18年２月28日に第１回が開催され、同年６月現在審議が進行中である（同部会は、同年７月頃までで中間試案をまとめ、パブリックコメントを集めた上で平成19年３月頃までで要綱をまとめる予定である。順調にいけば平成19年の国会に法案が提出される見込みという）。【補注、最終的には名称は電子記録債権となり、電子記録債権法は平成19年６月２日に公布され、平成20年12月１日に施行された。同法については本書の続編の『債権譲渡の研究』第４巻で扱う予定である。】

　本章のはじめに掲げた企業金融上の必然性からして、債権譲渡関係法の展開は、この電子債権法制をはじめとして、資金調達法という観点から、今後もなお活発に続いていくことが予想される。別稿でも論じたように、現代は、法が金融政策を支援する時代であり、その状況は今後も変わらないと分析できる[30]。その中で、本章が扱った新しい動産債権譲渡特例法が、どのような地位を占めるものになっていくかということも、なお継続して注意深く考察していくべきであろう。

　29）　池田真朗「電子債権法制の立法作業の開始」銀行法務21・657号（2006）１頁。
　30）　池田真朗「債権譲渡関係法の展開――近時の立法作業を追いつつ」法の支配141号（2006）48頁。なお、本書ではこの論考を序章と終章とに分けて再構成している。

第15章
債権譲渡登記および動産譲渡登記の利用とオンライン申請
―― 「立法普及学」試論を兼ねて

I はじめに

　債権譲渡登記制度は、債権譲渡特例法（平成10年法律第104号「債権譲渡の対抗要件に関する民法の特例等に関する法律」）によって創設され、同法施行の平成10（1998）年10月から運用を開始している。周知のように同登記は、多数の債権譲渡の情報を法務局のコンピューターに電子的に登記することによって、民法467条2項の規定する第三者対抗要件である個々の債務者に対する確定日付のある証書による通知を代替しうるとしたものである。また、動産譲渡登記制度は、上記法律の一部を改正する法律（平成16年法律第148号）によって創設され（改正後の法律名は「動産及び債権の譲渡の対抗要件に関する民法の特例等に関する法律」となった。以下、動産債権譲渡特例法という）、新法施行の平成17年10月3日から運用を開始した。これは、債権譲渡登記と同様な仕組みで、動産譲渡の対抗要件として、民法178条の規定する引渡しに相当する登記制度を創設したもので、この新登記制度は、明確な公示機能を持ち、従来、占有改定という外見に変化のない不適切な形態で対抗要件具備としてきた動産譲渡担保等に活用されることが期待されているものである（なお今回の新法によって、債権譲渡登記のほうも、第三債務者不特定の将来債権譲渡の登記を可能とし、将来債権譲渡が含まれる場合には譲渡総額の記載を不要とする等の修正改良を受けた）。

　筆者は、債権譲渡特例法の立案段階における法務省民事局の研究会に所属

したところから本制度にかかわり、当時自らの立法試案等も公表した[1]。その後も本誌に債権譲渡特例法の施行後3年経過時での検証論文を掲載したりし[2]、また今般の動産債権譲渡特例法の立法段階の法制審議会部会にも委員として加わった経歴を持つ[3]。その立場から、本章では、執筆段階までの情報をもとに、これらの登記制度の今後の利用の発展を、ことにオンライン申請というところに視点を当てて論じてみたい。なお、筆者は、新しい動産債権譲渡特例法において新設された動産譲渡登記制度および同法において債権譲渡登記制度の旧来の債権譲渡特例法から修正改良された部分に関する論文を、それぞれ既に別稿として発表しているので[4]、新法の内容と解釈論にかかわる記述はそちらを参照していただきたい。

筆者は、上記の特例法施行後3年経過時での検証論文（平成13年10月発表）の末尾において、債権譲渡特例法は、第1に「いわば21世紀の債権譲渡取引を担う法律である」とし、第2に「現代の法律世界の電子化、国際化に対する、先端性を備えた法律である」とした。そしてそこにも述べたように、同法による登記は、実際にわが国の登記制度の中で最も早い電子的手段による登記であっただけでなく、後述するように最も早くオンライン申請までが可能となった。

その後も現在まで、同法および同法に基づく登記制度は修正改良を加えられてきたわけであるが、本稿が特に関心を持つのは、その修正改良の意味づけである。つまり、債権譲渡登記制度（および新設の動産登記制度）は、いわばこれまでのわが国の取引法制度における電子化・IT化の試みの最先端に属するものであった。したがって、その修正改良の歴史は、取引法制度の電子化・IT化に関する試行錯誤の歴史の一側面を示すものにもなっているのである。本章では、それを浮き彫りにするテーマとして「オンライン申請」を位置づけた次第である。

したがって本章は、従来型の、判例・学説等を俎上に乗せてする解釈論を行うものではない。また、解釈論で解決できないところを立法で解決しようという意味の、いわゆる立法論を展開するものでもない。さらには、立法によって創設された新制度の紹介・解説を主たる目的とするものでもない。しいていえば、創設された新制度のその後の普及のために何がなされるべきか、

あるいはその後の普及を立法時にどう想定し立法に反映させるか、という、立法技法論ないし立法普及学試論とでも名づけるべき内容に狙いを向けたものとなろう。

1) 池田真朗「債権流動化と債権譲渡の対抗要件」(上・下)――包括的特別法の立法試案」NBL585号(1996)6頁以下、586号(1996)25頁以下、同「債権流動化と包括的特別法の立法提言(上・下)――債権譲渡法制研究会報告書をめぐって」NBL619号(1997)6頁以下、620号(1997)18頁以下、同「債権譲渡特例法の評価と今後の展望」NBL656号33頁以下、657号(1999)23頁以下。なお以上3論文はいずれも池田真朗『債権譲渡法理の展開』(弘文堂、2001)に所収。
2) 池田真朗「債権譲渡特例法――施行後3年の総合検証」みんけん534号(2001)3頁以下(本書第3章)。
3) 新法の概要解説として、池田真朗「動産債権譲渡特例法の制定の経緯と概要」銀行法務21・642号(2005)6頁以下。また筆者が参議院法務委員会での参考人として行った意見陳述の内容は、第161回国会参議院法務委員会議録5号(2004)3頁以下に収録されている。
4) 動産譲渡登記の立法に関する私見の内容と関連問題の解釈論については、池田真朗「動産・債権担保の展開と課題――新設された動産譲渡登記を中心に」判例タイムズ1202号(2006)27頁以下(本書第13章)、同じく債権譲渡登記については、池田真朗「債権譲渡特例法から動産債権譲渡特例法へ――債権譲渡関係法の最新動向」法曹時報58巻6号(2006)1頁以下(本書第14章)。

II 債権譲渡登記と新設された動産譲渡登記の現状

債権譲渡登記が、今日すでに指名債権譲渡の対抗要件具備手段として、民法467条2項の確定日付のある証書による通知と並ぶ、あるいはおそらくそれ以上に汎用される重要なものとして取引社会に定着してきていることは疑いのないところである(登記申請件数にして年間3万5,000件を超える現状であり、さらに証明書交付通数は年間47万通を超えるという膨大な数に上っている)[5]。そして平成17年10月からの新法により、第三債務者不特定の将来債権譲渡への対応が進んだこと等によって(詳細は本書第14章参照)、さらに活用の場面が広がることが期待されている[6]。

この債権譲渡登記は、もともとわが国における電子的な登記手段による登記の第1号として創設されたものであるが、当時は、申請手続においては出

頭申請か郵送申請かの手段しかなく、取扱い登記所（現在も同一）である東京中野の東京法務局に譲渡データを入れた磁気ファイルを持参または郵送し、紙ベースの申請書を添付するというものであった。したがってこの段階では、コンピューターを用いた登記といっても、未だ申請手続までの完全電子化はなされていなかったわけである。その後平成13年3月に、債権譲渡登記令及び登記手数料令の一部を改正する政令（平成13年政令第55号）及び債権譲渡登記規則の一部を改正する省令（平成13年法務省令第29号）が公布・施行され、インターネットを利用してオンラインで登記申請をすることができる制度が設けられ、わが国の登記の申請手続の電子化オンライン化の第1号となったものである。[7]

一方、平成17年10月3日施行の新しい動産債権譲渡特例法で新設された動産譲渡登記のほうの利用実績は、平成17年10月が件数14件で個数72個、以下11月が35件310個、12月が181件1万4,386個、平成18年1月が28件78個、2月が47件1,106個、3月が156件2,841個、4月が33件316個、5月が42件575個、6月が68件2,046個で、本章初出論文執筆時の平成18年6月末までの総計で、件数604件、個数2万1,730個となっている。[8] この数字の評価は今後の実績も加味して定まろうが、これまでのところでは、平成17年12月、平成18年3月、同6月と、3カ月おきに増加しているという現象がみられ、これが取引実態となんらかの関係のあるものか、分析される必要もあろう。いずれにしても、この動産譲渡登記は、いわゆる集合動産譲渡担保のために新たなそして明瞭な公示方法を提示することになったのは間違いなく、今後、動産在庫の価値評価手法や換価処分のための市場の形成等が進めば、数字はおそらく確実に上がっていくと思われる。この動産譲渡登記も債権譲渡登記と同様にオンライン申請の対象になっている。

5）東京法務局民事行政部債権登録課の資料によると、登記申請件数は、平成15年で総数2万9,227件（うち債権譲渡1万7,928件、質権226件、延長124件、抹消9,503件）、それ以外に職権閉鎖が8,246件、同じく平成16年が申請総数3万2,447件（うち債権譲渡1万8,468件、質権325件、延長246件、抹消1万2,135件）、それ以外に職権閉鎖が9,577件、同じく平成17年が申請総数3万5,444件（うち債権譲渡1万8,874件、質権190件、延長176件、抹消1万4,766件）、それ以外に職権閉鎖が9,787件である。大変に汎用されしかもなお年々利用が伸びていることがわかる（なおこ

の数字をみると、債権質の利用が実際非常に少ないこともわかる）。さらに、証明書交付通数は、平成15年が37万8,289通（うち概要証明が21万6,106通、明細証明が16万531通、一部証明が1,652通、閲覧が19件）、平成16年が41万8,432通（うち概要証明が30万5,189通、明細証明が11万1,741通、一部証明が1,502通、閲覧が121件）、平成17年が47万4,842通（うち概要証明が37万2,493通、明細証明が10万461通、一部証明が1,888通、閲覧が 0 件）と、こちらも膨大な数字が着実に増えている。
6） 新法施行後数カ月では、（すでに巨額の利用になっているためもあってか）申請件数においてはそれほどの変化はみられないようである。
7） 後藤博「債権譲渡登記のオンライン申請制度の概要」ジュリスト1201号（2001）74頁参照。
8） 東京法務局民事行政部動産登録課に提供していただいた速報値による。同課および債権登録課には本稿執筆に際してのご協力に対し深甚の謝意を表する。

III　現在の債権譲渡登記制度の概要

まずは、現在の債権譲渡登記制度の概要を掲げておこう[9]。
(1)　債権譲渡登記を取り扱う登記所は、全国で 1 カ所、東京法務局民事行政部債権登録課である（東京都中野区に所在）。
(2)　登記の種類は、①債権譲渡登記、②質権設定登記、③延長登記、④抹消登記の 4 種類である。
(3)　登記の方法は、磁気ディスクをもって調整された債権譲渡登記ファイルに記録する。
(4)　登記申請の方法は、債権譲渡登記の場合、譲渡人と譲受人との共同申請（当事者申請主義）である。
(5)　登記申請の方式は、①出頭申請、②郵送申請、③オンライン申請の 3 種である。
(6)　申請手続は、債権譲渡登記の場合、以下のようになる。
出頭申請と郵送申請の場合の提出書類は、①登記申請書、②委任状（代理申請の場合）、③取下書（任意）、④申請データを記録した磁気ディスク、⑤譲渡人代表者の資格証明書（作成後 3 カ月以内の登記簿謄本等）、⑥譲渡人代表者の印鑑証明書（作成後 3 カ月以内）、⑦譲受人の住民票（法人であるときは、代表者の資格証明書）である。なおこのうち、取下書は、債権譲渡登記

にはいわゆる更正の取扱いがないため、登記申請の一部に却下事由が存すると登記官が認めたときは、登記申請の全部を取り下げる旨の書面をあらかじめ提出しておくというものである。

オンライン申請の場合の提出書類は、①申請書データ、②申請データ、③譲渡人の電子署名、④譲渡人の電子証明書、⑤譲受人の電子署名、⑥譲受人の電子証明書、⑦代理人の電子署名、⑧代理人の電子証明書である。

登録免許税（後述(7)参照）の支払については、出頭申請と郵送申請の場合には、申請書に収入印紙を貼付する。オンライン申請の場合には、マルチペイメントネットワークを利用する。

受付時間は、いずれの申請の場合も8時30分から午後5時まで、登記の日は、出頭申請の場合は申請日、郵送申請の場合は受領日の翌執務日、オンライン申請の場合は申請日となる（新登記令9条本文で、登記官は登記申請書を受け取ったときは、直ちにその受付をしなければならないと定められているが、郵送申請の場合は、同条ただし書で、「受け取った日後最初に執務を行った日」と定められている）。

(7) 登録免許税（従前の登記手数料）の額は、①債権譲渡登記と②質権設定登記においては、債権個数が5,000個を超える場合は1件につき1万5,000円、債権個数が5,000個以下の場合は7,500円である（租税特別措置法による減額）。③延長登記は1件3,000円（租税特別措置法による）。④抹消登記は1件1,000円である。なお、この登録免許税については、平成17年4月1日から、所得税法の一部を改正する法律の施行により、従来の登記手数料から変わって、登録免許税が導入されたものである（動産譲渡登記も同じ）。ただし、債権譲渡登記、動産譲渡登記の双方ともに、証明書関係の申請はなお手数料という扱いである。

(8) 登記事項の証明については、①登記事項概要証明書が1通300円、オンラインの場合は1通250円、②登記事項証明書は1通500円、オンラインの場合は1通450円である。

9) 以下は、東京法務局民事行政部債権登録課作成の資料「債権譲渡登記制度の概要」による。

Ⅳ　債権譲渡登記の創設と完全電子化の狙い

　実は、この債権譲渡登記制度は、当時の民事局の立法担当官によって、当初から申請段階からの完全電子化を目標として想定された制度であったようである。たとえば、債権譲渡登記の主体を法人に限定し、かつ譲渡登記の概要がそのまま商業登記簿に記載される、という仕組みがその一例である（このうち譲渡登記の概要がそのまま商業登記簿に記載されることは今回の新法で完全に廃止され、新たに債権譲渡登記事項概要ファイルおよび動産譲渡登記事項概要ファイルというものを作成して閲覧に供することとされた）。前者の法人限定は、立案当時の私の加わっていた債権譲渡法制研究会の報告書から存在した規定であるが、しかし後者の商業登記簿記載は、私見の立法試案ではもちろんのこと、債権譲渡法制研究会の議論でも全く言及されていなかった点なのである。[10]　その後法制審議会の部会の段階で加わったようであるが、当時は法制審議会に関係していなかった筆者は正確な経緯については知るところではない。

　法律が公布された当時、法人限定の部分については、債権流動化手法による資金調達を行うのは現実には法人に限られる等の説明がされ、商業登記簿記載については、検索の便宜や商号変更の場合の追跡可能性等が理由として説明された。しかしながら、法人限定については、理屈からいえば、個人の参入を排除する積極的な理由は立たないのであり、実際平成10年の同法公布直後に UNCITRAL（国連国際商取引法委員会）の国際債権譲渡条約起草作業部会でこの法律の英訳仮訳を紹介した筆者は、アメリカ代表から、アメリカでは実際にある歌手が個人資産を流動化している実例もあり、なぜ法人限定なのかと質問を受けたところである。また、商業登記簿記載のほうは、施行後、債権譲渡登記をした事実を知った信用調査機関が当該譲渡人企業の信用不安を言い立てるという、風評被害を実際に生じて大問題になったことは周知のとおりである。このように、法人限定も商業登記簿記載も（とくに後者については）当時の公式説明に対して異論も立つところであったのだが、実は、債権譲渡登記を申請から電子化するためには、当時まだ完成していな

かった電子認証の制度に載せる必要があると想定して、個人の電子認証の普及はだいぶ遅くなるであろうが法人の電子認証のほうが先に行き渡るであろうと考え、さらに商業登記簿を活用すれば譲渡人の同定（identification）が簡便にできるとの考えがあったとすれば、真実の理由の理解が容易につくのである。そしてその狙いは、「商業登記制度に基礎を置く電子認証制度」の創設によって、実際に実現した。[11]

しかしながら、その後今日まで、実際のオンライン申請はあまり進捗していないようである。以下には、オンライン化の経緯をたどりながら、その現況を考察し、今後の進展の可能性を論じることとしたい。

10) 池田・前掲注2）8頁参照。
11) 債権譲渡登記のオンライン申請の現実の手続は、平成12年4月公布・10月施行の「商業登記法等の一部を改正する法律」に基づく、商業登記制度に基礎を置く電子認証制度による電子証明書によって、代表者の資格証明書や印鑑証明書等の添付書類を代替できるようにして実現した。池田・前掲注2）11頁参照。同制度自体については、金子直史「商業登記制度に基礎を置く電子認証制度の導入」金融法務事情1582号（2000）13頁以下参照。

V　債権譲渡登記のオンライン申請制度の創設

先に述べたように、債権譲渡登記のオンライン申請が制度上可能になったのは、平成13年3月の政省令の改正によってである。当時、このオンライン制度創設については、「国民の権利義務に直接関係する登記制度のひとつについて、申請手続の電子化を図ったもので、今後実現される各種の公的な申請手続の先駆けとして注目すべきものと思われる[12]」という位置づけがされていた。

具体的に当時の数字で見ると、債権譲渡登記は平成11年の年間申請件数は約7,000件であったが、平成12年には約1万2,800件と増加し、平成13年に入ってさらに増加傾向が続いていた。さらにその内容を見ると、平成12年の段階で、既に登記された譲渡債権の個数は年間約6,480万個、債権総額にして30兆8,000億円という巨額に達していたのである。[13]この登記制度が、急速に実務によって取り入れられたことが如実に示されている数字といえる。

このようないわば実務界の人気の高い制度について、オンライン申請の第1号という役割が与えられたのである。

実際の手続としては、それまでの申請書及び磁気ディスクに所定の添付書面を添付しての出頭申請ないし郵送申請という手続に代えて、申請情報及び権限証明情報をインターネットにより債権譲渡登記所のコンピューターに送信する方法によって、登記申請を行うということとされた（当時の債権譲渡登記令15条1項）。「申請情報」は、従来、申請書及び申請磁気ディスクに含められていた情報に相当し、「権限証明方法」は、添付書面として提出を受けていた当事者の代表者の資格証明書や委任状の情報に相当する。

この権限証明情報のうち、申請者である法人の代表者の資格を証する情報として法務省令で定めるものとしては、前述の箇所で触れた、商業登記に基づく電子認証制度により電子認証登記官が当該代表者について発行した電子証明書が該当する。

申請情報には、申請人または代理人がRSA公開鍵暗号方式による電子署名であって、公開鍵の長さが1,024ビットまたは2,048ビットであるものを行わなければならない（当時の債権譲渡登記規則21条）。また、併せて、当該署名者の電子証明書も送信しなければならない（同規則23条1項）。したがって、[14] 出頭手続の場合と変わりなく共同申請主義を採るのであるから、両当事者（加えて代理人）の電子署名と電子証明書が必要、ということになる。このような制度を採ることによって、電子申請の場合に懸念されるいわゆる「なりすまし」の問題等もほとんど排除することができると考えられる。

12) 後藤・前掲注7) 74頁。
13) 後藤・同上。
14) 以上の説明は、後藤・前掲注7) 78頁参照。

VI　オンライン申請の現状と課題

それでは、このようにスタートした債権譲渡登記のオンライン申請制度のその後はどのような経緯をたどっているのであろうか。

ちなみに、平成18年1月19日に内閣の高度情報通信ネットワーク社会推進

戦略本部（IT戦略本部）が策定した「IT新改革戦略」においては、「利便性・サービス向上が実感できる電子行政（電子政府・電子自治体）を実現し、国・地方公共団体に対する申請・届出等手続におけるオンライン利用率を2010年度までに50％以上とする」との目標が掲げられている。

しかし、IT戦略本部の目標設定に比して、これまでのオンラインによる債権譲渡登記申請件数の実績は、芳しいものではない。公表されている最近の実績では、平成17年12月の月間では34件に過ぎず、全申請件数（3,808件）の0.9％にすぎないという。また同じくオンラインによる動産譲渡登記申請のほうは、平成17年10月の制度運用開始後同年12月末までには１件も行われていないことが明らかにされている。

この現況の原因はどこにあるのか。オンラインによる債権譲渡登記申請および動産譲渡登記申請においては、前述のように、譲渡人および譲受人の電子証明書（法人である場合には商業登記所が発行する電子証明書）が必要になるが、法人および個人ともに電子証明書の取得者数が少ないことがオンライン申請を進める上での課題となっているという（ちなみに、制度上譲渡人（つまり資金調達主体）は法人に限定されているが、譲受人にはそのような制限はないので、譲受人は個人でもよいことになる）。

私見では、譲渡人および譲受人の電子署名と電子証明書を要求して共同申請とすること自体は、申請の真正さを担保する上で必要であり、そのことは決して誤っていないと考える。しかしながら、筆者が従来企業の法務担当者から聞き取ったところでも、電子証明書の取得登録が面倒であるという声は多数耳にしたところである。

この点はおそらく、電子証明書の汎用性、つまり、他の各分野での電子証明書を必要とするオンライン申請手続が増加することや、民事契約慣行における電子証明書の要求が（電子契約等において）増加することが改善の最大の糸口になるのではなかろうか。

つまり、現時点で電子証明書の取得登録が面倒であるとか、登録費用がかかる等の意見は、それをもっぱら債権譲渡登記申請及び動産譲渡登記申請に用いるという前提での意見であって、他の手続でも必要ということになれば、取得のインセンティブが上がり、仮に取得登録の手続や費用が現在と変わら

なくても相対的に手ごろ感が得られるはずなのである。

　このあたりが、債権譲渡登記（および動産譲渡登記）が申請手続におけるIT化立法の先端を行っているための悩みということになるのではないだろうか。

　この点に関して、前掲引用の関係官の論文では、商業登記所が発行する電子証明書の取得の拡大については、平成17年12月から、東京都、大阪府、神奈川県、静岡県で開始された自動車保有手続のワンストップサービスにおいて、電子証明書により申請すればディーラー手数料が数千円軽減されるといわれていることを挙げ、今後対象地域や対象範囲が順次拡大していくことなどから、ここ数年で商業登記所の発行する電子証明書の取得が大きく進むことが期待できるとしている。そして同論文では、「したがって、動産譲渡登記および債権譲渡登記におけるオンライン申請の利用は今後数年間のうちに飛躍的に拡大する可能性がある」とまとめられている。筆者には、自動車保有手続のワンストップサービスがどの程度電子証明書取得のインパクトになるのか、正確な想定がつかないが、いずれにしても、これを好個の一例として、このような他の申請手続での電子証明書の利用が広がれば、債権譲渡登記および動産譲渡登記のオンライン申請の増加が見込めるということは確かであろうと考える。

　ちなみに、制度の宣伝を兼ねて記せば、上記論文も挙げているように、登記事項証明書および登記事項概要証明書の交付申請をオンラインで行う場合には、電子署名も電子証明書も必要とされていない。この点はもっと周知されてしかるべきであろう（加えて言えば、オンラインでの交付申請は郵送でするよりも手続が早いだけでなく、費用も安くなっており、法務局でも利用を呼びかけている）。

　いずれにしても、各種申請手続のオンライン化を促進するためには、その申請に必要な電子証明書等の取得方法の簡略化（および低コスト化）と、次に述べる手数料等の金銭納付の電子化という、周辺の手続きの整備が必要である。つまり、一連の手続全体のオンライン化が必要であって、そのどこかに制度の不備や利用者の負担があれば、普及度はその不都合な部分にすべて影響されてしまうということである。この、いわゆるボトルネックの問題を

15) 土手敏行「現在の動産譲渡登記および債権譲渡登記の利用状況ならびに今後の動向について」NBL831号（2006）26頁。
16) 土手・前掲注15）26頁。なお、その後の情報では、オンラインの証明申請のほうの第1号事件は平成18年1月5日に受理されているという（動産登録課の資料による）。
17) 土手・前掲注15）26頁。
18) 土手・前掲注15）26～27頁。
19) 土手・前掲注15）27頁。
20) たとえば登記事項概要証明書でいえば、債権譲渡登記についての郵送による交付申請の場合、手数料300円プラス郵便料（普通郵便として往復160円）計普通郵便で460円であるのに対し、オンライン申請は郵送交付とする場合の手数料が300円（うちに普通郵便としての返送郵送費80円を含む）、オンライン交付とする場合の手数料が250円である。同じく動産譲渡登記の場合は、500円プラス郵便料で660円、オンライン申請は郵送交付とする場合が450円、オンライン交付とする場合が400円である）。詳細は、法務省のホームページを参照。動産譲渡登記については http://www.moj.go.jp/MINJI/minji97.html#4-5、債権譲渡登記については http://www.moj.go.jp/MINJI/saikenjouto-index.html である。

Ⅶ　登録免許税または手数料の納付

　債権譲渡登記、動産譲渡登記共通に、すでに述べたように登記申請については登録免許税、証明書交付申請の場合は手数料を納付することになるが、オンライン申請の場合には、受付、調査、審査の終わったところで、登記所のオペレータ職員から、免許税または手数料の納付要求がなされ、これに対して申請者がマルチペイメントネットワーク（国庫金電子納付システム）を利用して納付し、登記所側はその納付を確認して（登記所側の画面に「納付済み」の表示がなされる）、登記や証明書発行を行う。国庫金電子納付システムは、具体的には国庫金取扱金融機関のインターネットバンキングやATMを利用して支払をするものである。

　この点、ATMによる振込みを使うという場合は、申請者が申請者の端末以外でのいわば手作業で入金することになり、そこで登録作業も中断するわけであるから、電子化という観点ではいささか奇異な感じがするが、金銭支

払の実情としては、このようなやり方も可とするのが適切なのであろう。もちろんインターネットバンキングを用いる場合は、申請者は自己の端末を離れることなく支払手続を行えるし、タイムラグもかなり小さなものになる。[21]

　実は、この支払手続も、オンライン申請ができた当初は、1つの普及のボトルネックとなっていた。つまりオンライン申請ができるようになった平成13年当時は、まだ一般に国に納めるべき手数料等を電子的に納付する仕組みは実現されておらず、そこで当時は、債権譲渡登記の登記手数料（先述したように当時は手数料の扱い）の納付は、あらかじめ登記印紙によって納付する予納制度によることとされていたのである（当時の債権譲渡登記令16条）。つまり申請をしたい者は、あらかじめ登記所に予納届を提出して予納台帳を開設し、登記印紙によって手数料見込額を納付しておく（数回分をまとめて納付しておくことも可能）という制度だったのである（オンライン申請があると登記官が予納台帳から所要額を引き落とす）。もちろんこれらの届出や見込額の印紙による納付という面倒な手続きは登記所に出頭して行うことになるわけで、いくら申請がオンラインになっても、手数料についてこのようなあらかじめの印紙による予納などという電子処理とは程遠い制度があっては、迅速な普及は見込めるはずはなかったといえる。そういう意味では、ATMに出向いての手作業という支払方法も、当時よりははるかに進歩したとはいえ、まだ前時代的な要素が残っているものといえる。

　いずれにしても、申請必要書類の電子化や免許税ないし手数料の支払の電子化、およびそれらの手間と費用の軽減という問題を解決しなければ、それらがまさにボトルネックとなり、オンライン申請は普及しないのである。ことに、繰り返すがそれらの阻害要因のうち1つでも残れば、普及度はすべてそれに影響されるという点を、制度設計（立法作業）において強く認識しなければならない。

　なお、免許税または手数料の納付要求がなされるまでには、まず申請データの送付がされると、申請データ確認、申請意思の確認等があり、さらに受信が完了すると、法務省オンライン申請システムから到達確認表が送られる仕組みになっている。それから受付業務が開始され、その後調査業務、審査業務と進行して、その後初めて納付要求に至ることになっている（ちなみに、

オンラインで申請された登記の受付番号は、毎日5001番から始まることになっている）。

21）　インターネットバンキングの場合、ある金融機関の例でいえば、顧客は契約者番号とパスワードを持ち、かつ手元に金融機関から与えられた一種の乱数表を持つ。金融機関では、リアルタイムの数分ごとにこの乱数表の使用数字を変化させながら、顧客に手続きの開始時点でその番号の入力を要求する。このような形で本人確認を行っている。

Ⅷ　日本の取引社会のIT化の実情と新立法への影響

　平成18年6月にある日刊紙が公表したアンケート調査によれば、同年5月の新会社法施行を受けて、回答した企業の97％が定款の変更を考えているといい、その主な内容としては、取締役会の決議に電子メールを使うこと、事業報告をインターネットで行うこと等があげられているという。実際は、このようなところから、日本の取引社会のIT化はようやく本格的な普及に向けて動き出すというのが実情なのではなかろうか。

　さて、本章の扱うオンライン申請は、本章が素材とする債権譲渡登記や動産譲渡登記に限っていえば、単に既存の紙ベースの申請方式を電子化する話であるが、実はこの議論は、申請方法の問題に止まるものではなく、今後の新立法の内容そのもののあり方に示唆を与える部分がある。

　後述するように、平成18年6月現在、法務省の法制審議会電子債権法部会では、電子債権法制（中間試案では名称は「電子登録債権」となる予定）の審議が進められているが、この審議の準備のために平成17年に行われた法務省の電子債権研究会（座長は筆者）では、電子債権管理機関（民間で多数設置できるものとするという構想である）への登録について、完全電子化で行う制度とすると、パソコンを使えない中小企業が排除されてしまう、という意見が出され、しかもそれが看過できないものととらえられてきた【補注、最終的な名称は、電子記録債権、電子債権記録機関、となり、電子記録債権法は平成20年12月2日に施行された。ここではあえて初出時のまま収録する】。実際に出来上がる制度で、電子債権の登録の仕方をどの程度法律に規定するかどうか

は現段階で未決定であるが、何も書かずに管理機関の業務規定に任せるとすれば（研究会では管理機関の任意の選択にゆだねるのが多数意見であった）、各管理機関は、自らの判断で、電子署名を要求するように限定したり、紙ベースの申請も許容したりという自由度を持つことになる。しかしながら、少なくとも管理機関への登録を紙ベースで行うことは、セキュリティレベルが格段に落ちる制度となり、管理機関の入力ミス等、さまざまなトラブルを想定せざるを得なくなる（またそのようなリスクを管理機関がどこまで負うのかどうかも問題になる）。新しい債権移転手段（資金調達手段）の創設によって、そのような取引から排除される主体ができることは確かに問題ではあるが、端的に言えば、そもそも電子的な登録によって発生する電子債権（電子登録債権）なるものを、データそのものから紙ベースで登録申請させるということ自体が論外なのではなかろうか。本稿でみたように、債権譲渡登記でさえ最初からデータ自体は磁気ファイルに収められて提出され、一枚紙の申請書を添えた形で申請が受け付けられていたのである。民間で、自由度の高い制度を作り、リスク配分も制度にかかわる当事者が合意の上で負担しあうという考えに立つとしても、誤登録の排除ひいては制度の信頼という意味では、ある程度のセキュリティレベルの要求は当然であろう。[24]

　電子債権法制が、法律が登録方法等を明示しないで始められるとしても、実際にはIT化の浸透によって、それなりの電子的な申請手段、それに合わせた電子的な証明手段が要求されていくことになるのではなかろうか（また、他の拙稿でも論じたように、（参入できない主体が発生することは避ける手段を講じなければならないものの）IT化立法というものは、現時点のITレベルに立った上で、多少なりともそこから先のIT化の普及促進をいざなうものであるべきであろう）。[25]

22)　平成18年6月21日付日本経済新聞。
23)　法務省電子債権研究会『電子債権に関する私法上の論点整理──電子債権研究会報告書』(2005) 10頁参照。
24)　執筆時（平成18年6月）現在、法制審議会で検討が進められている電子債権法制については、電子的登録によって発生させる電子債権（電子登録債権）について、パソコンを利用できない零細中小企業が参入を排除されないようにとの議論がある。対応としては、法律に登録方法を明示せず、各電子債権管理機関（仮称、民間で多

数設置できるようにする方針）の業務規程に任せるとか、電子申請を仲介する経由機関を置く等が考えられている。しかしながら、データの改ざんや誤記載などのリスクを排除するためには、電子署名を付した電子共同申請等、相当のセキュリティレベルを要求するほうがよいことは自明である。このあたりにも、IT社会の成熟過程におけるIT化立法の悩みがあるといえよう。

25) 池田真朗「電子債権構想の具体化と立法への展望」L＆T30号（2006）11頁。

IX 結びに代えて
── 金融取引促進立法の立法哲学

　筆者がすでに別稿で論じているように、今日、債権譲渡関係法の立法作業は、現代の一連の金融取引立法の中で、取引を規制する法律の制定ではなく、まさに資金調達取引の促進のための立法として位置づけられるべきものである[26]。

　そうであるならば、このような立法は、使われなければ目的を達成しない。したがって、目的達成のためには、実務界のニーズ、さらには対応可能な新しいビジネスモデルの存在を意識して立法がなされるべきなのである。

　その意味で、今回施行された動産債権譲渡特例法が対応しうる新しい資金調達手法として、いわゆるABL（Asset Based Lending）が注目される。これについては、最近検討も盛んになってきており、平成18年3月には、経済産業省のABL研究会（座長道垣内弘人教授）の報告書も出されたところである[27]。すでに動産債権譲渡特例法が施行された平成17年10月には、商工中金は、福岡銀行と連携して、「昆布」等の海産物加工品を担保とするシンジケートローン型ABLを実行し、これが、中小企業金融におけるABLとしてシンジケートを組む先駆的な取組みであるとともに、動産譲渡登記制度をわが国で初めて活用した、第1号の例となったという[28]。この、商工中金が開発したABLは、事業のライフサイクルに着目して、在庫・売掛金・流動預金を一体として担保取得するとともに一定の極度融資枠を設定する「流動資産一体担保型融資」と呼ばれるもので、取得担保の価値を、「事業清算による担保処分ではなく事業継続を前提にした事業価値全体に見出している」[29]。筆者は、この「事業継続を前提」とする発想を非常に重要なものと考えており、新し

い動産譲渡登記が、このように前向きな形で、中小企業金融に活用されることを大いに期待したい（もちろん、上記のような流動資産一体担保型のABLであれば、債権譲渡登記制度のほうのさらなる利用拡大にもつながる）。

かつて筆者は、債権譲渡が危機対応型の苦し紛れの取引から、近年、正常業務の中の資金調達取引に変わってきたことを力説したが[30]、動産譲渡（ことに在庫担保）取引も、決して、担保に取るめぼしい資産が残っていない事業者から最後に不良在庫をさらっていくようなものとしてではなく、このような、企業の事業継続のための積極的な資金調達取引として活用されることがまさに望ましいのである。

ただ、ビジネスニーズを重視するために、立法においていささか不適切な対応がなされる可能性についても言及しておきたい。これは、近時の法制審議会部会での検討作業などの際にも感じたことであるが、ひたすら目的指向性の高い立法を目指そうとして、法体系に混乱を生じかねない議論がなされること、また、新たなビジネスモデルが出来るであろうという想定の下に、それらの可能性を閉ざすことがないように、必要以上に法文に詳細を書き込まないことがよいという議論がされること、等である。誤解のないように付言すれば、それらはいずれも必要な配慮ではある。本章でも先に述べたように、使われない制度を作っても仕方がないのであるから、目的指向性の低すぎる立法は意味がない。しかしながら、既存の法制度との法理論的調和を乱さない範囲でというバランス感覚は必要であろう（筆者が審議会部会でも論じた、動産譲渡登記の創設の際の対抗要件法理からの議論がまさにこの問題に対応するものである。詳細は前掲別稿〔本書第13章〕を参照）[31]。また、将来の活用可能性を閉ざさないように法律の自由度を確保する立法態度は確かに必要であるが、そのために細則をどんどんその後の政省令で作って処理する（さらには省庁の指導や審査のレベルで補う）という手法を多用することは、法律の条文だけ見た場合の理解度や予測可能性を低下させることになる（これについては、私は、たとえば、平成16年12月に廃止された特定債権法について、法文を読んだだけでは予想されるリスクの回避の手当がどのようになされているのか等が不明であるという批判を外国投資家から受けたことがある）。つまり、その法律に対する信頼性が高くならなければ、目的に合った有効性の高い制度を

創設しても、結局利用は永続的に伸長していかないと考えるべきであろう。

民事大立法時代といわれる今日[32]、立法という作業には、以上述べてきたような様々な角度からの検証と改良が加えられるべきである。ことに、金融取引促進立法の立法哲学としては、「制定後の普及活用」という価値基準を適正に取り入れることが必要なのではなかろうか。

オンライン申請の検討からいささか遠くまで筆を進めすぎたかもしれないが、本章がそのような議論のために最初の一石を投じることになれば、誠に幸いと考える。

26) 池田真朗「債権譲渡関係法の展開」法の支配141号（2006）48頁。
27) 経済産業省産業資金課 ABL 研究会『ABL（Asset Based Lending）研究会報告書』（平成18年3月）。同報告書は充実した内容で示唆に富むものである。1点紹介すれば、本稿でも触れた電子債権の活用について同研究会は「一つの理想像」として、「企業がイーマーケットで商品を仕入れ、IC タグを添付し、3PL で在庫管理を行い、その後発生した売掛債権を電子債権原簿に登録する。一方で金融機関はIT を活用して、一連の商流情報を効率的にモニタリングすることにより、金融面での強固なバックアップを可能にする」という形態を掲げている（同報告書26頁）。私見としては、これまでの私自身の電子債権に関する論考で示した考え方からして強い共感を覚えるところである。
28) 中村廉平「アセット・ベースト・レンディングへの取組み」NBL831号（2006）1頁。同稿によれば、この商工中金の ABL モデルは、その後「IC タグで管理されているブランド豚」、「そうめん」、「産業用ロボット」など、担保の対象を着実に広げているという。
29) 中村・前掲注28）1頁。
30) 池田真朗「債権譲渡の判例法理の展開と債権譲渡取引の変容——危機対応型取引から正常業務型資金調達取引へ」川井健・田尾桃二編『転換期の取引法——取引法判例10年の軌跡』（商事法務、2004）295頁以下。
31) 池田・前掲注4）のうちの判例タイムズ1202号（2006）32〜34頁以下参照（本書第13章所収）。
32) 平成年代に入ったころから今日に至るまでの民事立法ラッシュについては、池田真朗編『新しい民法——現代語化の経緯と解説』（有斐閣、2005）4頁以下参照。

第7部

ABL（動産・債権担保融資）
──新しい担保概念へ

第16章
ABL等に見る動産・債権担保の展開と課題
―― 新しい担保概念の認知に向けて

I　はじめに

　本章は、本書第13章にタイトルを若干変えて収録した拙稿「動産・債権担保の展開と課題――新設された動産譲渡登記を中心に[1]」の続稿にあたる。同論考では、まず、民事大立法時代といわれる中、資金調達に関係する法律の整備がさまざまに進んでいることを紹介したうえで、平成17年10月に、従来の債権譲渡特例法を増補する形の新しい動産債権譲渡特例法が施行されたことを述べ、同法の制定の趣旨と背景を明らかにしたうえで、それによって創設された動産譲渡登記制度に焦点をあてた。集合動産の譲渡担保取引等の進展を支援するであろうこの制度について、内容を概説するとともに、とくに対抗要件法理の基本からの解説や分析を加え、「引渡し（および占有改定）と同等の強さの登記」となったことの正当性を、法制審議会部会での議論を紹介しつつ論証した。さらに動産・債権担保取引全般にわたる将来課題を展望し、資金調達の国際的な傾向に触れ、売掛債権や動産（在庫）の、直接金融も含めた、より大きな活用に向かう必然性について若干の検討を行った。

　したがって本章は、同論考を引用しつつ、その続稿にあたる部分を論述することになる。ただし、対抗要件論等のいわゆる学理的な部分は、すでに同論考に詳論しているので、ここでは繰り返さず、本章では実務に即した新しい担保概念の提示を主たる内容とする。理解の便宜のために、記述に若干の重複を生ずることをお許しいただきたい[2]。

1) 池田真朗「動産・債権担保の展開と課題――新設された動産譲渡登記を中心に」判タ1202号（2006）27頁以下。
2) なお、前掲注1）論文以後の担当官論考として、土手敏行「現在の動産譲渡登記および債権譲渡登記の利用状況ならびに今後の動向」金法1770号（2006）42頁以下がある。さらに、動産譲渡登記における、動産の特定の問題については、堀龍児編著「Q＆A債権・動産譲渡担保の実務」（新日本法規出版、2005）276頁以下・326頁以下を参考文献として補足する。また登記申請の実際については、藤井学「動産譲渡担保の登記実務の概要と留意点」銀法664号（2006）10頁以下が詳細である。

II 「担保」概念の新しい見方

1 「担保」形式の広がり

　近年、資金調達手法の多様化ということが、各所で議論されてきた。しかしそれは、たとえば一部の大企業にとっては、資金調達上のリスクの分散低減という程度のことを意味するにすぎないとしても、多くの中小企業においては、論理必然の死活問題であった。改めて述べるまでもなく、信用力のない中小企業にとっては、新株発行によって市場から資本性資金を調達することがまず不可能であることは勿論、社債発行による資金調達も同様に困難であり、伝統的な不動産担保融資が手持ち不動産に限界までの抵当権を設定して行き詰った後は（人的担保設定についても個人の包括根保証を制限するために民法改正までされたことは周知の通りである）、端的に言って残された資産の中では売掛債権と動産在庫しか活用の対象はないのである。担保対象資産が、債権と在庫動産に広がるのは論理必然の結果なのである（実際、最新の情報では、平成17年10月の動産譲渡登記制度運用開始以来、動産担保融資はほぼ順調に伸び、平成18年8月末の融資残高は500億円を突破したという[3]。ただこれはまだ決して多いといえる数字ではないが）。

　さて、そのような前提状況を踏まえたうえで、私は本書第13章では、末尾Vの「結びに代えて――『担保』形式を超えた資金調達へ」という部分で、以下のように述べた。

　　債権や動産の流動化取引は、債権や動産を用いた資金調達が、めぼしい

不動産がないから債権や動産『まで』担保に取るという、いわゆる最終手段とか添え担保という世界から脱却して、企業の自立した能動的資金調達手法として発達していくことを示唆するものに他ならない。

　そのような観点からすれば、実体法学者の対応としても、今後は『担保』という法形式のみに拘泥するのではなく、金融手法の多様化に即応する多様な契約法理の研究開発が望まれるのではなかろうか。……債権や動産という資産は、『担保法学』の新しい地平への発展・拡大をいざなう素材となるのではないかと筆者は考えている。[4]」

　このように、筆者は、動産や債権が担保対象として表舞台に出てきつつある状況から一歩進めて、それらを用いた直接金融に向かう意義を述べ、さらに、国連国際商取引法委員会（UNCITRAL）において検討中の、「担保付取引」（Secured Transaction）を念頭において、実際にはさまざまな形でsecureされる取引がありうるはずで、それは既存の「担保」概念を拡張する方向で（たとえば保険による保障や、契約条項によって実質的な保証機能がつく形態などを想定している）、今後検討の対象となっていくべきということを述べた。

　前掲拙稿（本書第13章Ⅰ2）にも掲げたところであるが、ここで売掛金や在庫についての実際のデータを再度紹介しておこう。十分な不動産を持たない中小企業にとっては、今後資金調達に活用すべき資産としては売掛金債権や在庫動産しかないという上述した必然性があるうえ、現実にそれらは保有高として多大なものがあるのに活用率が非常に低かったという状況があるのである。具体的な数字としては、平成14年度でわが国全企業の保有資産は土地166兆円に対し、売掛債権169兆円、棚卸資産100兆円（中小企業でいうとそれぞれ81兆円、62兆円、44兆円）であった。つまり、売掛債権は土地に匹敵する額、棚卸資産も土地の半額を超える額があるのである。しかしながら、わが国における売掛債権の流動化比率をアメリカ合衆国と比較すると、アメリカは約13％なのに対して日本は１％という大きな開きがあったのである。[5] 動産担保のほうは同種のデータがないが、これまでの両国の公示制度の有無からしてその差はさらに大きいのではないかと想像される。また、別のデータでは、わが国の主要銀行の担保付貸付における担保別割合（平成14年）は、

不動産が73.5％を占め、債権が12.2％、有価証券が5.7％に対して、商品は0.2％にすぎない[6]。これに対して、若干古いが1998年のアメリカにおける対中小企業向け融資に関する担保の設定状況では、担保別活用比率は（構成比は件数ベースであるが）法人不動産担保が22.1％、個人不動産担保が15.2％なのに対し、在庫・売掛債権担保は合わせて17.0％、設備・車両担保は54.7％と、いわゆる動産債権担保の範疇に入るものがかなり多用されていることが示されている[7]。

ただ筆者は、だから「担保」の素材として債権や動産に目を向けよというのではなく、さらに議論は先に進むべきと考えている（つまり、ここで言いたいのは、新しい担保の「素材」の話ではない。したがって、本章ではいわゆる知的財産権担保にも言及するが、それも「新素材」という趣旨で言及するものではない)。それは、「担保」の経済的機能、つまり、「何のために担保をとるのか」ということに着目して、担保概念についてのパラダイム転換を考えるという提言である。

2　新しい「担保」概念

まず、私見による「担保」概念の新しい見方について明らかにしておきたい。

これまでの「担保」は、もちろん融資金の引当てとして、融資債権の回収のために設定するものであった。しかし、現代の担保は、そういうものではないものが出てきている。

つまり、これまでの担保は、債務者の債務不履行があった場合に担保権を実行して債権を回収する、ということが目的であるから、もっぱら「債権者のための担保」であった。その場合、債務者の資産の中から切り出して特定したものを換価処分して、優先的により多く債権を回収できる担保が「強い担保」であり、その際の価値評価が明確でかつ安定しており、また換価処分が確実でかつ処分方法が確立しているものが「良い担保」とされるのである。そしてこの考え方は、その後債務者の経済活動がどうなるのかということは、ほとんど念頭においていない。まさに従来の担保は「回収、清算のための担保」なのである。

しかしながら、これに対して、「債務者のための担保」、より正確にいえば、「債務者の経済活動を存続させるための担保」が考えられる（あらかじめ誤解のないように述べておくと、ここで筆者が言おうとしているのは、「債務者保護」の話ではない。あくまでも債権者を利するための担保が、債務者のためにもなるという話である。しかし、議論の方向としては、債権者〔融資者〕側から見る「融資」の観点ではなく、債務者〔被融資者〕側から見る「資金調達」の観点に立つものであることは明らかにしておきたい)[8]。これがまさに債権や動産在庫を担保に取る世界でなされるべき議論なのである。

被融資企業の保有する不動産は有限である。したがって、それらの評価価値に見合うだけの抵当権を設定すればそれでおしまいである。しかし売掛債権や動産在庫は、被融資企業が操業を続け取引を続ける間は、次々に創出されて尽きることがない。

売掛債権担保や在庫担保に対する、「担保権者の丸取り」という批判は、当然債務者の倒産時を考えているものである。債権譲渡特例法を増補改正して動産譲渡登記を創設した際にも、国会でもその趣旨の批判があった。それに対して私は、債務者企業をつぶした後の議論ではなくて、つぶさない配慮のほうが重要なのではないかと答えた経験がある[9]。喫緊の課題は、中小企業を存続させるための運転資金の供給をどう図るかである。求められるのは、それを secure する担保なのである。あえて極論すれば、その場合の担保は強くなくてもよい。担保評価がそれほど明確でなくてもよい。つまり、被融資企業がつぶれずに事業を継続していれば、担保対象たる売掛金や在庫は次々に生まれてくるのである。そのサイクルの中で、融資者側に想定外のリスクをもたらさないだけの担保が設定されればよいのである。

政策的な中小企業支援金融ばかりでなく、商社金融等を考えれば、わかりやすいであろう。商社は、優良な商品を作れる中小企業を支援して運転資金を融資し、そこの製品を買い付けて大企業等に売り渡す。このような場合に、売掛債権担保や在庫担保によって、債権者と債務者は共存共栄が図れるのである。

つまり、このような世界では、債権回収が確実に図れる「強い担保」が「良い担保」なのではない。債務者をつぶさずに、その企業活動を存続させ

3）　日経金融平成18年9月28日付1面。
　　4）　池田・前掲注1）36頁。
　　5）　アメリカは2000（平成12）年、日本は1999（平成11）年の数字である。中小企業庁中小企業債権流動化研究会最終報告書（2001）10頁参照。
　　6）　経済産業省産業組織課「資金調達手法の多様化のための環境整備に関するアンケート結果の概要」中の資料（『NBL Plus 新しい担保法の動き』別冊NBL86号〔2004〕279頁所収）。
　　7）　経済産業省産業組織課・前掲注6）中の資料。出典は1998 Survey of Small Business Finances.複数種類の取得があるので合計は100％を超える（前掲注6）280頁所収）。
　　8）　いささか論点が広がってしまうが、これまでの「金融法学」は（金融法ないし金融法学というジャンル自体必ずしも確立しているわけではないが）、金融経済学ないし金融政策学がそうであったように、もっぱら融資者側あるいは資金供給主体側から考察するものであった。これに対して、現代では、資金調達側から、さまざまな資金調達手法を研究することを主とする新しい金融法学が確立されてしかるべきである。筆者は、1つの比喩として、旧来の資金供給サイドからの金融法（学）をマクロ金融法、後者の資金調達サイドからの金融法（学）をミクロ金融法と名づけ、現在自らが法科大学院で担当する「金融法」では、その後者のような趣旨の内容の講義を探求している。
　　9）　筆者は平成16年11月9日の参議院法務委員会における動産債権譲渡特例法案審議の際に、参考人として意見陳述を行い、この点を強調した。第161回国会参議院法務委員会議録5号（2004）19頁参照。なお池田真朗「動産債権譲渡特例法の制定の経緯と概要」銀法642号（2005）8頁。

III　新しい担保の具体例

1　CFL

　新しい担保の例としてここでまず挙げるべきは、いわゆるキャッシュフローを見る担保である（企業収益ローン、アメリカではCash Flow Loanと呼ばれる。以下、CFLという）。これは、最近の知的財産権担保について広く見られる発想である。

　たとえば、小川幸士教授は、最近の論考で、日本政策投資銀行の「知的財産権担保融資」について、「同制度による融資は担保たる知的財産権の価値

に依存していない」という点に着目して紹介している[10]。そこで紹介される当該スキームの解説によれば、「担保評価については、当該特許等をベースとした『事業』の予想キャッシュフローの現在価値を算出するディスカウント・キャッシュフロー法（DCF法）を評価手法として用いる」としている[11]。そして、小川論文は、「つまり、担保知的財産権そのものの価値を睨んで融資するのではなく、事業の将来性、端的に言えば、儲かる事業かどうかによって判断するのである[12]」と述べるが、ここまでは、いわゆるキャッシュフロー着目の融資についてすでに一般に言われていることであって、特段目新しいものではない。しかし同論文は、さらに一歩進んで、債務者が保有する特許権を原材料の買掛金債務の根担保として債権者に提供する担保取引形態を論じ、その導入の部分で、「前述の日本政策投資銀行の例では、担保たる知的財産権の評価は『事業』に注目して行われた。それは極論すれば担保権の実行を予定していないという意味で、新型の担保権であるといえよう[13]」という記述をしている。これがまさに、私の求めている発想なのである（なお、小川論文はその先で、結局この場合は債権者の担保取得が役立つのは債務者が買掛金の支払不能に陥ったときなのであるから、まさに従来型の担保として機能しなければならないので、上記の知的財産担保の場合の評価手法は使えないとして、取引保証金への変換という手法を提案している[14]。貴重な提言であるが、それ自体は本章の主題ではないのでここでは省略する）。

2　ABL

　ABL（Asset Based Lending）は、わが国ではここ1～2年で議論が進み、ようやく実際の取引実績が出始めたところである。ABLについて未だ完全に定まった訳語はないようであるが、経済産業省では「動産・債権担保融資」と呼び、後述する商工中金のスキームでは、「流動資産一体担保型融資（アセット・ベースト・レンディング）」と名づけられている。経済産業省では、平成17年9月にABL研究会を組織し、同18年3月にそのとりまとめた「ABL研究会報告書」を公にしている。同報告書では、ABLを「企業が保有する在庫や売掛債権、機械設備等の事業収益資産を活用した金融手法」「動産・債権等の事業収益資産を担保とし、担保資産の内容を常時モニタリ

ングし、資産の一定割合を上限に資金調達を行う手法」と定義的に説明している。わが国では、債権譲渡登記に続いて動産譲渡登記を創設した動産債権譲渡特例法の施行が、このABLの活用の大きな呼び水になったと評価されており、実際、商工中金や福岡銀行などによって、現実の取引実績が現われはじめているところである。

たしかに、上の経済産業省の報告書におけるABLの定義は、後に触れるこの取引の先進国アメリカでの一般的な定義に一致するのであるが、しかしながら、本稿の問題意識は、それではまだ十分には顕在化せず、以下に紹介する、商工中金の「流動資産一体担保型融資」への評価においてより強く明らかになる。つまりそこでは、これが「企業の事業の継続」を前提とする融資形態であることが明瞭に示されているからである。

商工中金の平成17年5月26日のプレス・リリース資料は、「流動資産一体担保型融資（アセット・ベースト・レンディング）第1号案件を実行――事業のライフサイクルを主眼とした中小企業の資金調達の新展開」と題するものである。同資料は、このスキームを、「在庫が販売され売掛金となり、売掛金が回収され流動預金となる『事業のライフサイクル』に着目し、在庫・売掛金・流動預金を一体として担保取得するとともに一定の極度融資枠を設定するスキーム」としている。そしてその第1号案件は、紳士服製造業A社（資本金7,000万円、従業員270名、年商22億円）に対して、7,000万円の極度融資枠を設定したものであるという。

具体的には、ABL用の金銭消費貸借契約を締結し、担保としては、ABL用担保設定契約書によって、在庫について動産譲渡担保を、販売後の売掛金について債権譲渡担保を、そして回収後の流動預金に対して質権設定（普通預金質）もしくは管理口座設定をするものである（この流動預金は正常時は被融資者が払戻可能)。

筆者が評価するのは、この「事業のライフサイクル」に対する融資を強調する点である。同社のスキームを紹介する中村＝藤原論文は、同社のABLについて「借入企業の事業フロー、いわば『事業のライフサイクル』を一体として把握し、かつ、原則としてこれのみを貸付の主要な引当てとするものであり、借入企業の不動産、機械設備もしくは有価証券を担保として徴求し

たり、または代表者の個人の信用力に過度に依存したりすることを想定していない。その意味で、商工中金のABLは、債権譲渡担保や動産譲渡担保をいわゆる『添え担保』と捉えてきた従来型の融資実務とは、根本的な発想を異にする取り組みである」と説明している[18]。

　もちろん、本稿は特定の事業主体の宣伝をする意図を持つものではないが、商工中金はその後平成17年10月からスタートした動産譲渡登記制度を利用したABLについても、福岡銀行との協調融資の形で、わが国初の案件を実現させた。両行は、福岡県の海産物加工卸会社S社に対して極度額2,500万円の融資枠を設定し、昆布・煮干・海草類などの在庫をその担保に取り、平成17年10月3日の新法施行日に新制度第1号案件として両行の動産譲渡担保権を登記したのである（登記事項は、動産を種類と保管場所の所在地によって特定したものである[19]）。たしかに、前掲拙稿で詳論したように、これまで占有改定という公示力のない対抗要件具備手段に頼るしかなかった動産譲渡担保は、動産譲渡登記制度によって明確な公示手段を持つことになったのだが、動産担保に関しては従来、デフォルト時に担保を処分しようとしても流通市場が整備されていないため、担保価値を実現できないことが問題点とされてきた。これに対し、中村氏は、「在庫を処分するのではなく、借入企業が得意先への販売を継続することを前提にすれば、海産物のように流通市場の乏しい動産にも十分な担保価値を見出しうる」と説明している[20]。

　具体的な計数的評価はさておき、この「流動資産一体担保型融資」がまさに筆者のいう「被融資企業がつぶれずに事業を継続していれば、担保対象たる売掛金や在庫は次々に生まれてくる。そのサイクルの中で、融資者側に想定外のリスクをもたらさないだけの担保が設定されればよい」という発想を実現しようとするものであるということをここで強調しておきたい。

10) 小川幸士「知的財産権の担保化——特許権を中心に」判タ1208号（2006）64頁以下、ことに66頁。
11) 青山竜文「銀行融資における知的財産権の活用と実務」銀法650号（2005）30頁。
12) 小川・前掲注10) 論文66頁。
13) 小川・前掲注10) 論文67頁。
14) 小川・同上。
15) 経済産業省ABL研究会報告書4頁。なお林揚哲＝新井竜作「『ABL研究会報告

書』の概要」金法1770号（2006）50頁以下参照。
16)　News Release（商工組合中央金庫）平成17年5月26日。
17)　前掲注16)別添資料。後掲注18)の中村=藤原論文にも同様の紹介・解説がある。なお、同社のスキームではさらに、地域金融機関との連携の推進の観点から、シンジケートローンへの対応も考慮し、上記契約書に別途ABL用シンジケートローン特約書を加えるだけでよいように設定されている。
18)　中村廉平=藤原総一郎「流動資産一体担保型融資（アセット・ベースト・レンディング）の検討——事業のライフサイクルを眼目とした中小企業の資金調達の新展開」金法1738号（2006）52頁。なお、動産譲渡担保という発想からいえば、機械設備についても動産担保として徴求することが考えられるのであるが（動産譲渡登記は単品についても可能である）、同スキームでそれを外してあるのは、借入企業に対する配慮とも、また融資側の商品設計における1つの見識とも思える。
19)　「スタートした動産登記制度、資産担保貸出は融資慣行を変えるか」金融財政事情2005年10月10日号6頁。詳細は前島顕吾「福岡銀行における取組事例と今後の検討課題」金法1770号（2006）69頁以下参照。
20)　前掲注19)金融財政事情6頁。

Ⅳ　アメリカにおけるABLの現状

　上述した、わが国におけるABLの展開は、基本的には、アメリカにおけるABL（ないしABF）のわが国への導入といってよい。ここでは、その確認の意味で、アメリカでの現状を概観しておこう。以下は、Joyce White, The Fundamental Benefits of Today's, Asset-Based Finance. Bank of America Business Capital, April 2006からの紹介である。[21]

　アメリカでは、さまざまな産業において、さまざまなライフステージの企業が、M&A、リファイナンス、設備投資、運転資金、LBOといった多岐にわたる用途のファンディングにABLを利用しているという。実際、ABLの利用は近年飛躍的に増加し、その残高は1994年から2004年までの10年間で3倍以上に増加した。CFA（Commercial Finance Association）の資料によると、[22]1994年末の残高が1,170億ドルであったのに対し、2004年末の残高は3,620億ドルである。[23]

　売掛債権や在庫品によって担保されたローンであるABLのストラクチャーは、典型的にはリボルビング・クレジットの形態をとる。借入枠は通常、

担保となっている売掛債権の70～85％、在庫の65％程度である。借入企業には利払いのみが課され、リボルビング借入枠は借入企業の資産に合わせて増減する。なお、リボルビング・クレジット以外にも、ABLにはターム・ローンのような形態もある。この場合、ローンは機械設備や不動産といった固定資産によって担保され、その返済スケジュールは、固定資産の耐用年数に応じたものとなる。またABLは、伝統的には有体財産によって担保されてきたが、最近では商標、特許等の無体財産によって担保されたものもある（こうしたものは、overadvanceまたはstretch loanと呼ばれている。つまりこれらは、ABLとCFLの両方の要素を特色として持つハイブリッドである[24]）。

ABLとCFLを比較すると、通常厳格なコベナンツ（財務制限条項）を用いるCFLが借入企業の業績に大きく依存するのに対し、ABLは企業の資産に注目するものであり、いくつものメリットを有しているとされる。同論文では、①より多くの流動資金の確保、②より大きい柔軟性、③代わり金のより多様な用途、④貸主のより高い忍耐度、⑤国際的な射程、を挙げている。①についていえば、企業がEBITDA（Earnings Before Interest, Taxes, Depreciation and Amortization）の何倍といった条件で借入れを行っている場合、CFLでは収益が減少すればすなわち借入れ余力が縮減される。しかし資産に着目した借入れの場合は、より大きい流動資金確保につながり、また借入れ余力についてより高い予測可能性がある。②についていえば、CFLでは通常、最小で4～5個のコベナンツを用いるのに対し、ABLは一般的に1～2個のコベナンツだけであり、またABLのほうは担保価値との結びつきがあるので貸主は各財務指標にあまり関心を払わず、借入企業の経営陣はコベナンツ違反を過度に気に掛けずに経営計画を進めることができる。④についても、担保があるだけに、貸主は景気が悪化した場合も借入企業の経営立て直しにより多くの時間を与える、などと述べている[25]。

ABLにおける契約上の財務規律については、借主の信用履歴についていくつかのモニタリングないしレポーティングの規律が置かれる。たとえば、借主は貸主に対し、ローン残高と当該ローンをカバーする担保の価値を示すBorrowing Base Certificateを提出する。この提出は、借主の信用リスクに応じ、月次、週次、日次といった頻度で要求される。借主は同様に、月次で

の売掛債権の残高変化、在庫リスト、日々のインボイスや船積書類といったものに関するレポートを提出する。加えて、貸主は、預金口座またはロックボックス（借主の売掛債権は、これらの口座等を通じて回収され、ローンの返済に直接充当される仕組み）を設定することにより、借主の現金を支配する。貸主はまた、定期的な実地調査および在庫評価を行い、レポートの正当性を確認し、売掛債権、在庫および無体財産の価値を確認する。

　そして最近の多くのABLは、その他の金融商品・サービスと組み合わされて利用されているという。ABLは、ビジネスを成長させるために必要な汎用性、流動性、柔軟性を兼ね備えた資金調達手法ということができるという趣旨でまとめられている[26]。

　以上の紹介から幾つかの点を確認したい。まず、ABLの多くがリボルビング・クレジットの形態をとって行われ、借主には利払いだけが要求される、ということが、端的にこの担保形態が企業のゴーイングコンサーンを前提とする融資手法であることを示していよう。一方で、当事者間で細かいモニタリングないしレポーティングの規律が合意されるのは、この担保融資を維持していくうえで不可欠のことといえよう。そしてこれらの特徴は、前掲の商工中金の「流動資産一体担保型融資」にも引き継がれているのである[27]。

21) 同資料については、慶應義塾大学法学修士・石坂真吾氏（日本銀行）のご教示を得た。ここに厚く御礼を申し上げる。
22) CFAは、銀行、ノンバンク等によって構成されている機関であり、構成メンバーの多くがABL等の融資を行っている。筆者が日本政府代表として参加したUNCITRALの国連国際債権譲渡条約の起草作業部会（1995〜2001年）においては、各会期にCFAの代表が、ヨーロッパ銀行協会などとともに、オブザーバー機関の1つとして参加していた。
23) 本文掲出のJoyce White, The Fundamental Benefits of Today's Asset-Based Finance. Bank of America Business Capital, April 2006, p. 1. なお、沿革的な理解を補足すれば、アメリカでは将来のキャッシュフローで返すという発想は1980年代に非常に盛んに行われたLBO（Leveraged Buy-Out）から顕著になり、借手の情報開示と貸手のモニタリングという構成から新たな資金調達が可能になってきたという趣旨の経緯を概説するものがある。坂井秀行「流動資産担保の枠組みと今後の展望」事業再生と債権管理112号（2006）90頁以下。
24) Joyce White, op. cit., pp. 1-2.
25) Joyce White, op. cit., p. 2.

26) Joyce White, op. cit., p. 3.
27) 中村＝藤原・前掲注18) 53頁以下参照。なお、商工中金の「流動資産一体担保型融資」ではこのほかに、法人代表者による連帯保証等の従来の債権保全手法に過度に依存しないことを目的として、「停止条件付連帯保証」という、代表者が、借入企業の代表者として誠実に事業を遂行し、借入金の返済に努力していると認められる限り、代表者の個人責任を追及しない（逆に一定の義務違反が認められたときにのみ連帯保証債務が発生する）という方式をオプションとして採用する等のオリジナルな工夫も加えられている（前掲注18) 56頁）。

　ちなみに、前掲注23) でも触れた、『事業再生と債権管理』112号は、「流動資産担保の活用と金融サービス」という特集のもとに、商工中金スキームを基礎にしたパネルディスカッション「アセットベーストレンディングの実務と課題」（同誌98頁以下）や木下信行「担保のパラダイム変革に向けて」（同誌85頁以下）等を収録し、充実した参考資料となっている。

V　新しい担保の法的位置づけ

　以上の考察から、私見は、債務者のキャッシュフローを見る担保から、さらに進んで、債務者の「事業の継続」を前提として、「（基本的に）実行を考えていない担保」が新しい担保として理解されるべきと主張するものである。しかしながら、そうはいっても、それらの担保が債務者のデフォルト時にどう機能するのか（あるいは全体のスキームがどう後始末されるのか）について等閑視してよいわけではないのはもちろんであり、それらについての法的吟味は深められなければならない（ただし、たとえばABLでいえば、スキームの法的構成は、動産譲渡担保や債権譲渡担保や質権設定等に分解されるのであって、個々の法的構成要素ごとの議論に還元される部分が多いであろう）[28]。けれども、ABLのような、基本的に実行を考えていない担保を、その資金調達上の狙いを十分に理解したうえで、担保法学の中でもやはりしっかりと位置づける必要がある。これが、これからの課題であろう。

　その点について、ここでは詳論するだけの準備はないが、1つ言えることは、法理論が現実取引に追いつかないという現象があってはならない、ということである。たとえば、上述のABLに対して、全資産の担保であることを理由に公序良俗違反を論じるごときである。

もちろん、労働債権の確保等の配慮はなされなければならないが、先に述べたように、企業を「つぶさない」措置が大事なのであって、倒産時の処理以前に、当該スキームによって事業継続を続けられるという状況が生まれるのであれば、それは正当に評価されるべきものなのである。金融法分野においては、公序良俗違反は、スキーム構築の意図自体に不法性が認められるような場合（例えばプレーヤーの一部だけが不当な利益を得たりまったくリスクをとらない構造になっている場合）に問題とすべきなのであって、そのような観点からの疑問がない限りは、公序良俗違反を持ち出すべきではなかろう。

28）　現時点では、河野玄逸「流動資産譲渡担保の管理・実行と法的留意点」金法1770号（2006）56頁以下、小野隆一「動産・債権譲渡担保の評価・管理（モニタリング）・処分の実際」金法1770号（2006）64頁以下等が参考業績として挙げられる。
29）　坂井・前掲注23）92頁にも同旨の表現がある。

VI　結びに代えて

　現実論として、わが国での動産担保融資については、先述のようにそれなりに実績が上がってきてはいるものの、この先の進展はやはり金融庁による「適格担保」の認定にかかるという声も強く、経済産業省からのその旨の希望も出されているところである。しかし、金融庁の態度は、担保評価の方法や評価額の合理性の確保が十分でないことから現時点ではなお慎重であるように報じられている【補注、その後金融庁は金融検査マニュアルを改訂して、2007年2月から動産担保の一部を適格性のある「一般担保」として認めるに至っている。第17章注13）参照】。一方経済産業省では、在庫評価に関して不動産における不動産鑑定士と同様な役割を果たす「動産鑑定士」の資格制度を検討している。しかしながら取引の現場では、「動産まで担保に取る」ということに対するネガティブな印象もなお強いようである。

　債権譲渡が、危機に瀕した事業者がする苦し紛れの取引という印象（かつては実際にもそうであったことは判例からも証明される）から、正常業務型の資金調達として認知されるまでにずいぶん長い年月を要した（いまだにその認知は必ずしも完全に行き渡ってはいないように見受けられる）。動産譲渡担保も

適切な「格付け」を得るためにはまだ何年かの月日を必要とするかもしれない。しかし、世界的に、債権や動産を用いての担保付取引は急速に進展している。

　もはや、典型担保と非典型担保などという分類をすることには（法文のあるものとないものという形式的な分類作業という以外には）ほとんど意味がないと言ってよかろう。ましてや、非典型のものを典型のものよりも低い評価で扱うということは、筆者の立場では、まったく正しくない。要するに、1つひとつの融資取引（被融資者側の視点では資金調達取引）が、その目的にしたがってどう secure されれば適切であるのか、が最も重要な点なのである。その secure の仕方は、多様多彩に認められるべきである。

　本稿が述べようとしたのは、清算回収のための担保から事業を継続させるための担保へ、「終わらせる担保」から「生かす担保」へ、という担保概念の発想の転換であった。そして、それを法的に裏打ちする作業を探求するのが、21世紀の担保法学であるべきと私は考えている。

30)　前掲注15）の ABL 報告書67頁。ちなみに現在バーゼルII（新 BIS 規制）実施に伴う金融庁の告示（新しい自己資本比率規制の再見直し後の告示案並びに銀行以外の預金取扱金融機関に関する告示）においては、「適格債権担保」「適格不動産担保」「適格その他資産担保」という3区分で適格性の基準を掲げているが、「適格その他資産担保」に関しては、船舶、航空機、ゴルフ会員権の担保について列記されているのみである。

31)　「増加する動産担保融資」日経公社債情報2006年8月7日6頁。

32)　アメリカに存在する動産鑑定士制度には、共通評価基準として、米国鑑定財団による米国鑑定業務統一基準（USPAP）があり、評価者の団体として ASA（American Society of Appraisers）があるとのことである。前掲注15）の ABL 報告書67頁。

33)　池田真朗「債権譲渡に関する判例法理の展開と債権譲渡取引の変容――危機対応型取引から正常業務型資金調達取引へ」川井健・田尾桃二編『転換期の取引法――取引法判例10年の軌跡』（商事法務、2004）295頁以下（本書第1章所収）。

第17章
ABLの展望と課題
―― そのあるべき発展形態と「生かす担保」論

　売掛債権や在庫動産などの流動資産を担保として融資を行うABLについては、すでに米国では事業会社の借入れの20%を占めるとされるが、わが国でも法制度的基盤が整備され、ABL協会も発足して、今後急速な伸張が予想されている。この時期に、わが国のABL取引が適切に発展するための方向性が議論されなければならない。本章は、どのような企業が最も恩恵を受ける取引となるべきかを論じ、いわゆる在庫評価の問題だけに焦点が当てられることに注意を喚起して、「生かす担保」への根本的な発想の転換を提言する。

I　はじめに

　ABL（Asset Based Lending）は、債権や在庫動産などの流動資産を担保として融資を行うスキームである。すでにアメリカでは、1970年代に清算専門業者のノウハウを生かしてノンバンクがこのような融資取引を始めたとされるが[1]、1990年代からは、大手商業銀行の参入もあって、さまざまな産業において、さまざまなライフステージの企業が、M&A、リファイナンス、設備投資、運転資金、LBOといった多岐にわたる用途の資金調達にABLを利用する状態となり、しかもその利用は近年飛躍的に増大して、2005年末におけるABL融資残高は4,000億ドルを超え、米国事業会社の借入残高全体の20%を占めるに至ったという[2]。一方わが国では、2000年代の半ばになって実務界や管轄官庁での議論が進み[3]、2005（平成17）年からようやく実際の取引

実績が出始めたところである。

　ABLについて未だ完全に定まった訳語はないようであるが、経済産業省では「動産・債権担保融資」と呼び、わが国での第1号案件とされるものを扱った商工中金のスキームでは、「流動資産一体担保型融資」と名づけられている。同金庫では、これを、「在庫が販売され売掛金となり、売掛金が回収され流動預金となる『事業のライフサイクル』に着目し、在庫・売掛金・流動預金を一体として担保取得するとともに一定の極度融資枠を設定するスキーム」としている。

　後述するように、わが国でもABLの発展のための法制度基盤が急速に整備され、平成19年6月29日には、経済産業省の音頭で、ABLの担い手となるであろうプレーヤー各社を結集させたABL協会も発足した。その設立総会は大変な盛況となり、今後ABLはわが国でも急速に発展することが期待される。しかしながら一方で、これについての学者の議論はまだ少なく、この段階で、適切な法理論的検討がなされ、あるべきビジネスモデルの方向づけに寄与する必要があると思われるのである（ちなみに筆者は、ABLに関するいわゆる学術論文としては早い時期のものを1点公にしている）。

　ことに私見では、ABLは、優良な商品を作りながら運転資金に困窮するような中小企業の支援に最も有効と考えており、そのようないわば日本型ABLが前向きの資金調達スキームとして発展するためには、融資者にも被融資者にも、そして担保法学にさえも発想の転換が必要と考えている。本章によって筆者の意図するところをご理解いただければ幸いである。

1）　最近のABLの紹介論文として、髙木新二郎「アセット・ベースト・レンディング普及のために——米国での実態調査を踏まえて」NBL851号（2007）81頁以下。
2）　その残高は1994年から2004年までの10年間で3倍以上に増加した。CFA（Commercial Finance Association）の資料によると、1994年末の残高が1,170億ドルであったのに対し、2004年末の残高は3,620億ドルである。Joyce White, The Fundamental Benefits of Today's Asset-Based Finance. Bank of America Business Capital, April 2006, p. 1. さらに2005年の数字は髙木・前掲注1）85頁による。
3）　経済産業省では、平成17年9月にABL研究会を組織し、同18年3月にその取りまとめた「ABL研究会報告書」を公にしている。
4）　商工中金によるABLの第1号案件は、同社のプレス・リリース資料によれば、

平成17年5月に実行されている News Release（商工組合中央金庫）平成17年5月26日。第1号案件は、紳士服製造業A社（資本金7,000万円、従業員270名、年商22億円）に対して、7,000万円の極度融資枠を設定したものであるという。
5） 坂井秀行「ABL の未来と ABL 協会」NBL863号（2007）1頁参照。
6） 池田真朗「ABL 等に見る動産・債権担保の展開と課題——新しい担保概念の認知に向けて」伊藤進先生古稀記念論文集『担保制度の現代的展開』（日本評論社、2006）275頁以下（本書第16章所収）。

II　今なぜ ABL か
——貸借対照表から見た必然

　では、今なぜ ABL なのか。わが国では、特に中小企業については、その答えは明瞭である。つまり、貸借対照表の右側の負債・資本の部を見た場合、企業の資金調達というと、これまでの大学の講義では、まず社債や新株の発行を教えてきたのであるが、実際には株や社債で市場から資金調達ができるのは一定以上の規模を持つ企業に限られ、多くの中小企業にはそのような形態での市場性資金の調達は現実には不可能なのである。したがって、中小企業についていえば、これまでは必然的に不動産を担保とした銀行借入れ（および個人保証による借入れ）に資金調達のほとんどの部分を頼ってきた。しかしながら、もともと中小企業の保有する不動産は有限であり、その価値の限界まで抵当権設定をしてしまえばそこでただちに新規融資の引当てがなくなることはいうまでもない。個人保証もその行きすぎが社会問題化し、平成16年の民法現代語化改正の際に個人の包括根保証を制限する目的での民法改正が行われたのは記憶に新しいところである。

　そうすると、貸借対照表の左側の資産の部に資金調達に活用できるものとして何が残るかというと、不動産は使い切っているのであるから、売掛金等の債権と、在庫等の動産しかないのである。近年、金融の世界では、資金調達の多様化という角度から流動資産の活用が提唱されているが、大企業にとっては流動資産を用いた資金調達の多様化は、効率化、リスク分散という程度の意味であるのに対し、中小企業にとっての流動資産の活用は、他に選択の余地のない、向かわなければならない必然の道なのである（しかも法人の

保有資産として、売掛債権は不動産とほぼ同程度の、および在庫動産はその半分を超える額がある[7]）。流動資産全体を担保活用するABLというものが希求される理由はまさにそこにある。

　もちろん、それでは一定規模以上の企業にはABLは利点がないかといえばそうではなく、アメリカの例を見てもわかるように、既存の資金調達にこのABLを加え、さらに場合によってはその他の担保形式までも組み合わせて[8]）、より柔軟かつ効率的な資金調達を図ることができる。たとえば、一時的な資金需要に備えたコミットメントライン設定等にも有効であろう。

　　7）　平成16年度でわが国全企業の保有資産は土地164兆円に対し、売掛債権185兆円、棚卸資産99兆円（中小企業でいうとそれぞれ85兆円、68兆円、43兆円）であった（「法人企業統計」〔財務省〕による）。
　　8）　前掲注2）のJoyce Whiteレポートでは、ABLと知財担保と組み合わせたものをハイブリッド型と呼んでいる。

III　「アメリカ型ABL」との発想の相違点

　議論の錯綜を招かないために、わが国に紹介されるアメリカでのABLと、ここで私見があるべきと考えているABLの相違点を明らかにしておきたい。アメリカでの実態調査を踏まえて書かれた高木論文は、「伝統的な融資は与信先企業の貸借対照表や損益計算書やキャッシュフロー計算書に表現される企業の財務内容や収益性やキャッシュフローによって決められる信用力や返済能力に応じて、その可否が判断されて実行されるものであって、担保物の価値に依存した融資ではない。ところがABLは、同じく浮動担保権の設定を受ける点で外形はまったく変わらないが、収益性やキャッシュフローに着目するのではなく担保物の価値そのものに依存する点でまったく異なる。担保物の価値それも清算価値（同じliquidation valueでもバッタ売りfire saleや強制売却forced saleではない秩序ある売却によるorderly liquidation value）であることが望ましい」[9]）とするのであるが、私見には若干別の構想がある。

　つまり、（これも高木論文が正確に解説しているところであるが）前述のようにもともとアメリカでは、百貨店の閉店セールを請け負うような清算専門業

者（1iquidator）があり、そのような業者のノウハウの活用がABL融資の出発点であったため、現在でも、そういう業者がABL融資の実施に先立つ棚卸資産の評価を行っている[10]。したがって、上記引用部分のような認識になるのである。しかしながら、私見が目指すべきと考えているABLは、確かに、動産、債権を担保とするのであるが、それら担保物の価値のみに依存するのではなく、収益性やキャッシュフローも相変わらず考慮に入れた総合判断でなされ、しかも担保物ごとに担保在庫の「清算価値」を重視するべきではない、というものである。つまり、当該企業の活動を終息させることを前提とする発想は適切でないということである。この点は後述のⅥで詳論する。

9) 高木・前掲注1）83頁。
10) 高木・前掲注1）84頁。

Ⅳ　ABLの利点と恩恵を受ける企業像

　売掛債権や在庫という、流動的で不安定なものを担保とするということで、これまではまず融資側に消極論が先行した。しかしながら、ここで発想を転換する必要がある。不動産は、いったんその評価価値まで担保設定をしたら、それ以上価値を生まないものである。それに対し、売掛や在庫は、当該企業が順調に生産活動を続ければ、無限に生じてくる担保対象物といえるのである。しかも、すでに資金調達手法のかなり大きな部分を占めるようになった将来債権譲渡担保でいえば、間接金融ではあっても、その与信の基準となるのは、被融資企業の信用力ではなく、売掛先の第三債務者の信用力なのである。不動産担保による新規融資の道が閉ざされた企業であっても、優良な製品を市場に置くことができれば、それは回収可能性の高い売掛債権に変わるのである。

　したがって、ここから、ABLに適性の高い企業が自ずから明らかになる。まずは、①優良な商品を作り、優良な売掛先を持ちながら、不動産の保有は特に十分ではなく、業態の維持拡大のための運転資金が不足している中小企業がこれに当てはまる。さらに、②地場産業として製品の評価は高いが全国展開ができずにいる中小企業、③無名ながら専門性が高く国際レベルで製品

の評価の高い中小企業、等にも好適である。いずれにしても、「良い仕事をしているまっとうな企業」に資金が回るのがこの ABL なのである。

V　ABL を支える法制度的基盤

　今日のわが国において、ABL の今後の発展を見込める法制度的基盤となっているものとしては、第 1 に、平成17年10月施行の動産債権譲渡特例法（平成10年施行の債権譲渡特例法を増補）によって制定された、動産譲渡登記制度が挙げられる[11]。これによって、それまで占有改定という公示力に乏しい対抗要件具備に頼らざるを得なかった集合動産譲渡担保が、初めてしっかりした公示の伴う対抗要件によって第三者に対抗できるようになった。

　第 2 の制度的基盤は、金融庁の金融検査マニュアルの改訂である。平成18年までは、動産担保はバーゼル II（新 BIS 規制）においては適格担保とみなされていたものの、金融検査マニュアルには明記されていなかった。そのため、経済産業省の報告書でも金融庁による金融検査マニュアルへの明記が望まれていたのである[12]。これが、平成19年 2 月からは、無条件ではないが、適切な管理および評価の客観性・合理性が確保されているものが、適格性のある「一般担保」として認められることになった[13]。

　上記の 2 点をもって、法制度的基盤はかなり整ったといえるが、さらに第 3 の基盤整備として、平成19年 8 月 6 日からは、中小企業庁が、中小企業信用保険法を改正して、信用保証協会による流動資産担保融資保証制度の取扱いを開始した。これは、従来の売掛債権担保融資保証制度の担保に在庫（棚卸資産）を付加したものであり、いわば ABL 保証制度と呼んでもよいものである。

　そうすると、あとは在庫評価手法の進化確立ということになろう。売掛債権と比較すれば、在庫の担保評価ははるかに困難である。アメリカにならって、アプレイザー（評価人）と呼ばれる動産担保評価の専門家の養成も課題とされている。ただし、在庫評価手法の進化確立は確かに ABL の発展のために重要な要素であるし、上掲金融検査マニュアルの表現からしても必要なことなのであるが、ここに 1 つ問題点のあることを次項に指摘しておきたい。

11) 立法過程での議論について、池田真朗「動産・債権担保の展開と課題——新設された動産譲渡登記を中心に」判タ1202号（2006）27頁以下（本書第13章）。拙稿以後の担当官論考として、土手敏行「現在の動産譲渡登記および債権譲渡登記の利用状況ならびに今後の動向」金法1770号（2006）42頁以下。
12) 前掲注３）のABL報告書67頁。
13) 改訂された金融検査マニュアルでは、優良担保以外の担保で客観的な処分可能性があるものを「一般担保」とし、動産担保は、「確実な換価のために、適切な管理及び評価の客観性・合理性が確保されているものがこれに該当する」とされている。

VI 在庫評価に焦点を当てることの問題点

　今後ABLが広く行われるためには、動産在庫が正確に担保評価できるかがポイントとなるということをよく聞く。しかしながら、筆者はここで、その在庫評価の問題にばかり焦点が当てられることは、ABLの将来のために決して望ましいことではないということを力説しておきたい。その理由は以下の２点にある。

　第１に、私見によれば、ABLの制度は、それによって中小企業の資金調達を円滑にし、優良な中小企業に経営の継続を可能にするところに目標および美点がある。したがって、当該企業の倒産、担保在庫商品の清算ということは、本来なるべく起こらないようにするべきものなのである。アメリカのABLの出発点が、清算専門業者のノウハウの活用から始まったという沿革が強調されると、いかにもこの点がABLの必要不可欠の論点と感じられてしまうおそれがあるが、私見では、在庫評価は、融資額ないし融資枠の設定のためにされるべきものであって、清算（1iquidation）のためにされるべきものではない。さらにいえば、ABLでは、在庫動産が売掛債権に変わり、売掛債権が口座預金に変わるその一連の流れに着目して融資をするのであるから、売掛に変わらないような動きのない在庫は、そもそもABLの対象としては適当ではなく、逆に動く在庫は（早晩売掛金に変わるのであるから）在庫のみで把握する意味は小さい。したがって、いささか極論すれば、ABLの融資者は、（できるだけの評価努力はすべきではあるが）在庫動産がどれだけ

正確に評価できるかは二の次で、それはあくまでも売掛金その他のトータルな担保評価をする際の一要素という姿勢で臨むべきである。

第2に、動産在庫の評価という面を強調して、そこばかりに着目して融資し、業績が悪化して結局倒産に至ったという企業の在庫商品が頻繁に流通するという事態にもし至れば、ABLで融資を受ける企業は、「危急時には動産までも担保に取られている企業」というマイナスの印象が強くなる。これは、かつて昭和50年代までの債権譲渡ないし債権譲渡担保がそうであったように、ABLが何か企業の業績悪化時に行われる危機対応型の取引と誤解されるおそれがあるということである。そうではなく、ABLで融資を受ける企業というのは、優良な商品を作り出している企業なのであって、しかも正常業務型の資金調達を行う手段としてABLを選んでいる、という状況が作出されるべきなのである。

要するに、ABLがわが国で本格的に普及しようとするこの段階で、その取引イメージを前向きなものとしてしっかり位置づけるためには、在庫評価を過大に問題とし、しかもそれと「清算」を直結させることは適切ではなかろう、ということである。

Ⅶ　生かす担保と融資者のリスクテイク

というのは、ABLは確かに両刃の剣という性格を持つ。一連の企業活動から生み出されるものをいわばすべて担保に取るのであるから、融資者が当該企業の生殺与奪の権限を握ることになりかねない。したがって、要するにABLに入る融資者には、当該企業をつぶさないことが要求されるのであって、必ずしも正確に把握しきれない流動的な担保を取りつつ、生産設備等には担保設定をせず、万一の事態のための労働債権の確保等にも配慮する、等のモラルが望まれる。

それでは融資者側にリスクが大きい、という声は当然にあろう。筆者はそれに対して、融資者も一定のリスクを取るのが当然、と答えたい。つまりABLの融資者は、被融資者と一蓮托生なのであって、被融資企業を倒産させてしまったら、それは融資者の失敗であり、しかるべき損失も負うものと

認識すべきである。たとえば、倒産段階での在庫品でどれだけ融資金を回収できるかといえば、それは必ずしも十分な結果は得られないものと想定しておくべきである。

　そのような事態を招かないためにするのが、被融資企業へのモニタリングや経営助言であり、つまりABLは、従来の不動産担保融資と異なり、貸しっぱなしではできない、対話継続型の動態的な融資形態と認識されなければならない。いわゆるリレーションシップバンキングということになる。

　もちろんその結果、業績が下降すれば融資枠が縮小されたり、融資者からの経営合理化の要請がされることも当然ある。ただそこで問われるのが、融資者の姿勢である。最初から、被融資企業の業績が悪化したらただちに担保を実行して在庫を売り払い清算して終結させるという目論見で、もともと経営基盤の危うい（そして滞留在庫の多い）企業に融資を持ちかけるのであれば、これは私の考えるABLではない。繰り返しになるが、優良企業を生かすためのABLであるならば、融資者は、まずは在庫の処分評価から入るのではなく、どのくらい売れる商品か（どのくらい動く在庫か）、という見極めから入り、現在の売掛け先企業の信用度の調査、今後の売掛け先の開拓可能性等を検討して、融資の可否、融資枠の設定、に進むべきなのである[14]。

　私見の理解では、アメリカのABLには、企業の積極的なスクラップ・アンド・ビルドという発想もあるように思われる。つまり、融資者側は、支援はするが無理となればただちに担保権を実行して清算し、また新しい企業活動の支援に入る、という考え方があるように思われるのである。筆者も、そのような割り切りをするABLがわが国でもあってもいいとは考えるが、それだけでは日本経済の企業間格差を単純に拡大するおそれがある。わが国のABLでは、もう少し企業のトータルな評価をきめ細かく行い、残すべき優良企業を残す、という姿勢が必要なのではないかと思料するのである。

14)　中村廉平氏は、「在庫を処分するのではなく、借入企業が得意先への販売を継続することを前提にすれば、海産物のように流通市場の乏しい動産にも十分な担保価値を見出しうる」と説明している（「スタートした動産登記制度、資産担保貸出は融資慣行を変えるか」金融財政事情2005年10月10日号6頁）。まさに私見の主張に沿う見解である。

VIII 「生かす担保」の認知
——担保法学も発想の転換を

　前掲高木論文のリード部分では、「不動産根抵当に象徴される安全確実な担保から早期に担保価値を実現することが可能な担保へと、担保物に対する考え方のコペルニクス的転回をも迫るもの」[15]と書かれている。しかし筆者の見解では、それではまだコペルニクス的転回には至っていないのであって、私見ではいっそうの発想の転換を提言したい。つまり、これまでの担保法学での「良い担保」と「悪い担保」の概念のパラダイムシフトを提言したいのである。

　筆者は、前掲の拙稿（本書第16章参照）で、私見による「担保」概念の新しい見方について明らかにした。以下にあえてその要旨を再掲したい。[16]

　　これまでの担保は、債務者の債務不履行があった場合に担保権を実行して債権を回収する、ということが目的であるから、もっぱら「債権者のための担保」であった。その場合、債務者の資産の中から切り出して特定したものを換価処分して、優先的により多く債権を回収できる担保が「強い担保」であり、その際の価値評価方法が明確でかつ安定しており、また換価処分が確実でかつ処分方法が確立しているものが「良い担保」とされる。そしてこの考え方は、その後債務者の経済活動がどうなるのかということは、ほとんど念頭においていない。まさに従来の担保は「回収、清算のための担保」なのである。

　　しかしながら、これに対して、「債務者のための担保」、より正確にいえば、「債務者の経済活動を存続させるための担保」が考えられる（ここで筆者が言おうとしているのは、「債務者保護」の話ではない。あくまでも債権者を利するための担保が、債務者のためにもなるという話である。しかし、議論の方向としては、債権者（融資者）側から見る「融資」の観点ではなく、債務者（被融資者）側から見る「資金調達」の観点に立つものであることは明らかにしておきたい）。これがまさに債権や動産在庫を担保に取る世界でなされるべき議論なのである。

　　売掛債権担保や在庫担保に対する、「担保権者の丸取り」という批判は、当然

債務者の倒産時を考えているものである。債権譲渡特例法を増補改正して動産譲渡登記を創設した際にも、国会でもその趣旨の批判があり、それに対して筆者は、債務者企業をつぶした後の議論ではなくて、それ以前のつぶさない配慮のほうが重要なのではないかと答えた経験がある。[17] 喫緊の課題は、中小企業を存続させるための運転資金の供給をどう図るかである。求められるのは、それをsecureする担保なのである。あえて極論すれば、その場合の担保は強くなくてもよい。担保評価がそれほど明確でなくてもよい。つまり、被融資企業が操業を続け取引を続けている間は、担保対象たる売掛債権や在庫は次々に創出されるのである。そのサイクルの中で、融資者側に想定外のリスクをもたらさないだけの担保が設定されればよいのである。

政策的な中小企業支援金融ばかりでなく、商社金融等を考えてもわかりやすい。優良な商品を作れる中小企業を支援して運転資金を融資し、その製品を買い付けて大企業等に売り渡す。このような場合に、ABLによって、債権者と債務者は共存共栄が図れるはずである。[18]

要するに、このような世界では、債権回収が確実に図れる「強い担保」が「良い担保」なのではない。債務者をつぶさずに、その企業活動を存続させるために適切に機能できるのが「良い担保」なのである。

以上の考察から、私見は、従来の担保物の換価処分を絶対とする担保ではない、債務者の「事業の継続」を前提として、「(基本的に)実行を考えていない担保」が新しい担保として認知・理解されるべきと主張するものである。しかしながら、そうはいっても、それらの担保が債務者のデフォルト時にどう機能するのか（あるいは全体のスキームがどう後始末されるのか）について等閑視してよい訳ではないのはもちろんであり、それらについての法的吟味は深められなければならない（ただし、ABLでいえば、スキームの法的構成は、動産譲渡担保や債権譲渡担保や質権設定等に分解されるのであって、個々の法的構成要素ごとの議論に還元される部分も多いであろう）。[19] けれども、ABLにおける、基本的に実行を考えていない担保を、その資金調達上の狙いを十分に理解した上で、担保法学の中でもやはりしっかりと位置づける必要がある。これが、これからの課題であろう。

15) 高木・前掲注1) 81頁。
16) 池田・前掲注6) 279頁参照。
17) 第161回国会参議院法務委員会会議録5号（2004）19頁参照。なお池田真朗「動産債権譲渡特例法の制定の経緯と概要」銀法642号（2005）8頁。
18) これまで商社金融は実際には無担保で行うものも多かったようであるが、筆者のイメージするABLは、商社金融にも適性が高いはずである。
19) 現時点では、河野玄逸「流動資産譲渡担保の管理・実行と法的留意点」金法1770号（2006）56頁以下、小野隆一「動産・債権譲渡担保の評価・管理（モニタリング）・処分の実際」金法1770号（2006）64頁以下等が参考業績として挙げられる。三村藤明ほか「東京弁護士会倒産法部主催シンポジウム　動産および債権の譲渡担保の倒産手続きにおける法的問題点」NBL846号（2006）7頁以下の議論も非常に有益である。

IX　電子記録債権の活用へ

　平成19年6月20日に成立した電子記録債権法は、公布の日（同年6月27日）から1年半以内に施行とされ、2008年12月1日に施行された。今後電子債権記録機関が指定され[20]、電子記録債権が実際に活用され始めると、ABLはさらに進捗すると考えられる。その根拠となるキーワードは、「可視化」と「トレーサビリティ」である。具体的に電子記録債権がABLにどのように取り込めるかの検討は別稿を期したいが、動産についてはICタグでその流れが管理され[21]、電子記録債権で債権の流れが管理されると、ABLのスキーム全体が電子的にかつデータ上可視的に把握できることになる。その結果、商品の回転、顧客情報の分析、入金情報の把握等、モニタリングが容易かつ正確になっていくことが考えられるのである。

20) 同法案の審議会段階で債権譲渡担保との関係を検討したものとして、池田真朗「電子登録債権法制立法試論――売掛債権活用の観点から」金法1788号（2006）10頁以下。
21) 電子債権記録機関の指定第1号は、2009年6月のJEMCO（日本電子記録債権機構）である。【補注、筆者は、その後の電子記録債権発生第1号（2009年11月）までをフォローし、この時点で考えられる活用可能性に言及した逐条解説書を出版した。池田真朗=太田穣『解説電子記録債権法』（弘文堂、2010、総論部分は1～29頁である）。】

X 終わりに
——フェアネスと金融法

　本章の構想するタイプの ABL にとってもっとも肝要なのは、結局、被融資企業の製品がどれだけ優良なものか、ということに尽きる。良い仕事をする企業にしっかり資金が回るということが望ましいのである。また、本稿が述べようとしたのは、清算回収のための担保から事業を継続させるための担保へ、「終わらせる担保」から「生かす担保」へ、という担保概念の発想の転換であった。そして、それを法的に裏打ちする論理を探求するのが、21世紀の担保法学であるべきと私は考えている。

　本章の提案は、実務の第一線の方々からは、学者の理想論と片付けられてしまうかもしれない。しかしながら、筆者の不十分な研究の限りでも、複数のプレーヤーがかかわる金融スキームの中で、一者だけがリスクを負わないスキームや、集めた資金の使途について本来のオリジネーター以外の特定の者だけが利益を受けるようなスキームは、必ず糾弾されることを金融法判例（ここではどれと明示しないが）は証明している。フェアネスの観念は十分に意識されなければならない。[22] ABL の本格的な普及を前に、ABL が今後長期にわたって日本経済に真に有益な金融取引となるために、実務と学理の総力を結集すべきであろう。

　22）池田真朗「一括決済方式の展開と電子記録債権法制への対応——最高裁平成15年『一括支払システム契約』判決の影響を踏まえつつ」法学研究（慶應義塾大学）80巻5号（2007）23頁の記述も参照。

【第17章追補　ABLへの期待】

　筆者は、平成21（2009）年11月30日に開催されたABLシンポジウム（ABL協会主催）で行った基調講演「ABLへの期待」の中で、「生かす担保」と「生きている担保」という観点を提示し、またABLのわが国での用語法（邦語表現）について言及した。その要旨を以下に記載する。

1　「生かす担保」と「生きている担保」

　実行のための担保から中小企業の経営を継続させるための「生かす担保」へという視点は、筆者が金融機関（貸し手）への期待として、および担保法学の新しい観念として、提示したものであるが、これに対して、借り手の中小企業側への期待として、「生きている担保」という概念を提示し強調したい。つまり、不動産担保や人的保証は、債務者企業の努力によって担保それ自体の質や量が変わるものではない。企業の努力は担保それ自体には反映されないのである。これに対して、売掛債権や在庫商品は、企業の努力によって担保の質や量が変わる。これが「生きている担保」である。質や量が変わるというのは、倉庫の中の在庫の数量が変わるというような意味ではない。原材料や仕掛品の場合は別としても、完成品については、良い品物を作れば、売掛先も信用力の高い、優良な売掛先が多くなる。在庫も換価処分したときの価値が高くなる。このように、売掛や在庫という流動資産は、企業の努力によって、価値が上がり、価値が変わる担保なのである。したがって、流動資産を担保活用するABLは、第1に、本質的に、まっとうに努力していい仕事をしている中小企業が救われるものであるということを中小企業自身に認識してほしい（言葉を換えれば、いい仕事をすれば担保の価値が上がり、手を抜けば下がるという「生きている担保」の自覚をもってほしい）。そして第2に、企業の努力によって価値が変わる、つまり努力しなければ価値が下がるということであるから、必然的に、貸し手もケアを続ける必要がある。本質的にモニタリングやリレーションシップバンキングとつながる融資形態なのである。そしてその取り組みの積み重ねが、結果的に地域経済の活性化につながる可能性もあろう。したがって、ABLへの期待は、常に貸し手金融機関と借り手企業の双方に対する期待となる。そしてそこでは、双方の努力と相互の「リスクシェア」の発想が不可欠ということである。

2　ABLのわが国での用語法の再検討

　ABLに対応する邦語表現については、例えば最近の日本経済新聞は「動産担保融資」という表記を見出しや本文で使っている。一方経済産業省では、当初から「動産・債権担保融資」を採用しており、また（本書でも紹介したように）商工中

金では「流動資産一体担保型融資」という表現をしている。しかしながら、いつの間にかその中の「動産」の部分がかなり強調されているという印象がある。たしかに、昨今は動産譲渡登記の整備や金融庁の一般担保としての承認等、動産を新たに担保とする体勢が整い、実務的にも動産評価業者等の活動も盛んになりつつあるので、マスコミとしても「動産担保融資」とするのが通りがよいということもあるかと思われるが、(本書でも述べたように)企業の事業価値をトータルに見るという意味では、在庫と売掛金をセットで担保とするほうが「生かす担保」の趣旨にそぐうのは、確かなことであると思われる。また、在庫動産の換価処分にはさまざまなノウハウが必要であり、動産だけを担保に取るよりも売掛金などとセットで担保化するほうが安定的であって、リスク分散も図れると思われる。

そういう意味で、在庫と売掛金をセットで、また場合によってはさらに機械設備なども担保対象に加える、というやり方を基本形とイメージした方がいいのではないかと、筆者は以前から考えている。そのため、マスコミの、ABLイコール動産担保融資という印象を招く用語法は、一部だけに焦点を当てている形でいささか問題がある。もちろん、機械設備は固定資産であるから、機械設備を入れた場合は流動資産担保という表現では不適切になるし、アメリカでは、(これも本書で紹介したように)ハイブリッド型ABLという時に、無体財産担保などもセットにしているケースもある。いずれにしても、そうした多様性も含めて、「動産担保融資」という訳語で定着するのは適切でないように思われるのである。

用語法についてもう一点加えると、我々がここで論じているABLはアセット・ベースト・レンディング(Asset Based Lending)だが、金融の一部では、流動化・証券化の世界で、ABLという言葉がアセット・バックト・ローン(Asset Backed Loan)の意味で、ABCP(Asset Backed Commercial Paper／資産担保コマーシャルペーパー)とセットにして使用されている。この場合は、当然ながら視点がまったく異なる(売掛債権や約束手形など企業間取引で発生する金融資産を担保にした証券化商品の問題になる。流動化・証券化協議会の集計では、平成21〔2009〕年12月末の発行残高が、融資〔ABL〕が4兆9,295億円、コマーシャルペーパー〔ABCP〕が3兆1,167億円である。日本経済新聞平成18〔2006〕年2月26日付朝刊16面参照)。ABLが普及・定着していく段階[1]で、このような用語の整理や区別にも気を遣う必要があろう。

1) 経済産業省経済産業政策局産業資金課では、ABLの普及のために、平成21(2009)年に借り手向けテキスト『ABLのご案内』を作成し、平成22(2010)年には貸し手向けコンテンツ『ABL普及・啓発コンテンツ』を作成している(筆者はいずれにも編集委員会委員長として関与した)。

結　章
債権譲渡取引をめぐる法の役割
——民法と特別法

I　法による金融政策

　以上みてきたように、債権譲渡は、この10年余で、中小企業を中心とする企業の必須の資金調達手法として成長してきた。そして、その成長はまさに、民法の解釈論を超えた、特例法の立法や制度創設によって支えられてきたのである。多少大仰な物言いをすれば、債権譲渡に関する一連の法整備や制度創設については、いわば法が金融政策を支援する機能を果たしてきたものと評価できよう。従来、法はどちらかというと新しい取引の阻害要因とされることが多かった。しかしながら、少なくとも今日の債権譲渡関係法は、まさに、取引の促進装置として働いているのである。

　周知のように、日本銀行は、平成18（2006）年3月9日、ゼロ金利を当面は維持しつつも、平成13年3月に導入した「量的緩和政策」を5年ぶりに解除することを決定し、即日実施した。金融調節の目標を「資金供給量」から「金利」に戻し、金利の上げ下げによって景気を調節する通常の金融政策に戻ろうとする方向性を示したわけである。そのことは、超低金利時代が（日本銀行の目論見通り推移すれば）ほどなく終わることを意味し、金融機関から企業への貸出金利もやがて上昇することを意味していた。しかし、平成22年初頭の段階では、金利は未だ非常に低い水準にとどまっている。

　観点を変えれば、少なくとも平成18年までの5年間は、日本銀行は、伝統的な金利政策を取りたくても取れず、景気下支えのために、資金供給を増加

させる非常措置を講じてきたのであり、かつそのような時代であっても、なお多くの中小企業には十分な資金が流れなかったのである。まさにそこに、法が「金融政策を手助けする」所以があった。そして、平成22年現在、わが国の経済はなお不況から脱することができないばかりか、いっそう深刻なデフレーションの状況にある。

そして、仮にこの経済状況が近い将来に回復するとして、中小企業（あるいは大企業も含めて）にとっては、また金利の上下する中で新しい競争段階に入る（戻る）ことになるとすれば、そこでは、図式的に言えば、市場に供給される資金量に現在よりも制限がかかることが考えられるわけであるから、さらに適切な金融手法（本書が扱ったABLはまさにその一例である）の選択・探求がなされないと、生き残れない企業が出てくることは必至である。

その意味で、法が資金調達を支援する時代は、当分は続くだけでなく、景気の回復があっても容易に終わるわけではないと筆者は考える。そして、そのための立法にあたっては、一方で中小企業等の保護育成に資する資金調達法理を考えながら、他方で、ことに民事一般法の性格を持つ法律の場合、基本としての公平という概念を確実に維持していかなければならない。さらに、そこに電子化および国際化の要請に対する対応も加わらなければならない。なにより、実務のニーズに応えつつ学理的には破綻のない法律を作らなければならないことはもちろんである。

まことに、これからは官・学・民の総力を挙げた立法作業が必要なのである。民事大立法時代とは、ただ作られる法律の数が多いことをいうのではなく、その「内容」や「作り方」（参加者やプロセスも含めた）にも変容がせまられている時代をさすというべきであろう。そして、そのような課題状況をもっとも鮮明に示す分野の一つが、この債権譲渡関係法ではないかと思われるのである。

II　小括に代えて
——債権譲渡の動態把握と民法（債権法）の改正論議

平成20（2008）年以降、我々は、債権法を中心とした民法改正の論議に直

面することになった。そして、本書序説にも述べた通り、平成21年10月には法制審議会への諮問がなされ、同年11月から法制審議会民法（債権関係）部会の審議が開始されたわけである。

　本書が示した、債権譲渡取引の発展の経緯を吟味していけば、民法（債権法）改正の論点の中でも、この債権譲渡法制は当然一つの代表的焦点となることが理解されよう。そして実際に、非常にドラスティックな改正案も提示されるに至っている。ただ問題は、もはや債権譲渡は、民法債権総論の中の債権移転の規定というにとどまらず、企業の資金調達取引の最重要ルールとなっており、資金調達取引実態を把握した金融法的発想を取り入れなければ論じきれない部分になっていることと、その一方では、なお一般市民間の（取引法的色彩の薄い）債権譲渡契約もないわけではないという状況を、民法典にどのような規定を置くことによって整序するのか、という点にある。さらに、民法典の取引法としての色彩をどこまで強調するかによって、動産債権譲渡特例法などの特例法・特別法を民法典に取り込む度合いも変わってくることになる（筆者は、平成18年に法務省が民法〔債権法〕の改正方針を打ち出して以来、改正案を検討する学者らの主要な複数の研究会にすべて参加し、本章執筆の平成22年1月までの段階で、これにかかわるいくつかの論考をすでに発表している。それらについては本書に続く『債権譲渡の研究』第4巻に収録する予定である）。

　かくて、債権譲渡は、筆者がこの分野の研究を開始して最初の論文を発表した昭和52（1977）年以来30年余りで、民法典の明日を語るうえでの、最も先鋭的かつ象徴的な問題状況を示す分野に成長した。筆者が『債権譲渡の研究』第1巻初版を平成5（1993）年に出版した際には、筆者の主たる関心は、解釈論の基礎を解明するための、債権譲渡関係規定の沿革の探求に向けられていたことを思えば、文字通り、隔世の感がある。

　ただ、本書はその発展の終着点を示すものではない。筆者の、債権譲渡と電子記録債権の関係を論じた諸論考は、本書には収録されず、時を置かず本書の後に出版する予定の『債権譲渡の研究』第4巻に収録することになる。その他、手形レスの取引形態である一括決済方式についての研究論文、さらに国連国際債権譲渡条約についてのその後の検討や、フランスのダイイ法関

係の論考も、合わせてこの第4巻に収める予定である。本書と第4巻の2冊によって、今もなお発展を続ける債権譲渡というミクロコスモスの、平成22年段階での全体像をほぼ余すことなく提示できれば、と願っている次第である。

1) 民法（債権法）改正検討委員会『債権法改正の基本方針』NBL904号（2009）220頁以下。
2) 一部の例を挙げれば、本書序説注3）掲記の論考のほか、池田真朗「『債権譲渡』規定の改正提案とその問題点」銀行法務21・705号（2009）8頁以下、同「民法（債権法）改正における論点・課題──債権譲渡に係る規定を中心に」SFJ Journal Vol.2（2010）2頁以下、同「民法（債権法）改正のプロセスと法制審議会部会への提言」法律時報82巻3号（2010）88頁以下等。

初 出 一 覧

序　説　債権譲渡関係諸法の展開と本書の概観
　　　　「債権譲渡関係法の展開―近時の立法作業を追いつつ―」法の支配141号
　　　　（2006年4月）32頁以下を基礎に書き下ろし

第1部　債権譲渡取引の変容
第1章　債権譲渡に関する判例法理の展開と債権譲渡取引の変容――危機対応型取引から正常業務型資金調達取引へ
　　　　「債権譲渡に関する判例法理の展開と債権譲渡取引の変容―危機対応型取引から正常業務型資金調達取引へ―」川井健＝田尾桃二編『転換期の取引法―取引法判例10年の軌跡―』（商事法務・2004年10月）295頁以下

第2部　債権譲渡特例法の浸透
第2部の概要　書き下ろし
第2章　民法と債権譲渡特例法――指名債権譲渡法理の新展開
　　　　「民法と債権譲渡特例法―指名債権譲渡法理の新展開」みんけん500号（1998年12月）21頁以下
第3章　債権譲渡特例法――施行後3年の総合検証
　　　　「債権譲渡特例法―施行後3年の総合検証」みんけん534号（2001年10月）3頁以下
第4章　将来債権譲渡登記の判例法理――登記の始期・終期や債権の種類と対抗力
　　第1節　将来債権譲渡登記と判例法理の形成――経緯の概説
　　　　　「債権譲渡登記と判例法理の形成」登記情報42巻12号（2002年12月）1頁
　　第2節　将来債権を含む集合債権譲渡担保契約において債権譲渡特例法に基づき譲渡債権の発生年月日として始期のみを記載した登記の対抗力――東京地判平成13年3月9日判時1744号101頁
　　　　　「判批・東京地判平成13年3月9日」判タ1068号（2001年11月）88頁以下
　　第3節　債権譲渡特例法登記の記載と対抗力に関する東京高判平成13年11月13日の考察――将来債権の発生期間の特定と債権の同定
　　　　　「判批・東京高判平成13年11月13日」金法1650号（2002年8月）43頁以下
　　第4節　債権譲渡特例法登記の始期・終期や種類の記載と対抗力
　　　　　――最一小判平成14年10月10日と最一小決平成14年10月1日の検討

「判批・最判平成14年10月10日・最決平成14年10月1日」金法1676号（2003年6月）6頁以下

第3部　売掛債権担保融資保証制度
第3部の概要　書き下ろし
第5章　売掛債権担保融資保証制度の創設とその法的論点
「売掛債権担保融資保証制度の法的論点」金法1643号（2002年5月）6頁以下
第6章　売掛債権担保融資保証制度の発展と現状
　　　　書き下ろし

第4部　将来債権譲渡論──判例法理の形成
第4部の概要　「法務時報・動きだした将来債権譲渡論」銀法43巻8号（1999年7月）1頁その他を元に書き下ろし
第7章　集合債権の譲渡担保契約における債権譲渡の第三者対抗要件──最一小判平成13年11月22日民集55巻6号1056頁
「判批・最判平成13年11月22日」リマ25号（2002年7月）30頁以下
第8章　指名債権譲渡の予約についての確定日付ある通知または承諾と予約完結による債権譲渡の効力の第三者への対抗の可否──最三小判平成13年11月27日民集55巻6号1090頁
「判批・最判平成13年11月27日」判評523号（2002年9月）174頁以下
第9章　停止条件付債権譲渡契約と否認権行使──最二小判平成16年7月16日民集58巻5号1744頁
「判批・最判平成16年7年16日」金法1721号（2004年10月）10頁以下
第10章　将来債権譲渡担保と国税債権の優劣
　第1節　将来債権譲渡担保における債権移転時期と、譲渡担保権者の国税徴収法24条による物的納税責任──東京高判平成16年7月21日の検討
「判批・東京高判平成16年7月21日」金法1736号（2005年4月）8頁以下
　第2節　将来債権譲渡担保と国税債権の優劣──最一小判平成19年2月15日民集61巻1号243頁、金法1803号85頁
「判批・最判平成19年2月15日民集61巻1号243頁」金融判例研究17号（2007年9月）30頁以下

第5部　債権譲渡禁止特約論──判例法理の展開
第5部の概要　書き下ろし
第11章　債権譲渡禁止特約の存在と譲受人の重過失
　第1節　債権譲渡禁止特約の存在と譲受人の重過失の有無──大阪地判平成15年5月

15日金法1700号103頁、大阪高判平成16年2月6日金法1711号35頁
　　　　　「判批・大阪地判平成15年5月15日」判タ1150号（2004年8月）87頁以下
第2節　債権譲渡禁止特約の存在を知らなかった譲受人に重過失があるとした原判決につき上告棄却・不受理決定がされた事例──最一小決平成16年6月24日金法1723号41頁
　　　　　「判批・最決平成16年6月24日」金融判例研究15号（金法1748号）（2005年9月）34頁以下
第3節　債権譲渡禁止特約に関する譲受人の悪意・重過失の否定例──売掛債権譲渡担保契約の譲受人金融機関に譲渡禁止特約の存在についての悪意・重過失が否定された事例（大阪地判平成17年11月30日金法1795号62頁）
　　　　　「判批・大阪地判平成17年11月30日」判タ1241号（2007年8月）37頁以下
第12章　債権譲渡禁止特約と譲渡人からの援用の否定──最二小判平成21年3月27日（民集63巻3号449頁）をめぐって
　　　　　「債権譲渡禁止特約と譲渡人からの援用の否定」金融法務事情1873号（2009年7月）6頁以下

第6部　動産債権譲渡特例法の誕生

第13章　動産債権譲渡特例法の誕生──新設された動産譲渡登記を中心に
　　　　　「動産・債権担保の展開と課題─新設された動産譲渡登記を中心に─」判タ1202号（2006年4月）27頁以下
第14章　債権譲渡特例法から動産債権譲渡特例法へ──債権譲渡登記の改正後の反応と改正点に関する議論
　　　　　「債権譲渡特例法から動産債権譲渡特例法へ─債権譲渡関係法の最新動向」曹時58巻6号（2006年6月）1頁以下の一部を組み替えて収録
第15章　債権譲渡登記および動産譲渡登記の利用とオンライン申請──「立法普及学」試論を兼ねて
　　　　　「債権譲渡登記および動産譲渡登記の利用とオンライン申請─「立法普及学」試論を兼ねて─」みんけん592号（2006年8月）3頁以下

第7部　ABL（動産・債権担保融資）──新しい担保概念へ

第16章　ABL等に見る動産・債権担保の展開と課題──新しい担保概念の認知に向けて
　　　　　「ABL等に見る動産・債権担保の展開と課題─新しい担保概念の認知に向けて」伊藤進先生古稀記念論文集『担保制度の現代的展開』（日本評論社・2006年12月）275頁以下
第17章　ABLの展望と課題──そのあるべき発展形態と「生かす担保」論

「ABLの展望と課題——そのあるべき発展形態と「生かす担保」論」NBL864号（2007年9月）21頁以下

結　章　債権譲渡取引をめぐる法の役割——民法と特別法
「債権譲渡関係法の展開——近時の立法作業を追いつつ」法の支配141号（2006年4月）32頁以下の一部を用いて書き下ろし

事項索引

ABL ……………………………… 316, 326, 335
ABL 保証制度 ……………………………… 340
Asset Based Lending ……………………… 326
Borrowing Base Certificate ……………… 330
Cash Flow Loan …………………………… 325
CFL ………………………………………… 325
IT 化 ……………………………………… 314
IT 戦略本部 ……………………………… 310
Perfection ………………………………… 270
SPV ………………………………………… 50
UCC（統一商事法典）…………………… 28
UNCITRAL ……………………… 28, 45, 52, 282

あ

アセット・ベースト・レンディング ……… 326
新しい「担保」概念 ……………………… 323

い

生かす担保 ……………………… 334, 344, 347
生きている担保 …………………………… 348
異議を留めない承諾 ……………………… 38
一括決済方式 ……………………………… 195
一括支払システム契約 …………………… 195
一般担保 …………………………… 333, 340

う

売掛金債権 ………………………………… 95
売掛債権 …………………………………… 95
売掛債権担保融資保証制度 ……………… 119

お

オンライン申請 ………………… 61, 63, 301

か

概要記録事項証明書 ……………………… 289
隠れた譲渡禁止特約 ……………………… 243
仮登記 ……………………………………… 170
簡易の引渡し ……………………………… 267

き

危機対応型 ………………………………… 16
危機対応型取引 …………………………… 1
供託金還付請求権 ………………………… 99
緊急保証制度 ……………………………… 141
銀行預金 …………………………………… 237
禁反言 ……………………………………… 252
金融検査マニュアル ……………… 333, 340
金融法 ……………………………………… 143

く

クレジット会社 …………………………… 46
クレジット債権 …………………………… 57

け

契約時移転説 ……………………………… 204
現実の引渡し ……………………………… 267
現代語化新民法典 ………………………… 269
権利行使要件 ……………………………… 58, 68
権利保全的対抗要件 ……………………… 189

こ

公告 ……………………………………… 54, 58
公信の原則 ………………………………… 268
公知性 ……………………………………… 212
抗弁放棄の意思表示 ……………………… 38
国際契約実務作業部会 …………………… 45
国税債権 …………………………… 179, 194
国税徴収法 ………………………………… 179
国連国際債権譲渡条約 …………………… 8, 28
国連国際商取引法委員会 ………… 28, 45, 282
ゴルフクラブ会員権 ……………………… 27

さ

債権個別事項ファイル …………………… 83
債権者のための担保 ……………………… 323
債権者不確知 ……………………………… 249
債権種類コード …………………………… 95
債権譲渡禁止特約 ………………… 131, 209
債権譲渡担保契約 ………………………… 25, 77
債権譲渡担保設定通知 …………… 26, 149
債権譲渡登記 ………………… 51, 75, 301
　——の始期 ……………………………… 75

360　事項索引

―――の終期 …………………………… 75
債権譲渡登記規則 ……………………… 53, 63
債権譲渡登記事項概要ファイル ………… 307
債権譲渡登記令 ……………………………… 53
債権譲渡特例法 …………………………… 44, 75
債権譲渡の対抗要件に関する民法の特例等に
　関する法律 ………………………………… 44
債権譲渡の予約 …………………………… 159
債権総額 …………………………………… 286
債権通番 …………………………………… 287
債権の種類 ………………………………… 110
債権の準共有者 …………………………… 122
債権の発生原因 …………………………… 287
債権法改正の基本方針 …………………… 258
在庫評価 …………………………………… 341
債務者のための担保 ……………………… 324
債務者不特定の将来債権譲渡 …………… 292
指図による占有移転 ……………………… 267
三すくみ …………………………………… 272

し

識別可能性 ………………………………… 23
資金調達取引 ……………………………… 20
事後求償権 ………………………………… 122
私債権 ……………………………………… 194
資産流動化法 ………………………………… 7
事前求償権 ………………………………… 122
指名債権譲渡の対抗要件の構造 ………… 17
社会保険診療報酬支払基金 ……………… 22
重過失 ……………………………………… 212
集合債権譲渡担保契約における「通知」…… 25
住宅ローン ………………………………… 289
順位保全的対抗要件 ……………………… 188
商業登記制度に基礎を置く電子認証制度 … 308
商業登記簿 …………………………… 61, 63, 307
譲渡担保権者 ……………………………… 179
　―――の物的納税責任 …………………… 181
譲渡担保財産 ……………………………… 181
譲渡に係る債権 …………………………… 292
　―――の総額 ……………………… 60, 128, 286
将来債権譲渡登記 ………………………… 75
将来債権譲渡の権利移転時期 …………… 204
将来債権の識別可能性 ………………… 24, 82
将来債権の特定性 ……………………… 23, 80
信義則 ……………………………………… 252
真正譲渡 …………………………………… 27

申請情報 …………………………………… 309
信用保証協会 ……………………………… 119
診療報酬債権 ………………………………… 22

せ

清算 ………………………………………… 341
正常業務型 …………………………………… 16
正常業務型資金調達取引 ……………………… 1
セーフティーネット保証 ………………… 141
責任共有制度 ……………………………… 136
善意・無重過失 …………………………… 237
占有改定 …………………………… 264, 267
占有権の取得 ……………………………… 267

そ

相殺 ………………………………………… 295
即時取得 …………………………………… 268

た

ダイイ法 …………………………………… 59
対抗要件立法 ……………………………… 50
対債務者権利行使要件 ………………… 58, 221
対債務者対抗要件 ………………………… 221
第三債務者不特定 ………………………… 70
棚卸資産 …………………………………… 139
担保付取引 ………………………………… 282
　―――に関する立法指針 ………………… 282
担保的構成 …………………………………… 26

ち

知的財産権担保融資 ……………………… 325
中小企業信用保険法 ……………… 119, 340
調査義務 ………………………………… 214, 235
賃料債権 …………………………………… 296
　―――の譲渡と当事者の変更 …………… 297

つ

強い担保 …………………………………… 323

て

停止条件型債権譲渡担保契約 …………… 27
停止条件付債権譲渡契約 ………………… 174
停止条件付債権譲渡担保契約 …………… 164
抵当権設定登記 …………………………… 296
電子化 ……………………………………… 307
電子記録債権 ……………………… 243, 314

事項索引　361

電子記録債権法 ……………………300, 314
電子証明書 ……………………………309, 310
電子署名 ………………………………………309
電子認証 ………………………………63, 309
電子認証制度 ………………………………309

と

登記事項概要証明書 …………………………53
登記事項概要ファイル ……………………289
登記事項証明書 ……………………………53, 58
東京法務局 …………………………………52, 56
動産及び債権の譲渡の対抗要件に関する民法
　の特例等に関する法律 …………………264
動産・債権譲渡登記規則 …………………270
動産・債権譲渡登記令 ……………………270
動産債権譲渡特例法 ………………………264
動産・債権担保取引 ………………………282
動産・債権担保融資 ………………………326
動産譲渡登記 ………………………267, 301
動産譲渡登記事項概要ファイル …………307
動産物権変動 ………………………………269
導入摩擦 ………………………………………60
登録免許税 …………………………………306
特定債権等に係る事業の規制に関する法律 …57
特定債権法 ……………………………5, 54, 57
特定性 …………………………………………23
特定目的信託 …………………………………7

な

なりすまし ……………………………………309

に

二重譲渡 ……………………………………130
　――の優劣の基準 …………………………17

は

破産管財人 …………………………………257
パラダイムシフト ……………………………39
バランスシート ……………………………171

ひ

引渡し ………………………………………267
否認権 ………………………………………174

ふ

ファクタリング ……………………………195

物権的効力説 ……………………222, 252
物上代位 ……………………………………296
物的納税責任 ………………………………179
不動産物権変動 ……………………………269
部分保証 ……………………………123, 138
フランス民法1690条 ………………………59

ほ

報酬債権 ………………………………………95
法定納期限 …………………………………181
保証承諾 ……………………………………141

ま

マルチペイメントネットワーク ……………312

み

見積額 …………………………………………62
民事大立法時代 ………………………………2
民法現代語化 ………………………………269
民法(債権法)改正 ……………………………2
民法(債権法)改正検討委員会 ……………258

む

無権代理の追認 ……………………………223

も

モニタリング ………………………………330

ゆ

譲受人の重過失 ……………………………209
ユニドロワ国際商事契約原則2004 ………204

よ

預金債権 ……………………………………213
予約型債権譲渡担保契約 ……………………27

り

リース債権 ……………………………………57
立法哲学 ……………………………………316
立法普及学 …………………………………301
流動資産一体担保型融資 …………………326
流動資産担保融資保証制度 ……………138, 340
リレーションシップバンキング ……………348

る

累積額 …………………………………………62

れ

レポーティング …………………………… *330*

ろ

ローン債権譲渡市場 …………………… *143*

わ

割合保証 …………………………………… *123*

判 例 索 引

明 治

大判明38・2・28民録11-278
　……………………………… 213, 214, 228, 229, 236
大判明43・2・25民録16-153 ……………… 267

大 正

東京控判大2・12・14新聞919-25 ……… 223, 253
大連判大8・3・28民録25-441 ……………… 129
大判大10・5・28法律評論10-民法478 …… 253
大判大14・4・30民集4-209 …………… 223, 260
大判大15・11・1法律評論16-8-751 ……… 253

昭 和

大判昭6・8・7民集10-783 …………… 223, 260
大判昭9・3・29民集13-328 …………… 223, 253
大判昭9・12・28民集13-2261 …… 22, 183, 184,
　　　　　　　　　　　　　　185, 186, 188, 189
最判30・6・2民集9-7-855 ………………… 267
札幌高判昭31・12・14高民集9-10-640、金法1284
　-16 ………………………………………… 100, 114
最判昭40・9・10民集19-6-1512 ……… 255, 256
最判昭41・2・1民集20-2-179 …………… 252
最判昭41・11・18民集20-9-1845 ………… 251
最判昭43・8・2民集22-8-1558 …………… 162
最判昭45・4・10民集24-4-240 …………… 260
最判昭48・4・6民集27-3-483 …… 165, 172, 178
最判昭48・7・19民集27-7-823、判タ301-170、
　金法693-24 ……………… 33, 34, 37, 131,
　　　　　　　　　　　208, 209, 213, 214, 215,
　　　　　　　　　　　228, 229, 230, 237, 246
最判昭49・3・7民集28-2-174 ……… 17, 18, 54,
　　　　　　　　　　　73, 150, 151, 154, 160, 189
最判昭52・3・17民集31-2-308 ……… 32, 33, 34,
　　　　　　　　　　　172, 209, 223, 247, 254
最判昭53・12・15判時916-25、裁集民125-839
　………………………………………………… 22, 81
最判昭55・1・11民集34-1-42 ……… 17, 18, 54
東京地判昭55・3・31判時975-48 ……………… 25
最判昭57・10・14裁集民137-321、判タ482-80
　……………………………………………………… 140
東京高判昭63・6・27判時1283-103 …… 216, 230

福岡高判昭63・7・20民集47-4-3381、金法1202-
　26 ……………………………………… 98, 99, 114

平成1〜10年

最判平4・11・6判時1454-85、金法1356-42
　…………………………………………………… 38
最判平5・3・30民集47-4-3334、金法1356-6
　…………………………………… 17, 54, 98, 99, 114
東京地判平8・3・19金法1467-35 ………… 222
最判平8・6・18判時1577-87、金法1466-38 … 38
最判平8・7・12民集50-7-1918、判時1608-95
　…………………………………………………… 161
東京高判平8・11・27金判1045-13 ………… 222
大阪地判平9・5・18判時1624-123、金判1130-
　42 ……………………………………………… 159
最判平9・6・5民集51-5-2053 ……… 32, 172,
　　　　　　　　　　　　　　224, 225, 254
大阪高判平9・10・22金判1138-18 ………… 159
最判平9・11・11民集51-10-4077 ……………… 38
最判平10・1・30民集52-1-1 ………………… 296
最判平10・3・24民集52-2-399 ………… 298, 299
最判平10・6・12民集52-4-1121 ……………… 31
大阪地判平10・6・29TKC法律情報データ
　ベースLEX／DBインターネット28050553
　…………………………………………… 216, 230
大阪高判平10・7・31金判1050-3、金法1528-36
　………………………………………… 27, 165, 177
大阪高判平10・9・2金判1050-6、金法1528-39
　………………………………………… 27, 165, 177
大阪高判平10・10・14金判1057-14 …………… 27
東京地判平10・12・24金法1559-44 ………… 172

平成11年〜

最判平11・1・29民集53-1-151、金判1062-4、金
　法1541-6 …… 22, 70, 71, 81, 82, 146, 151, 162,
　　　　　　　　　　185, 186, 187, 188, 189, 200, 203
東京高判平11・6・15 ………………………… 222
東京地判平11・9・17金法1561-76
　…………………………………………… 65, 69, 75, 77
東京高判平11・11・4判時1706-18、金判1083-10、
　金法1567-99 ……………………………… 149, 180

最判平12・4・21判時1718-54、民集54-4-1562、
金法1590-49 ·················23,70,71,79,
80,81,82,83,92,146,162,287
東京地判平12・5・25 ···························222
東京高判平12・12・26 ···························222
東京地判平13・3・9判時1744-101、金法1119-
36、金法1616-51 ·············65,68,69,
76,77,86,87,104
東京地判平13・3・13金法1626-142 ·····219,231
大阪地判平13・10・11金法1640-39 ···········165
東京高判平13・11・13金法1634-66、金判1130-11
························76,86,87,104,129
最判平13・11・22民集55-6-1056、判時1772-44、
判タ1081-315、金判1130-3、金法1635-38
···············26,126,146,148,168,176,
180,181,185,187,188,189,
190,191,199,200,201,202
最判平13・11・27民集55-6-1090、判時1768-70、
金判1138-3、金法1634-63 ········26,92,146,
154,157,159,
176,178,185,202,205

最決平14・10・1金法1665-54
·····················28,102,105,109,111
最判平14・10・10民集56-8-1742、金法1665-54
·····················28,75,102,104,105,111
さいたま地判平15・4・16金法1723-53···182,199
大阪地判平15・5・15金法1700-103 ······37,208,
209,226,232,238,239,242,247,298
最判平15・12・19民集57-11-2292、金法1702-68
···195
大阪高判平16・2・6金法1711-35 ·····209,225,
226,232,238,245,247
最決平16・6・24金法1723-41 ···········208,226,
232,247,251
最判平16・7・16民集58-5-1744、金法1721-41
·····························27,146,174,202
東京高判平16・7・21金法1723-43
·································179,198,200
大阪地判平17・11・30金法1795-62 ·····208,232
最判平19・2・15民集61-1-243、金法1803-85
·································146,198,293
最判平21・3・27民集63-3-449·····208,246,247

池田 真朗（いけだ・まさお）
1949年　東京都生まれ
1973年　慶應義塾大学経済学部卒業
1978年　慶應義塾大学大学院法学研究科博士課程修了
　　　　慶應義塾大学法学部助手・専任講師・助教授をへて
現　在　慶應義塾大学法学部教授（民法専攻），同大学院法務研究科教授，
　　　　博士（法学），日本学術会議会員
著　書　『債権譲渡の研究』（弘文堂，1993年［増補2版2004年］）
　　　　『債権譲渡法理の展開』（弘文堂，2001年）
　　　　『スタートライン債権法』（日本評論社，1995年［第5版2010年］）
　　　　『スタートライン民法総論』（日本評論社，2006年）
　　　　『新標準講義民法債権総論』（慶應義塾大学出版会，2009年）
　　　　『新標準講義民法債権各論』（慶應義塾大学出版会，2010年）
　　　　『民法への招待』（税務経理協会，1997年［第4版2010年］）
　　　　『分析と展開 民法Ⅰ・Ⅱ』（共著，弘文堂，1997・1986年［Ⅰ・第3版2004年，Ⅱ・第5版2005年］）
　　　　『民法Ⅲ─債権総論』（共著，有斐閣，1988年［第3版2005年］）
　　　　『民法 Visual Materials』（編著，有斐閣，2008年）
　　　　『法の世界へ』（共著，有斐閣，1996年［第4版補訂2009年］）
　　　　『プレステップ法学』（編著，弘文堂，2009年）
　　　　『現代民法用語辞典』（編著，税務経理協会，2008年）
　　　　『基礎演習民法（財産法）』（共著，有斐閣，1993年）
　　　　『マルチラテラル民法』（共著，有斐閣，2002年）
　　　　『判例講義民法1・2』（共編著，悠々社，2002年）
　　　　『法学講義民法4債権総論』（共編著，悠々社，2007年）
　　　　『法学講義民法5契約』（共編著，悠々社，2008年）

債権譲渡の発展と特例法──債権譲渡の研究 第3巻──

平成22年4月15日　初版1刷発行

著　者　池　田　真　朗
発行者　鯉　渕　友　南
発行所　株式会社　弘　文　堂　　101-0062 東京都千代田区神田駿河台1の7
　　　　　　　　　　　　　　　　TEL 03(3294)4801　振替 00120-6-53909
　　　　　　　　　　　　　　　　http://www.koubundou.co.jp

印　刷　港北出版印刷
製　本　牧製本印刷

© 2010 Masao Ikeda. Printed in Japan

[JCOPY] <（社）出版者著作権管理機構　委託出版物>
本書の無断複写は著作権法上での例外を除き禁じられています。複写される場合は，そのつど事前に，（社）出版者著作権管理機構（電話 03-3513-6969，FAX 03-3513-6979，e-mail:info@jcopy.or.jp）の許諾を得てください。

ISBN978-4-335-35444-1

―― 好評既刊 ――

債権譲渡の研究〈増補二版〉
池田真朗=著

債権譲渡法理の最高水準を示す基礎研究、最新の判例研究を加えた完結篇。対抗要件主義を解明して債権譲渡の基礎研究として学界を主導する基本文献となった旧版に、債務者の異議を留めない承諾に関する総合判例研究を書き下ろしで加えた、必読の増補決定版。　Ａ５判 584頁　7200円

債権譲渡法理の展開
債権譲渡の研究 第2巻　池田真朗=著

債権譲渡特例法の立法・運用と国際債権譲渡条約の作成作業や将来債権譲渡と譲渡禁止特例の問題など理論的・実務的にも今日の最先端の論点を、判例法理を跡付けながら論じた、第2弾。債権流動化取引の発達のなかでの債権譲渡の理論と実務の劇的な進展を辿る。　Ａ５判 416頁　5800円

―― 弘文堂 ――

＊定価(税抜)は、2010年4月現在